나, 소시오패스

Confessions of a
Sociopath

나, 소시오패스

차가운 심장과 치밀한 수완으로 세상을 지배한다

M. E. 토머스 지음 | 김학영 옮김

푸른숲

프롤로그

이 책은 내 기억이 뻗어간 선 끝에서 탄생했다. 몸부림치듯 뇌를 쥐어짜 사실 그대로를 적었지만 어쩔 수 없이 빠져나간 기억의 단편들도 있을 것이다. 그리 대단할 것은 없다. 과대망상, 외골수적인 집착, 타인의 마음을 잘 이해하지 못하는 내 왜곡된 렌즈로 바라본 세상 이야기일 뿐이다.

책 표지에 쓰인 내 이름은 필명이다. 책에 나오는 가족과 친구들 그리고 몇몇 사람의 이름이나 특징도 어느 정도는 각색했다. 사생활을 보호해주고 싶어서. 이야기의 흐름을 위해 간혹 사건의 배경과 순서를 바꾸기도 했다. 그밖에 나머지는 본래 모습 그대로 솔직히 털어놓은 이야기다. 그 어떤 본질적인 사실도 고의로 왜곡하지 않은 고백서임을 밝힌다.

토머스, 백인 여성, 서른 살.

습관처럼 그녀의 기본 정보를 살펴보는데 지극히 평범해 보이는 그녀가 불쑥 자신의 성격, 특히 정신병적 증상을 평가해달라고 했다. '정신병'이라는 말을 그처럼 무덤덤하게 내뱉다니.

다중 자가진단 검사 결과, 그녀는 정상 범주와 병리학적 성격 지표를 넘나들었고 사회적으로 정상인으로 간주하는 99 백분위수를 벗어났다. 여러 측면에서 토머스에게는 전형적인 사이코패스 기질이 있었다.

사이코패스 진단 스크리닝 버전(PCL:SV, Psychopath Checklist Screening Version) 검사 결과도 이를 뒷받침한다. 토머스는 심각한 공감 능력 결핍, 냉정함, 사회나 타인에 대한 계산적인 태도, 부정적 감정에 대한 상대적인 무반응 등 정서 및 대인관계와 관련된 성향에서 사이코패스 기질을 보였다.

그녀의 임상학적 소견에서 가장 주목할 점을 꼽자면 이렇다.

일단 반사회적이고 사이코패스적인 특징(특히 자기중심적이고 감각 추구적인 성향), 대인관계에서의 지배 욕구, 언어적 공격성, 자만심이 매우 높다. 반면 공포 외상성 스트레스 우울 같은 부정적인 감정, 타인에 대한 배려, 일상적인 스트레스에 대한 반응 수준은 상당히 낮았다.

이처럼 토머스의 인격적 특징과 대인관계 방식을 보면 전반적인 프로파일이 오늘날의 일반적인 사이코패스 개념과 상당히 일치한다.

토머스는 자신이 대부분의 사람들과 인격적 구조 측면에서 '다르다'는 사실을 인식하고 있다. 하지만 스스로를 일종의 정신적 질환을 앓는 '환자'라고 생각하지는 않는다. 오히려 토머스는 자신이 살아가는 방식이나 현재의 상황에 만족하는 것 같다. 심지어 보통 사람이 불안해하고 스트레스를 받을 만한 걱정거리 혹은 사건에도 다소 무심한 듯하다. 물론 이러한 성향은 사이코패스 기질이 상당히 농후한 사람들의 대표적인 특징이다.

종합하건대 지금까지 토머스는 고도의 사이코패스 기질에 비해 객관적으로(혹은 주관적으로) 부정적인 결과를 거의 경험하지 않은 편이다. 그뿐 아니라 다양한 삶의 범주, 이를테면 학구적이고 전문적인 영역에서 두루 출중한 면모를 보였다. 이는 곧 그녀가 '친사회적'이고 '성공한' 사이코패스임을 암시하거나 적어도 사이코패스적인 인격 패턴이 사회에 순응적인 형태로 나타났음을 의미한다.

— 존 에덴스 박사
텍사스 A&M 대학교 심리학과 교수

차례

1장 나는 소시오패스다, 당신처럼

2장 소시오패스라는 진단

9장 카인을 위해

1장

나는 소시오패스다,
당신처럼

내 삶을 드라마로 만든다면 첫 장면은 아마 이렇게 시작할 것이다.

기분 좋을 만큼 햇살이 따사로운 여름, 미국 남부의 아름다운 어느 수영장. 햇살을 가득 받은 수영장 위로 물비늘이 반짝인다. 그때 미닫이 문이 부드럽게 열리면서 플립플랍을 신고 검정색 스피도 수영복을 입은 한 여자가 걸어 나온다. 여자의 탄탄한 근육질 어깨 밑으로 짙은 다갈색 머리칼이 늘어져 있다. 시립 수영장의 구조요원답게 여자의 피부는 가무잡잡하게 그을려 있다. 특별히 예쁘지도 않지만 못생기지도 않은, 아담한 체구의 여자는 그리 눈에 띄는 외모는 아니다. 그냥 평범한 운동선수 같다. 걸음걸이나 무심한 동작을 보면 어딘지 선머슴 같기도 하다. 여자는 자신의 몸매에 별로 관심이 없는 듯 거의 나체나 다름없이 벗은 자기 몸에 익숙해 보인다.

오늘은 개인 강습이 있는 날이다.

여자는 들고 있던 수건을 휴대용 접의자에 올려놓고 플립플랍을 거리낌 없이 벗어 던졌다. 거추장스러운 물건을 내팽개치듯. 여자의 동작에서는 무심함이 느껴진다. 그때 뭔가가 일으킨 파문이 여자의 눈에 들어왔다. 수영장 물 위에서 꼬물대는 물체가 눈에 띈 것이다. 너무 작아 멀리서는 뭔지 알 수가 없다.

가까이 다가가서 보니 새끼 주머니쥐였다. 태어난 지 일주일이나 되었을까. 녀석은 작고 투명한 네 발을 연신 버둥거리며 연분홍색 작은 코를 물 위로 내밀려 기를 썼다. 그 가련한 녀석은 밤사이 물에 빠진 것이 틀림없었다. 하도 작아 코앞의 난간 위로 제 몸을 올려놓기도 버거워 보였다. 진이 빠진 녀석은 온몸을 오들오들 떨었고 반짝이는 작은 눈망울도 지친 기색이 역력했다. 금방이라도 숨이 넘어갈 것 같았다. 여자는 재빨리 움직여 밀어 넣듯 샌들을 꿰어 신더니 잠시 수영장 난간에 멈춰 섰다. 이어 뜰채를 들고 주머니쥐 쪽으로 다가갔다.

이제 카메라는 뜰채가 새끼 주머니쥐의 뒷다리 바로 앞쪽 배 아래로 내려가는 장면을 잡는다.

아주 신속하게, 거의 힘들이지 않은 동작으로 뜰채는 새끼 주머니쥐를 휘감아 녀석의 머리가 물에 잠길 때까지 아래로 내려갔다. 완전히 녹초가 되었음에도 그 작은 생물은 새로운 위협을 감지하고 발버둥 쳤다. 쿨룩대고 끙끙거리며 몸부림치던 녀석의 하반신이 간신히 뜰채 테두리에서 빠져나왔다. 하지만 녀석이 한 모금의 공기를 들이마시기도 전에 뜰채는 녀석의 몸을 다시 물속으로 끌어내렸다. 그때 각도가 엇나 갔는지 녀석은 몸을 비틀어 뜰채에서 빠져나왔다.

뜰채는 소득 없이 물 밖으로 나왔다. 비록 잠깐이었지만 안도감을 느낀 새끼 주머니쥐는 다시 물속에서 필사적인 사투를 시작했다. 뜰채를 내려놓은 여자는 한숨을 내쉬더니 수건을 집어 들고 돌아섰다. 잠시 후 여자는 개인 강습을 받기로 한 학생에게 전화를 걸었다. 수영장에 문제가 있어서 오늘 강습은 취소하겠노라고.

여자는 자동차 열쇠를 쥐고 문을 획 밀어젖히더니 계단을 뛰어 내려가 열여섯 살 때부터 몰아온 스포츠카에 올라탔다. 잠시 쿨룩거리던 V 8 엔진이 굉음과 함께 살아났다. 변속기를 후진으로 확 당기고 도로의 다른 차들 사이를 교묘히 빠져나간 여자는 있는 대로 가속페달을 밟으며 갑자기 찾아온 자유를 만끽했다.

어스름 녘 집에 돌아온 여자는 수영장 바닥에 엎어져 있는 검은 형체를 바라봤다. 여자는 낮에 썼던 뜰채로 그 작은 덩어리를 단번에 건져 올려 이웃집 마당으로 던져버렸다. 그리고 정제 염소 한 알을 수영장에 던져 넣고는 안으로 들어갔다.

카메라는 잔잔한 수영장 위를 비춘다. 아무런 파문도 일지 않는 그 고요함을. 그리고 페이드아웃.

소시오패스는 누구인가

나는 소시오패스다. 유전자와 환경의 기묘한 조합으로 심리학자들이 흔히 '반사회적 인격 장애'라고 부르는 그 병을 달고 산다. 정신 장애 진단 및 통계편람(DSMMD, Diagnostic and Statistical Manual of Mental Disorders)에서는 이 병을 '타인의 인권을 무시하거나 방해하는 광범위한 패턴'으로 규정하고 있다. 이 병의 여러 특징 중에서도 중요한 핵심은 양심의 가책을 느끼지 못하고 거짓말이나 사기에 대해 편집증적 기호가 있으며 사회적 규범을 따르지 않는다는 점이다.

성격을 알려주는 일련의 특징으로 반사회적인 내 태도를 정의하는 데는 이견이 없지만, 그것으로 '나'라는 사람 자체를 정의하는 것은 사양한다. 나는 대체로 복잡하고 분별없는 감정에 휘둘리지 않는다. 대신 전략적, 매력적, 지적이고 대담하면서 신중하다. 물론 다른 한편으로는 타인의 당혹감, 감정이 담긴 사회적 신호에 적절히 반응하지 못한다.

사이코패스와 소시오패스는 임상학적으로 그 역사가 가깝게 맞닿아 있다. 일부 학계에서는 유전학적 요인이나 폭력성을 비롯한 여러 요인을 바탕으로 이 둘을 구분하기도 하지만, 대다수는 여전히 혼용한다. 나는 나 자신을 소시오패스로 부르기로 했다. 이유는 단 하나다. '사이코'라는 말에 대한 대중의 부정적 인식 때문이다. 장애는 있을지언정 어쨌거나 나는 미치지 않았으니까.

내 친부와 또 유별나게 냉정한 사람이었다는 친부의 친부를 통해 유전적 연결고리를 추적해볼 수도 있다. 아버지의 친부, 그러니까 할아버지의 얼굴에는 폭력과 위험에 대한 편집증적 성향이나 충동성을 증명하는 흉터가 꽤 많았다. 한마디로 그는 자신을 카우보이로 착각하는 로켓 과학자 같았다. 할아버지는 물려받은 유산을 몽땅 방목장에 쏟아 붓고 녹초가 되도록 일했지만 결국 세금도 제대로 내지 못할 만큼 알거지가 되었다. 그는 할머니를 임신시켜 원치 않는 결혼을 강행하고는 아버지가 태어난 지 몇 달 만에 느닷없이 결혼생활을 끝장내버렸다.

할아버지는 친권을 포기했고 이후 단 한 번도 아버지를 만나지 않았다. 그 나물에 그 밥일 테지만, 아버지 쪽 부모에 대해 더는 아는 바가 없다.

내가 받은 가정교육은 내 유전적 성향을 부추겼지만 혹자가 기대하듯, 드라마나 영화에서처럼 소시오패스의 특징을 드러낼 정도는 아니었다. 어릴 때 학대받은 적도 없고 현재 살인자도 범죄자도 아니다. 나는 교도소 담벼락이 아니라 아이비리그를 내 울타리로 택했다.

나는 성공한 변호사이자 법학과 교수로 법률 저널에 규칙적으로 칼럼도 쓰고 다양한 법학 이론도 발표한다. 수입의 10퍼센트는 자선단체에 기부하고 매주 일요일에는 주일학교 교사로 활동한다. 내가 사랑하고 또 나를 사랑해주는 가족이나 친구들과도 잘 지내고 있다.

이건 마치 내 얘기 같은데? 이렇게 생각한다면 어쩌면 당신 역시 소시오패스일지도 모른다. 최근의 한 조사 결과에 따르면 전체 인구의 1~4퍼센트가 소시오패스라고 한다. 스물다섯 명 중 한 명은 소시오패스라는 얘기다. 이것은 거식증이나 자폐증 환자보다 훨씬 많은 숫자다. 연쇄살인범도 아니고 교도소 근처에는 가본 적도 없는데 무슨 말이냐고? 대부분은 그렇다.

범죄자가 아니므로 소시오패스와는 거리가 멀 거라고 생각하는 것은 큰 착각이다. 사회에서 벌어지는 강력 범죄의 절반 정도는 소시오패스가 저지르겠지만 남녀 수감자 중 소시오패스는 20퍼센트에 불과하다. 소시오패스는 대부분 교도소에 있지 않다. 과묵한 대다수의 소시오패스는 평범하게 직장생활을 하고 가정도 꾸리며 자유롭게 살고 있다. 그들은 소시오패스를 괴물로 취급하는 문화 속에서도 여러 분야에서 성공을 거두며 잘 살고 있다.

그렇다면 소시오패스는 대체 누구란 말인가? 세상에는 많은 사람이 살고 있고 곁에 사모 다르다. 그때도 그중에는 나와 닮은 사람이 죄소한 한 명은 있다. 당신과 닮은 사람은 없을까?

당신에게는 친구도 많고 애인이나 흠모하는 사람도 있을 것이다. 그러니까 당신은 소시오패스가 아니라고? 천만의 말씀이다. 단적으로 말하자면 세간의 그 어떤 악평에도 불구하고 소시오패스에게는 특별한 매력이 있다. 아무리 노력해도 성과가 없는 경쟁사회, 따분하고 우울한 이 세상에서 사람들은 불빛을 향해 날아드는 나방처럼 소시오패스의 독특한 예외성에 끌린다.

만약 나를 만난다면 당신도 나를 좋아하게 될 것이다. 내가 이렇게 확신하는 데는 이유가 있다. 지금까지 통계적으로 의미가 있을 만큼 적지 않은 사람을 만났지만, 내 매력에 흔들리지 않은 사람은 한 명도 없었다. 나는 드라마의 주인공이나 지을 법한, 다시 말해 현실에서 보기 드문 상냥한 미소를 짓는다. 반짝이는 치아를 드러내는 나는 온화하면서도 도발적인 표정을 완벽하게 지을 수 있다. 나는 당신이 여봐란 듯 전처의 결혼식장에 데려가고 싶을 만한 상대다. 또 사교모임에서 완벽한 매너를 지키며 유쾌하게 호감을 끌어 당신 상사의 부인이 홀딱 반할 정도로 매력적이다. 넘치지도 모자라지도 않되 똑똑하고 성공한 나는 당신의 부모님이 반색하며 환영할 만한 예비 며느릿감이다.

혹시 당신도 자신을 과대평가하는가? 보다시피 나는 분명 그런 것 같다. 소시오패스들은 자아가 넘쳐흘러 마치 모든 부분을 풍만하게 표현한 루벤스의 그림 속 여인처럼 보인다. 나는 실제 내 외모나 사회적 인지도에 비해 훨씬 더 자신감이 넘친다. 키가 큰 편은 아니지만 나는 딱 보기 좋을 만큼 실팍한 체구에 어깨도 다부지고 턱은 적당히 각이 졌다. 친구들은 종종 내가 터프하고 선머슴 같다고 말한다. 하지만 나는 하늘하늘한 드레스를 입었을 때도 카우보이 부츠를 신었을 때만큼 편안하다.

내가 자신감 넘치는 사람으로 보이는 결정적인 이유는 상대를 바라보는 시선 때문일 것이다. 혹자는 그런 시선을 가리켜 '포식자의 눈빛'이라고 하는데, 소시오패스의 눈빛은 대부분 그렇다. 알고 있겠지만 뚫어져라 응시하는 눈빛은 적대적으로 보일 수 있다. 동물원에서는 관람객에게 고릴라를 빤히 노려보지 말라고 경고하기도 한다. 그런 눈빛이 고릴라에게는 공격 신호로 보일 수 있기 때문이다. 사실은 인간도 대부분 고릴라처럼 생각한다. 눈싸움은 괜히 하는 게 아니다.

소시오패스는 다르다. 우리는 아무리 오랫동안 시선이 부딪쳐도 동요하지 않는다. 공손히 눈길을 돌리지 않는다는 이유로 우리는 거만하거나 공격적인 사람으로, 때로는 도발적이고 포악한 사람으로 여겨지기도 한다. 하지만 그런 시선은 한눈에 반한 것 같은 긴장감을 흉내 낸 것이기 때문에 상대방은 보통 평정심을 잃고 그 시선에 마음이 설렌다.

혹시 누군가를 이용하고 싶은데 딱히 묘수가 떠오르지 않아 자신의 매력과 자신감을 이용해본 적은 없는가? 이것을 '술수'나 '조종'이라고 말하는 사람도 있겠지만 나는 그저 신이 준 재능이라고 생각한다. 특히 '조종'이라는 말은 좀 듣기 거북하다. 사람들은 스스로 선택한 일에 대해 책임지고 싶지 않을 때 '조종당했다'고 말한다. 만약 자기 결정을 후회하지 않는다면 아무에게도 조종당하지 않았다는 의미가 아닐까?

수많은 사람이 소시오패스의 특질을 사악하다고 인식하는 때가 그 '조종' 능력을 발휘하는 시점이지만, 나는 도무지 이유를 모르겠다. 조종은 일종의 교환이다. 사람들은 쾌락을 느끼고 싶어서, 갈망이나 필요의 대상이 되고 싶어서, 착한 사람으로 보이고 싶어서 특별한 무언가(혹은 누군가)를 바란다. 흥미롭게도 조종은 쌍방이 원하는 것을 얻는 가장 빠르고 비열한 방법이다. 소시오패스인 내 친구가 그 예를 들려주었다.

"한 사람은 5천 달러에 차를 팔고 싶어 하고 또 한 사람은 1만 달러에 차를 사려고 한다. 나는 그 두 사람을 알고 있지만 두 사람은 서로를 모른다. 자, 그럼 나는 앞사람에게 5천 달러에 차를 사서 뒷사람에게 1만 달러에 팔고 5천 달러를 챙긴다."

이게 바로 차액 취득 매매로 월스트리트를 비롯한 수많은 주식시장에서 매일 벌어지는 일이다. 어쨌거나 세 사람 모두 원하는 바를 얻었으니 다들 행복하다. 매매 당사자가 서로 만나지 않는 이상, 그리고 더 깊이 알려고 하지 않는 이상은 말이다. 모두의 금전적 이득, 특히 내 이득을 두 사람이 알지 못하게 하는 일은 별로 어렵지 않다.

실제로 나는 소시오패스와 관계를 맺고 있는 사람이 그렇지 않은 사람보다 훨씬 더 유리하다고 생각한다. 소시오패스는 세상을 잘 돌아가게 만드는 윤활유와 같다. 우리는 사람들의 상상을 충족시켜준다. 최소한 상상의 외형만이라도 충족시킨다. 때로 우리는 당신의 마음속 욕구와 필요에 관심을 기울이는 유일한 사람이기도 하고, 또 당신이 당장 깨닫진 못하지만 아무 의도 없이 당신의 욕구와 필요에 진심으로 동조하는 유일한 사람이기도 하다.

우리는 목표물을 관찰하고 사람이든 물건이든 목표물이 갖고 싶어하는 대상을 복제하려 애쓴다. 가령 착한 직원이 되기도 하고 훌륭한 상사나 멋진 애인이 되기도 한다. 복제가 늘 사악하거나 악의적인 것은 아니다. 우리의 목표가 된 사람은 거래를 진행할 때 전혀 불쾌감을 느끼지 않으며 보통은 아무런 피해를 당하지 않고 거래를 끝낸다.

물론 모든 일에는 대가가 있게 마련이다. 우리는 당신에게 얻을 것이 없으면 거래하지 않는다. 대개는 돈이나 권력을 바라지만 단순히 당신이 감탄하거나 부러워하는 모습을 보는 즐거움을 원할 수도 있다. 그렇다고 당신이 그 거래에서 아무것도 얻지 못하는 것은 아니다. 어쩌면 대가가 너무 크다고 생각하는 사람이 있을지도 모른다. 이걸 한번 생각해보라. 만약 당신이 악마와 거래한다면 그것은 당신에게 악마보다 더 유리한 거래를 제안한 사람이 없기 때문이 아닐까? 그것이 현실이다.

도덕성은 판단 기준이 아니다

이제 도덕성을 이야기해볼까? 당신은 '적자생존'이라는 말을 들먹이며 자기 자신이나 타인의 행동을 정당화하면서 거리낌 없이 이중적인 잣대로 도덕성 문제를 다루지 않는가? 사람들은 간혹 양심의 가책이나 자책감이 부족한 것을 마치 우리의 잘못인 것처럼 말한다. 양심의 가책이나 자책감을 '착한' 사람의 필요조건이라고 믿기 때문이다.

그렇지만 어쩌면 세상에는 보편적인 도덕성은커녕 객관적인 도덕성마저 존재하지 않는지도 모른다. 많은 신학자와 철학자가 수천 년간 논쟁해왔지만 도덕성의 윤곽이나 범위에 대해 아직 이렇다 할 합의조차 없다. 내가 볼 때 아랍의 부정한 여인에 대한 친족 살해, '정의'의 전쟁, 사형 같이 공포심과 관련된 것이나 지나치게 유연하고 가변적인 것에 대한 도덕적 합의는 신뢰하기 어렵다.

수많은 사람이 그런 것처럼 나도 종교를 도덕성의 길잡이로 생각한다. 그것이 범죄자가 되지 않게 보호해주기도 하고 또 대중 틈에 안전하게 섞이도록 해주기 때문이다. 종교 활동은 이런 분별력을 주지만 나는 여전히 도덕성의 본질을 이해하지 못한다.

내게 도덕성은 일종의 수난이다. 나는 평범한 요구는 그런대로 잘 따르는 편이다. 물론 마음에 들 때만 그렇다. 그 외에는 나만의 방침을 따르지만 이것을 정당화할 필요는 느끼지 않는다.

예전에 독일 정부에 손해배상을 청구하려는 나이 지긋한 홀로코스트 생존자 두 사람을 도운 적이 있다. 둘은 부부였는데 예쁘장한 금발의 부인은 70대 후반에서 80대 초반쯤으로 보였고, 부스스하게 헝클어진 백발의 남편은 부인보다 좀 더 나이 들어 보였다. 첫눈에 보아도 부인은 옷과 얼굴에 전 재산을 털어 넣었을 것 같은 분위기였고 남편은 로스앤젤레스에서 종종 눈에 띄는 한물간 할리우드 스타를 연상케 했다. 남편의 서류는 거의 완벽했다. 그는 보란 듯이 소매를 걷어 서류에 적힌 것과 똑같은 수감번호 문신까지 보여주었다. 반면 부인의 서류는 약간 이상했다. 무엇보다 그녀가 이전에도 손해배상을 청구한 기록이 남아 있었고 그녀의 이야기는 앞뒤가 맞지 않았다. 서류상에는 수용소에 들어갔다가 곧 풀려났다고 기록돼 있었는데, 당시 독일 정부가 이처럼 일을 비효율적으로 처리했을 가능성은 별로 없었다.

나는 서류를 어떻게 작성해야 할지 몰라 망설였다. 곧이어 나는 부인에게 기관 쪽 사람에게 보증을 서달라는 부탁을 해보겠노라고 말하며 일어섰다. 부인은 화들짝 놀라더니 내 팔을 잡고 나를 다시 의자에 끌어 앉혔다. 나이를 먹을 만큼 먹고 영어를 잘 못하는 사람이라는 점을 감안하면 그다음에 벌어진 일은 정말 이해하기가 힘들었다. 부인은 서류를 가리키며 말했다.

"이건 내가 아니에요."

어쨌든 부인의 실제 증언에 거짓말을 지어내는 내 능력이 가세하면서 우리 앞에 놓인 서류에는 가짜 생존자 이야기가 기록됐다. 금발과 푸른 눈동자의 부인은 누가 봐도 유대인처럼 보이지 않았다. 사실 재봉사였던 부인은 전쟁이 끝날 때까지 무사히 살아남았다. 그녀는 수용소에서 풀려나자마자 사망한 진짜 유대인 여자의 서류를 훔쳐 수용소 생존자라는 자기 이야기를 완성한 것이다. 이야기의 전말은 그랬다.

나는 아무런 질문도 하지 않았다. 다만 남편이 자기 아내가 정말로 어떤 사람인지 알기나 했는지 의아할 따름이었다. 그 이야기가 모두 부인의 상상력에서 나온 것인지 아니면 내가 꾸며낸 이야기인지 지금도 헷갈린다.

부인의 서류 작성을 도우면서 나는 아무런 양심의 가책도 느끼지 않았다. 내 일은 부인의 이야기를 의심하는 것이 아니라 그녀가 이야기를 제대로 만들도록 돕는 것이었다. 솔직히 나는 그 일이 즐거웠다. 오히려 부인이 존경스럽기까지 했다. 나는 여행 중에 홀로코스트 유적지 몇 곳을 둘러본 적도 있고 안네 프랑크의 일기도 질리도록 읽어보았다. 유적지를 방문할 때마다 거기에 연루된 많은 사람의 수동적인 태도를 생각하면 정말이지 기가 막혔다. 수용소 근처에 사는 주민, 인근 도시의 시민, 수용소의 간수 그리고 동료 포로까지 어쩌면 하나같이 그토록 수동적이었을까.

그 노부인을 보면서 나는 마치 내 모습을 보는 듯했다. 그건 일종의 동지 의식이었다. 부인은 어떤 대가를 치르든 홀로코스트 생존자가 되는 것의 의미를 잘 알고 있었다. 그녀는 빈곤에서 벗어나기 위해 공들여 신분을 도둑질한 셈이다. 나는 내 인생을 위해 부인에게 배워야겠다는 생각마저 들었다.

그녀는 참 운이 좋은 사람이었다. 다른 자원 변호사가 아니라 내게 일을 맡겼으니 말이다. 확고한 도덕적 기준을 들이대는 누군가가 그 일을 맡았다면 쇠지쇠지 개물어 훨씬 더 많은 정보를 알아내고, 심지어 부인을 고소했을지도 모를 일이다. 동정심이 많은 사람이라면 사연이나 방법은 다를지라도 그녀가 정말 손해배상을 받아야 할 사람들과 마찬가지로 전쟁 동안 고통을 겪었으리라 생각하며 측은지심을 느낄 수도 있다. 어쩌면 부인은 끊임없이 발각될 두려움에 사로잡혀 살았을지도 모른다. 그녀가 자유를 얻기 위해 누군가에게 뇌물을 줬는지, 누군가를 돕거나 유혹했는지 어찌 알겠는가?

아무리 그래도 변칙적으로 돈을 챙기려는 사람을 도와줄 사람은 별로 없을 것 같다. 자격이 없는 사람이 사회안전망을 기회주의적으로 이용해 편법으로 정부의 돈을 가로챈다면 누구라도 당연히 그 사람을 혐오스러워하지 않을까? 아리아인처럼 보이는 외모를 교묘히 이용해 동족의 고통을 회피한 그녀의 선택을 비판하는 사람도 분명 있을 것이다. 다행히 부인은 도덕성이라는 수수께끼 따위는 풀 생각이 없는 나를 만났다. 나는 두 사람에게 가는 길에 근사한 점심식사나 하시라고 인사했다.

성공 사다리의 꼭대기를 차지하는 사람들

혹시 당신은 가끔 뜬금없는 결정을 내려 친구나 가족을 당황하게 하는가? 소시오패스는 대개 즉흥적이다. 나도 한 가지 일에 오랫동안 집중하지 못한다. 진중하지 못해 한 가지 직업을 몇 년 이상 지속한 적이 없다. 소시오패스는 자극을 갈망하고 쉽게 지루해하기 때문에 즉흥적인 결정을 내리는 경향이 있다. 충동성이 더 커지면 한 가지 충동에만 집중하고 다른 모든 것은 배제한다. 이성이나 도리 따위는 귀에 들어오지도 않는다. 대다수가 충동을 '성마르고 조급한 성격' 정도로 생각하지만, 나는 충동을 느끼면 무정하고 냉담해진다.

나는 사람을 죽여본 적은 없지만 누군가를 죽이고 싶던 적은 분명 있다. 확신컨대 거의 모든 사람이 그런 마음을 품어봤을 것이다. 나와 가까운 사람을 죽이고 싶던 적은 드물지만, 우연히 나를 경악케 하는 사람과 대면했을 때 죽이기 일보 직전까지 간 적은 여러 번 있다.

한번은 법률학회 참석차 워싱턴 DC에 갔다가 지하철 직원에게 망신을 당했다. 내가 폐쇄된 에스컬레이터를 이용하려 했기 때문이다. 직원은 퉁명한 영국식 억양으로 내게 말했다.

"저기 노란 문이 안 보이쇼?"

"노란 문이라고요?"

"저 문 말이오! 방금 저 문을 열었으니 저기로 다시 나가란 말이오!"

침묵. 나는 아무런 표정도 짓지 않았다.

"지금 무단출입을 한 거라고요! 무단출입이 금지되어 있다는 것쯤은 아시지 않소! 이 에스컬레이터는 폐쇄되었다고요. 법을 어기면 안 되잖소!"

나는 말없이 그의 얼굴을 빤히 쳐다보았다. 내가 아무 반응도 보이지 않자 그는 당황하며 말했다.

"그러니까 다음부터는 무단출입을 하지 말아요, 됐소?"

됐냐고? 천만의 말씀. 사람들은 대개 자신이 한 불쾌한 행동이 상대에게 어떻게 받아들여지는지 모르고 그냥 '땍땍거리기'만 한다. 물론 그 기분은 나도 잘 안다. 나는 내 두뇌의 의사결정 부위로 분노가 도달할 때까지 말없이 그 자리에 서 있었다. 갑자기 침착한 결의가 온몸에 차오르기 시작했다. 나는 두 눈을 깜빡거리며 이를 악물었고 그 직원을 따라갔나. 아드레날린이 솟구치고 입에서는 쇠 맛이 느껴졌다. 나는 신경을 곤두세운 채 행인들의 움직임과 행동을 예측하고 주변을 모두 인지하려 주위를 둘러보았다.

나는 도시나 지하철에 익숙하지 않았다. 더구나 러시아워 직전의 지하철은 난생처음이었다. 나는 그 직원이 한산한 통로로 접어들거나 일반인이 드나들지 않는 문으로, 가능하면 잠겨 있지 않은 문으로 들어가길 바랐다. 단 둘이 대면할 수 있는 곳 말이다. 나는 기다리면서 자신감이 차오르는 것을, 반드시 해야 할 한 가지 일에만 극도로 집중하고 있는 나 자신을 느꼈다. 내 두 손이 남자의 목을 감싸고 엄지손가락이 목구멍 깊이 파고들어 내 손아귀에 잡힌 그의 몸에서 마지막 숨이 사라지는 장면이 떠올랐다. 죽여야 마땅하다는 생각마저 들었다.

지금 생각하면 참으로 터무니없다. 잘해야 60킬로그램인 내가 못해도 70킬로그램은 넘어 보이는 남자를 어찌 힘으로 제압한단 말인가. 악기를 다룬 전력이 있으니 손아귀 힘은 제법 강할 테지만 남자의 목을 조여 숨통을 끊어놓을 정도로 강한지 확신할 수는 없다. 숨통을 끊는 것이 말처럼 쉬울까? 목숨이 간당간당한 새끼 주머니쥐조차 죽이지 못한 내가 아닌가.

나는 과대망상적인 환상에 사로잡혔지만 결국 그 환상은 소용없었다. 사람들 틈에서 남자를 놓친 것이다. 살인적 분노는 불쑥 솟구치던 때와 마찬가지로 순식간에 사라졌다.

지금도 나는 의문이 든다. 그때 남자를 놓치지 않았다면 무슨 일이 벌어졌을까? 장담컨대 그를 죽이지는 못했겠지만 어떤 식으로든 공격했을 것이다. 그 남자도 덤볐겠지? 내가 다칠 수도 있었을 테고. 경찰까지 나타났다면? 곤경에서 빠져나오기 위해 나는 무슨 말을 혹은 어떤 행동을 했을까? 나는 종종 그 일을 생각한다. 그와 비슷했던 다른 수십 건의 사건도.

나는 내가 언제든 나쁜 일을 할 수도 있음을 인정한다. 그런 상황에 놓이면 나는 어떻게 반응할까? 깊이 뉘우치는 척을 할까? 그 뉘우침이 속임수라는 게 발각되지는 않을까?

지금까지의 관찰 결과는 자극을 향한 소시오패스의 욕구가 개인마다 다르게 나타난다는 것을 보여준다. 범죄나 폭력적인 행동으로 욕구를 채우는 소시오패스도 당연히 있다. 그런 행동이 스스로를 드러내는 방식으로 습관화되면 더욱더 그렇다. 보통 사람은 합법적인 경로, 이를테면 소방관 혹은 첩보원으로 활동하거나 기업의 중역 회의실에서 치열하게 싸우며 자극에 대한 욕구를 채운다는 말은 제법 그럴싸하다. 이런 말에 대한 내 생각은 이렇다.

'마약 딜러들 틈에서 불우하게 자란 소시오패스는 소시오패스적인 마약 딜러가 되기 십상이고, 중산층이나 유복한 가정에서 자란 소시오패스는 소시오패스적인 의사나 기업 간부가 될 공산이 크다.'

당신도 경쟁이 치열한 기업계, 금융계, 법조계에서 승진 사다리를 빠르게 올라간 사람인가? 만약 오만함, 냉정함, 교활함, 지나친 합리성 그리고 매력적인 성격을 소시오패스의 특징으로 여긴다면 수많은 소시오패스가 성공한 기업가 유형이라고 결론을 내려도 무리가 없다. 실제로 CNN의 한 기자가 핵심을 찌른 적이 있다.

"각도를 살짝 달리하면 사이코패스의 증상은 기업 정책이나 기업가적 역량으로 보일 수 있다."

소시오패스 전문가 로버트 헤어 박사는 소시오패스가 건물 경비원보다 기업체 내부 서열의 상위층을 차지할 확률이 네 배 이상 높다고 믿었다. 소시오패스의 인격적 특성이 수도 넘쳐나 있는 사리에 필요한 득성과 잘 맞아떨어지기 때문이다.

선빔과 스콧 페이퍼 사의 CEO이던 앨 던랩은 회계 부정으로 미 증권거래위원회의 조사를 받기 전까지만 해도 사업 전환과 인원 감축의 귀재로 통했다. 존 론슨의 《사이코패스 테스트》를 보면 던랩은 자신에게 사이코패스의 특징이 상당히 많다고 인정하면서 그것은 기업의 리더에게 없어서는 안 될 중요한 자질이라고 재정의하고 있다. 일례로 그는

'조종'이라는 말도 다른 사람을 자극하고 이끄는 능력이라고 재해석한다. 기업 세계에 도사리고 있는 수많은 역경에서 살아남으려면 극도의 자신감이 필요하다며 그는 이렇게 말했다.

"스스로를 사랑하지 않으면 성공할 수 없다."

물론 공감 능력이 없기 때문이겠지만 소시오패스는 해고나 인원 감축처럼 보통 사람이 개입하고 싶어 하지 않는 지저분한 일에 적격자다. 실제로 인사 결정에서 보여준 무자비함 때문에 던랩은 '전기톱 앨'이라는 별명을 얻었다.

당신은 쉽게 이성을 잃는가? 그건 상황을 잘 인식한다는 말이다. 끊임없이 자극을 원하고 승부를 즐기는가? 그렇다면 당신은 도전을 즐기는 성격이다. 기업에서는 이 모든 것이 '보상'과 동의어로 쓰인다. 권모술수, 부정직함, 냉정함, 오만함 그리고 충동 조절을 못하는 성격이 소시오패스의 나머지 특징과 결합하면 아주 위험천만한 사람이 되거나 기업의 차세대 거물이 되거나 둘 중 하나다. '성공한 소시오패스'란 '포식자 유형'이라는 의미다. 기업이 선호하는 사람도 그런 유형이 아닌가! 자멸하거나 완전히 연소되지 않는 한, 우리는 어느 곳에 있든 아찔할 정도의 성공을 이룰 가능성이 있다.

지금까지의 이야기 속에서 당신이 자신의 모습을 발견한다고 해도 그리 놀랄 것 없다. 통계학적으로 보면 이 책을 읽는 독자 중 일부가 소시오패스일 확률이 높고, 자신이 소시오패스라는 사실을 인식하지 못할 가능성도 매우 크다. 그 사람이 당신이라면 귀환을 환영한다.

공감자들의 세상에서 나는 별난 사람

단순히 '소시오패스'라는 말로는 나를 정의하지 못한다. 여러 면에서 나는 지극히 평범하다. 지금 나는 미국에서 흔히 볼 수 있는 조용한 중소 도시에서 중산층으로 살아가고 있다. 내게는 수면 장애가 있지만 주말이면 상점이 늘어선 번화가로 볼일을 보러 나가고 늘 바쁘게 일한다.

충동적으로 행동할 때를 제외하면 나는 거의 모든 일을 의도적으로 처리한다. 외모쯤은 얼마든지 쉽게 바꿀 수 있다. 손톱도 항상 깨끗하게 손질하고 눈썹도 가지런히 정리한다. 요즘에는 어깨를 덮을 정도로 머리도 길렀다. 그리고 미묘하게 절제된, 은은하면서도 요란하지 않은 옷을 입는다. 마치 세상을 향해 처음 열릴 때 파편이 박히기라도 한 듯 호박색의 날카로운 비늘 모양으로 퍼진 내 눈동자는 늘 반짝인다. 속눈썹 위까지 늘어뜨린 단정한 앞머리가 눈동자의 강렬함을 어느 정도 누그러뜨리지만 내 두 눈은 언제나 진실을 캐듯 섬뜩하게 번뜩인다.

이제 내 지능을 이야기해야 할 텐데 사실 지능은 가장 다루기 어려운 주제 중 하나다. 사람들은 자신의 외모가 형편없다는 사실은 그럭저럭 인정하는 반면 은밀하고 가변적인 특성이 있어 얼마든지 자기기만이 가능한 지능은 쉽처럼 인정하지 않는다. 심지어 징규 중학교도 새대로 마치지 못한 사람도 만약 자신이 필로폰 중독을 극복하고 컴퓨터 프로그래밍을 배웠다면 스티브 잡스가 될 수 있었을 거라고 착각한다.

나는 내 지능에 대해 꽤 현실적이다. 친애하는 독자 여러분, 미안하지만 나는 당신보다 똑똑하다. 물론 드물긴 해도 때에 따라서는 똑똑하지 않을 수도 있다. 나는 원초적 지능이 상당히 높지만 그것과는 별개로 다양한 종류의 지능이 있다는 사실을 인정한다. 그렇다고 내가 그러한 지능을 꼭 높이 평가하는 것은 아니다. 오히려 정말로 가치 있는 지능은 타고나는 것이며 그것은 주변 상황에 대한 탁월한 인식력과 학습 능력 그리고 배우고자 하는 열의라고 생각한다.

이러한 유형의 지능은 일반인에게는 좀처럼 찾아보기 힘들다. 내가 다른 사람보다 똑똑하다는 사실을 깨달은 것은 꽤 어렸을 때였다. 그 사실을 깨달은 순간 나는 승리감과 동시에 고립감을 느꼈다.

나와 비슷한 사람과 일반적인 사회구성원을 구별하는 기준은 늘 불분명하다. 단지 행동만으로 소시오패스라는 진단을 내리기는 어렵다. 그보다는 심리적 동기를 주의해서 보아야 한다. 새끼 주머니쥐를 익사시킨 내 경우를 보자. 그 자체로는 소시오패스의 행동이 아니다. 작고 귀여운 동물을 죽이는 것은 잔인하고 가학적인 행위일 수도 있지만 그 행위만으로 소시오패스라고 단정 지을 수는 없다. 내 경우 그것은 합당하고 또 냉철한 행동이었다.

나는 새끼 주머니쥐가 서서히, 비참하게 죽어가도록 놔둔 내 행동이 도덕적으로 정당하다고 생각하지 않았다. 나 자신을 정당화하고 싶은 마음도 없었다. 슬프다거나 행복하다는 기분도 들지 않았고 그 녀석의 고통을 즐기지도 않았다. 생각이란 것을 아예 하지 않았다. 그저 가능한 한 가장 간단한 방법으로 문제를 해결하고 싶었을 뿐이다. 나는 오로지 나 자신만 생각했다. 그 녀석을 살려준들 내가 피해를 받을 리는 없겠지만 그렇다고 내 기분이 좋아질 리도 없었다. 그리고 어느 순간, 녀석의 죽음을 내 손으로 마무리하는 일이 무의미해졌다. 수영장 물은 죽어가는 녀석의 몸에서 흘러나온 분비물로 진즉에 오염되었을 테고, 어차피 죽을 녀석이라 불필요한 행동을 그만두고 기다리는 편이 더 쉬웠으니 말이다.

나, 소시오패스

사실상 소시오패스와 다른 사람들을 개념적으로 구분하는 것은 행동이 아니라 우리의 강박과 유인 그리고 우리가 내면의 존재와 나누는 이야기다. 소시오패스의 머릿속 플롯에는 죄책감이나 도덕적 책임감이라는 요소가 없다. 오로지 이기심과 자기 보호 본능만 있을 뿐이다. 나는 내 선택에 도덕적 가치를 부여하지 않으며 단지 비용 효율만 따진다. 실제로 소시오패스는 하나같이 권력에 집착하고 승부욕이 강한 데다 권태를 견디지 못하고 쾌락을 추구한다. 내 플롯은 내가 얼마나 똑똑한지 또는 내가 상황을 얼마나 잘 요리하는지에 초점이 맞춰져 있다.

마찬가지로 나는 '누군가를 파멸'시키거나 도저히 헤어 나올 수 없을 만큼 내게 푹 빠지도록 유혹하는 상상을 즐긴다. 내가 행동을 변명하기 위해 나 자신에게 들려주는 이야기는 일종의 자기 강화다. 시간이 날 때마다 나는 거미가 실을 잣듯 머릿속에서 현실을 재구성해 실제보다 나를 더 영리하고 강력한 사람으로 보이게 만든다(소시오패스는 우울증에 대한 면역력이 강한데 그 이유는 분명 자신이 매력적이고 똑똑하며 교활하다고 자신에게 환상을 심어주는 능력 때문일 것이다). 내가 유일하게 수치심이나 당혹감을 느끼는 경우는 압도당했을 때다. 사람들이 내 험담을 해도 내가 그들의 허를 찔렀거나 그들을 기만했다고 스스로 확신하는 한, 나는 결코 불쾌하지 않다.

평범한 사람들은 내가 전혀 느끼지 않는 감정을 느낀다. 그들에게 죄책감 같은 감정은 넘지 말아야 할 사회적, 도덕적 한계를 넘었을 때 써먹기 좋은 편리한 지름길처럼 작용한다. 하지만 사회적으로 용인 가능한 범위 안에서 산다면 죄책감이 무슨 필요가 있을까? 더구나 사람들이 오로지 죄책감 때문에 살인, 절도, 거짓말을 하지 않는 것도 아니지 않은가. 사실 죄책감은 이런 행동을 미연에 방지하지도 못한다. 소시오패스가 죄책감을 느끼지 않아 범죄를 저지르는 게 아니라는 말이다.

우리에게는 스스로 선을 넘지 않게 만드는 대안이 따로 있다. 솔직히 말하면 죄책감이 우리의 의사결정을 좌우하지 않기 때문에 감정적 편견이 적을뿐더러 생각과 행동도 훨씬 더 자유롭다. 예컨대 나는 강제수용소의 생존자일 수도 있고 아닐 수도 있는 그 노부인에게 도덕적 잣대를 들이댈 필요나 나 자신을 개입시킬 필요를 느끼지 못했다. 나는 독특한 상황에 놓인 그 노부인을 어떻게 하면 더 많이 도울 수 있을까만 생각했다. 이것은 내가 감정과 거리를 두었기 때문이다.

최근의 조사에서 사람들은 도덕적 판단을 할 때 주로 감정과 직관에 의지하며 감정의 합리화는 그 후에 일어난다는 사실이 밝혀졌다. 인간의 뇌는 일종의 신념 공장이다. 그 공장의 역할 중 하나가 도덕적 감정을 합리적으로 정당화하는 일이다. 합리적인 의사결정이 반드시 잘못을 저지르지 못하게 막는 것은 아니지만 죄책감이나 양심의 가책도 마찬가지다. 소시오패스든 공감하는 사람('공감자들')이든 누구에게도 범죄 독점권은 없다.

사람들이 흔히 양심의 가책을 느끼는 '척'이라도 하라고 요구한다. 내가 보기에 이 요구에는 오류가 있다. 그러면서 소시오패스가 거짓말쟁이라고? 어불성설이 아닌가? 소시오패스가 진짜 자기감정(혹은 감정이 없음)을 보여주거나 마음속 생각을 보여줬을 때 단지 다수의 세계관과 다르다는 이유만으로 여생을 교도소에서 보내야 하거나 반사회적인 사람이라는 낙인이 찍히는 등 부정적인 결말로 끝난다면, 소시오패스에게는 정말 아무런 선택권이 없다.

공감자들의 세상에서 살면서 나는 내가 얼마나 별난 사람인지 뼈저리게 느낀다. 존 스타인벡은 소설 《에덴의 동쪽》에서 캐시라는 인물을 통해 소시오패스를 묘사하고 있다.

그녀가 어린아이였을 때조차 사람들은 그녀를 한 번 보고 무심코 눈길을 돌렸다가 뭔가 생소한 느낌에 당황해서 다시 쳐다보곤 했다. 그러면 그녀의 눈빛은 방금 전의 그 눈빛이 아니었다. 소리 없이 걸었고 말도 거의 하지 않았지만 그녀가 방에 들어오면 누구나 금세 알아챘다.

캐시와 마찬가지로 내게도 늘 생소해 보이는 뭔가가 있다. 역시 소시오패스인 한 친구는 그것을 이렇게 표현한다.

"멍청한 사람이든 똑똑한 사람이든 사람들은 딱 꼬집어 말하지 못하면서도 내게 뭔가 석연치 않은 구석이 있다는 사실은 알더라고."

가끔 나는 영화 〈우주의 침입자〉(외계에서 날아온 꽃씨 때문에 사람들의 정신이 이상하게 변한다는 내용의 영화 — 옮긴이)에 나오는 주민들처럼 내가 다르다는 사실을 암시하는 실수를 하거나 징조를 보여 괜한 의심을 살 수도 있다고 생각한다. 나는 다른 사람이 서로를 대하는 방식을 흉내 내는데, 그건 그들을 속이기 위해서가 아니라 그렇게 해야 내가 사람들 틈에 숨을 수 있기 때문이다. 내가 숨는 이유는 소시오패스라는 것이 탄로 나면 성별의 의미가 산뜩 남신 멍뎅 낮에 예측불허의 부성석 결과가 튀어나올 수 있어서다. 나는 단지 사람들이 나를 이해하지 못한다는 이유로 직업을 잃고 싶지도 않고 학생들과 이별하는 것도, 시설에 수감되는 것도 원치 않는다. 하지만 사회가 자유를 허락하지 않는 까닭에 나는 숨는다.

당신도 이런 내게 적개심을 느끼는가?

그렇다고 나를 가학성애자(사디스트)로 볼 필요는 없다. 때에 따라

작정하고 사람들에게 상처를 주기도 하지만 어디 나만 그런가? 가장 큰 상처는 대개 열정적인 감정으로 인해 생긴다. 질투에 눈이 먼 전 남편은 자신을 떠난 전 부인이 누군가와 함께하는 꼴을 못 본다. 무장한 광신자는 자신의 대의명분을 위해 기꺼이 죽거나 죽일 수 있다. 딸을 사랑하는 아빠는 사랑이 지나쳐 부녀의 도를 넘는다. 내 열정은 이런 식으로 위험하게 폭발하지 않는다.

그래도 가까운 사람들과 함께할 때는 내 날카로움을 가능한 한 누그러뜨리려 노력한다. 언제나 그들의 이용 가치를 조심스럽게 가늠하고 있음을 들키지 않으려고 꽤 신경을 쓴다. 그런 식으로 가늠하는 것을 사람들이 싫어한다는 것쯤은 나도 알고 있다. 또한 그들이 상처를 입으면 특권을 빼앗기거나 사회적 호의를 잃는 식으로 내게 불편한 결과만 남는다.

친구들 심지어 가족도 내 못된 행동에 한없이 관대하다가도 어느 순간에는 뒤로 물러선다. 그래서 나는 당신을 비롯한 대부분의 사람이 그렇듯 상대방의 감정에 '민감'하게 반응하도록 단련했다. 언제 입을 다물어야 할지, 언제 상대방이나 세상에 대한 그들의 경망한 생각에 맞장구를 쳐야 할지 알아야 하니 말이다. 물론 적에게는 무자비하지만 이것역시, 어디 나만 그런가?

'소시오패스월드 닷컴'을 개설하다

몇 해 전 나는 연이어 좌절을 겪었다.

상실감 속에서 자기성찰을 하던 그 시기에 나는 생각의 패턴으로 인해 '소시오패스'라는 낙인이 찍혔다는 것과 내 문제의 상당수가 그 패턴 때문이라는 것을 깨달았다. 우연히 한 친구가 그보다 몇 년 전에 나를 소시오패스로 진단했지만 그때는 대충 흘려들었다. 이번에는 진지하게 생각해봤다. 인터넷에서 도움이 될 만한 정보를 훑어보고 인기 있는 과학 잡지도 뒤적이며 해답을 찾았다. 그런데 그 모든 정보가 이상한 편견 투성이라 너무 어이가 없었다. 사기꾼에게 당한 사람들이 쓴 재미있는 블로그도 있었지만 정작 소시오패스가 자기 입장을 적은 글은 없었다.

나는 잇속을 챙기는 동시에 색다른 관점을 제공할 적기라고 생각했다. 내가 존재하듯 틀림없이 나와 닮은 사람, 즉 범죄의 세계가 아닌 기업이나 전문적인 분야에서 활동하는 다른 소시오패스도 존재할 터였다. 나는 내 관점을 반영할 대화의 장을 만들고 싶었다. 범죄라는 틀에 갇힌 진부한 연구를 뛰어넘어 소시오패스에 관한 논의를 확장하고 싶었다. 경제관념에 충실해 나는 내가 그 논의를 최초로 시도하면, 또 잘해내면 웬만큼 수익을 올리리라 기대했고, 2008년 기어코 '소시오패스월드 닷컴'이라는 블로그를 열었다. 나는 그 블로그가 소시오패스로 진단받은 사람들과 그들을 사랑 혹은 미워하는 사람들을 위한 소통의 장이 되길 바랐다.

이 글을 쓰고 있는 지금도 하루에 수천 명이 내 블로그를 방문한다. 지금까지 전 세계에서 1백만 명 이상이 블로그를 방문했다. 공격적인 나르시스트, 폭력적인 소시오패스 그리고 병적인 공감자 들이 매일 댓글을 올린다. 어떤 사람은 지나치게 예민하고 신중한 반면 노골적이고 건방진 사람도 있다. 때로 주제에서 벗어나 엉뚱한 방향으로 흘러가는 논쟁을 지켜보는 재미도 쏠쏠하다. 방문자들은 블로그 안에서 약자 괴롭히기,

비슷한 부류끼리 압력 행사하기, 텃세 부리기, 망신을 주거나 놀리기 등을 하며 내가 생각지 못하던 복잡하고 역동적인 사회를 구축하고 있다. 고백을 해결책으로 생각하거나 최소한의 자기 수용으로 여기며 경험을 솔직히 털어놓는 사람도 있는데, 나는 그 심정을 이해한다. 더러는 말없이 사이트를 둘러보기만 하는, 자기에게 유익한 정보를 찾거나 비정상적인 익명의 무리와 동질감을 느끼려고 찾아오는 사람도 있다.

내가 블로그에서 느끼는 가장 큰 묘미는 다른 소시오패스를 만나는 것이다. 실제로 나는 까다롭고 복잡한 기질과 화려한 이력을 가진 사람들의 은밀한 공동체를 만들고 싶었다. 차이점은 많겠지만 어쨌든 나는 그들 안에서 나를 발견하고 그들도 내 안에서 자신들의 모습을 확인한다. 나는 자기 행동을 자제하지 않으면서 소시오패스를 사칭하는 살인자나 강간범 혹은 연쇄살인마와는 다르다. 우리는 헤어 박사가 정의한 소시오패스라는 범주 안에서 모두 만나고 있다.

우리는 일종의 자원을 공유하는 대신 각자의 방식으로 존재하는 법을 터득해 대개는 고립된 채 살아간다. 세상은 우리를 미워할지 모르지만, 어쩌면 우리도 서로를 잘 모르거나 심지어 서로를 좋아하지 않을지도 모르지만, 최소한 우리 방식대로 서로를 이해할 수 있고 우리와 닮은 사람의 전례도 알고 있다. 블로그든 실제 삶에서든 나는 우연히 마주친 다양한 소시오패스와 다른 인격 유형의 사람들에게 나를 보여주며 정작 나 자신도 모르던 소시오패스에 대한 오해, 이를테면 범죄를 저지른 소시오패스가 지나치게 충동적이고 역할 능력이 떨어진다는 식의 오해를 배제할 수 있었다. 또한 소시오패스는 보통 사람과 조금 다를 뿐이라는 사실도 새삼 확인했다. 물론 대개는 위험하고 섬뜩하게 다르지만 말이다.

나는 블로그에서 한 번 물면 절대 놓지 않는 핏불 테리어처럼 일단 목표물을 정하면 그 대상에게 집중해 차근차근 정보를 모으고 그를 친구나 가족과 격리시킨 다음, 결혼생활을 방해하고 가정을 파괴하는 소시오패스들도 만났다. 그들에겐 이 모든 것이 게임이다. 소시오패스는 타인의 인생을 파멸시킬 힘과 의도를 모두 갖고 있다. 그들은 온라인상에서도 낯선 사람에게 그런 일을 한다.

나는 내가 아주 나쁜 사람이 아니라는 이유로 대부분의 소시오패스를 두려워할 필요가 없다는 식의 얘기를 할 생각은 없다. 내가 똑똑하고 고도로 기능적이며 비폭력적이라고 해서 거리를 활보하는 모든 소시오패스가 반드시 피해야 할 어리석고 무자비하며 위험한 사람이 아니라는 의미는 결코 아니다. 나도 그런 사람은 무조건 피하려 한다. 그렇다고 소시오패스에게는 자기들끼리의 충돌을 피하려고 서로 주고받는 통행증 같은 게 있다는 말은 아니다. 정말로 극단적인 소시오패스는 어쩌면 골방에 앉아 내 블로그에 아무런 댓글도 달지 않으면서 옆집 소시오패스가 자신과 어떤 면에서 비슷하고 어떤 면에서 다른지 꿰고 있을지도 모른다. 우리에게는 공통점이 많지만 그것을 표출하는 방식은 다르다.

내 경험상 독방에 갇힌 사형수에서 무자비한 벤처 자본가, 자녀를 치어리더로 만들기 위해 헌신하는 냉엄한 엄마에 이르기까지 소시오패스는 어떤 분야든 극단의 범주에 들어간다. 다운증후군을 예로 들어보자. 내 친척 중 두 명이 다운증후군 환자인데, 한 명은 혈통이 같고 한 명은 입양했다. 혈통이 같은 친척은 그의 가족 그러니까 형제나 부모와 외모가 닮았다. 그런데 그 친척은 다운증후군을 앓는 입양한 여동생과도 닮았다. 실제로 사람들은 그가 친형제보다 입양한 다운증후군 여동생과 더 많이 닮았다고 말한다. 유난히 넓적하고 편평한 얼굴, 주름진 눈꺼풀, 작은 키 같은 다운증후군의 특징이 훨씬 더 뚜렷해 옛 모습을 일부러 찾아보지 않는 한 다들 그렇게 말한다.

다운증후군은 흥미로운 질환이다. 정상인보다 염색체 하나가 더 있어서 다른 유전자의 표현 방식에 영향을 미치니 말이다. 마치 한 사람의 미숙한 유전 물질 위에 완전히 다른 가면을 올려놓은 것 같다.

나는 소시오패스도 이와 비슷하다고 생각한다. 내 성격은 친형제와 많이 닮았다. 또한 내 주변 사람들, 즉 동료와 친구뿐 아니라 나와 세계관이 비슷하거나 서로 보완적이라 가까이 지내는 사람들과도 닮았다. 동시에 나는 다른 소시오패스와도 상당히 닮았다. 나 같은 사람은 수적으로 드문 탓에 어떤 면에서는 훨씬 더 눈에 잘 띈다.

내 사고방식과 행동 성향이 성별, 민족, 인종, 국적, 배경, 나이가 다른 낯선 누군가와 꽤 닮았다는 사실은 정말 놀라운 일이다. 그렇다고 내가 다른 소시오패스들과 완전히 똑같은 것은 아니다. 내가 관찰한 바에 따르면 우리는 모두 많이 다르다. 각자의 운명적인 가족과 닮은 것은 두말할 필요가 없다.

처음 블로그를 시작했을 때 나는 내가 소시오패스라는 사실이 무엇을 의미하는지에 관해 글을 쓰면서 매일 고민했다. 소시오패스적 기질이 내 삶에 미친 영향을 제한적으로 쓰면 블로그 독자들이 내가 정말로 소시오패스인지 의심할 게 뻔했다. 다른 한편으로 나는 TV에나 나올 법한 풍자적 캐릭터가 아니라 진짜 살아 있는 사람으로서 나 자신을 보여주고 싶었다. 나는 흥미보다 신뢰성에 무게를 두기로 결심했다. 이 책의 목표도 똑같다. 나는 앞으로도 세상과 더불어 살아가야 한다. 지금까지는 발각되지 않고 잘 살았지만 앞으로 얼마나 이 상태를 더 유지할지 장담할 수 없다.

결국에는 나도 소시오패스 전용 수용소에 갇힐까? 차라리 그건 운이 좋은 건지도 모르겠다. 내 블로그를 찾는 수많은 사람이 훨씬 더 강력한 조치, 예를 들면 우리가 완전히 박멸되기를 바란다. 바라건대 당신도 일단 소시오패스를 한 명이라도 알게 되길. 그리고 그 냉혈한도 내가 가축 운반차를 타고 어딘가로 떠밀려가는 모습에 약간의 동정심을 느낀다는 사실을 깨닫길 바란다.

어쩌면 당신은 또 다른 것을 얻을지도 모른다. 당신이 매일 만나 관계를 맺는 어떤 유형을 인정하고 이해하게 될지 누가 아는가. 나는 내가 소시오패스의 원형이라고 생각하지 않는다. 내가 하는 모든 행동이 소시오패스와 관련된 책에 나오는 것과 똑같지도 않다. 블로그의 독자 중에는 내가 정말로 소시오패스인지 의심하는 사람도 많다. 분명히 말하지만 내가 하는 모든 행동이 심리학자들이 개발한 소시오패스 진단 기준에 부합하는 것은 아니다.

이런 말을 하면 사람들, 특히 영화에 나오는 사이코 킬러들의 행동만 보고 소시오패스를 이해한 사람들은 놀라움을 금치 못한다. 사이코패스와 우리에게는 어느 정도 공통점이 있다. 무엇보다 사고방식이 비슷하다는 점에서 나도 종종 다른 소시오패스가 섬뜩하게 느껴진다.

내가 굳이 내 내면적 대화와 나를 자극하는 요인을 밝히는 까닭은 사람들이 어느 한 소시오패스의 사고방식을 이해하면 다른 소시오패스의 사고방식도 이해할 수 있는 통찰력을 얻으리라는 생각 때문이다. 어쩌면 내 사고방식이 당신의 사고방식과 크게 다르지 않다는 사실을 발견할지도 모른다.

고고학자 클라우스 슈미트는 현대 문명사회에 신석기시대에 없던 괴물과 혼혈 종자들이 출현한 것은 문명이 고도로 발달했음을 보여주는 증거라고 주장했다. 그의 말인즉 한 사회가 발달할수록 자연에 대한 필연적이고 건전한 공포는 사회 스스로 창조한 대상에 대한 공포로 발전한다는 것이다.

12세기 무렵 크레티엥 드 트루아가 쓴 것으로 알려진 시집《이벵, 사자를 이끄는 기사》에는 낭만적인 시 한 편이 나온다. 모험을 즐기는 기사 이벵은 어느 날 빈터에서 우연히 괴물과 마주친다.

"덧없는 사악함이여, 인간의 말로는 형언할 수 없는 괴물이여."

내 생각에 그 피조물은 어린 소녀인 것 같다. 소녀는 부모님의 큰 저택에서 언니와 함께 쓰는 침대 위에 누워 있다. 검은 덩굴손 같은 머리카락을 속눈썹 아래로 살짝 늘어뜨린 소녀는 찢어진 목구멍에서 선명하고 붉은 액체를 흘리는 몽상에 젖어 있다. 이벵은 자신에게 결투를 신청할지 확인하기 위해 괴물에게 말을 건다.

"보라, 너는 선의 피조물이냐 악의 피조물이냐. 내가 네 정체를 알게 하라."
피조물이 대답한다.
"나는 인간이라오."
"대체 어떤 인간이란 말이냐?"
"보이는 그대로라오. 결코 다른 존재가 아니라오."

사람들은 소시오패스가 무슨 생각을 하는지에 관심이 많다. 이해는 하지만 그 동기는 나쁘다고 생각한다. 만약 유혈이 낭자한 폭력을 기대한다면 이 책은 분명 당신에게 실망을 안겨줄 것이다. 그런 이야기는 없다. 더구나 누구든 어쩔 수 없는 상황에서는 무서운 살인자가 될 수도 있다. 나는 그런 이야기에는 전혀 관심이 없다. 아니, 적어도 그런 인간성에 대해 내가 더 보탤 이야기는 없다. 그보다는 내가 왜 가장 친한 친구에게 집을 사주기로 했는지, 왜 며칠 전에 내가 오빠에게 1만 달러를 주었는지가 더 흥미롭다고 생각한다.

　최근에 말기암 진단을 받은 한 친구에게서 이메일을 받았다. 그 친구는 내가 준 선물이 가장 의미 있고 유익했다고 또 나를 알게 되어 얼마나 감사한지 모른다고 썼다. 나는 매우 사려 깊고 유능한 교수로 인정받고 있으며 매년 교수평가에서도 교내 최고 점수를 받는다. 또한 나는 신앙심이 깊다. 특히 착한 사람 역할을 잘하지만 아직은 대부분의 착한 사람이 자극을 받거나 제약받는 일에서 똑같이 자극이나 제약을 받지는 않는다. 내가 과연 괴물일까? 나는 그저 인간성이라는 스펙트럼에서 당신과 내가 있는 자리가 서로 다를 뿐이라고 생각한다.

2장

소시오패스라는
진단

내가 소시오패스라는 사실을 어떻게 알았는지 궁금한가? 뒤늦게 깨달았지만 내가 소시오패스라는 증거는 생각보다 많았다. 내가 나를 탐구하기 시작한 것은 이십대 후반 실직과 개인적 좌절을 겪으면서였다.

내 가족은 한 가지 일을 몇 년 이상 하지 못하는 나를 두고 지금도 장난삼아 농담을 한다. 고등학교는 내가 국가장학생이 되고도 남을 정도로 성적이 우수했을 만큼 내겐 오락 수준이었다. 대학에서는 충동적으로 음악을 선택해 타악기를 전공했다. 그 이유는 별것 아니었다. 한 가지 악기만 연주하기엔 내 집중력이 좋지 않아 네 가지 악기를 동시에 다루는 걸 택한 것뿐이다. 그 후에는 로스쿨에 들어갔다. 역시 이유는 별것 아니었다. 그저 뭔가 할 일이 필요했고 로스쿨은 별도의 전제 조건 없이 들어갈 수 있는 대학원이었다. 머리는 좋은 게 분명한데 뭐든 금세 싫증을 느낀 탓에 학부 평점은 그저 그랬지만 로스쿨 입학시험에서 우수한 성적을 거둬 최고의 로스쿨에 들어갔다.

로스쿨을 졸업한 후에는 자칭 '초일류'라며 자부심이 대단한 로펌에 변호사로 들어갔다. 내 동료들은 모두 최상위 열 개 대학에서도 톱클래스를 차지하던 사람들이었다. 나는 로스쿨을 수석으로 졸업했지만 로펌에는 턱걸이로 입사했다. 우리는 최고 중의 최고였고 로펌은 최고의 대우를 약속했다. 로스쿨을 졸업한 지 2년 만에 내 기본급은 17만 달러로 뛰었고 그 외에도 총 9만 달러의 보너스를 받았다. 로펌에 있는 동안 급여가 매년 몇 곱절씩 늘어났지만 사실 나는 형편없는 직원이었다. 무엇보다 수익과 상관없이 마음이 내키지 않거나 이력에 이로울 것 없는 일에는 절대 손을 대지 않았다. 내 고민은 어떻게 하면 교묘히 프로젝트에서 빠질까, 어떻게 하면 점심시간이나 휴식시간을 더 빼낼까 하는 것뿐이었다.

그러다가 첫 근무 평가서를 보고 기절할 뻔했다. 결국 상사의 사무실로 불려가 제대로 일하지 않으려면 당장 때려치우라는 말을 들었는데 그땐 정말 당황스러웠다. 그럼에도 나는 일을 제대로 하지 않았다. 대신 몇 군데 로펌에서 면접을 보았고 전 직장과 비슷한 수준의 일류 로펌에서 더 많은 급여를 주겠다는 제안도 받았다. 하지만 나는 월급만 많이 받는 시시한 사무직원이 되기는 싫었다. 결국 나는 법률회사의 신참 보조직원으로 일하는 것보다 좀 더 훌륭한 일을 계획했다. 당연히 잘할 자신도 있었다. 두 달 후, 나는 개인 소지품이 담긴 종이상자 하나를 들고 회사에서 나와 나를 태우러 올 친구를 기다렸다.

그즈음 그 친구의 아버지가 말기암 진단을 받았다. 똑똑하고 독립적이며 통찰력도 있어서 나와 곧잘 어울린 그 친구가 갑자기 감정적으로 무너지더니 가족의 도리를 다하느라 지치기 시작했다. 그 친구를 위로하다 보니 나도 녹초가 될 지경이었다. 그러다 문득 내가 별 소득도 없는 관계에 많은 노력을 기울이고 있다는 생각이 들었다. 그 친구와 관계를 끊을 때가 된 것이다. 처음에는 홀가분했다. 나중에는 그 친구가 보고 싶겠지만 언젠가는 또다시 성가셔서 관계를 끝낼 거라는 생각이

들었다.

그 후 2년간 나는 실업 급여를 받으며 지냈다. 가족은 그런 나를 걱정하며 내가 앞으로 어떻게 살 작정인지 궁금해했다. 내겐 존재적 위기감 따위는 없었다. 언제나 2년짜리 시한부 삶을 살고 있었으니까. 나는 2년 후의 일은 가능성으로 따지면 무시할 수 있을 정도로 너무 불확실하다고 생각했다.

2년짜리 계획도 암울하긴 마찬가지였지만 어쨌거나 내게 이런 식의 복합적인 손실은 흔치 않은 일이었다. 그렇게 빈둥거리다 마침내 나는 방향 감각마저 잃고 말았다. 그저 어리석다는 말 외에는 달리 표현할 길이 없었다. 돈과 명예를 동시에 안겨준 직장을 휴지조각처럼 버린 내가 아닌가.

경영대학원에 가볼까? 거기 나오면 또 뭘 하지? 평생 성공과 좌절의 순환을 되풀이하겠다고?

나는 친구가 나를 가장 필요로 할 때 냉정하게 외면했다. 지금까지 얼마나 많은 관계를 파괴했을까? 나는 보통 사람은 이런 식으로 관계를 단절하지 않는다는 것을, 그대로는 삶을 지속할 수 없으리라는 것을 깨달았다. 내가 평범하지 않다면 나는 과연 어떤 사람일까?

인정머리 없게도 나는 습관처럼 다른 사람을 제쳐놓고 내가 진짜 어떤 사람인지 알기 위해 내 가식적인 면을 하나씩 벗겨냈다. 그러다가 내가 어린 시절에 파충류 책에서 본 카멜레온처럼 되려고 노력했다는 사실을 깨달았다. 그나마 있던 사회성도 잃었고 남을 고려하는 내 모든 노력도 내면의 존재와 철저히 분리된 피상적인 흉내에 불과했다. 더구나 나는 그 내면의 존재를 이해하지 못했다. 나는 나를 쳐다보는 사람들의 눈길을 한 번도 달가워하지 않았다. 그들이 아니라 내가 바라보는 쪽이어야 했다. 그제야 나는 나 자신을 가까이 들여다본 적이 없음을 깨달았다.

나는 내가 만들어낸 거짓말을 믿는 데 길들여져 있었다. 내가 정상이라는 느낌이 드는 순간에만 집중했던 것이다. 괴물은 슬픈 영화를 보고도 울지 않는다. 괴물의 심장은 연인과의 이별에도 아파하지 않는다. 그러니 내 눈물은 내가 지극히 정상이라는 증거이리라. 수많은 노래가 들려주듯 내 가슴에도 고통이 있다는 증거 말이다. 정상이 아니라면 어떻게 내 가슴이 무너지듯 아플 수 있을까? 그 정도면 내가 문제가 있는 사람이 아니라는 확신을 얻기에 충분했다.

나는 내가 다른 사람들만 속인다고 생각했다. 하지만 나는 몇 년 동안 나 자신에게도 거짓말을 하고 있었다. 어느 순간부터 자기기만에 빠졌고 내가 누구인지 까맣게 잊었다. 그때는 정말 나 자신에 대해 아무것도 몰랐다. 그렇게 자기 자신도 모르는 바보가 되고 싶진 않았다. 나는 난생처음 무언가를 하지 않으면 안 된다는 생각을 했다.

고칠 수 없는 별난 구석

전환점이 된 것은 맞지만 깊은 자아성찰을 한 게 그때가 처음은 아니었다. 대학에 다니는 동안 불쾌한 사회적 문제에 휘말리는 바람에(자세한 얘기는 5장에서 하겠다) 내 인생은 완전히 엉망이 되고 말았다. 내게는 나를 한마디로 정의할 그 어떤 이름표도 없었다. 그 무렵 단호할 정도로 솔직하게, 오랫동안 자기분석을 한 후 나는 비로소 깨달았다. 내가 몹시 교묘한 수완가라는 사실을, 피상적인 수준에서만 관계를 맺는 교활한 사람이라는 사실을, 권력에 집착하고 출세를 위해서라면 어떤 짓이라도 기꺼이 하는 사람이라는 사실을……. 인생에 부정적 영향을 미칠 것 같아 나는 그런 기질을 억누르고 통제하려 했다. 적어도 피해를 최소화하는 수준으로 방향을 틀어보려 했다.

그때는 '소시오패스'라는 말도 몰랐을 뿐더러 내가 그중 한 사람일 수 있다는 예감도 없었다. 몇 년 후 로펌에서 일하는 동안 동료 하나가 그 가능성을 지적할 때까지는 그랬다. 그 동료와 나는 하계 인턴사원으로 함께 일했는데 주로 잔심부름을 맡았다. 일이 너무 따분해서 나는 그 동료가 어릴 적 입양됐고 동성애자라는 사실을 알게 되었을 때부터 순전히 호기심으로 그녀의 삶을 캐내기 시작했다. 약간 통통했지만 쾌활하고 사교적인 그녀는 감정적으로 상처를 입기 쉬운 보물처럼 보였다. 나중에 알게 되었지만 그녀는 보물 이상이었다. 그녀는 지적 호기심이 강했고 세상을 살아가는 방식에도 열린 자세를 보였다. 우리는 사무실을 함께 쓰며 정치, 종교, 철학에서 패션에 이르기까지 단조로운 업무로부터 머리를 정화해줄 모든 화젯거리를 꺼내 몇 시간씩 이야기를 나누었다.

그녀는 처음부터 직장에서는 옷을 이렇게 입으라는 둥, 매일 치즈버거만 먹지 말고 직접 만든 퀴노아 샐러드를 싸고 와서 먹으라는 둥 내게 엄마 노릇을 하려고 들었다. 나는 그녀가 주위의 모든 사람을 어떻게 기분 좋게 만드는지 관찰하고 분석하기 시작했다. 사실 나는 그녀가 내뿜는 매력의 부스러기만이라도 복제할 수 있기를 바랐다. 그런 내 바람을 그녀에게 솔직히 말하기도 했다.

내가 합리성이라는 무정한 렌즈를 통해 세상을 바라보는 데 반해, 그녀는 감성이 충만한 시각으로 세상을 바라보았다. 물론 합리성의 가치를 모르지 않을 만큼 똑똑했지만, 때로 그녀는 '동정'이나 '연민' 같은 말랑하고 이해할 수 없는 감정 편에 서서 의도적으로 합리성을 버렸다. 원래 나는 그런 감정에 전혀 가치를 두지 않지만, 모든 사람이 나처럼 음악이나 자동차에 예리한 감각을 발휘하는 것은 아니듯 사람들이 그런 감정에 관심을 보이는 것은 당연하다고 인정했다.

그녀에게 신학 석사학위가 있음을 알았을 때 나는 그녀의 믿음을 떠보고 싶었다. 짓궂게도 나는 신이 그녀를 동성애자로 만들었는지, 그녀에게 소중한 것은 무엇인지 물었다. 특히 내가 거의 경험해보지 못한 이타심에 대해 질문했다. 그러면서 사람이든 물건이든 유용성을 정확히 평가하는 능력이 있으면 다른 식으로는 그 사람을 평가할 생각이 들지 않는다는 내 의견도 들려주었다. 당시 암에 걸린 아버지를 간병하던 친구와 아직 관계를 끊지 못하고 있었지만, 쓸모도 없으면서 괜한 부담을 준다는 이유로 관계를 끊은 사람이 제법 많았다. 나는 그녀에게 내가 관계를 끊는 것은 이타심이 부족한 탓인지도 모르겠다고 인정했다. 어쩌면 보통 사람이 단호하게 결정하지 못하고 어정쩡하게 관계를 유지하는 반면, 내가 미련 없이 관계를 끊는 걸 두고 이타심이 없다고 곡해하는 것인지도 모른다는 말도 덧붙였다. 내 동료는 동정심이 가득한 표정으로 고개를 끄덕였다.

이타심에 관한 얘기를 나눈 지 얼마 지나지 않아 우리는 사랑하는 사람이 고통받을 때 어떻게 행동하는 것이 적절한지에 대해 토론했다. 나도 그런 상황이라면 위로를 하겠다고 말했다. 그러나 그녀는 내 대답에 신빙성이 없다고 생각하는 듯했다. 곧바로 혹시 스스로를 소시오패스라고 생각하지 않는지 내게 물었으니 말이다. 나는 어떻게 대답해야 할지 몰랐다. 단지 그 단어를 곱씹으며 소시오패스가 무엇인지 또 그녀가 왜 나를 소시오패스라고 생각하는지 궁금해 했을 뿐이다. 소시오 (socio)는 사회적(social) 혹은 사회(society)라는 뜻이고, 패스(path)는 병적인 고통이나 증상이라는 의미다. 결국 소시오패스란 사회적인 분별력에 장애가 있음을 의미한다.

그렇게 생각하니 별로 거부감이 들지 않았다. 불쾌할 이유도 없었다. 내게 고칠 수 없는 별난 구석이 있다는 말은 너무 많이 들어서 이미 익숙했다. 나는 오래전부터 보통 사람은 단지 만족감이나 쾌락을 얻기 위해 일이나 사람을 계산적으로 판단하지 않는다는 사실을 알고 있었다. 물론 나는 사람들이 '죄책감'을 느낀다는 사실은 최근에야 깨달았다. 더불어 죄책감은 부정적인 결과가 아니라 의식 속에 깊이 박힌 정체 모를 어떤 도덕적 명령 때문에 발생하는 일종의 후회라는 사실도 알게 되었다.

보통 사람은 타인에게 상처를 주면 내가 전혀 느끼지 못하는 어떤 불쾌한 감정을 느낀다. 마치 자기가 준 상처가 궁극의 선과 조화롭게 연결돼 자신에게 되돌아오기라도 할 것처럼 말이다. 몇 년 동안 나는 그런 감정을 느끼려고 노력해봤다. 최소한 표정이라도 따라하려고 해봤지만 단 한 번도 그 감정을 실제로 느낀 적은 없었다. 나는 점점 더 궁금해졌다. 혹시 나와 같은 사람을 지칭하는 명칭이 있을까? 내 나름대로 조사한 자료에서 나를 발견하는 데는 별 문제가 없었지만 그런 게 있다면 나를 좀 더 알 수 있을 것 같았다.

알고 보니 그 동료는 알고 지내던 남자가 소시오패스라는 사실을 나중에야 알았다고 했다. 동료는 사기꾼 같은 그 남자의 손아귀에 잡혀 애꿎은 희생자가 된 게 아니라 오히려 오랫동안 그 남자와 깊은 우정을 유지하고 있었다. 돌이켜 보면 내가 소시오패스라고 확고히 믿었음에도 나를 평범한 인간으로 대해준 그녀의 의지 덕택에, 나도 이해받을 수 있고 또 있는 그대로의 내 모습으로 인정받을지도 모른다는 가능성을 품은 것 같다. 그녀는 양심적이고 공감할 줄 아는 사람 중에도 나와 같은 존재를 혐오하지 않는 사람이 있음을 보여준 산증인이었다.

나는 내 증상을 설명하는 단어가 있다는 사실을 알고 몹시 기뻐했다. 내게만 그런 증상이 있는 게 아니라는 의미가 아닌가. 자신 외에도 게이나 트랜스젠더가 많다는 사실을 알게 된 사람들의 기분도 그럴 것이다. 그들은 처음부터 직감적으로 알고 있었겠지만 말이다.

해고된 후 성찰의 시간을 보내면서 불확실하게나마 자가진단을 내리고 또 몇 해가 지났다. 소시오패스라는 단어가 일단 내 의식에 자리잡자 처음 발견했을 때의 흡족함은 차츰 엷어졌다. 내게 소시오패스라는 말은 흥미롭지만 별로 적절하지 않은 버릇처럼 대수롭지 않은 괴짜 행동쯤으로 여겨졌고 어느 순간 완전히 잊었다. 하지만 삶이 나락으로 떨어지고 예전처럼 살 수 없음을 깨닫고 나서야, 나는 내가 남과 다르면서도 '다름'을 무시하고 있다는 사실을 인정했다.

소시오패스의 프로파일

나는 필사적으로 해답을 찾으려 노력했다. 치료 전문가도 만났지만 그녀는 내가 얼마든지 갖고 놀 수 있는 장난감 수준에 불과했다. 그런 알량한 만족감을 주면서도 상담료는 얼마나 비쌌던지. 상담을 받던 중 나는 하계 인턴 기간에 동료에게 우연히 '소시오패스'라는 진단을 받았던 기억을 떠올렸다. 어쩌면 거기서 해답을 찾을지도 모른다는 생각이 들어 온라인상에 내용의 전문이 올라 있는 책을 읽기 시작했다. 현대적 사이코패스 개념의 대부로 불리는 허비 클렉클리가 쓴 책이었다.

클렉클리는 1941년에 출판한 획기적인 저서 《온전한 정신의 가면》 에서 이른바 사이코패스라는 인격의 프로파일을 제시했다. 그런데 그가 묘사한 사이코패스는 지금 우리가 흔히 소시오패스라고 부르는 인격과 유사하다. 클렉클리는 사이코패스는 사회인의 역할에 충실할 뿐 아니라 정신적으로도 온전한 능력을 갖춰 평범한 사람, 심지어 대단히 성공한 사람으로 보이는 까닭에 진단하기가 몹시 어렵다고 설명했다. 그의 설명 을 더 들어보자.

사이코패스는 합리적이고 현실적으로 생각할 뿐 아니라 정상적인 감정을 드러내는 것처럼 보인다. 그가 품은 야망도 건전한 열정으로 비 춰지고 의심 많은 관찰자조차 그의 신념을 단호하고 결연한 의지로 여 긴다. 그는 타인의 관심에도 적절한 감정으로 대응하는 듯 보인다. 그가 자기 아내나 아이들, 부모님에 대해 말할 때면 모두가 그를 헌신적이고 성실하며 인간미가 넘치는 사람으로 인정한다.

클렉클리는 사이코패스를 겉으로는 다른 사람들처럼 느끼고 소망 하며 기대하고 사랑하는 듯 보이지만 실은 탁월한 능력을 갖춘 반사회 적인 사람이라고 정의했다. 사실상 사회에서 그들을 분간하기는 어렵다. 사이코패스는 여러 면에서 나는 사람이 하지 못하는 일에 탁월하다. 클 렉클리가 말하는 사이코패스는 비범하리만큼 매력적이고 위트가 있다. 또한 차분하면서도 말이 유창하고 절박한 상황에서도 냉정함을 잃지 않 는다.

물론 이처럼 '온전한 정신의 가면' 뒤에는 거짓말쟁이, 교활한 조 종자, 책임감이라고는 눈곱만큼도 없이 자신의 의무를 저버리는 사람이 숨어 있다. 충동적이고 변덕스러워 잘 흥분하고 똑같은 실수를 여러 번

반복하는 사람, 자아도취에 빠져 감정적으로 진정한 유대감을 형성하지 못하고 문란한 성생활을 하는 사람이 느끼는 감정은 대개 자연스러운 감정을 조악하게 모방한 것이다. 클렉클리는 이 독특한 인격적 특징의 조합은 사이코패스뿐 아니라 기업이나 범죄의 세계에서 악명 높은 사람들의 특징과도 일치한다고 인정했다.

나는 반세기도 훨씬 전에 쓴 클렉클리의 임상학적 프로파일보다 더 내 안의 소시오패스를 잘 설명한 글을 어디서도 찾지 못했다. 수백 명의 환자를 관찰하면서 클렉클리는 사이코패스임을 보여주는 중대한 특징 열여섯 가지를 추려냈다. 그 특징은 지금까지도 소시오패스나 사이코패스를 비롯해 여러 반사회적 장애를 진단하는 데 쓰인다.

- 외관상의 매력과 뛰어난 지능
- 망상이나 비이성적인 생각을 한다는 징후 없음
- 과민하거나 신경증적이라는 징후 없음
- 신뢰성 없음
- 진실성이 없고 불성실함
- 양심의 가책과 수치심이 부족함
- 반사회적 행동에 대해 부적절하게 동기부여됨
- 판단력이 부족하고 경험을 통해 배우지 못함
- 병적으로 자기중심적이고 타인을 사랑하지 못함
- 전반적으로 주요 정서적 반응을 하지 못함
- 특정한 통찰력 결여
- 일반적인 대인관계에 반응이 없음
- 술에 취했을 때 혹은 술을 먹지 않았을 때도 간혹 엉뚱하고 불쾌

한 행동을 함

- 드물게 자살 행위를 시도함
- 섹스를 대수롭지 않게 여기고, 상대를 비인간적으로 대하며 그와 소통하려는 노력을 하지 않음
- 인생 계획을 실행하지 못함

점성술을 보고 '어, 이거 신기하네'라는 생각이 드는 것처럼 클렉클리의 책을 우연히 읽었을 때 나도 그런 기분이었다. 모든 것이 착착 들어맞은 것은 아니었지만 전반적으로 많은 점이 소름끼치도록 정확했다. 특히 삶의 방향을 찾지 못하고 친구들에게 냉정하게 대하거나 일에 집중하지 못하는 내 문제의 바탕에 깔린 심리적 패턴이 그대로 드러났다. 내가 너무 놀라 입을 다물지 못한 부분은 클렉클리가 환자를 묘사한 대목이었다. 어떤 환자는 나와 공통점이 꽤 많아서 내 이야기를 쓴 게 아닌가 하는 생각마저 들었다. 그중에서도 안나라는 환자의 이야기는 마치 내 삶을 소설로 쓴 것처럼 보일 지경이었다.

그녀에게 특별히 눈에 띄는 점은 없었지만 내 사무실에 발을 들여놓는 순간, 그녀는 단번에 이목을 끌었다. 조금도 꾸밈 없이 빛나던 그녀는 어딘가 미인 같으면서도 여느 미인들이 풍기는 인상적인 면이 없었다. 그녀는 또렷하면서도 빠르고 가벼운 영국식 억양으로 말했다. 특히 'r's'와 'ing's'를 끊임없이 반복했고 마치 런던 사람처럼 'been'을 규칙적으로 사용했다. 조지아에서 나고 자란 여성이니 그런 억양은 틀림없이 꾸민 것이리라. 그런데 외려 그 가식적인 억양이 그녀를 만나는 사람들을 늘 즐겁게 해주었다. 천진난만하다는 말은 그녀처럼 세련되고

예의바른 사람에게 쓰기엔 어딘가 부적절하지만, 그녀를 처음 본 순간 '천진난만'이라는 말 외에는 어떤 말도 떠올릴 수가 없었다. 신선하고 꾸밈없으며 순수하다는 부수적 의미를 곁들여.

클렉클리는 그녀에게 마음이 끌린 것 같다. 나는 클렉클리가 그녀의 별난 점을 묘사한 방식이 마음에 든다. 억양, 꾸밈없음, 신선함 그리고 아름답다고 할 수는 없지만 어딘지 모르게 사람의 마음을 끄는 힘, 지성과 매력. 이건 딱 나를 두고 하는 말이다. 안나는 《카라마조프가의 형제들》을 즐겨 읽었다고 한다. 나중에 클렉클리는 그녀가 전형적인 지적 교육과 양육을 받고도 지식인의 취향이나 편견을 갖지 않고 러시아 작곡가의 음악뿐 아니라 가십거리가 가득한 잡지에도 똑같이 관심을 보인다고 밝혔다. 이것 역시 나를 말하는 것 같았다. 클렉클리는 안나가 주일학교 교사나 적십자 자원봉사자로 매우 성실히 일했지만 다른 한편으로 동성과 마구잡이식 정사를 벌였다고 했다. 한 번은 병원에 입원해 있는 동안 모범적인 환자로 인정받고 나서 한 간호사와 정사를 벌였다고 기록했다. 믿을 수 없을 만큼 내 인생과 판박이였다. 주일학교 교사나 모범적인 환자처럼 겉으로 드러난 대수롭지 않은 점에서부터 성적으로 별난 취향을 보인다는 다소 중대한 점까지도 완전 판박이였다. 나는 어안이 벙벙했다.

클렉클리는 안나가 자신의 기준에 부합한다고 생각하는 가장 주된 이유는 문란한 성생활에 죄책감을 느끼지 않는다는 점이라고 분명히 밝혔지만, 그렇다고 클렉클리의 모든 검사항목 총합을 안나라고 할 수는 없다. 그녀는 사람이다. 내가 클렉클리의 책을 읽으면서 강한 동질감을 느낀 것은 검사항목이 아니라 '사람들'이었다. 클렉클리도 자신의 검사항목은 '사람들'이 학력이나 배경, 사회 경제적 신분, 범죄 이력 등 여러 차이점에도 불구하고 닮아 보이는 이유 그러면서도 그들을 제외한 나머지 세상 사람들과 굉장히 달라 보이는 이유를 대략적으로 일반화한 것에 불과하다고 인정했다. 내가 그 검사를 받든 받지 않든 '신뢰할 수 없음'이라는 결과가 나오도록 대충 둘러댈 수는 있지만, 클렉클리의 환자들과 놀라울 만큼 공통점이 많다는 사실을 부정할 수는 없다.

순수 학문을 공부하는 사람들이나 의학에 관심이 있는 많은 일반 독자가 클렉클리의 책을 읽었다. 클렉클리는 가급적 현대의 사이코패스에 관한 포괄적인 프로파일을 만들기 위해 여러 번 수정을 거듭하면서 개정판을 냈다. 그는 사이코패스와 소시오패스가 간혹, 심지어 빈번하게 극단적으로 반사회적인 행동을 하기도 하지만 대개는 무심코 지나칠 정도로 주변 환경에 잘 적응할 뿐 아니라 헌신적인 구성원으로서 철저히 정체를 숨기고 살아갈 수 있음을 알고 있었다. 또한 그는 세상에는 범죄를 아예 저지르지 않거나 너무 영리해서 범죄를 저지르고도 붙잡히지 않는 소시오패스들이 있다는 사실도 알고 있었다.

클렉클리는 정신병동에 수용된 한 남자를 시작으로 여성과 청소년 그리고 한 번도 정신병동에 수용된 적 없는 사람들로 연구 범위를 차츰 넓혀갔다. 나처럼 나중에 클렉클리의 연구 대상이 된 많은 사람이 일반인 틈에 섞여 비교적 평범하게 살아가는 방법을 터득한 사람들이었다. 내 경험상 만약 클렉클리가 현재의 로스쿨 강의실이나 대형 로펌 사무실을 들여다본다면 연구 대상이 널려 있다고 생각할 것이 분명하다.

내가 혼자가 아니라는 사실, 저 밖에 나와 비슷한 사람이 수없이 많다는 사실을 알고 나니 나는 '우리'에 대해 더 많이 알고 싶었다.

소시오패스는 어디에나 있다

그는 주변에서 유쾌하게 떠드는 사람들을 가만히 응시했다. 마치 자신은 그 무리에 낄 수 없다는 듯. 그의 관심은 오로지 밝게 웃는 여인들에게만 쏠려 있었다. 눈길을 한 번만 던져도 그 웃음을 제압하고 경솔함이 가득한 여인들의 마음속에 공포를 심어놓을 수 있으리라. 여인들은 공포를 느끼면서도 그것이 어디서 시작된 것인지 알 수 없으리라. 사람들은 생각할 것이다. 그의 생기 없는 회색빛 눈동자 때문일까? 욕망의 대상에 고정된, 예리해 보이지는 않지만 한 번 스치는 것만으로도 심장 한가운데를 꿰뚫어버릴 것 같은 눈동자 때문일까? 하지만 어느새 우울한 빛이 감도는 그의 뺨으로 시선이 내려오면 누구도 그냥 지나칠 수 없으리라. 그만이 풍기는 기묘함 때문에 모두가 그를 보고 싶어 하고 집집마다 그를 초대하려 한다. 맹렬한 흥분에 익숙해진 사람들, 권태에 짓눌린 사람들은 관심을 쏟을 뭔가가 있다는 사실만으로도 행복해한다.

― 존 윌리엄 폴리도리, 《뱀파이어》

1819년 시인 바이런 경에게 한 조각 영감을 얻은 존 윌리엄 폴리도리는 단편소설 〈뱀파이어〉를 썼다. 그의 소설은 19세기 유럽 전역에 뱀파이어 열풍을 불러일으켰고 브램 스토커(《드라큘라》로 명성을 얻은 소설가―옮긴이)를 비롯해 오늘날의 뱀파이어 장르에 영향을 미쳤다. 폴리도리의 단편소설 주인공은 변덕스럽고 고집 센 바이런이 모델이다.

소설 속 뱀파이어는 런던의 상류사회로 들어가 그와 마주치는 모든 사람을 신비롭고 오만한 태도로 현혹한다. 벗이 된 젊은 신사와 함께 로

마와 그리스를 지나 남쪽을 여행하던 뱀파이어는 젊은 여인들을 유혹하고 죽인다. 그리고 벗이 눈치 채지 못하는 사이 명백히 살해된 것처럼 보이도록 자신도 죽인다. 1년 후, 뱀파이어는 런던에 다시 나타나 벗의 여동생을 유혹해 결혼한다. 첫날 밤, 침대 위에는 여동생의 피가 흥건했다.

치명적으로 아름다우면서도 위험한 뱀파이어는 한때 매력적인 괴수로서 독보적인 지위를 누렸다. 뱀파이어는 정신착란이나 흉포함과는 거리가 멀다. 사실 그의 태도는 그가 만나는 사람들보다 한 차원 더 고급스럽다. 표정은 신비로우면서도 어딘가 기만적이고, 눈동자는 텅 빈 것 같으면서도 사람들을 취하게 만든다. 희생자들은 그의 공허감에 마음이 끌리고 기묘함에 사로잡힌다. 하지만 그에게 희생자들은 그저 목표물에 지나지 않는다.

뱀파이어는 일부러 고독한 삶을 추구하지는 않는다. 다만 가장 완벽한 도구로써 외롭게 살아갈 뿐이다. 다른 식으로는 살아갈 수 없으므로. 그가 피를 마시는 것은 만족감을 주기 때문이다. 또 그는 즐거움을 위해 사람들을 갖고 놀지만 그의 영혼은 한시도 잠들지 못한다.

카리스마가 있고 세련되면서도 들키지 않고 사람들 틈에 섞여 사는 포식자, 즉 중세의 뱀파이어에게는 소시오패스의 기질이 역력하다. 뱀파이어 신화는 '옥케이 엄한요 벌게'라는 중세시대 슬라브 민족의 정신세계에 그 뿌리를 두고 있다. 부정한 한 영혼이 극도로 잔혹한 불변의 존재, 뱀파이어를 낳은 것이다.

소시오패스는 등장한 지 꽤 오래되었지만 늘 변방에 머물러 있었다. 사실 우리는 모든 문화 안에 존재한다. 1976년 인류학자 제인 머피의 연구에 따르면, 아프리카의 요루바족은 냉정한 영혼을 '아란칸'이라 부른다고 한다. 이는 '타인을 전혀 배려하지 않고 제멋대로 행동하거나 비협조적이고 악의로 가득하며 고집이 센 사람'을 뜻한다. 유피크어를 쓰는 이누이트족은 반사회적인 부족민을 '쿤란 게타'라고 부른다. 의미인즉 '해야 할 일을 알고 있으면서도 하지 않는 사람'을 뜻한다. 상습적으로 거짓말과 속임수를 일삼고 물건을 훔치며 여러 여자를 농락하는 사람, 징계나 질책도 신경 쓰지 않는 사람, 늘 부족의 장로에게 처벌을 받는 사람'도 여기에 속한다. 사회 규범을 이해할 만한 정신 능력은 있지만 이를 준수하지 않는 사람이라는 개념은 오늘날 소시오패스의 임상학적 진단의 핵심이기도 하다.

이처럼 수많은 문화 속에 나와 같은 사람이 존재했음에도 불구하고 오늘날 사회는 유독 우리에게 확실한 꼬리표를 붙이려 한다. 당신은 소시오패스입니까? 아니면 뭔가요? 공상과학영화 〈블레이드 러너〉에도 소시오패스와 유사한 존재가 등장한다. 생체공학적으로 만든 복제인간 리플리컨트들이다. 이들 복제인간은 지구로 탈출했다가 종말 직후 핵먼지로 뒤덮인 지구에서 형사 해리슨 포드에게 붙잡힌다. 인간과 유사한 리플리컨트는 감정을 자극하는 질문을 통해서만 그 정체를 확인할 수 있다. 해리슨 포드는 도자기 같이 하얀 피부와 거의 완벽한 하트 모양의 입술을 한 레이첼 역의 숀 영의 매력에 굴복하고 만다. 심지어 그녀가 커다랗고 그윽한 눈동자 속에 공감이라는 감정이 가득함에도 불구하고 정작 공감하지 못하는 복제인간이라는 사실을 알면서도 말이다.

어릴 적 나도 숀 영의 아슬아슬한 몸짓과 미래적인 의상에 매료돼 그 영화를 본 기억이 있다. 당시 나는 영화의 배경이던 황폐한 세상에서도 내가 얼마든지 잘 살아남을 수 있을 거라고 생각했다. 네온 불빛이 어지러이 흩어져 있고 형형색색의 수증기를 뿜어내는 도시, 약자는 근근이 목숨만 연명할 수밖에 없는 그 도시에서도 나 같은 강자는 번창하며 살아가리라고 상상했다. 어설픈 중국어를 구사하면서 낡아빠진 호버크라프트(압축 공기를 아래로 내뿜어 약간 뜬 상태로 물과 지상 위를 모두 달릴 수 있는 이동 수단 — 옮긴이)를 타고 골목을 누비며 목적을 위해 수단을 가리지 않는 내 모습을. 아이러니하게도 나는 어른이 되면 리플리컨트들이 받았던 정체 식별용 질문을 나도 받으리라고 생각했다. 그리고 그들처럼 나도 인간성이 결핍되었다는 진단을 받을 것 같았다.

〈블레이드 러너〉에서 이용한 질문은 진단이 아닌 정체성 식별에 중점을 두었다는 점에서 흥미로운 비교 측정기라고 할 수 있다. 리플리컨트는 정말로 '다른' 부류였고 인간 이하의 취급을 받았다. 그들의 내면에 인간만큼이나 다양한 감정이 존재할 수 있다는 증거에도 불구하고 그들에게 가해진 모든 일에는 윤리적 제약이 없었다. 하버드 의과대학 교수이자 《당신 옆의 소시오패스》를 쓴 마사 스타우트 같은 의료 전문가도 소시오패스를 '진단'이 아닌 '식별'한다고 말한다. 이 말의 요점은 명확하다. 그들에게 소시오패스적 기질이 있는 게 아니라, 그들은 그냥 '소시오패스'라는 얘기다.

진단은 치료법이 있는 사람들을 위해 내리는 것이다. 그런데 소시오패스에게는 효과가 있다고 알려진 치료법이 없으므로 진단이 아니라 '소시오패스라는 문제를 이떻게 해결해야 하는가'의 질문으로 집근해야 한다. 〈블레이드 러너〉에서 사회는 자기들이 만들어낸 공감 능력이 없는 피조물에게 파멸이라는 최종적인 결정을 내렸다.

식별과 진단에 대한 끊임없는 논란

오늘날 우리 사회에서 소시오패스의 문제는 무엇일까? 어떻게 하면 소시오패스가 반사회적인 행동을 못하게 할 수 있을까? 이 문제의 해결책을 논하기 전에 우리 사회는 소시오패스를 식별할 신뢰할 만한 방법부터 찾아야 한다. 심리학자들이 그들의 정체를 식별하기 전에 행해야 할 일은 또 있다. 먼저 그들을 이해해야 한다. 어떤 심리학자는 동어반복으로 이런 주장을 펼쳤다.

"어째서 이 사람은 끔찍한 일을 저질렀을까? 사이코패스이기 때문이다. 사이코패스라는 걸 어떻게 알까? 끔찍한 일을 저질렀기 때문이다."

가장 대중적인 진단법에 끊임없이 의문과 비판을 제기할 수밖에 없는 이유는 그것이 전형적인 '달걀과 닭'의 딜레마이기 때문이다. 지금까지의 진단법은 하나같이 이미 소시오패스로 진단받은 사람에게 드러나는 특질에 바탕을 두고 있다. 순환 논리는 차치하고라도 이 역시 어떤 특질을 포함시키느냐 마느냐를 결정하는 관찰자의 편견에 따라 왜곡될 위험이 있다.

물론 여기에도 일종의 출발선은 분명 존재한다. 클렉클리를 비롯한 몇몇은 일반 사람보다 환자들에게 어떤 종류의 특질이 훨씬 더 공통적으로 나타난다는 사실을 발견했다. 반복적으로 나타나는 특질에 이름을 붙인 관찰자들은 그 일련의 특질이 같은 원인에서 비롯되는지, 인식 가능한 다른 특질과 관련이 있는지, 얼마나 많은 사람이 그런 특질을 보이는지, 대다수 사람과 비교해 그 특질을 드러내는 사람이 어떤 종류의 일에 연루되는지 밝히려 했다. 그러나 클렉클리는 자신의 검사항목이 소시오패스의 본질을 밝히기에 턱없이 빈약한 근삿값에 불과하며 신뢰할 수도 없고 포괄적이지도 않다는 사실을 알고 있었다. 나조차 가끔 느끼는 겸손이라는 감정이 소시오패스 연구자에게는 부족했던 것 같다.

현재 사이코패스 식별법으로 가장 많이 쓰이는 것은 브리티시컬럼비아 대학의 재판심리학과 명예교수이자 사이코패스 범죄의 최고 권위자로 알려진 로버트 헤어 박사가 고안한 PCL R(Psychopathy Checklist Revised)이다. 헤어 박사는 이렇게 말한다.

"연구 대상에 대해 확실하고 정확한 측정법이 없으면 과학은 발전할 수 없다."

그는 연구조교 한 명과 함께 범죄자 집단에 반복적으로 나타나는 스무 가지 특질 목록을 작성했다. 공감 능력과 죄책감 결핍, 과대망상, 교묘한 수완, 매력, 자기 본위적 성향, 충동성, 능수능란한 거짓말, 청소년 범죄 같은 범죄 특이성 특질은 물론 가석방 자격 취소 경험, 다양한 범죄 이력 등이 여기에 속한다. 헤어 박사는 심리학자들에게 어떤 한 가지 특질이 분명히 나타나면 2점, 분명하지 않거나 약간 적용되면 1점, 전혀 나타나지 않으면 0점으로 평가할 것을 제안했다. 검사를 여러 번 되풀이해도 대체로 똑같은 점수가 나온다는 점에서 검사는 신뢰할 만했다. 하지만 그 검사의 유효성은 여전히 논란거리로 남아 있다.

유효성은 대상을 얼마나 잘 진단하느냐를 가늠하는 기준이다. 이 경우 PCL R이 얼마나 정확히 사이코패스를 식별하느냐에 따라 유효성을 결정한다. PCL R은 특히 범죄자 집단이라는 한정적인 대상에 기반을 둔 배타적 평가라는 점에서 비판을 받고 있다. 헤어 박사도 편의상 연구 대상을 한정했다는 점을 인정했다.

"범죄자는 까다롭지 않다. 그들은 연구진과의 면담을 좋아한다.

단조로운 일상에서 탈피할 수 있기 때문이다. 하지만 CEO나 정치인은······."

널리 알려진 소문이지만 헤어 박사는 심리학자 두 명을 고소하겠다고 협박했다. 이유인즉 그들이 갈수록 오류가 늘어나는 헤어 박사의 검사항목은 소시오패스라는 정신 이상을 완벽히 정의하기에 부적합하다는 충고성 논문을 발표했기 때문이다. 두 심리학자는 사이코패스는 사기성이나 충동성, 무모함 같은 전반적인 인격 구조에 관한 것이지 반드시 육체적 공격성이나 불법적인 행위를 지칭하는 것은 아니라고 설명했다. 또한 헤어 박사의 검사항목이 범죄 행위만 지나치게 강조함으로써 개념을 왜곡하고 있다고 강력히 주장했다. 이들의 논문은 소시오패스는 범죄자와 동의어가 아니라는 여론이 커지고 있음을 보여주는 증거인 셈이다.

헤어 박사는 검사항목의 각 특질에 똑같은 점수를 매긴 이유에 대해 반론을 제기하지 못했다. 가령 공감 능력 결핍 같은 특질을 외적 매력처럼 중요성이 떨어지는 항목과 같은 점수로 책정한 이유는 누가 봐도 납득하기 어렵다. 이런(혹은 다른) 인격 장애를 개인의 행동으로 정의하느냐 마음속 유인, 즉 동기로 정의하느냐 하는 문제도 여전히 숙제로 남아 있다. 부도덕한 의사결정 병력은 쉽게 평가할 수 있지만 한 개인의 사고방식을 진심으로 이해하기란 보통 어려운 일이 아니다.

사이코패스와 소시오패스의 상태를 진단하는 것이 과연 가능한지에 대해서는 학계와 의료계의 입장 차가 크다. 관찰한 행동 패턴에 근거해 '반사회적 인격 장애'를 정신병으로 인정하는 개정판을 내자는 전문가들의 운동에도 불구하고, 미국 정신의학협회의 훌륭한 회원들은 DSMMD에서 사이코패스와 소시오패스를 배제하기로 결정했다. 세계

보건기구의 질병 및 관련 건강 문제의 국제적 통계 분류에 '비사회성 인격 장애'라는 유사한 진단이 있지만, 여기에도 소시오패스는 포함되지 않았다.

엄밀히 말해 반사회적 인격 장애와 소시오패스의 특질은 똑같지 않다. 반사회적 인격 장애는 내면적 사고 과정보다 주로 행위의 범죄성에 중점을 둔다. 사고 과정은 자진해서 밝히지 않는 이상 탐지하기가 매우 어렵다. 가령 나는 공감 능력이 부족하고 사회적 규범을 잘 따르지 못하며 다른 사람을 조종하길 즐기기 때문에 나 자신을 고기능 소시오패스로 여기지만, 정식으로 반사회적 인격 장애로 진단받을 자격은 안 된다.

소시오패스를 진단하기가 더욱 어려운 까닭은 소시오패스의 특질이 자아도취증, 강한 자존감, 약한 공감 능력 같은 여타의 인격 장애뿐 아니라 아스퍼거 증후군 같은 사회성 발달 장애와 겹치기 때문이다. 아스퍼거 증후군 역시 자폐증과 진단 범위가 겹치긴 마찬가지다.

허더스필드 대학의 심리학 교수 데이비드 캔터는 《법정 심리학》 (Forensic Psychology: A Very Short Introduction)에서 이렇게 경고한다.

"우리는 이러한 진단의 '논의 대상인 사람들'에 대한 개괄적 묘사 외에 더 깊은 의미가 있으리라는 생각에 현혹되어서는 안 된다."

또한 그는 "이들 신난은 의학적 설명을 가장하고 있지만 사실상 도덕적 판단"이라고 우려를 표명했다. 로버트 헤어 박사의 책 서문은 다음과 같은 문장으로 시작한다.

"사이코패스는 사회의 포식자다. 매력적이고 교활하며 무자비한 그들이 지나간 자리에는 상처받은 가슴과 산산이 박살난 기대감 그리고 텅 빈 지갑만 남는다."

이 문장만 봐도 그의 입장을 알 수 있다. 그럼에도 이러한 진단법은 여전히 유효하며 편견에 치우친 그 진단에 근거해 누군가의 가석방을 허락할지 말지 같은 중요한 결정을 내리고 있다.

심리학의 모호한 정의와 달리 신경과학은 그보다 좀 더 명쾌하게 정의한다. 최근 뇌 정밀촬영과 기타 연구를 통해 지금까지 거론한 여러 특질과 소시오패스의 뇌 사이에 뭔가 보다 '결정적'이고 독특한 관련성이 있음이 제기되고 있다. 그러나 소시오패스의 특질 목록과 소시오패스라는 정의를 융합하는 것 자체가 애초부터 착오일지도 모른다. 이는 마치 가톨릭 신도는 모두 똑같은 특질을 보인다고 하는 것이나, 반대로 특정한 특질을 공유하므로 가톨릭 신도라고 정의하는 것과 다를 바 없다.

물론 그것은 소시오패스를 진단하는 데 도움을 주지만, 어디까지나 진단의 한계를 인정하는 한에서만 그렇다. 가장 중요한 한계는 우리가 소시오패스를 겉으로 드러나는 징후나 특질로만 식별할 뿐, 근본적인 배경으로 식별하지 못한다는 점이다. '내가 나쁜 사람이 된 것은 온통 나를 미워하는 사람들 틈에서 사랑이 아닌 학대받고 불우하게 자랐기 때문'이라는 설명을 듣지 않으면 우리는 그 배경을 알 수 없다. 다소 실망스러워도 어쩔 수 없다.

나는 대다수와 마찬가지로 잔혹한 학대 같은 것을 받지 않았다. 그저 평범하게, 이를테면 약간의 무시를 받은 정도랄까? 사람들이 내게 불우한 성장기를 겪었느냐고 물으면 특별할 게 없었다고 대답한다. 쌍둥이를 대상으로 한 연구를 통해 우리는 이제 소시오패스의 특질에 강력한 유전적 요소가 있다는 사실과, 대다수 사람들의 뇌와 소시오패스의 뇌가 다르다는 사실을 알고 있다. 그렇지만 뇌가 다르다고 해서 그 특이한 뇌가 별난 행동을 하게 만든다는 의미는 아니다. 역으로 별난 행동이 뇌 회로에 영향을 미칠 수도 있다. 마찬가지로 뇌가 달라서 소시오패스가 되는 것도 아니다. 헤어 박사의 주장대로 '일반적으로 사이코패스에게 환경이나 유전적 요인의 부작용이 보이는' 것일 수도 있다.

우리는 근본적인 원인을 알지 못한다. 하지만 이 장애를 치료할 만한 치료법이 없다는 것은 알고 있다. 물론 우리가 꼭 치료를 원하는 것도 아니다. 그 이유는 이 책의 말미에서 밝혀지리라. 클렉클리는 조지아 의과대학에 있을 때 심리학자이자 교수로서 소시오패스를 관찰 및 상담했다. 그는 소시오패스 환자와 범죄자를 꽤 심각한 정신이상자, 태생적으로 고분고분하지 않은 사람이라 믿고 그들을 다룰 방법을 고심했다. 사망 직전에 쓴《온전한 정신의 가면》의 마지막 개정판 서문에서 클렉클리는 다음과 같이 고백했다.

"그들을 다룰 효과적인 방법을 찾을 수 없었다. 그렇지만 나는 내가 소시오패스를 이해하는 데 단초를 제공했다고 믿으며 그것으로 위안을 삼는다. 특히 소시오패스의 가족과 그들을 사랑하는 사람들에게 소시오패스의 비정상적인 행동을 해명해줄 수 있어서 기뻤다."

실제로 그는 불치의 환자 사례를 상세히 언급했다. 증상이 호전되도록 도와줄 수단이나 후원자가 있었지만, 그들은 결국 소중한 사람을 망가뜨리고 상습적으로 나쁜 행동을 일삼다가 생을 마감했다고 말이다. 그에게 우리는 기명 없는 편지였던 셈이다.

클렉클리만 그렇게 믿은 것은 아니다. 최근 조사에 따르면 소시오패스의 상습적인 범죄율은 비(非)소시오패스 범죄율의 대략 두 배에 이르고, 폭력성 범죄율은 세 배나 높다. 심지어 요루바족과 이누이트족도 반사회적인 사람들은 결코 변하지 않는다고 믿었다. 그들이 찾아낸 유일한 해결책은 소시오패스의 기질을 누그러뜨리거나 아니면 아예 따돌리는 것이다. 그것도 안 되면 한 이누이트족이 인류학자 머피에게 들려준 소문처럼, "아무도 보지 않을 때 빙산 꼭대기에서 밀어버리든지."

오늘날의 심리학자와 범죄학자도 이누이트족과 요루바족이 암암리에 살인으로 처리한 문제아와 비슷한 사람들, 즉 단순히 신뢰성이 떨어지거나 사회 구성원 자격이 없는 소시오패스를 해결하기에 여념이 없다. 영국에는 소시오패스성 범죄자에게 오로지 소시오패스적 특질에만 근거해 종신형을 선고한 판례들이 있다. 미국에서는 소시오패스 진단을 받은 사람을 무기한 정신병원에 감금하는데, 담당 의사들이 치료가 불가능하다고 판단하는 한 병원을 나올 가능성은 없다. 여기서 로버트 딕슨의 이야기를 들어보자.

무장강도가 탈주할 때 운전을 해준 딕슨은 살인 방조 혐의로 최소 15년 이상 종신형을 선고받으면서 인생이 망가졌다. 형기 26년째가 되자 딕슨은 가석방 후보에 올랐다. 그때 재범 가능성 평가의 일환으로 그는 소시오패스 판별 검사를 받았다. 딕슨의 변호사는 이렇게 회상한다.

"나는 검사 결과 보고서를 읽으며 마음이 아팠다. 그날 이후 내가 무슨 수를 쓰든 상관없이 가석방 심사위원회가 그의 가석방을 거부하리라는 사실을 알고 있었기 때문이다."

클렉클리는 초판본에서 소시오패스는 사회에서 정상적으로 활동할 능력이 현저히 떨어지므로 정신질환 환자로 취급해야 마땅하다고 주장했다. 그렇지만 그 정의로 인해 소시오패스가 범죄 행위에 대한 책임을 모면할 핑계를 얻는다는 사실을 깨달은 후, 개정판에서 입장을 바꿨다. 사실 그는 단 한 번도 소시오패스를 자신의 다른 환자들처럼 미쳤다거나 '정신 나간' 사람이라고 생각한 적이 없다. 어쨌거나 클렉클리가 보기에도 그들에게는 말 그대로 문제가 있었고 사회에서 살아갈 준비가 덜 되었거나 결함이 있는 사람들이었다. 한마디로 그에게 그들은 다른 사람과 격리해야 할 존재였다. 소시오패스들이 위기에 처한 것이다.

클렉클리는 위험천만한 소시오패스들이 정신병원에 수용되지 않을까 봐 늘 노심초사했다. 왜냐하면 언어적 지능과 합리성만으로 한 사람의 정신 상태를 파악해 정신병원에 감금하느냐 마느냐를 결정하는 것 자체가 소시오패스에게 유리했기 때문이다.

그러나 정신의학적 진단에만 근거해 소시오패스의 자유를 박탈하는 것에는 도덕성이라는 걸림돌이 있다. 사회과학자들은 이 낯선 피조물을 통제 및 관리하려는 현실을 걱정한다. 그들은 혹여 우리 사이에서 괴물을 만들어내고 있는 건 아닌지 자문한다. 양심이 없다는 것이 자유를 박탈할 정당한 이유가 될까? 자신에게 그리고 타인에게 피해를 준다는 이유로 소시오패스를 감금하는 미친 짓에 사회 전체가 가담하고 있는 것은 아닐까?

간혹 세상에서 정상적으로 기능할 수 없기 때문에 격리라는 극단적 조치 말고는 달리 소시오패스를 다룰 방법이 없다고 주장하는 사람들도 있다. 소시오패스는 기능할 수 있다. 다만 방식이 다를 뿐이다. 그것은 우리가 남을 해치려다 도리어 해를 당하거나 하늘을 날 수 있다는 확신에 가득 차 빌딩 꼭대기에서 뛰어내리는 식의 기능이 아니다. 우리는 미치지 않았다. 미치지 않았을 뿐 아니라 때로 꽤 높은 자리까지 올라가는 출세도 한다. 우리도 그냥 인생을 살고 생각하고 결정을 내린다. 단지 그 방식이 누군가에게 혐오감을 주거나 대다수에게 도덕관념이 없는 불온한 것처럼 보일 뿐이다. 사람이 싫으면 뭘 해도 밉게 보이지 않을까?

소시오패스라는 진단을 범죄 판결에 참작해야 한다는 주장에는 논란의 여지가 있다. 피고가 정신 이상이라는 진술을 법적으로 참작하려면 피고가 옳고 그름을 분간할 수 없다는 명백한 증거가 있어야 한다. 대부분의 소시오패스는 사회가 정한 옳고 그름의 기준을 잘 알고 있다. 단지 그 기준에 자신의 행동을 맞춰야 한다는 감정적 압박감을 느끼지 못할 뿐이다. 논쟁은 여기서 시작된다. 회로의 배선에 결함이 있으므로 소시오패스는 죗값을 더 치러야 하는 걸까? 아니면 소시오패스든 비소시오패스든 똑같은 범죄를 저지르면 똑같은 죗값을 치러야 할까?

소시오패스 범죄자의 뇌 정밀촬영 분야 연구자 켄트 키엘은 소시오패스는 자신의 행동이 옳지 않다는 걸 알지만 폭력적인 충동에 '제동'을 걸 능력이 부족하기 때문에 IQ가 낮은 사람으로 취급해야 한다고 주장했다.

형벌 효율성 문제도 무시할 수 없다. 클렉클리는 범죄를 저지른 소시오패스를 일반 범죄자와 똑같이 교도소에 가두는 것은 효과가 없다고 주장했다. 처벌로 소시오패스를 단념시킬 수 없기 때문이다. 물론 일반 범죄자에게도 징역형이 효과가 있는지는 불확실하다. 공감 능력이 풍부한 사람이라고 해서 치정 범죄를 저지르려다 말고 징역형을 걱정하며 범죄를 단념할까? 마찬가지로 평생 마약 딜러로 살아온 갱단이나 가난 때문에 막장에 이른 사람에게 징역형이 얼마나 효과가 있을까? 더구나 소시오패스가 부정적인 결과에 반응을 보이지 않는다는 점을 증명한 과학적 연구도 있고, 나도 경험상 그것이 사실임을 알고 있다. 내게 가정이나 학교에서의 처벌 위협은 그저 하고 싶은 대로 행동했을 때 발생할 결과까지도 교묘히 피할 수 있다는 걸 증명하고 싶게 만드는 또 하나의 도전에 불과했다. 나는 처벌이 두렵지 않았다. 그저 피해야 할 불편한 걸림돌로 보였을 뿐이다.

나, 소시오패스

내 뇌에는 '꺼짐 스위치'가 없다

소시오패스가 부정적인 결과에 정상적으로 반응하지 않는다는 클렉클리의 직관은 헤어 박사의 유명한 실험을 통해 사실로 밝혀졌다. 헤어 박사는 실험에서 사이코패스와 정상인 대조군에게 약한 전기충격을 가했는데, 그 전에 먼저 타이머를 가동했다. 이때 정상인 대조군은 전기충격이 가해질 시간이 다가올수록 고통을 예상하고 불안감을 보인 반면, 사이코패스는 타이머가 돌아가도 불안감이 전혀 증가하지 않았고 전기충격에도 아무런 동요가 없었다.

부정적 사건에 대한 무심한 반응은 소시오패스 뇌의 특징인 과도한 도파민 때문일 수도 있다. 밴더빌트 대학의 연구진은 소시오패스의 도파민 과잉이 뇌의 보상 시스템과 관련이 있다고 보았다. 소시오패스의 뇌에서 분비되는 도파민은 보통 사람이 높은 실적으로 보상받을 때 혹은 화학적 각성제에 반응할 때 분비되는 양의 네 배 정도에 달한다. 연구진은 소시오패스의 충동성과 위험 추구적 행동의 원인이 이 과민한 보상 시스템에 있다고 보았다. 실험에 참여한 모든 소시오패스가 '채찍에 대한 위험이나 걱정보다 당근(보상)에 대한 기대'에 압도적으로 큰 민응을 보였기 때문이다.

그렇지만 내게는 이 가설에 대한 나름의 반론이 있다. 과민한 보상 시스템으로 소위 소시오패스의 섹스광적 기질, 적어도 일반인에 비해 섹스에 대한 집착이 강하다는 점을 설명할 수는 있다. 또 각 분야에서 소시오패스가 시쳇말로 방귀깨나 뀌는 자리를 차지하는 까닭도 어쩌면 과민한 보상 시스템 때문이라고 치부할 수도 있다. 소시오패스가 이런저런 방식으로 사회에 이바지하는 모든 행위는 자기들 뇌에 도파민이 넘치게 하려는 속셈인지도 모르겠다. 그래도 어쨌거나 위험을 몰고 다니는 사람들이 아니냐고? 어쩌면 그럴지도.

내 생각에 그것은 과도한 도파민 때문이 아니다. 특히 밴더빌트 대학에서 이전에 연구한 결과를 보면 위험부담이나 약물 중독은 오히려 도파민 부족과 밀접한 관련이 있다. 경험상 내가 위험 추구적인 행동을 하는 이유는 잠재적 위험, 정신적 충격, 스트레스가 높은 상황에 대해 자연스러운 불안감이나 공포심이 적은 데서 비롯된다.

나는 어떤 위험이든 가리지 않는 편이고 때론 바보 같은 짓도 서슴지 않는다. 상대방이 나를 경제적으로 여유로운 전문직 종사자, IQ가 높고 독실한 기독교 가정에서 자란 안정적인 중산층으로 인식할 때는 더욱더 그렇다. 어릴 적 나는 십대들이 흔히 저지르는 무모한 행동을 일삼았다. 록 콘서트장 맨 앞에서 미친 듯이 춤을 추거나 개발도상국을 여행하며 히치하이킹을 하는 것은 기본이고, 트럭 뒤에 쇼핑카트를 매달고 그 위에 올라타기도 했으며 주먹다짐은 일상적인 일이었다. 나이가 들면서 그처럼 유치하고 자극적인 행동은 점차 줄었지만 직접 해보지 않으면 못 배기는 성격은 버리지 못했다.

어느 해 여름, 나는 고위험 옵션 상품에 투자했다가 돈을 몽땅 잃었다. 옵션 상품만 위험했던 게 아니라 내 투자 방식도 어이없을 정도로 위험했다. 팔아야 할 때 팔지 못한 실수도 있었지만 나는 가장 기초적인 법칙조차 지키지 않았다. 달걀을 모두 한 바구니에 담았던 것이다. 몇 차례의 투자 실패에도 불구하고 나는 무모한 도박을 멈추지 않았다. 객관적으로는 엄청난 돈을 잃고 있다는 사실을 알고 있었지만, 어떤 면에서 그 엄청난 사건은 내게 전혀 고통스럽지 않았다.

여담이지만 나는 웬만하면 칼을 쓰지 않는다. 칼 같은 일상적인 도구를 사용할 때도 부상에 대한 위험을 전혀 인식하지 못하기 때문이다. 사실 여러 번 자해를 한 적도 있다. 그것도 살점을 베어내거나 뼈가 드러나도록 깊이 베어 봉합 수술을 받기도 했다. 하지만 위험을 인식하지 못하는 탓에 더는 뭘 어떻게 조심해야 할지 모른다. 그래서 지금은 아예 칼을 사용하지 않는다.

나는 도심 한복판에서 자전거 타기를 즐긴다. 굳이 이유를 대자면 위험하기 때문이다. 자전거를 타고 가다가 자동차가 내 차선으로 슬슬 끼어들기라도 하면 나는 더 가까이 휙 달려들거나 휴대용 타이어 펌프를 차 앞에서 흔들어댄다. 그러다 자동차가 나를 추월하면 따라잡을 때까지 죽자 사자 달려 자동차 앞에서 갑자기 멈춘다. 자동차가 끽 소리를 내며 급브레이크를 밟으면 그제야 직성이 풀린다. 이런 행동이 내게 얼마나 위험한지는 잘 알고 있다. 사고가 나면 나만 다칠 뿐이라는 것도 안다. 그렇지만 자동차 운전자들도 놀라 기겁을 할 테니 난 그걸로 족하다. 아무튼 나는 안전을 핑계로 행동을 바꿀 생각이 전혀 없다. 내가 합리적이지 못해서가 아니라 일을 저질러도 그 결과가 정말 '고통스럽지' 않아서다. 운전자를 열 받게 하거나 내 목숨을 위태롭게 하는 데서는 약간의 스릴을 느끼지만, 나를 위해 좀 더 주의를 요하는 상황에서는 별로 불안을 느끼지 않는다.

상한 음식이나 이상한 음식을 먹고 식중독에 걸린 적은 헤아릴 수 없을 정도로 많다. 그러고 보면 음식과 관련해서는 경험이 소용없는 모양이다. 몇 년 전에는 눈을 떠보니 YMCA 건물의 샤워실 바닥에 알몸으로 누워 있었다. 어떻게 거기에 갔는지 도무지 기억이 없었지만 몰상식한 행동인 것만은 분명했다. 분별력 있는 사람이라면 알몸으로 YMCA 건물에 들어가진 않을 테니까. 내 뇌에는 언제 멈춰야 할지 알려주는

'꺼짐 스위치'가 없다. 쉽게 말해 내게는 태생적으로 선을 넘지 않도록 나를 일깨워줄 경계감이 없다. 무분별한 행동을 할 때는 오로지 당근만 바라보느라 내가 얼마나 그 행동에 몰두하고 있는지 모르고, 채찍을 맞아도 아픈 줄을 모른다.

나는 늘 최악의 동네에서 살았다. 건강보험만 있으면 별도의 안전보험 따윈 필요 없으니 임대료가 싼 곳도 무방하다고 생각했다. 물론 가족과 친구들은 펄쩍 뛰며 난리였지만. 그래서 생일이나 크리스마스를 핑계로 가족이 내 집에 모일 때면 후추 스프레이나 데드볼트, 자동차 도난 경보기 따위를 사놓고 안심시켜야 했다. 대학을 졸업하자마자 나는 마약 소굴이나 다름없는 시카고의 저소득 주택단지 바로 옆으로 이사 갔다. 그곳에서 나는 한밤중에도 헤드폰 볼륨을 있는 대로 크게 올리고 조깅을 했다. 음악소리에 총소리 정도는 충분히 묻힐 테니 말이다.

최근에 이사한 아파트에는 두 번이나 도둑이 들었다. 첫 번째 도둑은 이사한 지 며칠 만에 털어갔다. 도둑이 들기 전 밤새도록 현관문을 두드리는 사람도 있었다(아마 이웃 중 누군가가 마약 딜러였던 것 같다. 내 집을 딜러의 집으로 오해하고 문이 부서져라 두드린 모양이다. 근거 없는 추측이긴 하지만).

위험을 감수하는 성향의 극치는 자동차에 대한 애착과 그에 따른 크고 작은 사고에서 분명히 드러난다. 자동차를 사랑하는 나는 바퀴만 보면 사족을 못 쓴다. 내 결정이 불러올 결과를 전혀 생각지 않는 탓에 나 자신은 물론 다른 사람을 위태롭게 하는 일도 많다. 한번은 자동차 브레이크가 말썽을 일으켰다. 견인차를 부를까 하다가 고장 난 차로 가기엔 너무 먼 거리라는 것을 알면서도 그냥 정비소까지 차를 몰고 가기로 했다. 결국 브레이크는 완전히 못 쓰게 되고 말았다. 비까지 추적추적 내린 그날 나는 그 상태로 완만한 내리막길을 몇 킬로미터나 더 갔다. 설상가상으로 간신히 도착한 정비소는 영업을 하지 않았다.

어쩔 수 없이 나는 기찻길 위로 이어진 교량 건너편으로 가야 했는데, 그러려면 급경사로 오르락내리락하는 통행량 많은 4차선을 한 블록 정도 달려야 했다. 브레이크가 고장 난 내 차는 교량 아래에서부터 최소한 시속 70킬로미터로 달렸다. 전방에서 느리게 움직이는 자동차들의 붉은 브레이크 등에 비하면 너무 빠른 속도였다. 순간적으로 나는 핸들을 왼쪽으로 급히 꺾어 뒷바퀴가 옆으로 조금 미끄러지게 하면서 통행 방향을 거슬러 두 개 차선을 가로질렀다. 이어 같은 방향 전방에 있는 차선 두 개를 더 가로지른 다음 오른쪽 후미와 앞바퀴를 인도 쪽 연석에 부딪치면서 급정차했다. 고개를 들어 건물 주소를 보니 정비소 바로 남쪽이었다. 나는 기다시피 차를 몰고 가 주차 브레이크를 이용해 정비소 주차장에 차를 세웠다. 차에서 내리자 모두가 입을 떡 벌리고 눈이 휘둥그레져 나를 보고 있었다.

그 순간 나는 무척 만족스러웠다. 천하무적임을 증명하는 것은 정말 즐거운 일이다. 설령 결말이 끔찍했을지라도, 즉 내 차가 다리에서 떨어지거나 추돌사고가 났더라도 내 기분은 별로 달라지지 않았을 것이다. 목숨이 붙어 있는 한 문제될 건 없으니 말이다. 그렇다고 내게 재수 없는 일이 일어나지 않는다는 말은 아니다. 그런 일은 언제든 일어날 수 있지만, 나는 그것이 재수 없는 일이라고 생각하지 않는다. 순간적으로 후회하거나 불안할지도 모르지만 나는 언제 그랬냐는 듯 곧 잊을 테고 세상은 또다시 굴러갈 테니까. 나는 슈퍼맨도 아니고 슬픔이나 고통을 전혀 느끼지 못하는 로봇도 아니다. 그저 끊임없이 장밋빛 렌즈를 통해 세상을 바라볼 만큼 낙천적이고 자부심이 극단적으로 넘치는 사람일 뿐이다.

나는 불행에 대해 전반적으로 무감한 편이지만 형제와 친구들은 그렇지 않다. 그들은 때로 내 무모함에 진저리를 친다. 또 모든 일을 강 건너 불 보듯 하는 태도를 못마땅해한다. 언젠가 한번은 큰오빠가 절대 가지 말라는 방향으로 차를 몰고 갔다가 산더미처럼 쌓인 눈 속에서 타이어가 펑크 나는 바람에 언 손을 녹여가며 타이어 잭으로 차를 들어 올리느라 고생한 적도 있다. 그 타이어도 불과 이틀 전에 기어이 내 손으로 하겠다고 고집을 부려 직접 갈아 끼운 것이었다.

언젠가는 도둑이 들어 온갖 것을 쓸어간 후 친구가 마음 편히 살아야 하지 않겠느냐며 이사를 가라고 권한 적이 있다. 그깟 일은 신경 쓰지 않는다며 친구를 안심시키려 하자 친구는 강요하다시피 부탁했다.

"제발, 너를 사랑하는 사람들 마음이라도 좀 편하게 해줘."

그래도 굳이 내 행동을 바꿔봐야 별 이득이 없을 것 같았다. 처음 만나는 사람에게 돈을 구걸하든 경찰에게 봐달라고 빌든, 아니면 증거를 감추기 위해 거짓말로 소설을 쓰든 지금까지 나는 어떻게든 곤경에서 빠져나왔다. 나는 늘 모 아니면 도라는 식으로 생각하고 불행에도 끝은 있는 법이라고 믿는다. 어떻게 해서든 결과만 좋으면 그만 아닌가. 더구나 사전 대응책에는 비용이 따르게 마련이다. 비용은 안전을 위해 실제로 들어가는 돈일 수도 있고, 누구나 감당할 수 있지만 굳이 감당하지 않는 위험에 대한 기회비용일 수도 있다. 대개는 친구의 말처럼 '마음이라도 편하게 해줄' 사전 대응책을 위해 쓰는 돈에 그럴 만한 가치가 있다고 여긴다. 하지만 무슨 일을 하든 내 마음이 늘 편안하니 어쩌랴. 그런 내게 좀 더 조심해야 한다는 말이 귀에 들어올 리 만무하다.

박사와의 면담

소시오패스라는 자가진단을 내리고 심지어 소시오패스를 위한 블로그를
시작하고도 몇 해가 지나서야 나는 비로소 정식으로 진단을 받아야겠다
고 결심했다. 처음부터 전문의를 찾아갈 생각은 없었다. 진단법을 비판
한 글을 찾아 읽은 탓도 있지만 심리학 박사학위를 취득한 사람 못지않
게 나는 내가 내린 자가진단을 믿었기 때문이다. 그래도 공식적인 진단
을 받지 않으면 독자들에게 설득력이 없으리라는 생각에 마음을 바꿨다.
공식적인 진단서가 없으면 내가 진짜 소시오패스라는 사실을 누가 믿겠
는가? 내가 모두가 혐오스러워하는 가장 열등한 부류의 일원이라는 사
실을 기꺼이 드러내면 사람들이 내 말을 더 신뢰하지 않을까?

나를 진단한 존 에덴스 박사는 소시오패스 연구 분야에서 선도적
인 사람으로 최근 〈뉴욕타임스〉와 〈NPR(국영 라디오 방송)〉을 비롯한
여러 매체에 글을 기고하고 출연하고 있다. 에덴스 박사는 내가 받을 검
사가 헤어 박사의 '소시오패스의 범죄 성향 모델'과 흡사하다는 사실을
걱정했다. 내게 범죄 기록이 전혀 없기 때문에 검사 결과가 다소 모호할
수도 있고, 실제 소시오패스적 기질 수준이 과소평가될 수도 있다고 생
각했기 때문이다.

나는 PCL R 검사의 스크린 버전인 PCL:SV 검사를 받았다.
PCL:SV는 이름 그대로 헤어 박사가 정의한 사이코패스의 개념과 합친
것으로, 범죄 이력과 광범위한 정보를 바탕으로 한 PCL R 검사보다 간
단하지만 역시 사이코패스적 특징을 평가하는 검사다. PCL:SV는 열두
개 항목으로 구성돼 있는데 각 항목에 0점에서 2점까지 점수를 매기고
그 점수를 합해 0점에서 24점까지 총점을 낸다. 검사는 두 부분으로 나

넌다. 파트 1에서는 양심의 가책이나 타인에 대한 공감 부족처럼 소시오패스의 대표적인 특징, 속임수, 허풍 등 대인관계에서 나타나는 행동을 평가한다. 파트 2에서는 무책임, 충동성, 성인의 반사회적 행동 같이 사회적으로 비정상적인 태도나 행동을 평가한다.

검사를 하는 동안 나는 충동, 폭력, 주먹다짐, 도둑질처럼 일반적으로 무책임하다고 여기는 행동과 관련된 내 이력에 대해 집중적으로 질문을 받았다. 비록 내가 형사상 범죄자로 입건되진 않았지만 생활환경이 달랐다면 그것은 사법제도와 여러 방식으로 마찰을 빚었을 만한 행동이다. 에덴스 박사는 검사 보고서에 "이러한 행동은 어떤 금전적 유형의 이득이나 여타의 중요한 목적이 있어서라기보다 스릴을 만끽하고자 하는 성향 때문인 것처럼 보인다"고 적었다. 그리고 그는 이렇게 덧붙였다.

"토머스 씨가 경찰과 별로 마찰을 빚지 않은 까닭이 높은 지능과 교육수준, 대체로 든든하게 힘이 되어주는 가족 구조, 기타 사회 경제적 이점처럼 그녀의 삶에 명백히 존재하는 보호 장치들 때문인지는 현재로선 분명치 않다. 뜻밖의 행운이 따랐기 때문인지, 위에 열거한 모든 이점이 함께 작용했기 때문인지도 불분명하다."

나는 내 가족과 무모했던 십대 시절, 로스쿨을 졸업한 뒤 직장을 제대로 다니지 못한 점 그리고 자기진단 끝에 결국 그에게 찾아오기까지 거의 잊고 있던 이야기를 에덴스 박사에게 모두 털어놓았다.

내 PCL:SV 검사 점수는 24점 만점에 19점이었다. 진단의 절댓값은 없지만 매뉴얼은 18점 이상을 '사이코패스라는 강력한 지표'로 간주한다. 나는 성격을 다룬 파트 1에서는 12점을, 반사회적 행동을 다룬 파트 2에서는 7점을 받았다. 에덴스 박사는 "이 검사의 파트 1에서 최고점인

12점을 받았다는 것은 사이코패스적인 사람들에게 전형적으로 나타나는 뚜렷한 정서적, 대인관계적 특징이 있다는 의미다"라고 기록했다.

이렇게 등급을 매기는 시스템은 "사이코패스는 이를테면 높다거나 낮다거나 같은 정도의 문제지, 속한다거나 속하지 않는다는 식의 범주로 나눌 문제가 아니다"라는 로버트 헤어 박사의 말과 맥락을 같이한다. 물론 점수가 높으면 반사회적 성향이 더 드러나지만, 혈압이 고혈압 한 계점에 근접하면 의료 위험군으로 분류하듯, 점수가 낮은 경우도 '주변 사람들과 심각한 마찰을 일으킬 수 있는 사람'으로 간주한다.

이런 것을 감안한 에덴스 박사는 내게 소시오패스적 인격을 관찰하기 위해 고안한 몇 가지 다른 검사를 더 실시했다. 소시오패스에게 가장 특화된 검사는 아마 정신병질적 성격 질문지 개정판(PPI-R, Psychopathic Personality Inventory–Revised)일 것이다. 이는 역사적으로 사이코패스적 인격을 암시하는 다양한 특징을 평가하기 위해 고안한 자기 보고 형식의 설문 검사다. 이 검사의 총점으로 세계적인 지표에 준한 사이코패스적 특질 수준을 알 수 있을 뿐 아니라 여덟 개의 상세 항목으로 좀 더 특정한 특질도 평가할 수 있다. 에덴스 박사는 "가장 주목할 만한 점은 연령이나 성별과 상관없이 PPI R 검사 표준 자료 내의 어떤 하위 표본과 비교해도 토머스 씨의 검사 결과는 99 백분위수를 벗어난다는 사실이다. 두말할 나위도 없이 이는 사이코패스적 인격 구조와 일치한다"고 썼다.

마찬가지로 자기 보고 형식의 설문지인 NEO 성격 검사 개정본을 비롯해 다른 몇 가지 검사 결과에서도 에덴스 박사는 내 프로파일이 "여성 사이코패스에게 전형적으로 나타나는 인격적 특질"과 판박이라고 적었다. 최종적으로 검사한 성격 평가 질문지에서도 나는 자기중심적, 감각 추구적 성향, 대인관계에서의 지배욕, 언어 폭력성 그리고 과도한 자부심 같은 특질에서 높은 점수를 받았다. 또 공포증, 외상성 스트레스 요인, 우울증 등의 부정적인 감정 경험과 대인관계에서의 배려 혹은 일상적인 사건에 대한 스트레스 수준에서 점수가 매우 낮았다.

나는 에덴스 박사가 마음에 들었다. 그는 분별력이 있고 진심으로 배려할 줄 아는 사람인 것 같았다. 그와 상담을 하던 중 한번은 혹시 에덴스 박사가 울고 있는 것은 아닌가 하는 생각이 들기도 했다. 에덴스 박사는 나 때문에 정말로 괴로운 듯했다. 무슨 이야기였는지 정확히 기억나지 않지만 아마 아버지에게 구타당한 이야기를 한 것 같다. 만약 에덴스 박사가 내 걱정을 했다면 그것은 '소시오패스'라는 진단이 내 삶에 미칠 영향이 아니었을까 싶다. 정작 나는 그런 진단 따위는 걱정하지 않았지만 말이다. 하다못해 내가 건강이나 안전에 신경을 쓰는 타입이라면 모를까, 소시오패스라는 공식적인 진단이 직업이나 개인적인 삶에 오점을 남길 수 있다는 것 때문에 내가 골머리를 앓을 일은 없었다. 에덴스 박사도 아마 내 생각을 알고 있었을 것이다. 어쩌면 그래서 더 괴로웠을지도 모른다.

박사와 나는 제 발로 진단을 받겠다고 찾아온 나 같은 사람에게 걸맞은 검사법이 별로 없다는 결론을 내렸다. 범죄자에게는 제도적인 장치 때문에라도 자기 평가를 속이고 왜곡할 만한 동기가 있다. 특히 가석방 심리 같은 상황이 그렇다. 물론 진단 검사는 건전한 회의론적 처방을 위해 고안한 것이지만 자진해서 소시오패스 진단을 받고자 하는 사람에게도 그럴까?

에덴스 박사는 몇 번이나 행여 내가 실제보다 더 중증 소시오패스 진단을 받기 위해 박사를 속이고 있지는 않은지 물었다. 자기 강화를 목적으로 거짓말을 하는 것 역시 소시오패스의 대표적인 특질이다. 나는 그를 속일 생각이 추호도 없었다. 속여서 진단을 받는 것은 너무 유치하지 않은가? 나는 진심으로 해답을 원했고 세 시간짜리 상담을 통해 박사에게 얻어낼 수 있는 모든 통찰력을 얻고 싶었다.

자신이 소시오패스인지 의심스럽다며 검사를 문의하는 사람들에게 나는 거의 매번 같은 대답을 한다.

"받지 마세요."

너무 위험하기 때문이다. 실질적인 치료법도 없을뿐더러 공식적인 진단의 긍정적인 면이라고 해봐야 자신이 어떤 사람인지 알고 마음의 평화를 얻는 정도라고나 할까? 반면 만에 하나 중대한 결함이 적힌 검사 결과가 엉뚱한 사람에게 알려지기라도 하면 인생 전반에 영향을 미칠 수 있다. 오죽하면 에덴스 박사는 '인터넷 괴물들'의 해킹을 염려해 이메일로 받은 내 검사 결과 파일을 삭제하는 용의주도함까지 보였다.

몇 차례에 걸친 면담이 끝났을 때 에덴스 박사가 내게 물었다.

"만약 내가 당신은 소시오패스가 아니라고 말한다면 어떻겠어요?"

그건 내가 나 자신에게 수없이 던진 질문이었다. 당장 블로그를 닫아야 하나? 새로운 심리학 연구 분야에서 해답을 찾으려던 노력을 중단할까? 나는 대답했다.

"글쎄요. 하루 종일 달려와 상담했는데 결국 아무것도 아니라면 짜증나겠죠?"

에덴스 박사는 웃었다. 그는 모든 상담이 끝났다고 하면서 상담료를 청구했다. 나는 깜빡 잊고 수표장을 가져오지 않았다고 말했다. 정말 소시오패스다운 변명이라며 우리는 함께 웃었다.

나는 에덴스 박사가 검사 보고서에 무슨 내용을 적었는지 전혀 모른 채 그의 진료실을 나왔다. 하지만 박사는 아직 소시오패스에 대한 연구가 부족하고 우리가 지나치게 악당으로 비춰지고 있다는 점, 그것은 바로잡아야 할 중요한 사안이라는 점에 대해 나와 생각이 같았다.

2주 후, 검사 결과 보고서를 받은 나는 잠시나마 품었던 의혹을 걷어치웠다. 나는 두 가지를 확실히 알게 되었다. 하나는 내 자가진단이 틀리지 않았다는 것이고, 다른 하나는 현대의 정신의학적 진단 과정이 설득력도 없고 주관적이라는 것이다.

한 가지 궁금한 게 있다. 왜 우리는 소시오패스의 정체를 밝혀야 하는 걸까?

어릴 적, 할아버지는 농장에서 닭을 비롯해 여러 동물을 키웠다. 닭들은 대체로 하루에 한 개씩 달걀을 낳았다. 닭 일곱 마리를 키웠으니 할아버지는 당연히 매일 일곱 개의 달걀을 얻었다. 할아버지는 늘 닭들에게 신중하게 모이를 주고는 달걀을 모으면서 내게 할아버지 댁에 있는 동안이라도 당신과 똑같이 부지런해야 한다고 가르쳤다. 얘기인즉 부지런하지 않으면 닭은 자신이 낳은 달걀을 쪼아 먹고, 한번 달걀 맛을 본 닭은 계속 달걀을 먹으려 들기 때문에 어쩔 수 없이 죽여야 한다는 것이었다. 자기 달걀을 먹는 닭의 버릇을 고칠 방법이 없다는 말이 진실인지 아닌지 모르겠지만, 할아버지는 닭에게 규칙적으로 모이를 주고 달걀을 꺼내라고 내게 경고하고 싶었던 모양이다.

한번은 내가 집에 없을 때 할아버지가 몸이 편찮아 모이를 주고 달걀을 꺼내는 일을 할 수 없었다. 며칠 만에 닭장으로 갔을 때, 할아버지는 사방에 흩어져 있는 달걀 껍데기를 보고 말았다. 닭들이 달걀을 먹었다는 증거였다. 그 후로 매일 한두 개씩 달걀이 모자랐다. 적어도 한 마리가 달걀 맛을 보았고 먹이를 아무리 많이 주어도 그 닭은 달걀 맛을 포기할 수 없었던 듯했다. 내가 물었다.

"어떤 닭이 달걀을 먹었는지 어떻게 알아내죠?"

"그게 무슨 말이냐?"

"달걀을 먹은 닭은 죽여야 한다고 하셨잖아요."

할아버지는 웃기만 했다.

"웃지 마세요, 할아버지. 이건 심각한 일이잖아요. 이 중에서 한 마리가 우리 닭장을 차지하고 앉아 우리가 먹을 달걀을 먹고 있잖아요. 어떤 녀석인지 찾아내 죽여야 하지 않아요?"

"닭들을 지키고 앉아 있을 시간이 없구나. 더구나 어떤 녀석인지 몰라도 그 녀석도 제 나름대로 쓸모가 있단다. 그 녀석 덕분에 방심하지 않고 다른 닭을 잘 돌보고 달걀을 제때 꺼내게 됐으니 말이다. 또 자연은 잔인하다는 사실도 새삼스레 알게 되지 않았니? 인간의 본성도 별로 다르지 않고 말이다."

나는 할아버지의 논리에 동의할 수 없었다. 다음 날 나는 일찍 일어나 닭장을 감시하며 닭들이 둥지로 가서 한 번에 한 개씩 달걀을 낳는 걸 지켜보았다. 그런데 한 마리가 발톱으로 달걀을 가지고 장난을 치더니 부리로 쪼아댔다. 나는 그 녀석을 죽이는 모습을 상상했다. 내가 알기로 닭은 발목을 들어 거꾸로 매달고 힘이 약한 손으로 닭 머리를 단단히 잡고 힘이 센 손으로 경정맥에 칼을 댄 다음 단번에 베어버린다. 그러면 땅바닥으로 피가 쏟아지고 닭은 퍼덕거리며 죽어간다. 이 모든 과정은 5분이 채 걸리지 않는다. 나는 소리를 질러 그 녀석을 쫓아버렸고 멀쩡하게 남아 있는 달걀들을 꺼냈다. 나는 궁금했다. 닭들은 어떤 닭이 달걀을 먹었는지 알고 있을까? 만약 나중에라도 어떤 녀석인지 알게 되면 닭들은 그 녀석을 어떻게 처리할까?

3장

섬뜩하면서도
기이한

나는 형제가 많은 집에서 자랐지만 나와 가장 친한 형제는 바로 위의 오빠 짐이다. 그런데 열여덟 살 때, 짐은 느닷없이 딴사람이 된 것 같았다. 나중에 고백하길 그때 자기는 '외톨이 늑대'였다고 했다. 친구들과 여행 중에 갑자기 멀미가 난 짐은 월마트 주차장에서 구토를 했다. 예기치 못하게 일어난 일이라 당혹스럽고 불안했던 탓에 일시적인 기억상실이 온 모양이었다. 짐은 친구들도 알아보지 못했고 심지어 월마트 화장실에 들어가 씻어야 한다는 상식적인 생각도 하지 못했다. 짐은 속옷을 벗어 주차장 아스팔트 위에 던져놓은 채 사라져버렸다. 친구들은 다른 구역 주차장을 배회하고 있는 짐을 발견하고 잘 구슬려 차로 데리고 왔다.

니행 분위기가 어색해진 깃은 말할 짓노 없고 니행 내내 짐은 토사물이 묻은 옷을 벗지 않은 채 씻기를 거부했다. 게다가 말까지 어눌해졌고 다른 일에서도 사람 구실을 전혀 하지 못했다. 물론 며칠 만에 다시 예전의 '짐'으로 돌아왔지만 '외톨이 늑대'였던 그때의 일에 대해서는 전혀 대답하지 못했다. 지금도 마찬가지다.

더 나은 표현이 있을까 싶지만, 짐은 어른이 된 지금도 부서지기 쉬운 사람이다. 그는 스트레스에 몹시 민감하고 사소한 일에도 쉽게 어쩔 줄 몰라하며 거의 매사에 신경질적이다. 마치 질리도록 두들겨 맞으며 자란 학대받은 강아지처럼 오히려 낯선 사람들 틈에 있어야 마음이 편한 것 같다. 집중적인 치료를 받았지만 여전히 혼란에서 헤어나지 못한 짐은 수동적이면서도 공격적인 방식으로 달려들거나 아예 껍질 속에 숨어버린다.

짐을 보면서 가끔 생각하는 건데 내게도 공감 능력이 생기면 저런 모습일까 궁금하다. 하지만 짐과 닮은 내 모습은 상상이 가지 않는다. 그러다 보니 똑같은 자극이 어떻게 전혀 다른 두 가지 성격으로 나타날 수 있을까 하는 의문이 든다. 나는 내가 소시오패스로 태어난 건지 아니면 어릴 적 환경 때문에 소시오패스가 된 것인지 의문이 들면, 공감 능력에서 내 대응 인물인 짐을 떠올린다.

과학적으로 소시오패스는 강력한 유전적 영향이 있다는 설득력 있는 증거가 있다. 또한 소시오패스적 특질이 생애 전반에 걸쳐 끊임없이 일관성 있게 나타난다는 사실을 입증한 연구도 있다. 유전자를 100퍼센트 공유하는 일란성 쌍둥이는 유전자를 50퍼센트만 공유하는 이란성 쌍둥이에 비해 둘 다 소시오패스의 특질을 보일 가능성이 훨씬 크다. 짐은 나와 쌍둥이처럼 유전자가 비슷하다. 1년 남짓 나이 차이가 나지만 우리는 종종 이란성 쌍둥이로 오해를 받았다. 짐과 내가 모든 일을 함께해서 그런 것인지도 모른다. 우리는 거의 똑같은 교육을 받고 비슷한 경험을 했다고 해도 과언이 아니지만 철저하게 다른 어른으로 성장했다.

내가 자란 도시에는 제법 넓은 공원이 있었는데 그 공원에는 브론토사우루스라는 거대한 공룡상이 있었다. 공룡의 몸통은 대부분 모래에 파묻혀 있었고 나는 몸통 전체가 드러난 것을 본 적이 없다. 기다란 목과 자주색 꼬리만 모래 밖으로 불쑥 튀어나와 아이들이 기어오르고 매달리기에 더 없이 좋은 상태로 있었다. 짐과 나는 브론토사우루스와 오후 내내, 어떤 때는 어머니가 방과 후 수업에 데려가는 초저녁 무렵까지 몇 시간이나 함께 놀았다.

공원은 학교에서 멀지 않았지만 학교의 감시 카메라에 잡힐 정도는 아니었다. 우리가 부모를 잃은 아이라고 의심할 사람은 없었어도 우리는 누군가가 물을 때를 대비해 말을 맞춰놓았다. "엄마는 교장선생님과 우리의 진로를 의논하고 계세요"라거나 "급한 일이 생겨 방금 전에 가셨어요. 이제 잘 아는 동네 아주머니가 오셔서 우리를 데려가실 거예요"라는 식으로. 그땐 왜 어머니가 우릴 제시간에 데리러 오지 않을 거라고 생각했는지 잘 모르겠지만, 어쨌든 생판 모르는 사람과 왈가왈부하는 건 싫었다. 거짓말을 지어낸 건 그래서다. 이야기란 늘 몇 발짝 떨어져 있는 책임감 강한 어른 때문에 복잡해지게 마련이다. 심지어 해가 아직 하늘에 매달려 있어도 말이다.

내가 열 살, 짐이 열한 살이었을 때의 어느 여름 날 오후 부모님은 우리를 공원에 내려놓았다. 내 기억에 그날은 우리가 다니던 초등학교의 개교기념일이었다. 고등학생이던 큰오빠는 학교에 갔고 공원에는 우리 말고 다른 아이들은 보이지 않았다. 부모님은 우리를 브론토사우루스 옆에 내려두고 잠시 볼일을 보러 갔다. 우리는 나이 많은, 약간은 늙어빠진 공룡 친구의 목에 매달려 몸을 흔들거나 옆으로 반쯤 벌어진 입속의 어두운 구멍에 팔을 넣었다 뺐다 하면서 전쟁놀이와 잠수함놀이를 하고 있었다. 그러다가 공룡에게 싫증이 난 우리는 소리 없이 밀림을 지나는 베트콩 군인이라도 된 양 대나무가 우거진 작은 시내를 따라 걷기 시작했다.

한 시간 남짓 걸었을까? 우리는 일을 보고 돌아올 부모님을 만나러 차를 세워둔 곳으로 돌아갔다. 나는 아버지가 차 문을 열자 언제나 그렇듯 어머니가 우아하고 여유롭게 차에 올라타던 모습을 똑똑히 기억한다. 부모님이 금방이라도 차에 시동을 걸고 떠날 채비를 하고 있었기 때문에 짐과 나는 더 빨리 걸어갔다. 군인 놀이를 하느라 배도 고팠던 우리는 얼른 집에 가서 뭐라도 먹고 싶은 마음이 간절했다. 150미터쯤 거리가 남았을 때 차에 시동을 거는 소리가 들렸다. 하지만 차가 공원을 빠져나가려고 방향등을 켰을 때까지도 우리는 전속력으로 달리지 않았다.

부모님이 우리를 버리고 떠났다는 사실을 언제 깨달았는지 지금도 확실히 모르겠다. 차가 좁은 주차장 통로를 빠져나가자마자 우리는 있는 힘을 다해 달렸고 목청이 터져라 소리를 질렀다. 부모님이 그냥 떠나리라고는 전혀 생각지 않았다. 곧이어 자동차 백미러로 보이는 우리를 공포영화에 나오는 괴물들로 생각하고 필사적으로 도망치려고 하는 건가 하는 의심이 들었다. 부모님의 차에서 나는 엔진소리가 우리의 거친 숨소리와 쉰 고함소리, 포장도로 위로 아무렇게나 내딛는 짐승 같은 발자국 소리와 대비돼 아련하게 사라졌다.

1킬로미터쯤 공원길을 따라 뛰었지만 부모님의 차를 따라잡기에는 역부족이었다. 차가 대로로 들어서자 우리는 더 이상 따라갈 수 없었고 부모님의 차는 이내 사라졌다.

부모님의 차를 따라가다 달리기를 멈춘 그때는 희망을 잃어버린 순간이었다. 우린 몸을 앞으로 나아가게 했던 아드레날린이 사라지는 속도에 맞춰 희망이 빠져나가고 있음을 육체적으로 인식했다. 신들은 죽고 모든 안전은 사라졌다. 심장이 무섭게 고동치고 몸이 반으로 접힌 채 길 한가운데서 숨을 헐떡이던 우리는 브레이크를 밟는 소리와 차가 돌아오는 소리가 들리기를 간절히 바랐다. 만약 소리를 들었다면 우리가 그 기억을 여전히 간직하고 있지 않겠지만. 우리는 왜 부모님이 우리를 버리고 떠났는지 그 이유를 생각해보았다. 혹시 우리와 함께 왔다는 사실을 잊었나? 아니면 사지가 절단되거나 불구가 되는 것처럼 진짜 위급한 상황이 발생한 건 아닐까? 어쩌면 둘이 다퉜는지도 몰라.

우리는 부모님의 행동에 어떤 패턴이 있었는지, 우리가 납득할 만한 어떤 징조가 있었는지 찾아보려 노력했다. 하지만 부모님의 행동을 도무지 설명할 수가 없었다. 그리고 웬일인지 부모님이 돌아오지 않으리란 예감이 들었다. 실제로 우리는 부모님이 돌아오지 않으리란 걸 알고 있었고 돌아오지도 않았다.

집으로 가는 길을 되짚어 돌아갈 수도 있었지만 우리는 독립하기로 했다. 부모님이 후회의 눈물을 쥐어짜도록 하기 위해 아이들이 자주 써먹는 방법이 가출이라고 생각한 짐은 우리가 독립하면 부모님이 자신들의 무책임한 행동을 부끄러워하리라고 믿었다. 하지만 나는 과연 부모님에게 우리가 필요한지, 혹시 우리가 교회에서 엿들은 이야기나 텔레비전에서 본 드라마처럼 그저 주말에 허드렛일이나 시키려고 지금까지 우리에게 가짜로 가족 대우를 해준 건 아닌지 확인해보고 싶었다.

사실 우리는 가만히 앉아 생존 계획만 짠 게 아니었다. 보급품이 필요하다고 생각한 우리는 근처 고등학교까지 걸어갔다. 학교 주차장에 큰오빠의 차가 서 있었다. 짐이 차 유리창을 억지로 내리자 내가 가느다란 팔을 넣어 차 문을 열었다. 차 안에는 고맙게도 시즌이 한참 지난 스키 장비 일체가 있었다. 우리는 앞으로 며칠 동안 우리를 따뜻하게 보호해줄 털옷을 있는 대로 꺼냈다. 가방이 없었던 터라 우리는 너무 커서 맞지도 않는 모자, 장갑, 옷을 겹겹이 몸에 둘렀다. 캘리포니아 남부에서 늦은 오후에 털모자에다 장갑까지 껴입은 우리의 행색은 그야말로 어처구니가 없었다. 하지만 우리에겐 오로지 앞으로 몇 달간 생존해야 한다는 생각뿐이었다.

몹시 배가 고팠다. 분명한 해결책은 구걸이었고 때마침 복장도 제법 그럴싸했다. 두꺼운 보드지와 마커 펜을 찾았지만 우리가 찾아낸 것은 줄이 그어진 리포트 용지 몇 장과 볼펜뿐이었다(지금도 나는 거리에서 구걸하는 거지들을 볼 때마다 그들의 임기응변에 놀라곤 한다. 두꺼운 보드지와 지워지지 않는 굵은 마커 펜, 여기에다 적당한 크기와 각도에 맞게 보드지를 자를 가위나 칼 등을 다 어떻게 구하는지 놀라울 따름이다). 그런데 우리가 있는 곳은 나무가 우거진 주택단지였고 하다못해 옷자락이라도 잡고 늘어질 만한 사람 하나조차 지나가지 않았다. 노숙자처럼 털옷을 껴입은 우리는 땀을 뻘뻘 흘리면서 어슬렁거리며 땅바닥을 걷어차고 있었다. 따분하고 배고파서 포기하기로 결심할 때까지 얼마나 오랫동안 그러고 있었는지 확실히 모르겠다.

나는 그날 우리를 버리고 떠난 부모님을 한 번도 원망하지 않았다. 지금도 그렇게 떠난 이유를 알지 못한다. 어쩌면 잠시 동안 우리를 마음에서 지워버리고 싶었는지도 모른다. 어쨌든 기껏해야 집까지 걸어오는 정도의 불편을 겪기밖에 더 하겠느냐고 생각했을 것이다. 만약 내가 원망이란 걸 했다면 그것은 부모님이 우리를 버려서가 아니라 버리지 않으리라는 괜한 믿음을 심어줬다는 사실 때문이었으리라. 부모님은 우리가 서로를 보살피는 지극히 평범한 가족이라는 '소설'을 쓰고 있었다. 당신들도 지극히 평범한 부모라는 소설을 말이다.

두 분이 우리를 사랑하지 않은 것은 아니지만(내가 알기로 두 분은 나름의 방식으로 우리를 사랑했다) 그렇다고 그 사랑이 우리에게 중대한 영향을 미친 것도 아니다. 특히 내게는 큰 도움이 되지 않았다. 두 분의 선한 의도 덕분에 내 삶이 더 나아진 것도 아니었다. 그때 두 분은 논리와 객관적 사실이 결코 비집고 들어갈 수 없도록 공모한 어두운 세상에서 살기 위해 진실을 차단하고 있는 것처럼 보였다. 친구나 이웃에게 해명해야 할 정도로 뚜렷한 육체적 흉터를 남기지 않는 모든 사건은 눈에 띄지 않는 법이다.

아버지의 위선과 어머니의 피해의식

말하자면 나는 영화〈로열 테넌바움〉(웨스 엔더슨 감독, 천부적 재능이 있는 세 자녀와 부부의 이야기를 다룬 코미디 영화—옮긴이)의 테넌바움 일가와 비슷한 가정에서 셋째아이로 자랐다. 폭력적이고 수치스러운 아버지, 냉담하면서 이따금 히스테릭한 어머니 그리고 오 남매는 덩치는 작지만 제대로 훈련받은 군인들처럼 똘똘 뭉쳐 지냈다. 우리는 다른 누구보다 우리가 월등하다는 좀 독특한 감상에 젖어서 자랐다. 그런 까닭에 우리를 진심으로 이해하고 우리의 가치를 알아보는 사람도 가족밖에 없다고 생각했다.

부모님은 어린 나이에 결혼했는데 어머니는 스무 살, 아버지는 서우 스물세 살 때였다. 온전치 못한 가정에서 자란 어머니는 본인의 의도와 상관없이 강제로 대학을 중퇴해야 했다. 집으로 돌아온 어머니는 자신을 구원해줄 남자를 찾기 위해 맹렬히 데이트를 했다. 어머니가 왜 아버지를 선택했는지 모르지만 아주 신속하게 선택한 것만은 분명하다. 아버지를 꼼짝 못하게 단단히 붙잡은 어머니는 만난 지 몇 달 만에 프러포즈를 할 거냐고 물었다. 결국 결혼한 두 사람은 결혼 첫해에 큰오빠를 낳았고 이듬해부터 꾸준히 자녀를 출산했다.

아버지는 변호사였다. 어머니와 데이트할 당시에는 큰 로펌에서 일했지만 로펌이 망하면서 아버지는 삼류 변호사로 개업했다. 아버지는 늘 자신이 현대판 애티커스 핀치(《앵무새 죽이기》의 주인공 스카웃의 아버지로 양심적이고 용감한 변호사다 — 옮긴이)라고 생각했다. 그래서 가끔은 의뢰인에게 수임료 대신 구운 빵을 받아오기도 했다. 한 가정의 가장으로서 아버지는 정말이지 지독히 신뢰할 수 없는 사람이었다. 공원에서 하루 종일 놀다 집에 오면 전기가 끊겨 있기 일쑤였다. 몇 달씩 전기요금을 내지 못해서 말이다. 우리가 점심 대신 뒤뜰에서 딴 오렌지 몇 알만 들고 학교에 다니는 동안에도 아버지는 사치스러운 취미생활을 하느라 몇천 달러를 쓰곤 했다. 내가 열두 살이던 해에 아버지는 소득세 신고서를 제출하지 않았다. 자기 사업체를 운영하고 있으니 일 년 내내 급여를 받은 일도 없거니와 어떤 종류의 세금도 밀린 적이 없으니 신고서 제출일인 4월 15일이 되어서도 그저 아무 생각이 없었던 것이다. 결과는 뻔했다. 아버지는 회계감사를 받았고 우리집 재정은 파탄이 났다.

내 경험상 재정 문제보다 훨씬 더 심각한 것은 아버지의 감정적, 도덕적 위선이었다. 그 탓에 나는 견고하고 명백한 사실이 뒷받침되지 않는 한 그 어떤 감정도 믿지 못했다. 내 심장이 얼음장처럼 차가워진 것은 아버지의 헤픈 감정 표현과 도덕에 대한 가식적인 태도 때문이다.

다른 사람들이 아버지를 어떻게 생각하는지는 잘 모르겠지만 아버지가 세상과 스스로에게 그리고 우리에게 착한 사람처럼, 좋은 아버지처럼 보이려 무던히 애썼다는 사실은 알고 있다. 아버지는 자신이 존경받는 사람이라고 믿고 싶어 했고 오로지 그 믿음을 강화해줄 일만 했다. 아버지에게는 자기 업적을 줄줄이 열거하는 버릇이 있었는데 언제라도 읊을 수 있도록 머릿속에 서류철을 넣어둔 듯했다. 그 서류철에는 가령 자신이 속한 협회 이름, 의뢰인의 이름, 교회에서의 직함, 무엇보다 빼놓을 수 없었던 자선사업 들이 들어 있었다. 아버지는 자신이 자애롭고 인심 좋은 사람이라는 사실을 알리기 위해 세상을 필요로 했다.

부모님은 자식들의 학교 활동에 참여하기를 좋아했는데 특히 음악적인 활동에 관심이 남달랐다. 가끔 우리 고등학교 밴드부가 공연할 때면 아버지는 조명을 담당했고 어머니는 합창단에서 노래를 불렀다. 틀림없이 두 분은 우리가 살았던 작은 시골 사회의 지주였다. 한번은 학교 연주회에 늦어서 속력을 내다가 내 악기를 챙겨오지 않았다는 걸 뒤늦게 발견했다. 우리 가족은 내가 아니라 부모님이 연주회에 참가하지 못할 수도 있는 위험을 감수하지 않았다. 결국 나는 어머니가 합창단에서 노래를 부르고 아버지가 조명을 조작하는 동안, 내가 다니는 학교 행사에 참가한 부모님을 당연한 듯 바라보며 대기석에 서 있었다.

아버지는 자신이 나쁜 행동을 할 때마다 우리에게 준 상처보다는 무심코 자신의 이미지를 노출했다는 것에 훨씬 더 실망하는 것 같았다. 아버지에게는 자신이 정말로 이상적이고 완벽한 사람인지는 중요치 않았다. 오로지 그런 사람으로 보이느냐, 심지어 스스로에게도 그렇게 보이느냐만 중요했을 뿐이다. 나는 자신마저도 능수능란하게 속이는 아버지를 존경하지 않을 수가 없었다. 가끔은 가족이 함께 슬픈 영화를 보기도 했는데, 그럴 때 아버지는 눈물이 그렁그렁한 눈으로 어머니를 바라보며 팔을 뻗고는 절규했다.

"이것 좀 봐! 소름이 다 돋았어!"

아버지는 자신에게 감정이 있고 또 인간답다는 증거를 우리가 '봐주기'를 필사적으로 원했다. 그 사실을 우리가 확인해주길 맹렬히 바란 것이다.

여덟 살 무렵, 불구가 된 아이에 관한 특집 프로그램을 보고 있다가 내가 아버지에게 냉담한 말을 한 적이 있다. 그때 아버지는 겁에 질린 표정으로 물었다.

"너는 공감하지 않니?"

나는 그게 무슨 의미인지 물어보았다. 나는 정말로 공감이라는 단어를 몰라서 물어본 것이었지만, 아버지는 나를 괴물 보듯 했다. 아버지의 메시지는 분명했다. 감정이 있고 독선적인 자신은 인간성의 모범인 반면, 감정이 없는 나는 자신의 거룩한 이름을 더럽히는 얼룩이라는 것이다.

그 사소한 일 하나로 내가 아버지를 얼마나 혐오했는지는 더 이상 과장할 방법이 없다. 난생처음 내 손으로 직접 아버지를 죽이고 싶었으니까. 그 욕망이 어찌나 맹렬했던지 문짝으로 아버지의 머리를 수없이 내리친 다음, 더 이상 자신이 상상하는 고결한 모습으로 세상을 돌아다닐 수 없게 된, 바닥에 널브러진 아버지를 보며 히죽거리는 장면을 떠올리며 짜릿해할 정도였다. 그건 필요하면 언제든 저지를 수 있는 일이라는 생각이 들자 마음이 편해졌다. 이제 내 상상은 우리의 삶에서 아버지를 제거하는 모든 과정을 치밀하게 계산하고 음미하며 실천으로 옮길 수도 있는 하나의 임무로 확대되었다.

어머니는 미모가 뛰어났다. 어릴 적 내가 거리에서 만난 사람들은 가던 길을 멈추고 다가와 어머니에게 예쁘다는 말을 하곤 했다. 어머니는 음악적 재능도 뛰어났다. 적어도 우리는 그렇게 생각했다. 어머니는 동네 아이들에게 피아노를 가르쳤는데 어떤 때는 그들에게 매달 40달러씩 받는 레슨비로 생계를 꾸려가는 것 같기도 했다. 학교 공부가 끝나면 아이들은 교대로 우리 집에 와서 세 시간 동안 피아노를 뚱땅거렸고 그동안 우리는 텔레비전을 보거나 숙제를 했다. 나는 계단에 서서 어떤 녀석이든 레슨이 끝나기를 기다리며 피아노 실력을 평가했고, 형편없는 점수를 매겨 내게서 어머니의 관심을 빼앗아간 것에 대해 분풀이를 했다. 연말이면 발표회를 열었는데 그때마다 나는 어머니가 행복해하는 이유가 의심스러웠다. 내가 보기에 어머니는 아이들의 연주 실력이 아니라 형편없던 아이들의 실력을 끌어올려주어 고맙다거나 아름답다는 말로 치켜세우는 관객들 때문에 행복해했던 것 같다.

어머니는 주목받는 것을 정말 좋아했고 또 그것이 어울리는 사람이었다. 막내 여동생이 태어난 후에도 어머니는 배우나 성악가가 되겠다는 야망을 포기하지 않았다. 어느 날 전문적인 디너쇼 프로덕션에서 오디션을 보더니 어머니는 기어코 조연 역을 따냈다. 공연을 마치고 상기된 얼굴로 집에 돌아온 어머니는 박수갈채와 아첨에 잔뜩 들떠 있었다. 그 후 어머니는 몇 편의 뮤지컬과 콘서트에 출연했고 지역 프로덕션의 고정 배우로 활약했다.

아버지는 특히 교회 성가대와 함께하는 콘서트를 좋아했다. 친구나 이웃이 거의 빠짐없이 관객석을 메우는 공연이었기 때문이다. 하지만 어머니의 성벽이 날로 화려해져 더는 아버지의 명성에 직접적으로 긍정적인 영향을 미치지 않게 되자 아버지는 가족이 아닌 사람, 특히 아버지 이외의 다른 사람에게 칭찬이나 관심을 바라지 말라고 어머니를 호되게 몰아붙였다.

어머니가 가족 이외의 사람들에게 칭찬과 관심을 원한 것은 사실이다. 내 생각에 칭찬과 관심에 대한 어머니의 욕망은 마음속 빈 공간을 채워주는 충전재였고, 일시적일망정 어머니가 어른이나 부모로서의 구실과 역할을 하게 해준 안정적인 버팀목이었다. 배우로서의 꿈을 좇을 무렵, 어머니는 아버지가 돈을 잘 벌고 유능한 변호사가 되길 바라는 희망 따위는 아예 접어버렸다. 여기에다 자식들이 늘어나고 덩치가 자라온 집 안을 헤집고 다니기 시작하자 갈수록 자질구레한 일거리와 책임져야 할 일이 많아졌고 어머니가 쉴 공간이나 꿈을 좇을 시간은 줄어갔다. 자신이 맡은 허구의 배역이 어머니에게는 우리를 비롯해 자신의 발목을 잡고 있는 삶에서 벗어나는 유일한 피난처였다. 연극 속의 대사와 줄거리에서 어머니는 무릎이 짓무르지도, 숨통이 막히지도 않았다. 어머니는 일주일에 며칠 밤만이라도 전혀 다른 사람이 되는 자유를 누리며 살림꾼으로서의 유용성보다 미학의 관점에서 평가받기를 갈망했다.

우리 형제 중 누구라도 아프거나 다치면 어머니는 힘없이 팔을 늘어뜨리고 울부짖었다.

"아주 기가 막혀! 대체 날더러 어쩌라는 거야?"

어머니의 얼굴에는 호수에 파문이 일듯 틀어진 계획과 잃어버린 주목받을 기회들이 차례로 일렁거렸다. 아픈 우리에게 차를 내올 때조차 한숨이 묻어났고 "좀 나아졌니?"라는 어머니의 질문에는 자유롭고 행복하게 살 수 있는 나를 이렇게 붙들어놓고 어떻게 나아지지 않을 수 있느냐는 협박이 담겨 있었다.

불가피하게 공연이나 연극 시즌이 끝나면 어머니는 기분이 무겁게 가라앉고 몸까지 시름시름 앓았다. 어머니가 망가뜨린 차만 해도 몇 대나 된다. 무대 조명을 대신해줄 즐거운 추억을 만들기 위해 친구들과 웃고 떠들기를 원한 어머니의 본능은 빨간 신호등이나 도로표지판에 전혀 구애받지 않았던 것 같다. 어쩌면 빨간 신호등과 도로표지판을 무시하게 만든 것은 대리만족용 추억이 아니었는지도 모른다. 그것은 다른 선

　　　　나, 소시오패스

택을 했다면 그녀의 것이 될 수도 있던 또 다른 삶에 대한 환상이 아니었을까.

우리의 삶에서 어머니의 자동차 사고들은 지진과도 같았다. 삶이 한순간에 끝날 수도 있다는 사실과 다른 한편으로는 아직 우리가(그리고 어머니가) 살아 있다는 사실을 일깨워주었으니 말이다. 나는 어머니의 그런 작은 반란을 존경했다. 그 반란으로 인해 내가 며칠째 저녁을 굶거나 짐의 머리가 자동차 앞 유리에 부딪쳐 깨져도 상관없었다. 그런 일들 때문에 어머니에게 화가 난 기억은 없다. 어머니는 단지 살려고 노력했을 뿐이니까. 우리가 없었다면 어머니가 자제력을 잃을 이유도 없고 또 끊임없이 행복을 침해당하지도 않았을 것 아닌가. 물론 아버지는 사고 후 짐의 이마에 난 상처를 역습의 기회로 이용했다. 하지만 아무도, 특히 아버지는 짐의 이마를 진심으로 걱정하지 않았고 삶은 늘 그래왔던 것처럼 그럭저럭 흘러갔다.

우리가 아플 때마다 어머니는 늘 수프를 끓여주었다. 어머니는 언제나 우리를 먹이고 입혔고 아버지에게도 그랬다. 어머니는 걱정스런 표정으로 우리의 이마를 손으로 짚었고 자기 전에는 우리에게 키스를 했다. 물론 아버지도 그렇게 했다. 왜 그랬는지 모르지만 아버지가 허리띠로 나를 때리면 정작 나는 울지 않는데 어머니는 눈물을 흘렸다. 내가 로스쿨을 졸업할 때 아버지는 진심으로 기뻐했다. 그날처럼 기뻐하는 모습을 본 적이 없었다. 나에 대한 부모님의 사랑을 의심한 적은 없지만 두 분의 사랑은 변덕스러웠다. 때로는 너무 험악해 나를 위험에서 지켜주기보다 오히려 상처를 주는 일이 잦았다. 부모님이 나를 향한 자신들의 사랑이 견고하다고 느낄수록 역으로 내 눈에는 내 행복을 지켜줄 생각이 없는 것처럼 보였다.

나는 부모님에게 정말 많은 것을 배웠다. 부모님은 다른 사람들이 보여주는 감정을 곧이곧대로 받아들이지 말라고 했다. 또 내게 자립적인 사람이 되라고도 했다. 그들은 내게 사랑은 지독히 신뢰할 수 없는 것이라고 가르쳤고 그래서 나는 결코 사랑을 믿지 않았다.

유일하게 부모님을 찾지도 않고 울지도 않은 아이

소시오패스가 선천성이냐 후천성이냐는 지금도 논쟁 중이다. '선천성'이라는 주장은 왠지 소시오패스에게 무임승차권을 주는 것처럼 보인다. 측은하게도 '소시오패스로 태어났으니' 사회가 품어주어야 한다는 얘기가 아닌가. 반면 '후천성'이라는 주장에는 부단한 노력과 치료를 통해 어느 순간 정상으로 돌아올 수도 있고, 반대로 학대받은 아이들은 소시오패스적 성향이 더 드러날 수도 있다는 의미가 담겨 있다.

그런데 논쟁의 해답은 논쟁 자체보다 더 복잡하다. 우리의 거의 모든 특징이 그렇듯, 심리학자와 과학자는 소시오패스가 유전과 환경의 조합으로 탄생한다고 믿는다. 명백한 유전적 연결고리가 있는데 그 유전자의 스위치가 켜지느냐 마느냐 혹은 얼마나 독특한 소시오패스로 발전하느냐는 환경에 달려 있다는 얘기다. 심리학자이자 《사회적 지능》의 저자인 대니얼 골먼은 유전자가 나타나지 않으면 "그 유전자를 아예 갖고 있지 않은 것과 마찬가지"라고 주장했다. 그렇다면 이런 질문을 던져야 할지도 모른다.

"당신은 유전자가 코드화되었지만 겉으로 드러나지 않은 소시오패스입니까?"

간혹 소시오패스 유전자가 어떻게, 왜 나타나는지 분명히 밝히지 못하는 경우도 있다. 내 경우에는 삶의 올바른 방향이든 나쁜 방향이든 한쪽으로 기울지는 않았지만 어느 순간 극단으로 치우칠지 모를 위태로운 균형을 유지하고 있다. 실제로 내가 자란 환경보다 더 좋은 환경 혹은 더 나쁜 환경에서 자랐다면 내 삶은 어떻게 달라졌을까?

가장 결정적인 환경 요인 가운데 어떤 것은 어쩌면 소시오패스가 최초의 기억을 갖기 전에 영향을 미치는지도 모른다. 스무 살 이전에는 뇌가 완전히 성숙하지 않는다고 주장하는 사람도 있지만, 골먼 박사는 인간이 가장 왕성하게 성장하는 생후 24개월이 뇌 발달에 결정적인 시기라고 말한다. 쥐의 경우에는 생후 24시간이다. 이 시기에 어미가 핥아주고 보살펴준 새끼 쥐는 성장 속도도 빠르고 더 영리하며 자신감이 있다. 반면 어미가 덜 핥아준 쥐는 학습 능력도 낮고 쉽게 지치며 불안해한다.

과학자들은 이러한 공감과 조율, 접촉은 인간에게도 같은 효과가 있을 거라고 생각한다. 골먼의 연구는 2차 세계대전 후 고아들을 연구한 정신과 의사이자 정신분석학자인 존 볼비가 최초로 제안한 '젖먹이 애착 이론'과 일치한다. 존과 몇 명의 과학자는 젖먹이 시절 일상적인 피부 접촉을 받지 못한 어린이에게 발육 및 성장 부진이 나타나고 심한 경우 사망에 이른다는 사실을 발견했다. 애착 이론에 따르면 부모에게 충분한 반응을 받지 못하거나 아예 반응을 받지 못한 신생아는 반항적, 독립적, 고립적인 아이로 성장하며 자기 부모를 낯선 사람보다 더 좋아하지 않는다. 또한 어른이 되어도 지속적이고 의미 있는 관계를 맺지 못한다.

젖먹이였을 때 나는 지독한 배앓이를 했다고 한다. 정확한 원인은 밝혀지지 않았지만 배가 아파 자주 자지러지게 울었던 모양이다. 부모님은 그때 나를 달래기가 너무 힘들었다며 지금까지도 푸념을 늘어놓는다. 더구나 한 살 차이로 태어난 내가 그러는 바람에 짐도 충분한 보살핌을 받지 못했다.

내가 하루 종일 자지러지게 울면 부모님은 나를 데리고 친척들을 찾아다녔다고 한다. 하지만 숙모, 삼촌, 할머니 할 것 없이 모두가 처음에는 해결해줄 것 같다가도 결국에는 지쳐서 포기했단다. 부모님은 마치 변명처럼 아무도 나를 달랠 수 없었다고 말한다. 부모로서 자신들은 잘못한 게 없고 잘못된 것은 오로지 나라는 진실은 어쩌면 부모님에게 다행스러운 일인지도 모른다. 아버지는 울다 지칠 때까지 나를 방 안에 혼자 내버려둔 적도 많았다고 솔직하게 인정했다.

생후 6주째가 되었을 때 부모님은 결국 소아과를 찾아갔다. 내가 하도 울어서 배꼽이 파열되었기 때문이다. 물론 나는 부모님이 최선을 다했을 거라고 생각한다. 나라면 그런 아이를 양육하는 것은 고사하고 참고 견디기도 힘들었을 것이다.

어머니는 내가 배앓이를 끝낸 뒤로는 유난히 독립적인 아이로 자랐다고 말한다. 교회의 육아실에 처음으로 나를 맡긴 날, 나는 육아실에서 유일하게 부모님을 찾지도 않고 울지도 않은 아이였다. 부모님이 데리러 올 때까지 처음 보는 장난감들을 갖고 조용히 즐겁게 놀기만 했단다. 내가 어디에 있는지 또 누가 나를 돌보는지 별로 개의치 않는 것 같았다고 한다. 어미가 덜 핥아준 새끼 쥐처럼 나는 기회를 잃어버린 건지도 모른다.

뇌는 성장 단계에 따라 다른 능력을 학습하는데 이는 신경계의 발달 및 성장과도 긴밀하게 연결돼 있다. 예컨대 아이가 발육 과정에서 공감 같은 특정 능력 혹은 개념을 배울 적절한 기회를 놓치면 아이의 뇌는 정상적인 수준에 미치지 못하거나 아예 비정상이 될 수도 있다. 극단적인 예가 고립된 채 자라거나 야생에서 자란 아이인데, 간혹 '야생 아동'이 발견되기도 한다.

2005년 6월, 경찰이 쓰레기와 해충이 바글거리는 집에서 어머니와 살던 소녀 다니엘 크로켓을 구출했을 때, 〈템파베이 타임스〉는 관련 기사를 실었다. 발견 당시 다니엘은 캐비닛 안에 갇혀 자신의 배설물 틈에서 살고 있었는데, 그 모습에 놀란 신참 경찰관 한 명은 허둥지둥 현관으로 달려 나와 토하고 말았다. 플로리다 아동·가정 복지국의 경험 많은 조사원도 자기 차의 핸들을 부여잡고 엎드려 흐느껴 울며 말했다.

"믿을 수 없어요. 이런 최악의 상황은 저도 처음이에요."

당시 다니엘은 여섯 살이었지만 네 살 정도로밖에 보이지 않았다. 기저귀를 찬 다니엘은 말도 하지 못했고 걷거나 혼자서 음식을 먹지도 못했다. 경찰관이 소녀를 번쩍 안아들자 기저귀가 경찰복 위로 주르륵 흘러내렸다. 그때 아이의 엄마가 날카롭게 비명을 지르며 말했다.

"내 아기에게 손대지 마!"

다니엘의 뇌는 유전적으로 정신 지체 징후가 전혀 없는 '정상' 상태였지만, 심각한 정신 장애가 있는 아이처럼 행동했다. 다니엘의 상태를 '환경성 자폐증'으로 진단한 한 의사는 이렇게 말했다.

"아무리 심각한 자폐증을 앓는 아이도 포옹이나 애정에는 반응을 한다."

다니엘은 사람들에게 전혀 반응하지 않았다. 그 상태에 대해 의사는 이런 설명을 덧붙였다.

"생후 최초의 5년 동안 뇌의 85퍼센트가 발달한다. 다른 무엇보다 이 시기에 맺는 관계는 뇌의 신경회로 배선을 도와주며 신뢰 형성, 언어 발달, 소통의 경험을 제공한다. 아이들이 세상과 관계를 맺으려면 이처럼 체계적인 경험이 반드시 필요하다."

다니엘은 정상인이 되지 못할 것이다. 몇 년 후 다니엘은 변기 사용법과 혼자 식사하는 법을 배웠지만 여전히 말은 하지 못했다. 다니엘이 입양되었을 때 〈마이애미 헤럴드〉는 의문을 제기했다.

"양부모의 사랑만으로 충분할까?"

대답을 하자면 '결코 충분치 않다.' 다니엘의 뇌는 너무 많은 기회, 심지어 신경계의 연결점들이 서로 만날 기회조차 잃고 말았다.

나는 가끔 "태생이 그러니까"라고 말하는 사람을 만난다. 그들은 천재로 태어났다거나 키가 큰 사람으로 태어났다고 말하는 것처럼, 소시오패스로 태어났다는 말을 아무렇지도 않게 한다. 좋다, 그렇다 치자. 어쩌면 누군가는 유전적으로 지능이 높거나 키가 큰 형질을 물려받았을지도 모른다. 말할 줄 알고 똑바로 서서 걷는 유전적 형질도 말이다. 그렇다면 야생 아동은? 야생 아동을 보면 태어날 때부터 정해진 운명 따위는 없다는 사실이 분명해진다. 우리는 가장 기본적인 일상의 상호작용, 영양, 문화, 교육, 경험 그리고 발달에 영향을 미치는 무수히 많은 요인 덕분에 지금의 우리가 된 것이다.

내가 매력을 갖고 태어났을까? 해로운 사람으로 태어났을까? 이 질문에 분명히 '그렇다'고 대답할 수 없다면 한 가지 질문을 더 해야 한다. 과연 나는 어떻게 지금의 모습이 되었을까? 가족 사이에 감정적인 문제가 많았던 점을 감안하건대 내 소시오패스 기질은 신뢰하는 방법을 배우지 못한 탓인 듯하다. 특히 부모님의 변덕스러운 감정이 내게 가르쳐준 것은 누군가에게 의지하면 스스로를 보호할 수 없다는 점이었다. 나는 타인에게서 안전을 찾기보다 스스로를 의지해야 한다고 배웠다. 타인과 아예 상호작용을 하지 않을 수는 없었기 때문에 나는 어쩔 수 없이 사람들을 조종하는 법, 특히 내가 원하는 결과를 얻고자 사람들의 관심을 끌거나 그들의 주의를 다른 곳으로 돌리게 하는 법을 익혔다.

사람들의 사랑이나 의무감에 호소해도 그리 이득이 될 게 없다는 사실을 경험으로 터득한 나는 그 외의 감정, 이를테면 공포나 사랑받기를 원하는 간절한 욕구처럼 좀 더 강렬한 감정에 관심을 기울인다. 나는 모든 사람을 목표물로 본다. 내 체스 게임 안에서 그들은 말일 뿐이다. 나는 사람들의 내면세계도 인식하지 못하고 그들 감정의 색깔도 이해하지 못한다. 사람들의 밝은 색조는 회색빛 감도는 우중충한 내 음영과 달라도 너무 다르기 때문이다. 내가 사람들을 자아와 명백한 운명을 지닌 개별적인 존재로 여기지 않아서일까? 어쩌면 스스로 그런 식으로 생각하지 않아서일지도 모른다.

내게는 어떤 식으로든 보듬거나 고수해야 할 정확한 자아라는 감정이 없다. 내 삶은 대부분 그날그날의 우연한 사건, 반응 체계 없는 충동적인 의사결정의 끊임없는 연속이다. 나와 유전적 성향도 다르고, 나처럼 살지 않으려고 필사적으로 사랑을 찾아 공허감을 달래는 보통 사람과 달리 나는 대체로 냉담하다.

그날 집까지 내가 공원에서 집까지 걸어서 오니 부모님의 차는 늘 그랬듯 차도 가장자리에 세워져 있었다. 우리가 집으로 들어갔을 때 부모님은 아무것도 묻지 않았다. 대체로 부모님은 우리가 힘들거나 괴로울까 봐 걱정하는 타입이 아니었다. 두 분에게 아무런 영향도 미치지 않아 우리가 겪은 고통 따위는 잊은 게 아닐까 싶다. 더구나 우리는 침묵을 해명으로 받아들이는 타입이라 부모님은 한 번도 우리에게 비난을 받은 적이 없었다. 공원 사건은 금세 없었던 일로 묻혔다. 그날 밤 두 분은 우리가 여느 집 아이들처럼 안전하고 따뜻한 집에 있다는 생각에 흡족해하며 잠자리에 들었다.

역동적인 내 가족사를 좀 더 넓은 관점으로 파악하게 된 지금, 나는 내가 자라온 환경이 내 안의 소시오패스를 일깨우는 데 결정적 역할을 했다고 강하게 확신한다. 수많은 아이가 신뢰할 수 없는 부모를 만나 육체적으로 고통스럽고 경제적으로 불안정한 환경에서 자란다. 이건 그리 드문 일이 아니다. 하지만 나처럼 감정 세계가 억눌리고 다른 이의 감정에 대한 이해와 존경이 사라진 환경에서 자라도 반사회적인 행동과 정신 상태가 나타날 수 있다. 물론 여기에도 닭과 달걀의 딜레마는 존재한다. 내가 연민의 표정을 짓던 아버지를 신뢰하지 못해 도덕심을 경시하게 된 것인지, 아니면 처음부터 내게 도덕심이나 양심이 별로 없어서 아버지를 믿지 못하고 유치하다고 생각한 것인지 잘 모르겠다.

과거를 되돌아봐도 지금과 사고방식이 달랐던 기억은 없다. 그렇지만 내가 상황을 앞서 생각하기로 한 순간, 즉 일종의 의식 분기점이 된 순간은 기억하고 있다. 그건 네 살에서 여섯 살 사이의 어느 시점이었다. 의미를 보다 분명히 하기 위해 한 가지 예를 들어보겠다.

혹시 신호등 앞에서 망설여본 적이 있는가? 보행자 신호등이 빨간불일 때도 망설여지는 순간은 있게 마련이다. 멈춰 서서 신호등이 초록불로 바뀌기를 기다릴 수도 있다. 아니면 차량들을 살펴보고 신호등 순서를 계산하면서 건너도 안전할지 나름대로 머리를 굴릴 수도 있다. 어느 쪽을 선택하든 장점이 있다. 첫 번째 선택은 안전하고 정신적 수고를 감수할 필요가 없다. 두 번째 선택은 위험이 따른다. 운이 좋으면 몇 초를 더 벌 수 있지만 운이 나쁘면 병원 신세를 지게 된다. 그런데 두 번째 선택에 익숙해지면 그 몇 초가 몇 년간 쌓여 수천 배로 늘어날 수 있다.

더욱이 대담한 사람들이 교차로를 유유히 건너는 동안 신호등 앞에 묵묵히 서 있는 사람들은 왠지 저들과 한 무리가 되고 싶다는 강한 열망이 일면서 도덕심의 사기가 꺾이는 기분을 맛본다. 나는 이것이 삶의 진실임을 이해했다. 고작 네댓 살 무렵에 말이다.

삶의 주도권은 내 손에 있었다. 나는 내 시간과 재능, 성공에 지렛대 효과를 주고 이익이 될지 죽음이 될지 모르지만 일단 해보자고 결정할 수 있었다. 아니면 기꺼이 줄을 서서 차례를 기다릴 수도 있었다. 선택은 어렵지 않았다. 나는 환경을 직시하고 그런 환경에서 살아남는, 그것도 아주 잘 살아남는 방법을 택했다. 내 선택이 경쟁의 이점을 줄 것 같았기 때문이다. 나는 본능이 아니라 확고한 정신적 분석, 내 모든 생각과 행동 그리고 결정의 총체인 고도의 인지력에 의지하기로 했다.

그렇게 몇 년이 지나자 갑자기 의문이 들기 시작했다. 내가 혹시 잘못된 선택을 한 것은 아닐까, 내가 정상인이 될 가능성이 있던 것은 아닐까? 다른 사람들이 삶을 대하는 방식에는 그럴 만한 이유가 있는 게 아닐까? 상처를 받았을 때는 복수보다 울음을 터뜨리는 것이 최선의 반응일 수도 있다. 관계에서는 힘보다 사랑이 더 가치가 있을지도 모른다. 하지만 이미 때는 늦었다. 내 기회의 창들은 모두 닫혔다.

애늙은이, 선머슴, 모범생

어린 시절 내 가족은 내가 하는 행동을 정상적인 행동이려니 생각했다. 무모하게 행동하는 나를 보고 내 가족은 '소시오패스'가 아니라 '선머슴'에 빗대며 빈정거렸다. 사내아이가 계집아이보다 익사할 확률이 네 배나 높다는 사실을 알고 있는가? 사내아이의 무모하고 경솔하며 충동적인 성향을 어떻게 한마디로 표현할 수 있을까? 바다로 달려가 높은 파도 위로 펄쩍 올라타는 나를 보고 소시오패스라고 생각한 사람은 없었다. 아이고, 저런 선머슴!

　어른들의 세계에 존재하는 힘의 구조에 유달리 관심이 많던 나는 '애늙은이'로 통했다. 대부분의 아이는 그들만의 세계에서 만족하며 살아간다. 그런데 내 눈에는 형제 외에 다른 아이들이 말도 안 되게 단세포적이라는 사실이 뻔히 보였다. 반면 나라는 아이는 세상이 어찌 돌아가는지, 그것도 세밀한 구석부터 거시적인 구석까지 모조리 알고 싶어 하는 집착이 강한 아이였다. 학교에서 들은 내용이나 베트남 전쟁 혹은 원자폭탄 같은 어른들의 대화를 우연히 엿듣기라도 하면 그 새로운 주제에 대해 모든 것을 알아낼 때까지 집요하게 파고들었다. 어른들에게 그런 것이 왜 그토록 중요한지 알아낼 때까지 일주일이든 이주일이든 상관없었다.

　'에이즈'라는 단어를 처음 들었던 때가 기억난다. 일곱 살이나 여덟 살 무렵이었을 것이다. 그때는 숙모가 우리가 돌봐주었는데 그녀는 정말 순진한 여자였다. 숙모와 부모님의 관계로 보건대 숙모는 사회생활을 할 능력이나 자신감이 부족한 사람 같았다(그때 이미 알고 있었지만 숙모 같은 어른이 정말 많다). 아이가 없었던 숙모는 우리를 무척 사랑했다(어리다는 것을 빌미로 속이기 쉬운 어른도 무척 많다). 텔레비전 뉴스에서 에이즈라는 말이 들려오자 숙모가 갑자기 흥분하더니 울기 시작했다. 그때는 이유를 몰랐지만 숙모의 삼촌, 그러니까 내게는 작은할아버지뻘 되는 분이 게이였고 몸이 아프다는 사실을 곧 알게 되었다. 숙모나 다른 어른들에게 에이즈라는 말이 그처럼 끔찍하게 들린 이유가 여기에 있었다. 나는 에이즈가 뭐냐고 숙모에게 물었다. 숙모는 아이 수준에 맞게 설명을 해주었고, 나는 당연히 그 정도에 만족해야 할 나이였지만 전혀 만족스럽지 않았다.

세상이 돌아가는 이유나 방식을 알고 싶어 한 내 욕구는 쉽게 채워질 만한 수준이 아니었다. 나는 끊임없이 다른 어른들에게 물었고(내가 관심이 있는 것에 답해줄 사람은 어른뿐이었으니까), 그들은 그런 나를 '애늙은이'라고 부르면서 웃었다. 그들은 결코 소시오패스라고 부르지 않았다. 알고 싶어서 캐묻는 나를 단 한 번도 이상하게 여긴 적이 없었다. 그들은 그저 내가 알고 싶어 하는 이유도 자기들이 알고 싶어 하는 이유와 같을 거라고 생각했을 뿐이다. 그 이유란 바로 두려움이다.

전적으로 틀린 이유는 아니지만 솔직히 나는 에이즈가 두렵지 않았다. 나는 에이즈를 왜 그토록 어른들이 두려워하는지 그 이유를 완벽히 알고 싶었다. 그런 내 욕구가 문제가 된 적은 없었다. 어른들이 어떤 식으로든 편리하게 둘러대거나 완전히 무시하면 그만이었으니까.

어린아이인 주제에 너무 커버린 내 내면은 온갖 종류의 방종으로 드러나기 시작했고 가족은 그런 나를 못 본 체했다. 나는 나 자신에게 쉴 새 없이 말을 걸었다. 낮은 목소리로 마지막 리허설을 하는 배우처럼 끊임없이 말이다. 부모님은 어른들을 쪼느기거나 속이거나 교묘하게 조종하려는 내 노골적이고 어리숙한 시도를 눈감아주었다. 또 내가 또래와 진정한 관계를 맺지 않고 아이들을 그저 움직이는 물건 혹은 게임에 필요한 도구로 대하는 내 이상한 모습에도 관심이 없었다.

나는 늘 거짓말을 달고 살았다. 물건을 훔치기도 했지만 상대방은 대개 간단히 속아 넘어갔다. 다른 집에 몰래 들어가 물건들의 자리를 바꾸어놓기도 했다. 심지어 뭔가를 고장 내거나 불태우기도 하고 사람들을 때리기도 했다.

무엇보다 나는 내 역할을 멋들어지게 해냈다. 동네 아이들과의 게임에서 판돈을 올리는 데 실패해본 적이 없었다. 수영장에서 다이빙을 할 때는 지붕 위에서 뛰어내리면 훨씬 더 재미있지 않겠느냐고 아이들을 부추겼다. 불법 무장단체처럼 변장하고 놀 때는 이웃집 정원의 물건을 훔쳐보자고 꼬드겼고 훔친 물건마다 제법 자세히 배당금을 적어주기도 했다. 잡지 기사를 오려 '인생의 증거'라는 동영상을 제작하기도 했다. 이웃 사람들은 정말 착했다. 그들은 유치한 모험을 하는 우리를 보고 대개는 그냥 웃어넘겼다.

그게 바로 나였다. 내가 한 짓은 위험하거나 무모하다기보다 아무런 해를 끼치지 않는 유치한 짓이라 사람들은 얼마든지 웃어넘길 수 있었다. 나는 타고난 익살꾼이자 광대였다. 또한 나는 멋지게 춤을 추었고 소리를 지르거나 이야기를 지어내 사람들에게 들려주었다. 만약 그 시절에 유튜브가 있었다면 나는 아마 꽤 유명해졌을 것이다. 내가 괴짜 같고 귀여웠기 때문에 가족은 내가 드러내는 다른 버릇은 대부분 무시했다. 어쩌면 내 가족은 우리가 괄괄하고 앙큼한 아이가 주인공으로 나오는 토요일 아침 시트콤처럼 살고 있다고 상상했는지도 모른다. 매번 미소나 포복절도 아니면 어깨를 으쓱하는 선에서 끝나는 시트콤처럼.

그러나 내가 자제력이 부족한 것은 어찌 보면 모든 행동을 여과 없이 표출한다는 의미였고, 앙큼한 매력도 골치 아프고 불안한 행동 사이에 낀 액세서리 같은 것이었다. 스위치가 켜지면 나는 모든 사람을 즐겁게 만들 수 있었지만 가끔은 너무 지나치게 발동이 걸렸다. 관심을 받고 싶은 나머지 귀여움에서 도를 넘어 엽기적인 불편함을 끼치기도 했다. 반면 스위치가 꺼지면 주위에 나 이외에 아무도 없는 것처럼 완벽히 나만의 세계로 침잠했다. 그럴 때면 마치 투명인간이라도 된 것 같았다.

나는 직관력이 있는 아이였지만 사람들을 웃기는 것 이상으로 그들과 관계를 맺을 수는 없었다. 사람들을 웃기는 것이 내게는 그들을 내가 원하는 대로 행동 혹은 처신하게 만드는 또 하나의 방법이었다. 나는 누군가가 내 몸을 만지는 것을 싫어했고 어떠한 애정도 거절했다. 내가 원하는, 그것도 몹시 갈망하는 신체적 접촉은 폭력적인 것이었다. 초등학교에 다닐 때 하루는 친구의 아버지가 나를 불러 세우더니 자기 딸을 때리지 말라고 엄하게 꾸짖었다. 그 친구는 근육은 고사하고 뼈밖에 없는 말라깽이였는데 바보 같이 웃음을 실실 흘리며 다녔다. 그것이 내 눈에는 맞고 싶어 안달하는 것처럼 보였다. 나는 내 행동이 나쁘다는 것을 정말 몰랐다. 심지어 내가 그 애에게 상처를 입혔다거나 그 애가 맞는 걸 싫어할 수도 있을 거라는 생각조차 해보지 않았다.

나는 평범한 아이가 아니었다. 그건 누가 봐도 분명했다. 하지만 그저 별나다는 것뿐 내가 얼마나, 왜 별난지 이해할 만한 표시나 징조는 없었다. 아이는 본디 이기적인 동물이지만 나는 다른 아이들보다 좀 더 이기적인 게 아니었을까 싶다. 다른 아이들에 비해 죄책감이나 양심의 빗장이 느슨해 잇속을 챙기는 데 좀 더 능숙했던 건지도 모른다. 물론 이것도 분명치는 않다.

어리고 힘이 없던 나는 내가 즐거워야 어른들도 즐겁다고 믿게 함으로써 나만의 힘을 키웠다. 다른 아이들과 마찬가지로 나도 주변의 모든 사람을 물건으로 취급했다. 내 삶에 끼어든 사람을 내 손으로 조작하지 않으면 전원이 꺼지는 2차원 로봇으로 생각한 것이다. 나는 학교 성적도 상위권을 유지하고 싶었다. 성적이 좋다는 말은 다른 아이들이 모면할 수 없는 벌도 교묘히 넘어갈 수 있다는 의미였다. 학교에서는 '공부를 잘하는 아이!'라는 것이 무엇보다 강력한 면죄부였으니까.

나는 사회가 용인하는 아이다운 행동 범위를 절대로 벗어나지 않았다. 적어도 나는 발각되었을 때 동정심을 유발할 만한 변명거리 정도는 늘 준비해두고 있었다. 그처럼 내 나름대로 수완을 능숙하게 발휘하는 것 외에 나는 또래와 전혀 다르게 보이지 않았다. 아무튼 나는 최소한 내 뛰어난 지능으로도 해명하지 못할 길로는 결코 가지 않았다.

아버지와의 게임

내가 알고 있는 '힘'은 모두 아버지에게 배운 것이다. 가졌을 땐 한없이 위대하고 갖지 못했을 땐 그야말로 비참한 것이 전부인 힘 말이다. 아버지와 내 관계는 대개 침묵의 힘겨루기였다. 아버지는 한 가정의 가장으로서 나를 지배하고자 했고 나는 그것이 아버지에게는 과분한 권위라고 생각하며 그걸 무너뜨리는 일을 즐겼다. 버릇없이 굴 때면 가끔 아버지에게 시퍼렇게 멍이 들도록 맞았지만 나는 한 번도 반항하지 않았다. 단지 아버지가 나를 때리며 나와의 힘겨루기에서 이겼다고 생각할까 봐 불쾌했을 뿐이다. 하지만 그게 끝이 아니라는 건 분명히 알고 있었다.

만약 사랑하는 사람이 당신을 때린다면, 그것도 가혹하게 때린다면 그 사람보다 당신의 힘이 더 크다는 의미다. 자제력을 잃을 정도로 상대방이 자극할 경우, 나 같은 사람은 그와 관계를 끊지 않는 한 그 사건을 어떻게든 유리하게 이용한다. 이상적인 아버지라는 허상에 사로잡힌 아버지에게 구타 사건을 폭로하겠다는 내 위협은 고문 그 이상이었다. 교회의 신도 모임에서 내가 아버지의 눈치를 보며 주눅 든 표정으로 의자

밑으로 기어들어 가면, 거기다 마음 착한 옆자리 아저씨가 내게 무슨 일이 있느냐고 물으면, 아버지는 내 입에서 무슨 말이 나올까 조마조마하며 겁에 질린 표정을 지을 것이다. 전략적으로 따지면 구타 사건은 전적으로 내게 유리했다. 아버지의 죄책감과 자기혐오는 어린 내가 가진 그 어떤 무기보다 강력했고 내 몸에 생긴 멍보다 훨씬 오래 갔으니까.

아버지는 종종 자식들에게 터무니없는 일을 시켰다. 가령 '울타리를 세울 것', '싱크대를 고칠 것' 등 지시 사항을 적어 우리의 방문에 붙여두었다. 아침에 눈을 뜨자마자 보라고 말이다. 나는 아버지가 요구하면 불가능한 일도 하려고 했다. 아버지가 내게 일을 시키는 방식은 명령이 아니라, 얼마나 영리하고 용감한지 해볼 테면 해보라는 듯 나를 부추기는 것 같았다. 덕분에 아버지가 시킨 일을 완수하고 나면 나는 나 자신이 자랑스러웠다. 거의 모든 일을 능률적으로 처리하지 못하는 아버지와 달리 나는 제법 일을 잘해냈다. 그것이 가족 안에서 내 역할이었다.

자아도취가 심한 아버지는 자신의 체면을 세워주는 일을 해냈다는 이유로 나를 사랑했지만, 다른 한편으로 당신이 애지중지하며 만든 자아상에 부합하지 않는다는 이유로 나를 증오했다. 시민으로서의 의무와 성공에 대해 아버지가 세운 일체의 철칙도 내게는 아무 의미가 없었다. 그런 철칙은 아버지보다 내가 더 잘 알고 있었기 때문이다. 더구나 내게는 나만의 철칙이 있었고 그것은 아버지의 철칙보다 훨씬 더 훌륭했다. 내가 아버지와 똑같이 야구, 밴드활동, 로스쿨까지 했으니 아버지도 내가 당신보다 낫다는 건 알고 있었을 것이다. 내겐 딱히 아버지를 존경할 이유가 없었다.

십대 초반의 어느 날 밤, 부모님과 영화를 보고 집에 오는 길에 아버지와 나는 영화의 결말을 놓고 설전을 벌였다. 아버지는 역경을 극복하는 결말이라고 주장했다. 나는 그즈음 거의 모든 것에 그랬듯 그래봤자 의미 없는 결말이라고 우겼다. 당시 나는 십대답게 심술과 고집으로 똘똘 뭉쳐 있었고 더구나 보통의 십대보다 훨씬 더 똑똑하고 냉정했다.

아버지와의 논쟁도 내겐 별것 아니었다. 솔직히 말하면 나는 아버지와의 논쟁에서는 절대로 지지 않으리라 마음먹었다. 특히 그 논쟁이 아버지의 촌스러운 세계관, 즉 내가 이기적으로 왜곡된 세계관으로 여기는 것을 공격할 기회라면 더욱더 질 수 없다고 생각했다. 차고에 차를 세울 때까지도 논쟁은 끝나지 않았다. 장담컨대 아버지는 그대로 논쟁을 끝낼 마음이 없었던 게 분명했다. 나는 "아버지는 아버지가 원하는 것만 믿으시네요"라고 한마디 던지고 집 안으로 들어갔다. 그처럼 냉정한 내 행동은 종종 아버지를 자극해 최악의 행동을 하게 만들었다.

그렇게 순순히 나를 놔주실 분이 아니란 걸 잊지 않았어야 했다. 아니, 어쩌면 잊지 않았지만 별로 신경 쓰지 않았던 것 같다. 아버지는 계단까지 나를 따라왔다. 고작 십대인 딸이 아버지의 의견에 동의하기를 거부하고 아버지가 딸의 의견에 동의하든 말든 신경 쓰지도 않는 데다 아무렇지도 않게 아버지를 무시해버렸기 때문이다.

그즈음 부모님은 결혼생활의 여러 난관 중 또 하나의 난관을 지나는 중이었다. 아버지는 어머니를 윽박질렀고 어머니는 으레 순간적으로 기절을 했다. 그 와중에도 꼭 욕실에서 기절했고 알아들을 수 없는 웅얼거리는 소리를 내면서 우리가 물으면 대답도 했다.

"엄마, 괜찮아요?"

"뭐라고 했니?"

"도와드려요? 괜찮으세요?"

"괜찮아, 그냥 속이 좀 울렁거려서 그래."

부부싸움을 할 때 어머니는 가끔 침대 선반에 나란히 세워둔 자기 계발용 책에서 배운 내용을 들먹이며 자신을 옹호하려 애썼다. 그중에서도 어머니가 가장 좋아한 구절은 "내 창문을 열고 당신을 볼 거예요"라는 구절이었다. 의미인즉 아버지가 어머니의 감정을 좌지우지하게 내버려두지 않겠다는 뜻이었다. 그 말은 아버지를 미치게 만들었다. 지금도 대체 그 따위 책을 누가 쓴 건지 또 얼마나 많은 독자가 그 구절 때문에 입술이 부어터지고 눈이 시퍼렇게 멍들었을지 궁금하다. 아버지는 자신이 상대에게 영향을 미칠 수 없다는 생각에 격노했다. 어머니가 정말로 아버지를 향해 자동차 유리창을 내리기라도 하면 아버지는 유리창을 박살내고도 남을 위인이었다.

아무튼 그날 밤, 영화에 대한 논쟁으로 아버지의 분노 수위가 점점 더 높아지고 있을 때 나도 아버지에게 그 말을 해버렸다.

"내 창문을 열고 아빠를 볼 거예요."

그리고는 계단 맨 위층 욕실로 달려가 문을 쾅 닫고 잠가버렸다. 결과가 뒤따르리란 것쯤은 알고 있었다. 아버지가 그 구절을 혐오한다는 것도 말이다. 내 입에서 그 말이 나왔다는 것은 아버지가 주인인 집 안에 존경이나 감사는커녕 그를 경멸하는 또 한 세대의 여자 요괴가 출현했음을 의미했나. 나는 문을 잠그는 행동이 아버지를 돌아버리게 만든다는 것도 알고 있었다. 또 하나 그런 일이 아버지에게 상처를 준다는 사실, 그것이야말로 내가 원하는 것이라는 사실도.

상황이 어찌됐든 나는 오줌이 마려웠다. 시간을 잴 틈도 없이 아버지가 욕실 문을 두드렸다. 마치 문 저편에 있는 아버지의 얼굴이 보이는 것 같았다. 벌겋게 점점 더 벌겋게 달아오르며 분노로 잔뜩 일그러지고 있을 그 얼굴. 아버지가 자리를 뜰 때까지 얼마나 오래 기다려야 할지,

나는 초연하게 생각했다. 아버지는 소리를 지르기 시작했다.

"문 열어!"

"문 열어!"

"문 열어!"

정확히 똑같은 단어였지만 금방이라도 폭발할 것처럼 목소리는 점점 더 커졌다. 의미심장한 침묵이 흘렀다. 곧이어 문을 내리찍는 첫 번째 주먹소리가 들렸고 문에 금이 갔다. 갑자기 나는 몹시 궁금했다. 문의 강도는 얼마나 될까, 문을 만든 사람은 지금 같은 가정폭력 사태를 예견하고 문을 만들었을까? 저 문으로 아버지가 들어오려면 몇 번이나 주먹질을 해야 할까? 이번에는 호기심이 더해졌다. 내가 실제로 맞닥뜨릴 위험은 어느 정도일까? 아버지는 저 문을 박차고 들어와 어떤 짓을 하려고 마음먹고 있을까? 머리채를 휘어잡고 욕실에서 나를 끌어내 배를 걷어차며 영화의 결말에 대해 아버지의 의견에 동의하라고 소리를 지를까? 부질없는 짓일 텐데.

나는 욕조에 걸터앉아 상황이 종료되길 기다렸다. 귀를 찢는 커다란 소리에 심장이 점점 더 빠르게 고동쳤고 그에 맞춰 아드레날린도 솟구쳤다. 나는 소리에 점점 더 민감해졌고 시야는 좁아졌다. 나는 내 몸이 주는 신호를 침착하게 관찰했다. 하지만 그 신호에 동조해 위기감을 느끼면 역효과가 날 거라는 마음의 소리에 귀 기울이면서 신호를 무시했다. 몸은 본능적으로 반응했지만 나는 전혀 공황 상태에 빠지지 않았다. 나는 그런 상황에서 공황 상태에 빠진다는 것이 어떤 느낌인지 모른다. 공황 상태에 빠진 사람들은 어떻게 행동할까? 그처럼 비좁은 공간에서는 선택의 여지도 별로 없을 텐데 말이다. 오히려 나는 앞으로 어떤 일이 벌어질지 호기심이 발동했다.

나, 소시오패스

결국 아버지의 주먹질로 문에 구멍이 뚫렸고 그 구멍으로 퉁퉁 붓고 피투성이가 된 아버지의 주먹이 보였다. 내가 아닌 다른 딸에게 벌어진 일이라면 좋았을 텐데, 하는 생각은 들었지만 아버지의 주먹은 걱정되지 않았다. 물론 아버지가 다친 게 달갑지도 않았다. 왜냐하면 고통이나 아픔을 무시할 수 있을 만큼 맹렬한 열정으로 입은 상처에 아버지는 만족감을 느낄 것이기 때문이다.

아버지의 주먹에 망가진 문은 한두 개가 아니었다. 유년기를 거치는 동안 거실 끝에 있는 큰오빠의 침실 문에도 여러 군데 움푹 파인 자국이 생겼고 안방 문도 어머니와의 싸움으로 성하지 않기는 마찬가지였다. 벽 여기저기에도 아버지가 가족의 머리를 박아 움푹 파인 자국이 있었다.

아버지는 들쭉날쭉하게 부서진 구멍에 끊임없이 주먹질을 해댔다. 주먹질은 자기 얼굴을 들이밀 만큼 구멍이 커질 때까지 이어졌는데, 정말 어지간한 크기였다. 나는 욕실의 침침한 불빛 아래에서 땀에 젖어 번들거리는 아버지의 얼굴을 보며 참 볼품없는 사람이라는 사실을 다시 확인했다. 그런데 그때 아버지의 표정은 분노로 일그러진 게 아니라 이를 다 드러내고 웃고 있었다. 그는 미친 듯 환희에 찬 표정으로 내게 물었다.

"네 창으로 나를 보겠다고?"

이제는 내가 아버지가 흡족해할 정도로 소스라치게 놀란 표정을 보여주어야 할 시간이었다. 아버지는 구멍에서 얼굴을 뒤로 뺐다. 문에 난 구멍을 통해 나는 아버지를 몰아붙인 분노가 사라지고 있음을 볼 수 있었다. 아버지가 내 눈에서 미미하나마 고통을 본 그 순간, 아버지에게 등을 돌리고 집 안으로 들어와 욕실 문을 잠금으로써 내가 획득한 힘은 다시 아버지에게로 돌아갔다.

아버지는 손을 치료하려고 벽장에서 거즈와 연고를 꺼냈다. 젊은 시절 아버지는 응급구조대원으로 일했고 자신의 응급처치 능력을 꽤나 자랑스럽게 여겼다. 나는 그가 자존심을 걸고 자기 상처를 얼마나 세심하게 치료할지 알고 있었다. 그가 상처에 완전히 몰입해 치료하고 있다는 확신이 섰을 때 나는 살그머니 욕실을 나와 아래층으로 내려갔다. 그리고 밖으로 나와 어둠 속에 숨었다.

나는 한참 동안 심호흡을 하며 앞으로의 행동을 고민했다. 두렵지는 않았지만 그 15분간 내 세상이 어떻게 달라졌는지 확실히 보였다. 수학 숙제 따위는 안중에도 없었고 그보다는 실질적인 공격을 준비해야겠다는 생각이 들었다. 나는 차고에서 망치를 집어 들고 나와 갈고리 모양의 망치머리를 위로 치켜들고 나무들 사이에 숨었다. 그 순간에는 내게 접근하는 누구라도 죽일 작정이었다.

얼마 지나지 않아 내 이름을 부르는 큰오빠의 목소리가 들렸다. 대답하지 않고 기다리자 오빠가 다시 집 안으로 들어가는 소리가 들렸다. 몇 분 더 지나 오빠가 다시 밖으로 나왔다.

"이제 괜찮아. 사람들이 왔어."

'잘됐군. 목격자들이 생긴 거야.'

하지만 아버지의 게임은 벌써 끝났다. 스스로에게 상처를 입혔고 내게는 공포를 심어주었으며 사랑하는 가족이 보는 앞에서 물질적인 파괴력을 보여주었으니 그는 지금 충족감에 젖어 있을 터였다. 원하는 모든 것을 가졌으니 그날 밤은 그것으로 끝이었다.

어머니는 아버지를 진정시키기 위해 교회의 관리자 한 사람을 불렀다. 우리는 그 사람 앞에서 아버지가 내게 손끝 하나 대지 않으리란 걸 알고 있었다. 그날 밤부터 아침까지 아버지는 아무 행동도 하지 않았다. 회개한다는 말을 한 것 외에는. 나와 아버지가 만들어낸 드라마틱한 이야기의 결정적 요소로써 그 회개조차 아버지에게는 유쾌한 일이었을 것이다. 나는 망치를 내려놓고 집 안으로 살금살금 들어갔다.

욕실 문은 몇 달간 그대로 방치되었다. 그러다가 어느 순간 아버지가 구멍 난 문짝을 떼어 망가진 물건들의 집합소로 쓰는 마당 한쪽에 내다버렸다. 그것을 본 짐이 밖에서 나를 불렀다. 그런데 마당으로 나가자 짐이 보이지 않았다. 잠시 후 짐은 곡괭이와 큰 해머를 들고 나타나더니 내게 먼저 한 방 내려치라고 말했다. 우리는 곡괭이와 해머로 번갈아가며 문짝을 부쉈다. 내 마음속에서 불안감을 자아낸 그 물건을 파괴한다는 흥분과 이 집에서 내가 느꼈을지도 모를 가짜 안정감을 떨쳐낸다는 흥분에 숨이 차올랐다. 나무에 부딪치는 금속의 힘, 팔이 욱신거리는 느낌, 내게는 모두가 놀라웠고 강력했다.

아버지가 문에 주먹질을 해댈 때 짐이 어디에 있었는지 나는 모른다. 설령 욕실 근처에 있었더라도 짐은 아버지의 주먹질을 막지 않았을 것이다. 나는 힘이 세지 않은 짐이 나를 위해 뭔가를 해주리라고 기대하지도 않았다. 그렇다고 짐을 원망한 것은 아니다. 사실 힘으로 치면 짐보다 내가 훨씬 더 나을 살 시킬 수 있을 테니까.

하지만 짐이 내 편에 서서 아버지를 영원히, 아주 깊이 혐오하리라는 확신은 있었다. 그것은 실제로 내가 아버지에게 할 수 있는 최악의 복수였다. 부모가 아무리 애정을 쏟아 부어도 아이들에게는 부모보다 형제를 더 많이 사랑하는 잔인한 구석이 있다.

달라도 너무 다른 내 가족들

우리 가족은 나를 머리가 가장 좋은 아이는 아니지만 뭘 하든 기량이 뛰어나고 감정적으로나 도덕적으로 잠금장치가 없는 아이로 기억했다. 힘의 구조에 대한 집착과 일하는 방식으로 볼 때, 나는 중앙사령관으로서 모든 자원을 조사하고 전략적으로 쓸 줄 아는 타고난 작전의 귀재였다. 전형적인 중재자로서 나는 교전 중인 파벌들 사이에서 정보교환소 역할을 하고 거래를 협상하는 실세였다. 상대적으로 극단에 치우칠 만한 열정이 없었던 점에서 국가로 치면 중립적이고 부유한 스위스였다고 할까?

나와 내 형제는 외부에는 극도로 배타적이었고 서로 간에는 유대가 긴밀했다. 특별히 애정이 넘쳐서라기보다 우리 모두가 집단으로서의 이점을 최대로 활용하려 했기 때문이다. 굳이 입 밖에 내지는 않았지만 우리는 어떤 대가를 치르더라도 우리의 집단적 생존이 가장 중요하다는데 의견을 같이했다. 물론 내가 형제들과 함께 하는 모든 일의 전반적인 목표는 '내 생존'이었다.

스위스는 유럽의 이익이 아닌 자국의 이익만 생각하는 중립적인 금융 강국이다. 나 역시 나를 위해서라면 생각해볼 것도 없이 가족을 희생양으로 삼을 수 있었다. 정도의 차이는 있겠지만 적어도 가족은 내 행복을 위해 존재해야 했다. 이런 생각은 짐과 내가 큰 해머로 욕실 문을 부수던 그 순간에 더 확실해졌다. 우리는 나뭇가지 같았다. 하나씩 있을 때는 쉽게 부러지지만 모이면 강해지는 나뭇가지. 내가 내 형제를 사랑했을까? 사실 사랑이라는 말은 충분하지도 않거니와 요점을 헛짚은 말이기도 하다. 나는 그저 그들을 내 옆에 가까이 두고 싶었을 뿐이다.

어떤 면에서 우리 가족은 집이라는 작은 세상 이외에는 거의 관심

나, 소시오패스

이 없는, 생기발랄하면서도 무표정한 아이들이 사는 이상적인 미국의 가족처럼 보였다. 우리는 늘 변함없는 자세로 서로를, 부모님을 대했다. 게임을 하고 책을 읽고 뒷마당에서 뭔가를 조립하거나 부수고 숲속을 탐험하면서 목숨을 부지한 것이다.

우리 집 아이들은 어지간한 정신적 충격에는 단련돼 있었다. 비록 각자의 방식으로 충격에 반응하긴 했지만 하나같이 어리석을 정도로 억센 기질이 있었다. 불황에서도 살아남은 증조할아버지처럼 말이다. 우리 중에서 나를 제외하고 가장 억센 사람은 여동생 캐슬린이었다. 캐슬린의 남편은 나보다 오히려 캐슬린을 소시오패스로 보는데 여기에는 그 나름대로 이유가 있다. 때로 캐슬린은 지독히 냉정하고 계산적이다. 캐슬린을 무서워하는 그녀의 아이들은 어머니가 실패를 용납하지 않는다는 사실을 알고 있다.

캐슬린은 결혼한 지 일 년이 조금 지나서 첫 아이를 낳았다. 결혼 후 한동안 아이를 원치 않던 캐슬린은 어느 순간부터 가급적 빨리 2세를 만들기 위해 노력했다. 첫아이가 태어나자마자 캐슬린은 아이가 태어나기 전부터 읽기 시작한 육아 지침서에 따라 군대식 효율성을 지향하며 아이를 양육했다. 캐슬린은 자기가 자라온 가정환경을 자신이 만드는 새롭고 훨씬 더 성숙한 가정으로 내세우고 싶은 것 같았다.

캐슬린은 부모에게 받아야 마땅한데 받지 못한 모든 것 때문에 부모님을 원망했다. 부모님은 캐슬린의 무용 공연에 한 번도 가지 않았고 그녀가 속한 연극부에서 자원봉사를 한 적도 없었다. 부모님의 그런 행동들이 캐슬린의 삶에 중요한 가치 척도가 되었다는 사실을, 또 그런 행동들로 인해 그녀가 스스로를 무가치한 사람이라고 여기게 되었다는 사실을 이해하기까지는 오랜 시간이 걸렸다. 이러한 척도와 자신이 살면서 경험한 일을 토대로 캐슬린은 확고한 기준, 즉 옳고 그름, 충분과 불충분, 도덕과 부도덕에 대한 불변의 개념을 세웠다. 사실 캐슬린은 도덕적 의무에 대해 거의 '강박적'이었다.

이 지점에서 캐슬린과 나는 갈라지기 시작했다. 캐슬린은 자신이 선하고 옳다고 믿는 것에 모든 에너지를 쏟아 부었지만 나는 무엇이 됐든 매순간 내게 이득이 되는 쪽에 모든 것을 걸었다. 내가 관심의 레이더망에 잡혔다는 이유로 누군가를 목표물로 삼았다면, 캐슬린은 썩은 사과를 골라내듯 암적인 사람을 목표로 삼아 그들을 파괴하고 자신이 구체적으로 규정한 선함을 퍼트렸다. 내가 스스로를 이교도의 신이라고 여겼다면 캐슬린은 스스로를 복수의 천사로 여겼다. 군이 표현하자면 캐슬린은 정의라는 명분을 위해 검을 뽑아 들고 언제든 내리칠 준비를 하고 있었다. 정의에 어긋날 경우 그녀는 어떠한 권위도 허용하지 않았다.

나는 캐슬린의 그런 점이 좋았다. 때로는 우리를 또래의 가슴에 공포와 감동을 교대로 불러일으키는 무적의 자매라고 생각하기도 했다. 캐슬린은 쉽게 열 받는 성격이라 정말 대의처럼 보이게 포장을 잘하면 내 '대의'에도 곤잘 동참했다. 캐슬린이 졸업생 대표 연설을 하게 되었을 때, 나는 그녀를 설득해 연설문을 학생을 '혹사시키는' 학교 행정부에 대한 반항적인 도전장으로 교묘하게 바꿔버렸다.

당시 막내 여동생 수지가 고등학교에 입학했는데 그때는 캐슬린과 내가 일으킨 참사에 피해를 당하지 않은 선생이 거의 없을 정도였다. 캐슬린에게는 공립학교의 잘못을 바로잡아야 한다는 강력한 동기라도 있었지만, 나는 그저 어떤 대가를 치르더라도 이기고 싶을 뿐이었다. 때론 내 힘의 크기를 가늠하려다 그 '대가'가 걷잡을 수 없이 커지기도 했다.

짐은 늘 내 공범자였다. 오빠였음에도 불구하고 나는 내가 짐의 누나 같다는 생각을 자주 했다. 나는 다루기 쉽고 상냥한 짐과 뭔가를 열심히 겨뤄본 적이 없었다. 짐은 늘 기권했고 덕분에 우리는 최고의 친구로 지냈다. 그렇다고 내가 짐에게 애착을 보인 것은 아니다. 나는 뭐든 쉽게 질려버리는 성격이었으니까. 부모님은 예측 불가능한 사람들이었기 때문에 나는 나 자신에게 의지하는 데 익숙해졌다. 집안 분위기가 험악해지면 이 집에서 내 발목을 잡는 것은 짐을 제외하고 아무것도 없다는 생각에 마음이 홀가분하기까지 했다.

나는 가끔 짐이 없었다면 내 인생이 어땠을까 하는 생각을 했다. 우리에게 끝이 있을 거라는 생각을 하면 마음이 무척 괴로웠다. 그래서 내 분석적인 머리로 그 끝을 방지하기 위한 대책을 세우기도 했다. 짐과 나는 우리가 어른이 됐을 때를 상상하며 몇 시간씩 이야기를 나누기도 했다. 어디서 무얼 하며 살지, 서로를 어떻게 보살필지 계획을 짠 것이다. 언젠가는 장난감 기차 가게를 함께 운영하자는 꿈도 꾸었다. 또 함께 모형 도시를 만들고 그 도시를 끝없이 빙글빙글 돌아가는 빨간색, 노란색, 파란색 열차가 나란히 연결된 기관차를 만들자고 했다. 나중에는 함께 음악을 연주하기로 했다. 어떤 종류의 음악인지는 중요하지 않았다.

내 유년기에 짐은 생명보험이나 마찬가지였다. 나는 짐이 가능한 한 내 요구를 모두 들어주리란 걸 알고 있었다. 그래서인지 나는 유독 짐에게 이기적이었다. 때론 짐이 게임을 못하게 막고 돈을 뜯어내기도 했다. 간혹 짐은 돈을 주지 않겠다고 버티기도 했지만 매번 끝까지 버티지 못하고 돈을 내주었다. 처음부터 나는 짐이 결국 돈을 주리란 걸 알고 있었다. 왜냐하면 짐은 나와 노는 걸 정말 좋아했고 내게 이용당하는 것에 공연히 법석을 떨지도 않았기 때문이다. 짐은 언제나 내 의견을 따랐고 한 번도 자기주장을 내세우지 않았다. 결국에는 져줄 걸 알고 있었기에 나는 늘 짐에게 동의를 강요했다.

짐은 내가 마음에 상처를 입을까 봐 몹시 신경 썼다. 반면 나는 내가 한 말이나 행동이 짐의 마음을 다치게 했는지 전혀 신경 쓴 적이 없다. 나는 내가 원하는 일을 할 수 있어서 마냥 좋았고 뭔가 문제가 생겨도 껌처럼 붙어 다니며 나를 곤경에서 구해줄 짐이 있어서 행복했다. 물론 짐이 언제나 쓸모가 있었던 것은 아니다. 짐은 마음이 약하고 감성적이었으며 모든 일에 소극적이었다. 하지만 내 적이 곧 짐의 적이었고 짐은 갖고 있는 도구가 무엇이든 그 도구로 적에게 대항했다.

장남으로 태어난 스콧은 동생들뿐 아니라 모든 사람을 못살게 굴었지만 그중에서도 가장 호되게 당하는 사람은 짐이었다. 스콧은 악당이었다. 우리는 야수처럼 힘이 세고 오로지 자신의 뜻을 관철하기 위해서만 힘을 쓰는 스콧을 멍청한 오빠라고 불렀다. 본능적으로 스콧은 뼈밖에 없는 약한 짐을 목표물로 삼았다. 스콧은 근육질이었고 감정 따위는 없는 맹목적인 병사였다. 그는 사람들에게 잔인하게 굴었는데 그런 행동이 상대방에게 미치는 충격 따위에는 아랑곳하지 않았다. 특히 짐을 꽤 오랫동안 괴롭혔지만 스콧은 그것이 짐에게 얼마나 버거웠을지 생각하지 않았다. 그 점에서 스콧과 나는 매우 비슷했다.

나는 스콧을 그리 좋아하지 않았지만 그래도 그는 내게 나름대로 가치가 있었다. 그는 육체적인 힘을 어떻게 써야 상대방에게 심리적으로 위협이 되는지, 내 폭력성을 어떻게 게임이나 스포츠로 돌릴 수 있는지 가르쳐주었다. 우리는 스키 장갑을 끼고 권투시합을 하거나 프로레슬러를 흉내 내기도 했다. 나는 키가 작고 날래다는 점을 무기로 오빠와 싸웠는데 무척 재미있었다. 무엇보다 오빠가 나를 어린애나 허약한 계집애로 취급하지 않고 자기와 동급으로 대해주는 것이 즐거웠다. 스콧은 한 번도 나를 허약하거나 어리다고 생각하지 않았다. 우리는 서로를 자극하며 시비를 걸었고 좀 더 폭력적인 게임을 고안하기도 했다.

짐은 우리 둘 중 누구와도 싸우고 싶어 하지 않았지만 결국에는 우리의 주먹질을 받는 샌드백 신세가 되곤 했다. 짐은 마룻바닥에 누워 두 팔로 얼굴을 가리고만 있었다. 나는 짐에게 달리 선택의 여지가 없었던 건지 아니면 매를 맞기로 작정한 것인지 도무지 알 수가 없었다. 나는 짐처럼 살고 싶지도 않았고 그렇게 살 수도 없었다. 내가 보기에 그런 짐의 행동은 감정적이고 잘못된 선택이었다. 그 비논리적인 행동을 나는 조금도 이해할 수 없었다. 그나마 짐의 감정을 존중하고 있었지만 이걸 겪으면서 나나 다른 사람의 감정을 대할 때처럼 그의 감정에도 무뎌졌다.

언제였는지 확실히 기억나지 않지만 스콧과 나는 우리가 더 이상 짐을 때리면 안 된다는 사실을, 폭력을 감당하기엔 짐이 너무 허약하다는 사실을 깨달았다. 또 우리가 짐을 보호하지 않으면 삶의 불행이 닥쳤을 때 짐이 살아남지 못하리라는 것도 알았다. 우리는 강자였고 일을 잘 처리할 수 있는 사람들이었다. 우리는 처음으로 짐에게 뻗었던 주먹을 거둬들였고 이후로 한 번도 짐을 때리지 않았다. 머지않아 짐에게 날아오는 다른 주먹을 막아주기 시작했다. 지금도 우리는 종종 우리가 짐의 응석을 받아주느라 삶을 허비했다고 말한다. 십대 초반부터 지금까지 차와 집을 사주고 체납할 게 빤하다는 것을 알면서도 그를 위해 보증을 서주면서 무리를 했다는 뜻이다. 지금도 우리는 그렇게 해주지 않으면 짐이 망가질까 봐 걱정한다.

짐은 나와 달라도 너무 다르다. 우리는 똑같은 문제나 도전에 직면했을 때도 전혀 다른 방식의 해결책을 선택한다. 물론 지금의 나를 특징

짓는 반사회적인 태도는 자라는 동안 내가 내린 최선이자 의도적인 선택의 결과다. 어릴 때 나는 짐을 졸졸 따라다니며 그가 내리는 선택들 중 어떤 선택이 좋고 나쁜지를 보면서 같은 실수를 피했다. 내가 보기에 짐의 예민함은 의지박약과 동의어였다. 내가 앞으로 돌진하는 반면 짐은 우회했다. 나는 요구했지만 짐은 주는 쪽이었다. 내가 전력을 다해 싸우는 것과 달리 짐은 소극적으로 저항하거나 다른 누군가가 그에게 골라준 운명에 쉽게 굴복했다. 그 운명이 무엇이든 상관없이 말이다. 과연 누가 그렇게 살고 싶을까? 나는 가끔 나 자신에게 묻는다. 짐이 나나 아버지의 기분을 너무 신경 쓴 나머지 자신의 감정적 행복을 우선순위에서 배제한 것은 아닐까.

소시오패스의 유전적 성향이 있는 일란성 쌍둥이를 한쪽은 '나쁜' 환경에서, 다른 한쪽은 '좋은' 환경에서 자라게 하며 대조실험을 해보면 흥미로울 것 같다. 그러면 유전자의 역할에 대해 좀 더 확실한 답을 얻을 수 있을 것이다.

언젠가 나는 성 정체성 발달에 유전자가 미치는 영향을 밝히려고 광적으로 매달린 한 의사의 이야기를 읽은 적이 있다. 어느 날 그 의사는 기회를 만났다. 일란성 쌍둥이 중 한 명이 포경수술을 잘못 받아 끔찍하게도 남근이 절단된 채 의사를 찾아온 것이다. 의사는 차라리 남근을 완전히 절단해 계집아이로 키우는 게 더 나을 것이라고 부모를 설득했다. 결국 부모는 동의했다. 부모가 그 사실을 털어놓을 때까지 그(녀)는 자신의 모호한 성 정체성으로 혼자 끙끙 앓았다. 다시 남자로 살기 시작한 그가 자신과 일란성 쌍둥이인 형제를 볼 때 기분이 어땠을까? 쌍둥이 형제를 보면서 '나도 저런 모습이었을 텐데'라고 생각할까? 가끔은 짐이 나를 보면서 그런 생각을 할지 궁금하다. 하긴 짐은 공감 능력이 뛰어난 사람이라 의문보다 내게 연민을 느낄 가능성이 훨씬 크다.

우리 형제는 가혹할 정도로 서로에게 솔직한 편인데 태생이 그렇기도 하거니와 서로에 대한 불쾌한 진실을 우리끼리라도 나누지 않으면 얘기해줄 사람이 아무도 없었기 때문이기도 했다. 그런 면에서 우리는 경쟁적이었다. 만약 가족을 매력, 지능, 민첩성, 타락성 같은 여러 특징에 따라 등수를 매기라고 하면 우리는 단 일 초도 머뭇거리지 않고 대답해줄 수 있다. 우리 가족 중 소시오패스 진단을 받은 사람은 내가 유일하다. 하지만 우리는 하나같이 세상을 바라보는 시각에 현실성이 떨어지며 도덕적 정서를 경멸한다. 그리고 모두 바깥세상을 집단적으로 거부하는 데 암묵적으로 동의하고 있다.

더러는 가족 이외의 친구를 사귀는 일이 별로 득이 되지 않을 때도 있다. 친구나 미래의 배우자 같은 낯선 사람이 집에 오면 우리는 대체로 무시한다. 한번은 아버지가 젊은 남자를 저녁식사에 초대했는데 식사하는 내내 우리는 서로 말 한마디 하지 않았고 그에게도 말을 걸지 않았다. 식사 후 우리는 모두 다른 방으로 가서 컴퓨터 게임을 했다. 아버지는 우리가 손님을 제대로 대접하지 않았다고 나무랐지만 나는 퉁명스럽게 남자가 얼른 가버렸으면 좋겠다고 대답했다. 아버지는 우리를 보며 '발칙한 것들'이라고 했는데 어쩐지 내게는 그 말이 사람들에게 상처를 주기 위해 안간힘을 쓴다는 의미로 들렸다.

우리는 그런 곤란한 자리는 가급적 피한다. 그래서인지 누구에게든 미안해하는 일 따위는 없었다. 어쨌든 우리는 서로를 보살폈는데, 이는 어쩌면 우리의 유전자를 보존하려는 진화론적 의무였는지도 모른다. 혹시 우리 모두가 살아남아 비교적 잘 살기를 원한 것은 아닐까. 아니면 서로의 생존을 보장받기 위해 오래전에 우리끼리 암묵적인 동맹을 맺었을 수도 있다. 확실한 이유는 나도 모른다. 다르든 같든 결국 우리는 뭉쳤고 뭉쳐서 손해를 본 적은 없었다.

우리는 모두 세상에 종말이 와도 살아남을 가능성이 큰 어른으로 성장했다. 이 말은 우리가 모르몬교도라는 사실을 비로소 진지하게 받아들였다는 의미다. 서서히 빙하기가 찾아와 종말을 맞든 아니면 갑자기 핵폭풍으로 불바다가 되어 종말을 맞든 우리는 뭉쳐서 살아남을 테고 생존자의 죄책감 따위는 없을 것이다. 가정이라는 세계 안에서 우리에게는 각자의 유용성에 근거한 역할이 있었고 당연히 그 역할을 척척 해내야 했다. 하나가 되면 우리는 집을 개조하거나 덫을 놓거나 버터를 만들 수 있었다. 총을 쏘거나 불을 지르거나 평판을 망칠 수 있었고 옷을 꿰맬 수도 있었다. 그리고 온갖 관공서를 상대할 수도 있었다.

우리 가족은 총이나 활, 칼, 막대기, 창 혹은 주먹을 능숙하게 다뤄 스스로를 방어할 수 있었다. 누구 하나가 실패하면 우리는 실패한 당사자가 결과를 감수해야 한다고 강요했다. 하지만 어느 누구도 야만적이지는 않았다. 우리는 예술을 사랑했고 집 안에는 늘 음악이 흘렀다. 오빠가 피아노를 치면 여동생이 계단에서 춤을 추기도 했다. 우리에게는 추악한 면도 있었지만 어떤 종류의 행복은 지폐 몇 장만 있으면 충분하다.

우리 가족 사이에 사랑이 전혀 없었던 것도 아니다. 우리는 암묵적으로 서로를 돌보기로, 필요할 경우 다른 모든 사람을 배제하기로 계약을 맺고 있었다. 내 형제는 나를 있는 그대로 인정하고 어린 시절의 내 행동을 문제 삼지 않았지만, 자신이 하거나 하지 않은 어떤 행동이 나를 지금의 나로 몰아붙인 것은 아닌지 불안해한다. 심지어 내가 이렇게 된 것을 자기들 탓으로 여긴다.

또 부모님이 내게 뭔가 문제가 있다는 사실을 부정하는 까닭은 자신들이 내게 지울 수 없는 상처를 주었다는 극심한 불안감 때문이다. 부모님은 태어날 때부터 내게 문제가 있다고 생각했고 그 후 부모님의 행동이 내 문제를 더욱 악화시켰다고 생각하는 것 같다. 특히 부모님은 내가 선머슴 같은 기질 때문에 레즈비언이 될까 봐, 폭력이나 절도 혹은 방화를 좋아하는 기질로 인해 범죄자가 될까 봐 불안해했다.

아기였을 때 배앓이가 심각한 적이 있었다고 하는데, 그때 부모님과 내 관계의 명암이 결정된 것 같다. 나를 위해 그들이 할 수 있는 일이 아무것도 없었으니까. 목청을 찢을 듯한 내 반항적인 울음은 애초에 그들에게 부모 자격이 없다고 말하는 것처럼 보였을 것이다. 아기였을 때도 나는 지칠 줄 몰랐고 냉정한 데다 터무니없이 극단적이었다. 부모님은 틀림없이 내 안에 간단히 해결할 수 없는 어떤 불가사의한 것이라도 있는 양 경악스러운 마음으로 나를 대했을 터다.

내가 요즘 같은 시대에 자랐다면 초등학교 선생 중 누군가는 나를 정신과에 데려가 검사를 받아보라고 부모님에게 권했을지도 모른다. 그러나 나는 열여섯 살이 되어서야 심리치료사를 만났다. 그 무렵 어머니는 아버지의 독재적인 지배에서 감정적으로 자유로워지기 시작했다. 어머니는 필요하다면 우리에게도 '감정적 도움'을 주고자 했지만 유독 나만은 전문적인 도움이 필요할 만큼 상태가 심각하다고 여겼던 모양이다. 그즈음에야 어머니는 내가 단순히 극단적으로 독립적이고 무모한 수준을 넘어 감정적으로도 몹시 냉담하다는 사실을 눈치 챘다. 무엇보다 내가 그런 성향을 스스로 탈피할 수 없을 것처럼 보인 듯했다.

어쨌든 너무 늦었다. 치료사가 다루기엔 내가 너무 영리했고 나는 치료법을 고분고분 따르지 않았다. 나는 조금도 바뀔 생각이 없었다. 그때 이미 나는 세상을 이기거나 지거나 둘 중 하나인 제로섬 게임으로 보고 있었다. 그리고 주변의 모든 사람을 내게 유리한 정보를 얻는 데 이용했다.

　나는 때가 되면 써먹을 수 있도록 사람들의 동기, 기대, 욕망 그리고 감정적 반응에 대한 모든 것을 마음속에 가지런히 정리해두었다. 그런 점에서 병원의 치료법은 귀중한 보물창고였다. 치료법 덕분에 나는 내가 어떻게 해야 정상인으로 보일지 알게 되었고 그에 따라 더욱더 그럴듯하게 변장할 수 있었다. 더불어 훨씬 더 포괄적인 관점에서 조종을 계획했다.

　무엇보다 내가 이미 내재화한, 즉 연약함은 어떤 일에서든 변명거리가 된다는 귀중한 정보가 옳다는 것을 확신하게 되었다. 현실에서든 상상에서든 나는 내 연약한 점을 자산으로 만들었다. 치료사들이 본래 그렇듯 그들은 내게 결핍이 발생한 이유를 찾아내고 내 트라우마를 파헤치며 내가 연약한 점을 발견하도록 도와주었다. 십대 때의 치료 기간에 나는 유혹과 약탈에 쓸 만한 소중한 전략을 의외로 많이 찾아냈다. 그렇게 찾은 전략을 연습하기에 학교만큼 좋은 사회는 없었다.

나, 소시오패스

4장

양털을 뒤집어쓴
작은 늑대

사람들은 블로그나 다른 통로로 내게 묻는다. 자기들이 만약 소시오패스라면 그 사실을 어떻게 확인할 수 있느냐고. 그럴 때면 나는 그들의 유년기를 물어본다. 늘 바깥에서 안을 들여다보는 입장이었는지, 감정의 벽으로 다른 아이들 혹은 가족과 분리돼 있었는지 말이다. 또 다른 사람은 쉽게 감정을 느끼는 데 반해 자신은 그렇지 못했는지 생각해보라고 한다.

그밖에 자신의 상태를 확인해볼 질문은 많다. 다양한 집단 사이, 학생과 교사 사이, 가족 사이에 힘이 어떻게 이동하는지 본능적으로 감지했는가? 소속감 따위에 아랑곳하지 않고 언제든 마음만 먹으면 무리 안에 들어가고 또 어떤 무리가 되었든 마음대로 조종할 수 있었는가? 만약 그렇다고 하면 나는 '당신은 양의 털을 뒤집어쓴 작은 늑대였을 거라고, 당신은 몰랐겠지만 어린 소시오패스였을 거라고' 말해준다.

시작도 끝도 없었다는 점에서 내 어린 시절은 특이했다. 아주 어릴 때부터 나는 자질구레하고 소소한 정복으로 내 삶을 채웠다. 다른 아이들이 공놀이를 하는 동안 나는 사람들을 갖고 노는 법을 익혔다. 물론 치밀한 수준은 아니었다. 친구들을 볼모로 이용하긴 했어도 그것은 순수하게 친구들의 장난감에 접근하기 위해서였거나, 무엇이 됐든 친구들이 내게 줄 수 있는 것을 얻기 위해서였다. 조금 더 자란 후에는 정교한 계략을 짤 수도 있었지만 그 시절에는 그럴 필요까지는 없었다. 그저 친구들의 환심을 사는 데 필요한 최소한의 일만 하면 원하는 것을 얻을 수 있었으니 말이다.

도시락을 싸갈 형편이 못 될 때도 굶지 않았고, 부모님이 없을 때도 집이나 행사장에 데려다줄 사람을 찾아냈다. 혼자서는 감히 갈 엄두도 못 낼 비싼 이벤트 장소에서 열리는 생일파티 초대장도 거뜬히 받아냈다. 무엇보다 원할 때면 언제든 다른 사람들의 공포를 손에 쥘 수 있었다. 이런 일들은 내게 힘과 통제권이 있음을 충분히 확인시켜주었다.

타인의 행복이나 본인의 신체적 안전같이 보통 사람이 신경 쓰는 사안에 거의 무관심한 나를 보며 사람들은 불안해했다. 한 번은 같은 반 친구가 내 주먹에 맞아 입술이 찢어져 울음을 터뜨렸다. 나는 옆에 서서 그 모습을 말없이 지켜보았다. 그러다가 별로 극적이지도 않고 그 애가 흘리는 피도 지루해져 돌아섰다. 다른 아이들처럼 나도 장난감과 사탕을 좋아했지만 여느 아이들이 그렇듯 그것을 빌미로 협박당하거나 조종당하지 않았다. 내게는 나눠 먹자는 감언이설도 통하지 않았고 함께 갖고 놀자는 설득도 먹히지 않았다.

내가 아이들만 목표물로 삼은 것은 아니다. 어른은 아이를 믿는 경향이 있는데 감정이 넘치는 표정을 짓는 어른은 더욱더 그렇다. 아이가 어른의 무리한 완력이나 학대의 희생자로 보일 때도 마찬가지다. 나는 어떻게 하면 희생자가 된 아이의 표정을 흉내 낼 수 있는지 알고 있었다. 그런 아이들은 당황한 듯 눈을 크게 뜨고 머뭇거리다가 작고 귀여운 머리를 굴리면서 고민한다. 밴을 타고 공짜로 사탕을 주겠다는 남자 어른이 정말 착한 사람인지, 아니면 뭔가 음흉한 속셈이 있는 건 아닌지. 입을 반쯤 벌린 그 토실토실하고 보드라운 얼굴에는 깜짝 놀란 표정이 역력하지만 이내 안타까운 깨달음이 번지면서 고개를 떨어뜨린다. 희생자가 된 적 있는 이 아이를 도울 수 있는 사람은 이제 당신, 어른인 당신 뿐이다. 나는 가끔 거울을 보면서 나도 그런 아이의 표정을 지을 수 있는지 관찰했다.

꼬마 '괴짜' 소시오패스

나는 아이보다 어른을 다루는 기술에 더 뛰어났다. 그래서인지 교묘하게 잘 대처하지 못해 발각되는 어린 소시오패스를 이해하지 못한다. 어른은 아이의 행동을 자세히 들여다보지 않는다. 아이의 눈으로 세상을 본 지 오래된 어른은 대개 어떤 것이 아이의 정상적인 행동인지 까맣게 잊고 있다. 어른은 아이를 이해하지 못할 때도 많지만 자신이 아이였을 때 이해받지 못한 기억도 가물가물하다. 같은 실수를 하지 않기 위해 신경 쓰는 어른은 아이의 이상한 행동을 볼 때 엄청난 인내심을 발휘하기도 하고, 아이니까 실수일 수 있다며 너그럽게 봐주기도 한다. 아이가 집요하게 벽장 속에 벌레를 모아놓아도 어른은 그저 유년기의 괴팍한 버릇이려니 생각하지만, 정작 또래는 그런 아이가 괴짜라는 사실을 단박에 눈치 챈다.

어린 소시오패스는 어른들의 눈에 잘 띄지 않는다. 그 때문에 지금도 어른들이 어린 소시오패스의 존재에 대해 왈가왈부하는지도 모른다. 영화화된 소설《나쁜 종자》에나 등장할 법한 어린 소시오패스의 이야기는 흔치 않다.

언젠가 〈뉴욕타임스〉에 '너를 아홉 살짜리 사이코패스라고 할 수 있을까?'라는 제목으로 기사가 실린 적이 있다. 기자가 말하는 '너'는 남동생이 태어나자마자 부모를 공포에 떨게 한 마이클이라는 소년이다. 마이클은 가령 신발을 신으라는 것처럼 지극히 사소한 간섭에도 부모에게 고래고래 소리를 지르며 벽을 주먹으로 치고 발로 걷어차면서 불같이 화를 냈다. 어머니가 무사히 넘어가길 바라는 애절한 마음으로 더 어릴 때 마이클이 어떤 아이였는지 얘기해주며 차근차근 타이르려 할 때면 마이클은 발끈해서 대꾸했다.

"도무지 또렷하게 기억하는 것도 없어, 안 그래?"

또 다른 아홉 살짜리 소시오패스의 끔찍한 이야기도 있다. 이 소년은 갓 걸음마를 시작한 아기를 모텔의 수영장으로 떠밀고는 의자에 앉아 아기가 익사하는 모습을 지켜봤다. 왜 그런 행동을 했느냐고 묻자 소년은 이렇게 대답했다.

"궁금해서요."

처벌의 위협에도 아랑곳하지 않던 그 소년은 자신에게 집중되는 관심을 즐기는 것처럼 보였다.

이런 종류의 행동은 극히 예외적이다. 적어도 어른의 눈으로는 전형적인 어린 소시오패스의 행동을 포착하기 힘들다. 뉴올리언스 대학의 소아심리학자 폴 프릭은 발각되어도 뉘우치는 기색이 없는 것이 어린 소시오패스의 가장 흔한 공통점이라고 설명한다. 이를테면 평범한 아이는 대개 쿠키 상자에 손을 넣었다가 들키면 갈등을 느낀다. 한편으로는 과자를 먹고 싶지만 또 한편으로는 도둑질이 도덕적으로 잘못된 행동이라는 생각을 하면서 말이다. 어린 소시오패스는 이런 갈등을 하지 않고

나, 소시오패스

뉘우치지도 않는다. 어린 소시오패스가 후회하는 것이 있다면 오로지 들켰다는 사실뿐이다.

마이클을 인터뷰한 〈뉴욕타임스〉의 기자는 마이클이 아주 정상적으로 보여 놀랐다고 한다.

"그 집에 처음 발을 들여놓을 때는 수십 년간 범죄자로 살아온 어른 사이코패스를 생각하고 있었지요. 사이코패스라고 하면 누구나 그렇게 생각하잖아요. 어쩌면 저는 어린이 버전의 사이코패스를 기대한 것인지도 모릅니다. 물론 터무니없는 기대죠. 어른 소시오패스 중에도 눈에 띄는 사람은 극소수일 겁니다."

맞다. 어른을 바보로 만드는 것은 내게 식은 죽 먹기였다. 내게 늘 문제가 된 것은 '정상적인' 행동의 동질성에 더 민감하고 엄격한 또래였다. 나는 제법 잘해냈지만 완전하지 않았고 친구들은 그걸 알아챘다. 예를 들어 모르몬 교회에 처음 간 소시오패스는 여러 면에서 눈에 띌 수밖에 없다. 청바지를 입었거나 여자인데 바지를 입고 있어서 혹은 무릎이 훤히 드러난 짧은 스커트를 입고 있어서.

모르몬 문화는 동질성 수준이 상당히 높은데 그들은 풋내기는 곧바로 알아챌 수도 없는 미묘한 측면에서도 동질성을 공유한다. 이러한 동질성은 단순히 순응을 강요해서 만들어진 것이 아니다. 모두가 공유하는 기본적인 믿음 체계와 유사한 경험이 현실에 그대로 나타난 것뿐이다. 원할 경우 누구든 모르몬교도의 겉모습을 충분히 모방할 수 있지만 모르몬 문화를 광범위하게 연구하고 연습하지 않으면 교양 있는 모르몬교도로 착시를 일으킬 수 없다.

마찬가지로 나는 원하는 모든 것을 모방하거나 가장할 수 있었으나 또래와 세계관이나 기본적인 신념, 경험을 공유하지 않았기에 미묘한 부분에서 늘 두드러졌고 적어도 친구들 눈에는 괴짜로 보였다. 괴짜로 통하긴 했어도 대개는 내게도 친구들이 있었다. 물론 모두에게 따돌림을 당하던 시절도 있었다. 나는 친구들을 제압할 수 있었는데 그러면 친구들이 내게서 멀어졌다. 특히 친구들이 내가 속임수, 거짓말에 능하고 교활하다는 것을 알게 되었을 때 혹은 내가 너무 공격적으로 대할 때 그랬다. 때론 강력한 카리스마가 역겨운 내 성격을 감춰주기도 했지만 반대로 더 도드라지게 만들기도 했다. 왕따가 된 상황에서도 내 머리와 몸은 따로 놀기 일쑤였다. 친구들이 나를 대하는 방식은 잘 관찰하면서도 대응은 잘하지 못했다는 얘기다. 왕따를 당하는 몇 달만이라도 순간의 경솔함을 억누르고 자중하면 좋았을 텐데 그러기엔 내가 너무 충동적이었다.

물론 나는 결코 친구들을 협박하지 않았고 노골적으로 괴롭히지도 않았다. 오히려 친구들이 나를 두려워했다. 마음에 쏙 드는 목표물은 없었지만 나는 보통 목표물을 고르는 안목이 높았다. 아이들은 대개 정의의 사도를 좋아했고 내 목표물은 주로 불량배였다. 쓰레기 같은 백인 쌍둥이가 목표물이었던 적도 있다. 쌍둥이 중 하나는 다리가 불편해 늘 부목을 대거나 이상한 신발을 신고 다녔다. 그 아이는 여러 면에서 보통 아이들보다 참을성이 뛰어났다. 둘이 너무 똑같이 생겨서 구분이 가지 않을까 봐 그랬는지, 아니면 운이 따라주지 않아 다리가 불편한 형제와 거리를 두려고 그랬는지 모르지만 나머지 한 놈은 불량배가 되었다.

녀석은 덩치는 작았지만 싸움을 좋아했다. 비열하게도 녀석은 힘이 센 친구에게는 주먹 한 방 먹이지 못하면서 나머지 아이들을 괴롭히는 것으로 2인자로서의 권위를 차지하려 했다. 모두가 그 녀석을 혐오했지만 아무도 일부러 녀석의 심기를 건드리지는 않았다. 나로 말하면 혐오하는 쪽도 심기를 건드릴까 봐 조심하는 쪽도 아니었다. 어쩌면 녀석이 나를 두려워했을지도 모른다.

그러던 어느 날 일이 터지고 말았다. 선생님 없이 깃발 뺏기 게임을 하는 동안 녀석과 내가 정면 대결을 해야 했던 것이다. 어떻게 했는지 기억나지 않지만 내가 속임수를 쓰자 녀석의 팀 아이들이 나를 혼내주라고 녀석을 부추겼다. 나는 아이들의 성화에 떠밀려 앞으로 나온 녀석을 순식간에 땅바닥에 눕히고 흠씬 두들겨 팼다. 하지만 우리에게 관심이 쏠리는 것을 피하기 위해 너무 오래 때리지는 않았다. 몇 분 동안 일어나지 못할 정도면 충분했다.

그 사건 이후 적어도 몇 달 동안은 아이들이 나를 좋아했다. 나는 내가 그 일을 해냈다는 게 기뻤다. 녀석의 불량기 가득한 행동을 제압하자 마치 활활 타오르던 불을 끈 것 같은 기분이 들었다. 불은 예측이 불가능하고 설사 내 집 앞까지 번지지는 않더라도 주변의 야생동물들을 겁먹게 해서 돌발 행동을 하게 할 수도 있다. 자칫하면 나한테까지 불똥이 튈 가능성도 컸으니 나로서는 어떻게든 예방 조치를 취하는 게 당연했다. 하여튼 불량배나 악당을 때려눕히면 친구들 눈에 영웅으로 보이는 법이다. 배트맨도 악당을 괜히 물리치는 게 아니다.

내가 통식식인 학교가 아닌(혹은 미국이 아닌 다른 나라에서) 다른 교육을 받았다면 내 삶은 어떻게 달라졌을까? 혹시 흉내 내기를 덜했을까, 아니면 흉내 내기에 좀 더 미숙했을까? 만약은 만약일 뿐이고 어쨌든 아이들 틈에 섞이려는 내겐 인류학자 수준의 기술이 필요했다. 아웃사이더가 아이들과 섞이기 위해서는 관찰과 패턴 인식이라는 기술로 아이들을 파악해야 한다는 말이다. 내 직관력은 점점 더 예리해졌고 연기도 갈수록 잘했다. 그러면서 다른 아이들이 나와 다른 방식으로 생각하고 행동하는 것이 보이기 시작했다.

내가 냉정한 반면 다른 아이들은 감정적으로 반응한다는 사실을 깨닫고 나는 그 애들을 모방하기 시작했다. 아기가 부모의 언어 패턴을 따라하듯, 처음에는 정상적인 행동을 흉내 내며 진심으로 정상인이 되고 싶었다. 남을 속이기 위한 흉내가 아니라 소통하고자 하는 정직한 흉내였다. 그때는 깨닫지 못했지만 나는 결코 정상인이 될 수 없었다. 어쩌면 나는 이미 네 살 때 인지적 갈림길에 서 있었는지도 모른다. 아니면 애초부터 내 DNA에 새겨져 있었던가. 어느 쪽이든 돌아가기엔 너무 늦어버렸다. 나는 다른 사람과 많이 다르다. 어떻게 다른지는 나도 아직 완전히 알지 못한다. 친구들과 어울릴 때도 정확히 표현할 수는 없지만 직감적으로는 확신하고 있었다.

관찰자로 보낸 몇 년 동안 나는 인기 있는 아이들 주변에 모여 그들의 비위를 맞추는 인기 없는 아이들을 경멸스런 눈빛으로 바라보았다. 그처럼 의지박약한 아이들의 본색을 들여다보면서 왜 비굴하게 스스로를 낮추면서까지 그토록 동질감을 중요하게 여기는지 의아했다. 사람이 됐든 무리가 됐든 나는 내 자존심을 굽힐 만큼 그걸 중요하게 생각해본 적이 없었다. 충분히 오랫동안 관찰한 뒤 알아야 할 것을 터득하자 나는 금세 인기 있는 아이로 부상했다. 하지만 모든 아이가 좋아하는 운동부나 치어리더 혹은 학급의 오락부장 같은 아이들과 어울려 시시덕거릴 때도, 심지어 저학년 아이들이 내 관심을 받고 싶어 할 때도, 나는 내가 그들과 같지 않다는 걸 알고 있었다. 수많은 아이가 나와 어울리고 싶어 안달하든 말든 내가 그들의 일원이 될 수 없으리란 걸 나는 알았다. 그들이 알고 있는 나는 진짜 내가 아니지 않은가.

그렇지만 나는 그 애들을 데리고 나만의 게임을 즐겼다. 친구들과 어울리면서 나는 그들의 불안을 먹잇감으로 삼을 자잘한 방법을 찾아냈다. 상처 딱지를 떼어낸 적 있니? 충치를 찔러본 적은? 종기를 바늘로 터뜨려볼까? 내 제안은 주로 뭔가를 탐구하는 것이었고 나는 친구들의 불안을 탐구에 활용했다. 친구들은 그런 내게 매료되었다. 나는 불안감을 느껴본 적이 없다. 말도 안 된다고? 그건 내가 모든 일에서 최고였다는 의미가 아니다. 나는 내게 수많은 약점이 있음을 알고 있지만 그 약점에 신경 쓰지도 않고 여느 사람들이 종종 그렇듯 약점을 기괴하다거나 고질적이라고 생각하지도 않았다.

본능적인 공격성

나는 불안이라는 감정을 거의 느끼지 못하는데, 그런 내 성향은 친구들의 불안감을 증폭시켰다.

고교 시절 남학생 앞에서 수줍음을 잘 타는 한 여자애가 있었다. 그 친구는 자기에게 매력이 없다고 걱정한 반면, 나는 항상 남학생들과 어울려 다녔다. 남자애들이나 할 법한 드럼을 치거나, 서퍼 같은 극한의 스포츠 마니아였으니 빈번한 일이었다. 친구들은 대부분 남자애였고 나는 그들이 내게 매력을 느낄까 아닐까를 걱정하며 잠을 설쳐본 적이 없었다. 오히려 그런 점 때문에 남자애들이 내게 매력을 느꼈던 것 같다. 그 점에서 그 여자애는 나를 무척 부러워했다. 물론 그 점 때문에 나를 미워하기도 했다. 무엇보다 그 여자애는 나보다 자기가 더 매력이 있다는 걸 언젠가 꼭 증명하고 싶어 했다. 그래서 나는 그 여자애와 나를 위한 게임을 준비했다.

마침 내게 홀딱 반한 남학생이 하나 있었다. 그 아이를 데이브라고 해두자. 데이브는 대놓고 내게 홀딱 빠졌다고 말했지만 독실한 기독교인이던 그 애는 내가 모르몬교도라는 이유로 갈팡질팡했다. 모든 점에서 데이브는 내 게임에 더 없이 완벽한 짝이었다. 나는 내게 사로잡힌 데이브를 장난스럽게 희롱했고, 그걸 즐겼다. 특히 데이브가 그런 희롱에 빠지는 것을 신에 대한(혹은 다른 뭔가에 대한) 반역이라 생각한다는 걸 알고 나서는 더욱 재미있어졌다.

나와 데이브 그리고 수줍음을 잘 타는 내 친구는 자주 함께 어울렸다. 그 여자애를 사라라고 하자. 셋이 어울리는 것이 가능했던 이유는 데이브에게 반한 사라가 정작 데이브가 내게 관심이 있다는 것을 눈치채지 못했기 때문이다. 혹시 눈치를 챘던 걸까? 어쩌면 그랬는지도 모르지만 나는 우리 셋의 어색하고 역동적인 관계가 좋았다.

어느 토요일, 우리는 함께 돌아다니다가 그날 밤에 열리는 파티에 가기로 결정했다. 데이브가 옷을 갈아입겠다고 해서 사라와 나는 그 애 집 앞에서 기다렸다. 데이브를 기다리는 동안 우리는 이야기를 나누었다. 아니, 내가 일방적으로 사라의 얘기를 들었다는 게 더 정확할 것이다. 듣자 하니 사라는 그날 밤이야말로 나보다 자신이 더 매력 있다는 걸 증명할 기회라고 여기는 것 같았다. 데이브가 그동안 내게 당한 얄궂은 장난을 되갚아줄 심산으로 그날 내내 나 보란 듯이 사라에게 집적거렸기 때문일까? 어쨌든 사라의 표정에는 자신감과 때 이른 승리감이 넘치고 있었다. 내가 물었다.

"왜 웃어?"

"그냥."

사라는 이렇게 대답하면서도 낄낄거렸다.

나, 소시오패스

"그냥이 아닌데? 뭔지 말해봐."

"아무것도 아니야. 좀 바보 같은 생각을 했어."

"너, 누가 먼저 데이브랑 키스하는지 내기하고 싶지?"

"어떻게 알았어?"

"하, 거봐. 지금 네 입으로 말했잖아. 어쨌든 해볼래? 너도 그 애와 키스하고 싶잖아."

물론 사라는 그걸 간절히 원했고 자기가 이길 거라고 생각했다. 이번 한 번만이라도 내게 굴욕감을 주고 싶었던 것이다. 우리는 꽤 치밀하게 규칙을 정했고 약간의 보상을 해주기로 합의를 보았다(내 속셈은 사라를 당황하게 만들고 그녀의 불안을 먹이로 삼는 것이었지만, '규칙'이 정교할수록 우리의 게임은 더 합당하고 공평하게 보일 터였다).

결국 승리는 내 것이었지만 그 순간은 조금 더디게 찾아왔다. 구구절절 말하긴 그렇고 하여튼 데이브는 온몸을 던지며 키스를 시도한 사라를 매몰차게 거절하고 내게 키스를 했다! 새롭게 발견한 사라의 자신감을 박살냈다는 사실뿐 아니라, 다음 날이면 내게 퇴짜를 맞을 게 뻔한데도 데이브가 나를 위해 자신의 종교적 신념을 포기했다는 사실 때문에 승리의 쾌감이 두 배로 컸다.

의도는 나빴지만 거짓도 흉기 신세를 하는 아이들에 비하면 내가 한 일은 비교적 평범한 편이었다. 나는 한 번도 나를 포식자로 생각한 적이 없다. 누군가를 강간한 적도 죽인 적도 없지 않은가. 그러나 돌아보면 생존이나 성공을 위해 다른 사람을 주의 깊게 관찰하던 본능적인 감각과, 아웃사이더라는 상황에 대한 뼈저린 이해의 결합, 이것이 포식자의 사고방식이 아니었을까 싶다.

내가 포식동물이라면 장난삼아 사냥을 할까, 아니면 살기 위해 사냥을 할까? 생존을 위한 사냥이 무엇인지 잘 알지만 솔직히 나는 반드시 필요한 경우가 아니어도 사냥을 한다. 많은 포식동물이 이른바 '과잉 살인'을 하거나 필요가 없음에도 먹잇감을 공격하는 등 비슷한 양상을 보인다. 혹시 범고래가 먹잇감을 죽을 때까지 난폭하게 때린 뒤 버린다는 사실을 알고 있는가? 과학자들은 범고래가 단지 쾌락을 위해 살육을 저지르지는 않는다고(과학자가 범고래의 속내를 어떻게 안단 말인가?), 과잉 살육은 생존을 위한 메커니즘일 뿐이라고 말한다. 과잉 살육을 하는 고래는 가장 공격적인 개체고 그 개체들이 살아남아 번식하는 거라면서 우리를 안심시키는 것이다.

과잉 살육에 가담하는 포식자는 언제든 여차하면 죽일 준비가 되어 있고 늘 흔쾌히 살육을 저지른다. 마찬가지로 나도 대적할 상대가 누구이고 얼마나 무고하며 그 순간 내게 위협이 되느냐 아니냐와 상관없이 늘 이기기 위한 게임을 할 준비가 되어 있다. 만약 내가 반드시 필요할 때만 무모해지고 또 내 희생자가 되어야 '마땅한' 사람에게만 무모하게 군다면, 포식자다운 포식자라고 할 수 없을 것이다. 사냥을 할 때마다 '이래도 될까?', '굳이 이렇게까지 몰아붙일 필요가 있을까?'라고 고민하는 포식자는 없을테니 말이다.

내 타고난 본능은 사람을 가리지 않는다. 요즘에는 그 강력한 충동을 억누르려 무던히 애쓴다. 그런데 좀 더 지속적인 관계를 유지하기 위해 사람들에게 순응하려 노력하고 있긴 해도, 마음속에서는 늘 파괴하고 싶은 동물적 충동이 꿈틀거린다. 라스베이거스에서 공연하는 마술사 지그프리드와 로이가 다루는 백호처럼, 나도 많은 사람들에게 이색적이고 아름다운 애완동물처럼 사랑받지만 사실 위험한 야생의 본능을 가졌다는 걸, 가족과 친구들은 잘 알고 있다.

본능적인 공격성은 내가 정상적인 사회인으로 살아가는 데 가장 큰 걸림돌이다. 자라는 동안 나는 줄곧 타고난 그 본능을 숨기기 위해 갖은 애를 썼다. 그렇지만 공격성은 언제나 아무런 포장도 없이 그대로 표면으로 떠올랐다. 친구가 고자질을 하거나 선생이 부적절하게 내 분노를 촉발하면 내 눈은 표면 아래에 복수의 음모가 부글부글 끓어오르는 폭발 직전의 검은 웅덩이로 변한다. 가장 최적의 방법으로 파괴하고자 적을 향해 모든 사악한 에너지를 모으기라도 하듯, 고개를 앞으로 숙이고 두 주먹을 불끈 쥐며 눈을 가늘게 뜨는 것이다. 또한 그토록 힘겹게 모방하려 한 정상인의 어리석은 생각을 산산이 박살내고 영화의 악당처럼 불쾌한 표정으로 노려본다. 그럴 때면 적어도 사회성 면에서 힘겹게 한 걸음 앞으로 나아가고도 두 걸음 물러선 느낌이 든다.

적극적으로 매력적인 특징을 기르는 것이 얼마나 중요한지 나는 이미 십대 초반에 깨달았다. 나는 또래를 보면서 서로에게 호감을 갖게 하는 요소가 무엇인지 연구했고 그 요소를 전부 내 것으로 만들었다. 그즈음부터 나는 서핑을 하고 록 밴드에서 연주했으며 출세주의자가 되었다. 성적이 우수한 것은 물론 인디영화를 보고 언더그라운드 음악도 들었다. 그리고 BMX 바이킹과 스트리트 러지(도로 썰매타기) 같은 대안 스포츠들 즐겼고 중고매상에서 옷을 사 입었다. 나는 비길 데 없을 정도로 기량이 뛰어나고 유능하며 매력적인 사람으로 부상했고 자연스럽게 모든 사람의 선망의 대상이 되었다. 상황에 따라 가면을 바꿔 쓰고 일관성 있게 가면을 쓰는 법도 터득했다.

비록 난폭한 행동을 완전히 버리지는 못했지만 학교에서는 모범생처럼 행동했다. 그래야 웬만한 실수도 별난 버릇이려니 하고 눈감아줄 테니 말이다. 음악에 대한 어머니의 사랑은 음악을 피난처로 보는 관점까지도 내게 그대로 전해졌다. 나는 학교 밴드부나 몇몇 친구와 함께 만든 록 밴드에서 드럼을 쳤다. 중고등학교 시절의 음악은 반사회적인 내 행동을 감춰주는 가면과 같았다. 음악가 하면 으레 자아도취에 빠진 무례한 사람일 거라고 여기기 때문에 평범하게 행동하면 오히려 실망한다. 그러다 보니 내가 하는 행동은 록 스타가 되고 싶어 한 내 야망과 함께 지극히 당연하게 보였다. 당신도 기타를 치거나 드럼을 두드릴 때면 왠지 고함을 지르며 과격하게 춤을 춰야 할 것 같고, 불량배처럼 무대 앞 관객이 춤추는 곳까지 달려가 흥분을 부추기며 관객이 당신에게 주지 못해 안달이 난 사랑과 추종을 확인하려 들 것이다.

짐이 여동생인 나를 자신의 외부활동에 끊임없이 끌어들이려 했다는 점에서 나는 운이 좋았다. 고등학교에 다닐 때 짐의 친구들은 맹렬하지는 않았지만 모두 스카 음악(비트가 강한 서인도제도의 음악 — 옮긴이)에 열정적으로 빠져 있었다. 그들은 하나같이 유행에 뒤떨어진 양복을 입고 가느다란 넥타이를 매고 있었다. 주말이면 그들은 좋아하는 밴드의 연주를 들으러 클럽이나 하우스 파티를 찾아 몰려다녔는데 나와 짐도 그 패거리와 어울렸다. 무대 앞에서 추는 광란의 춤, 사람들 머리 위로 파도타기, 칼과 깨진 유리병, 집단 패싸움 그리고 들것이나 경찰차에 사람들이 실려 가는 것을 알게 된 것도 그때였다. 정말이지 스릴 만점이었다.

고등학교 시절 나는 학생들을 교묘히 선동해 불화를 조장하기도 했다. 한 번은 마땅히 내가 가져야 마땅한 학급 주도권을 빼앗으려는 선생과 실랑이를 벌였다. 나는 검은색 천을 몇 폭 사서 완장을 만들어 전교생에게 돌렸고, 결국 전교생 절반을 선생에 대한 '불복'에 가담시키고야 말았다(십대란 누구를 막론하고 권위에 맹렬히 대항하는 법이고 나는 그런 속성을 기꺼이 이용했을 뿐이다).

또 한 번은 캘리포니아 남부를 돌며 드럼 대회를 열 계획을 세웠다. 당시 장비가 필요했던 우리는 허락을 구하기보다 차후에 용서를 비는 쪽이 더 낫다고 판단했다. 나는 가짜 증명서를 만들었고 주말마다 학교 장비를 갖다 썼다. 물론 아무도 눈치 채지 못하리라는 확신도 있었다.

나보다 덩치 크고 힘이 센 사람들에게 시비를 거는 일도 잦았지만, 대개는 폭력을 너그럽게 용인하는 콘서트 무대 앞에서였다. 물론 교활하고 용의주도하게 신고가 들어와도 잡혀가지 않을 만큼 거리를 유지하며 내 자유를 확보했다.

괜한 불평을 듣기 싫어서기도 했지만 어릴 때는 정말 좋아서 주로 사내아이들과 어울려 놀았다. 사내아이들은 상처가 나도 고자질하는 경우가 드물었다. 사내아이들과 마당이나 운동장에서 길길이 뛰어다니거나 서로 엎치락뒤치락 놀다 보면 땀과 흙먼지로 뒤범벅되기 일쑤였다. 아주 어렸을 때도 사내아이처럼 보이고 싶어서 블라우스를 입지 않으려 했다. 장난감 병정으로 전쟁놀이를 하지 않고 아기 인형을 안고 다니는 애들을 도무지 이해할 수 없었다.

나는 신체적 접촉이 있는 운동이라면 사족을 못 쓸 만큼 좋아했다. 그런 면에서 터치 풋볼은 단연 압권이었다. 더구나 비가 온 뒤 진흙탕이 된 운동장에서는 태클과 빙든 눈을 피하려야 피할 수 없었다. 운동상 놀이기구 틈에서 술래잡기를 할 때면 우리는 단상 위로 몸을 던지기도 하고 어설픈 발레리나처럼 기구 모서리를 획획 돌며 몸을 부딪쳤다. 내 몸이 다른 아이의 몸과 부딪칠 때의 환희, 코피가 터진 아이가 양호실로 퇴장할 때의 만족감이란!

고교 시절 소프트볼을 할 때도 나는 최고의 선수는 아니었지만 장담컨대 나만큼 상대 선수들과 몸을 많이 부딪친 선수는 없었다. 나는 온몸으로 충돌을 만끽하며 도루했다. 설령 내 몸이 루에 닿기도 전에 루수가 공을 잡았더라도 곧장 슬라이드를 하겠다는 가차 없는 내 결단력에 루수들은 경악하며 중심을 잃고 옆으로 비켜서기 일쑤였다. 언젠가 한번은 홈으로 도루하는 나를 보고 겁을 먹은 나머지 포수가 공도 잡지 못한 채 태클로 나를 넘어뜨렸다. 이렇게 사람들은 가끔 광적인 내 열정에 겁을 먹지만 나는 그걸 그들의 문세로 치부해버린다.

위험을 감수하려는 성향, 공격성, 자신이나 타인의 안전에 대한 무관심은 모두 소시오패스임을 나타내는 징후다. 내 어린 시절은 그런 증거로 가득 차 있다. 구사일생의 경험이라면 늙어서보다 젊을 때 하는 게 훨씬 낫지 않을까? 그런 경험은 마음속에 언젠가 맞이하게 될 죽음을 담담하게 받아들이도록 해준다. 여덟 살 때 나는 바다에서 수영을 하다가 거의 빠져 죽을 뻔했다. 자세한 부분까지는 기억나지 않지만 나를 압도해버린 바다의 힘만은 분명히 기억한다. 마치 공기처럼, 부정형의 거대한 물이 나를 산 채로 삼키려 했다. 어머니 말로는 인명 구조원이 나를 물에서 꺼내 인공호흡을 했는데 호흡이 돌아오자마자 내가 깔깔거리며 웃었단다. 절묘한 타이밍! 죽음은 어느 순간에도 찾아올 수 있다는 것을, 하지만 뭐 그리 나쁘지만은 않다는 것을 그 순간에 깨달았다. 죽음에 대한 공포는 거기서 더 커지지 않았다. 이따금 나는 장난삼아 죽음을 생각하고 심지어 갈망하기도 했지만 실제로 죽을 작정까지 해보지는 않았다.

위험 추구적 성향

열여섯 번째 생일을 두 달 앞둔 어느 일요일 나는 몹시 아팠다. 나는 보통 아파도 거의 내색하지 않는다. 그때도 다른 사람을 끌어들이기가 싫었다. 내 생명활동에 괜한 간섭을 받기가 싫었던 것이다. 하지만 그날은 왠지 마음이 약해져 어머니에게 가슴 바로 아래가 찌르듯 아프다고 말했다. 어머니는 예의 그 호들갑스러운 표정을 짓고는 이상한 약초로 만든 약을 먹고 쉬라고 했다. 그러나 약을 먹은 후 구역질까지 났다.

다음 날 나는 학교에 가지 못했다. 집에 있으려니 할 일을 미룬 것 같은 기분이 들었다. 도전 의식을 북돋우는 수업, 음악과 스포츠 팀, 기타의 과외 활동 그리고 같은 반 친구들이나 권위적인 선생의 심리를 갖고 노는 게임 등 학교는 내 정신과 몸을 다 차지하고 있었다. 권태는 내 적이었고 따라서 병도 적이었다. 그다음 날, 여전히 몸이 좋지 않은데도 불구하고 기어이 나는 학교에 갔고 그 주 소프트볼 게임에서 2루타를 쳤다.

부모님은 매일 내게 새로운 약을 들이밀었고 나는 어딜 가든 지사제, 진통제, 해열제를 비롯해 여러 가지 동종요법 약을 넣은 작은 약 주머니를 들고 다녔다. 분명히 통증은 있었지만 나는 통증의 심각성이나 의미를 알 수 없었다. 내게 통증은 그저 걸림돌에 지나지 않았다. 마치 경기장에서 우리 편 선수 하나가 없어지거나 눈이 원시가 된 것처럼. 나는 없어진 신수 몫에서 두 배로 뛰어나 했고 눈 근육에 힘을 더 꽉 주어야 했다. 나는 몸속에서 세력을 확대하는 통증이라는 녀석과 싸우기 위해 집중력을 더 높였고, 몸을 제대로 움직이고자 마지못해 담요를 덮어썼다. 한마디로 나는 아웃사이더가 되지 않기 위해, 다른 사람의 마음을 끌기 위해, 사용하던 에너지를 통증을 조절하고 무시하는 데 모두 쏟아부었다.

그렇게 며칠이 지나자 나는 사납게 으르렁거리면서 사람들을 불쾌한 눈빛으로 쏘아보기 시작했다. 겉치레로 하던 아침의 말이나 의례적인 인사말도 더는 나오지 않았다. 그나마 사람들을 보고 고개를 끄덕이거나 관심이 있는 척이라도 하던 반응마저 사라졌다. 대신 언젠가 혼자가 되어 남들 눈에 보이지 않을 때를 위해 준비해둔 죽음의 눈빛으로 사람들을 노려보기 시작했다. 아무리 애를 써도 미소가 지어지지 않았다. 내 은밀한 생각과 입 사이의 여과장치도 사라졌고, 급기야 친구들에게 추잡하게 생겼다는 둥 재수 없는 일이 생기는 것도 당연하다는 둥 거친 말을 내뱉는 지경에 이르렀다. 감정을 적절히 조절하거나 매력 스위치를 올려주던 지적인 능력도 사라졌다. 내 가면을 지탱하던 정신력이 사라지자 음울한 가학성과 가차없는 무관심이 비열하게 그대로 드러났다.

심지어 나는 내가 그렇게 변하고 있다는 사실조차 몰랐다. 그동안 내가 개인적인 관계를 단순히 유지하는 데만 해도 얼마나 엄청난 지능을 썼는지, 본능적인 충동을 억누르기 위해 얼마나 많은 노력을 했는지 몰랐던 것이다. 나는 친구들이 모두 내 곁을 떠난 후에야 무슨 일이 벌어졌는지 알았다. 친구들은 꽤 오랫동안 나를 예외로 취급할 수밖에 없었던 것 같다. 내가 한 악의적인 행동은 많은 친구에게 나를 버려도 좋을 충분한 변명거리가 되었다. 그것은 마치 청소년기 내내 중세시대의 쇠사슬 갑옷을 입고 있다가 어느 순간 돌연히 갑옷이 사라져버린 것 같은 느낌이었다. 갑옷의 속박에서 자유로워지자 내 활동은 거침없이 영역이 넓어지고 기괴해지기 시작했다.

아침, 오후 그리고 저녁이 조용히 으르렁거리며 고통에 복종하는 가운데 지나갔다. 복부의 통증은 등으로 옮겨갔다. 내 몸은 땀투성이가 되었고 몸서리를 쳤으며 몹시 핼쑥해졌다. 아버지는 근육 경련이 일어난 것 같다고 했다. 나는 학교로 돌아갔고 40킬로미터 이상 떨어진 곳에

나, 소시오패스

서 열리는 밴드 페스티벌에 참가했다. 하지만 집으로 돌아오는 버스 안에서 나는 고열을 견디지 못하고 버스 바닥에 널브러졌다.

주말 내내 침대에서 나올 수가 없었다. 목요일에 다시 학교에 갔지만 너무 아파 교실에 앉아 있지 못하고 오빠의 차 안에서 오후 내내 잠만 잤다. 계절이 기억나지 않지만 오후에는 따뜻한 햇살이 창문으로 고르게 비췄고 차 안은 인큐베이터 혹은 온실처럼 따뜻했다. 뒷좌석에서 몸을 잔뜩 웅크린 채, 나는 온몸 구석구석으로 퍼진 지근거리고 예리하면서도 묵직한 통증을 덮어주는 달콤한 온기를 느꼈다. 집에 돌아오자마자 나는 침대 속에 파묻혔다. 저녁을 먹으라고 깨우러 온 어머니가 이불 속에서 고열과 오한에 시달리며 땀 범벅인 나를 발견했다. 집에 돌아온 아버지는 한동안 나를 바라보고는 어찌해야 할지 고민했다. 내 몸을 살피고 뭔가 단단히 잘못되었다고 판단한 아버지는 동정심 넘치는 말을 했다.

"내일 병원에 가야겠다."

다음 날, 병원 진료실에서 우리는 모두 염려스러운 표정으로 차분하게 감정을 가라앉히고 있었다. 몇 가지 검사를 하고 결과가 나오자 분위기는 갑자기 험악해지고 비난이 오갔다. 의사는 격노한 목소리로 내 백혈구 수치에 대해 말했다. 어머니는 아버지가 물건을 부수거나 어머니를 향해 소리를 지를 때처럼 조용히 뒤로 물러서서 반쯤은 책임을 부정하고 있었다. 의사는 내가 통증을 느꼈는지, 지난 열흘 동안 무슨 일이 있었는지, 왜 더 일찍 아프다고 말하지 않았는지 따위의 질문을 쏟아냈지만 나는 내가 무슨 잘못이라도 저질렀다는 의미 같아서 대답하지 않았다.

지루하고 불안해서 나는 그 자리를 뜨고 싶었다. 나는 자비로운 의사의 처방을 기다리는 수동적인 환자로 취급받기보다는 자유롭게 내 맘에 드는 일만 하고 싶었다. 누군가가 내게 눕고 싶으냐고 물었고 나는 정중히 거절했다. 그런 뒤 나는 기절했다. 의식이 돌아왔을 때, 누군가가 고함을 치고 아버지가 병원 직원들에게 구급차를 부르지 말라고 설득하는 소리가 들렸다. 의식이 몽롱할 때조차 나는 직원들이 아버지를 불신하고 있음을 느낄 수 있었다. 아버지는 비난의 눈길을 피하기 위해서라면 무슨 짓이든 할 사람이었다. 몸이 덜덜 떨리고 눈꺼풀이 반쯤 감긴 상태에서도 나는 아버지의 눈동자에 서린 극도의 공포를 보았다. 그건 자신의 딸이 죽을지도 모른다는 공포가 아니었다. 아니, 어느 정도는 그런 공포였는지도 모르겠다.

아버지를 위협한 것은 나를 잃는 공포라기보다 내 죽음에 대해 친구들과 이웃이 퍼부을 도덕적 비난에 대한 공포였다. 무관심 때문에 딸이 죽었다는 걸 인정해야 할 테니까. 나중에야 알았지만 의료보험이 효력을 잃게 되었다는 이유로 치료할 방법을 찾을 생각도 하지 않고 일주일 이상 극심한 고통을 겪는 딸을 방치했다는 말이니까. 이제 와 생각해보니 그때 부모님이 내가 알아서 하게 두고 병원을 나서지 않은 것이 놀라울 따름이다. 어떤 면에서 어머니는 아버지보다 운이 좋다. 어머니에게는 억압당하고 있다는 사실이 책임감을 벗어버릴 핑계가 되었으니 말이다. 즉, 권력이 없다는 것이 어머니에게는 면죄부였다.

수술을 받고 깨어났을 때 나는 지치고 화난 표정으로 나를 바라보고 있는 아버지를 보았다. 아버지는 내게 간략하게 증상을 설명했다. 맹장이 터지는 바람에 독소가 장으로 흘러들어 염증이 생겼고 그 때문에 복부에 패혈증과 함께 등 근육에도 괴저가 일어났다고 했다. 그래서 의사가 썩은 살을 잘라내고 상처에 플라스틱 튜브를 달아 고름을 빼냈단다. 영구적인 손상은 당연히 없다고 했다.

"넌 죽을 뻔했어. 의사들이 엄청 화를 냈다."

내가 아니라 너한테! 아버지의 목소리에는 그런 의미가 담겨 있었다. 내가 모든 사람에게 사죄를 해야 마땅하다는 듯이.

병원이란 비인간적인 곳이다. 가장 최악의 순간은 동트기 바로 전인데, 그땐 바닥도 유난히 차갑고 블라인드 틈으로 비치는 빛도 무슨 심판의 빛처럼 날카롭다. 야간 간호사들과 교대한 만화에 등장할 법한 깔끔한 근무복을 차려입은 주간 간호사들이 업무 지침을 하나도 빼놓지 않고 기계적으로 수행했다. 또 인턴과 의사 무리가 빙 둘러서서 커튼을 젖히고 사이보그처럼 각종 튜브와 기계에 연결된 내 연약한 상처를 살펴보고 기록하며 살풍경을 연출했다.

갑옷이 벗겨진 상태에서는 병원이 가하는 야만적인 처우를 그대로 받거나 아니면 필사적으로 인간미를 붙드는 수밖에 없다. 나로서는 선택이 쉬웠다. 나는 내 안에 존재하는 야만성을 잘 알고 있었다. 오로지 생존과 번식 말고는 아무것도 모르는 동물의 그것 말이다. 나는 존엄성이라는 감각과 관계에 대한 욕구의 스위치를 끄는 데 별 문제가 없었다. 그렇게 하는 것이 앞으로 며칠을 무사히 지내는 데 가장 효과적인 방법이란 걸 알기 때문이나. 물론 내가 누구를 위해서든 꾸밈을 쓸 필요기 없다는 홀가분한 마음도 없지 않았다. 덕분에 내 정신적 에너지를 엄청나게 절약할 수 있었다.

병원에서의 삶은 예측 가능하고 계획대로 이뤄지는 빈번한 신체적 침해로 인해 자고 먹고 싸는 본능적인 행위로 간소화되었다. 그 점에서 나는 순종적으로 행동했고 꽤 모범적인 환자였다. 호흡 운동도 잘하고 환자복을 펄럭이며 복도를 몇 바퀴씩 돌기도 했다. 한 간호사는 나를

'용감한 아이'라고 불렀다. 내 강인한 눈매와 씩 웃고 참아 넘기는 태도를 보고 그랬을 것이다. 나는 눈물을 흘린 적도 불평한 적도 없었다. 철저한 감정의 결핍자 그대로였다. 피해자라면 그것은 용기이므로 칭찬받을 만하지만, 포식자라면 그것은 인간성 결핍이자 서서히 공포를 주입하는 행동이었다.

회복 속도가 나빠지지 않는 한, 나는 일주일 후 퇴원할 예정이었다. 간호사는 퇴원을 위한 마지막 관문은 아침식사를 잘하는 것이라고 했다. 구역질이 심해 먹기 힘들었지만 나는 음식을 조금씩 뜯어 입 안에 넣고 꾸역꾸역 씹는 흉내를 내며 실제보다 많이 삼키고 있는 것처럼 보이려 했다. 하지만 여전히 맛있게 먹는 흉내를 내긴 힘들었다. 이번에는 아버지가 나를 구원해주었다. 아버지는 출근하기 한 시간 전에 병원에 나타나 한 손으로는 팬케이크를 집어 자기 입에 쑤셔 넣고, 다른 손으로는 스크램블드에그를 변기에 쏟고 물을 내려버렸다.

집으로 돌아오는 길에 아버지와 나는 음반 가게에 들러 내가 좋아하는 음반을 사기로 했다. 그런데 가게 문이 닫혀 있었다. 아버지는 가게 문을 두드려 기어코 종업원을 불러냈고 나를 가리키며 급하게 변명을 늘어놓았다. 차로 돌아오는 아버지의 손에는 내가 부탁한 음반이 들려 있었다. 사람들은 가끔 뜻밖의 일로 상대를 놀라게 한다.

우리 가족이 엄청난 내 병원비를 어떻게 충당했는지 모르겠지만, 틀림없이 내게 음반을 구해준 것과 비슷한 수완으로 해결했을 것이다. 집에 도착하자 아버지는 나를 데리고 계단을 올라와 침대에 눕도록 도와주었다. 그리고는 누군가가 축축한 붕대를 갈아줄 것이라며 나를 안심시켰다. 아버지는 종종 그런 식으로 도저히 현실이라고는 믿기지 않는 말을 했다.

안전에 대한 무관심

내 부모님은 나보다 안전에 훨씬 더 무신경하다. 우리 가족이 당한 자동차 사고는 헤아리기 힘들 정도로 많다. 어릴 적 한번은 사촌 집으로 가던 길에 위험한 산악 고속도로에서 심각한 사고를 당한 적이 있다. 누군가가 뒤에서 들이받았는데(나중에 보니 음주운전이었다), 그 충격에 우리 차는 몇 차선을 가로질러 콘크리트 벽에 부딪치고 말았다. 뒷좌석에 우리를 모두 끼워 태운 탓도 있지만 어쨌든 우리는 꽤 많이 다쳤다. 그런데 무슨 까닭인지 아버지는 집으로 돌아가지 않고 기어코 열 시간을 더 달려 사촌 집에 갔다. 그 사고 이후 몇 년간 보험금을 지급받았던 것 같다. 지금 나는 자동차 사고에 연루될 낌새가 보이면(보통은 내 잘못이 아닌 경우가 많다. 나는 베스트 드라이버니까!) 본능적으로 수십 장의 사진을 찍고 상대 운전자에게 과실이 있음을 증명하는 탄원을 낸다.

어릴 때부터 나는 움직이는 차에 올라타곤 했다. 달리는 차 지붕 위로 기어오르거나 주행 중인 차에 올라타기도 했고 달리는 차 주위를 뱅글뱅글 돌기도 했다. 심지어 달리는 차 아래로 기어 내려가려 했던 적도 있다. 특히 트럭 뒤에 매달려 가는 걸 아주 좋아했다.

널 살 무렵 어떤 사남이 무사상에서 5백 미터쯤 멀어진 앨러윈 파티가 열리는 집까지 오가는 손님들을 8인승 골프 카트에 태워달라고 짐과 내게 부탁한 적이 있다. 우리는 주차장에서 집까지 손님을 태우고 갈 때는 얌전하고 안전하게 운전했지만 횟수가 거듭될수록 주차장으로 돌아오는 길에 점점 더 위험한 행동을 했다. 나는 골프 카트 지붕으로 올라가 끝에서 끝까지 기어보기로 했다. 짐은 무심코 운전을 하다가 내가 보이지 않자 나를 집에 두고 왔다는 생각에 갑자기 유턴을 했다. 지붕에서 훌쩍 날아 떨어진 나는 몇 초 동안 차도를 데굴데굴 굴렀다. 정신을 잃었다가 깨어보니 반듯이 누워 있었는데, 빨간색 후진등이 빠른 속도로 내 쪽으로 돌진하고 있었다. 무슨 일인지 여전히 알지 못한 짐은 방향 전환을 위해 후진하고 있었다. 내가 잽싸게 굴러 도로를 벗어나지 않았다면 골프 카트에 깔려 뭉개지고 말았을 것이다. 내가 다시 카트 뒤로 올라탔을 때 짐이 놀라서 물었다.

"어디 갔었어?"

"가긴 어딜 가? 아무 데도 안 갔어."

내 차를 운전할 때도 곡예를 하기는 매한가지였다. 어느 날 오후 어머니는 결국 1,200달러로 가치가 떨어질 내 첫 중고차를 사주었다. 그차는 차라리 아름다운 재앙이었다. 1972년식 폰티악 '럭셔리' 르망, V8 엔진, 듀얼 머플러! 거의 동일한 차체인 폰티악 GTO와 자매격인 그차에 나는 본능적으로 끌렸다. 1972년식은 폰티악이 마지막으로 동물의 근육 모양을 본뜬 유선형 차체를 유지한 차다. 그 시대의 차들은 머스탱 (야생마), 차저 (군마), 쿠거 (퓨마) 등 동물의 이름을 따서 짓는 경우가 많았다. 폰티악에 달린 두 개의 둥근 전조등은 상대를 꿰뚫어보는 눈 같고 그릴과 범퍼는 냉소를 잔뜩 머금은 입처럼 보였다. 바퀴를 감싸고 있는 양쪽 펜더도 차 지붕도 다 녹슬고 멀쩡한 부분은 흰색 비닐 덮개뿐이었지만 어머니는 디트로이트 스틸 휠이라는 사양에 만족했다. 만약 사고가 날 경우 상대방은 몰라도 나는 무사하리라고 믿은 것이다. 차를 소유하고 처음 몇 년 동안 나는 어머니의 직관이 정확했다는 것을 여러 번 입증했다.

자동차 엔진은 살짝 개조해도 될 만큼 단순해 보였다. 엔진이 어떻게 작동하는지 알고 싶어서 엔진을 분해하고 재조립해보고 싶은 마음도 없지 않았다. 한 번은 친구의 아파트 주차장에서 갑자기 스타터(자동차 시동장치)가 나가버렸다. 남자친구를 불러 도와달라고 했지만 어디를 어떻게 손봐야 할지 모르기는 마찬가지였다. 하지만 어떤 부정적인 충고에도 괘념치 않고 늘 주저 없이 새로운 일을 시도하는 내가 아니던가. 모든 일이 순조로웠다. 배터리를 분리하지 않은 채 차에서 스타터의 연결을 끊기 전까지는. 갑자기 불꽃이 튀기 시작하더니 차대에 불이 붙었다. 우리는 재빨리 차 아래에서 빠져나와 주변에 쌓여 있던 눈을 퍼부어 간신히 불을 껐다.

나는 그 차를 애지중지했다. 차에 성적 매력을 느끼기도 했지만 그렇다고 마음이 약해져 무너진 적은 없었다. 나는 차의 힘을 조작하는 법, 가속 후 회전하는 법, 친구들과 드래그 레이싱(짧은 거리를 직선으로 빨리 달리는 자동차 경주 ─ 옮긴이)을 하는 동안 차선을 벗어나 맹렬히 가속하는 법 그리고 이따금 불어 닥친 폭풍우 속에서 기름으로 범벅돼 번들거리는 도로에서 슬라이딩하는 법도 터득했다.

나는 그 차가 내게 준 신뢰와 힘을 사랑했다. 그것이 여자, 십대, 나약하다는 이미지와 대비되었기 때문이다. 내 저돌적인 성격은 인형이나 장난감 집을 갖고 얌전하게 노는 자매들보다 오빠들과 더 잘 맞았다. 오빠들은 교회의 보이스카우트 모임에서 살을 들고 화살을 쏘며 숲속을 돌아다녔다. 나와 비슷한 나이의 모르몬교회 여자애들은 십자수로 베갯잇을 만들거나 스니커두들 쿠키를 굽거나 글루건을 이용해 뭔가를 만드는 게 전부였다. 일반적으로 나와 비슷한 연령대의 여자애들은 활동이란 걸 전혀 하지 않는 수동적인 사람처럼 보였다.

일찌감치 알게 된 성적 욕망의 힘

십대 초반부터 남자들이 내게 어머니와 많이 닮았다는 말을 하기 시작했다. 나는 그 말의 의미를 정확히 해석했다. 그건 내가 성적 욕망의 대상이 되기 시작했다는 뜻이었다. 열 살 무렵부터 내 가슴은 볼록하게 솟아오르고 엉덩이는 그리스 꽃병처럼 둥실해졌다. 남자들은 공공연히 내게 추파를 던졌는데 속내가 보일 정도로 적극적이었다. 그때는 도무지 영문을 알 수 없었지만 세상 여자들은 나를 매춘부처럼 취급했다. 새로운 내 몸은 처음부터 본질적으로 골칫거리였다. 만약 조심하지 않았다면 내 몸은 여자에게는 비난을 받고 남자에게는 공격을 받는, 즉 이중 피해를 보는 자살폭탄이 되었을지도 모른다.

나는 모든 십대 여자는 아이에서 성적 대상으로의 거추장스러운 과도기를 거치며 다양한 일을 겪는다는 걸 알고 있었다. 나처럼 소시오패스 기질이 싹트는 사람에게 그런 경험은 여러모로 좋지 않다. 내가 원하는 것은 오로지 힘과 통제력뿐이었다. 내가 사내아이였다면 덩치도 크고 근육질이었을 것이다. 물론 풍채도 끝내주고. 나는 늘 운동선수처럼 다부졌고 여자애들에게는 공격적이었다. 콘서트 무대 바로 앞자리처럼 남성적인 무력이 필요한 곳에서도 나는 적대감으로 완전히 무장하고 자리를 지켰다. 하지만 나는 160센티미터가 채 되지 않는 키에 몸무게도 55킬로그램을 간신히 넘었다. 나는 공포와 존경을 원했지만 결말은 언제나 나보다 덩치가 두 배나 큰, 술 취한 놈팡이들의 불쾌한 추근거림으로 끝나기 일쑤였다.

나는 포식자가 아닌 불쾌하고 공격적인 관심을 받는 매력적인 먹잇감으로 보였다. 물론 계집애치고는 강하고 거칠었지만 남자들은 언제나 더 강하고 거칠었다. 또 비상할 정도로 영리하고 음모에 능하긴 했어도 나보다 영리하기는커녕 음모의 '음'자도 모르는 어른의 권위를 무너뜨릴 만큼은 아니었다. 그렇다고 보기보다 약하다는 것도 모를 정도로 내가 여자라는 걸 의식하지 않았다는 의미는 아니다.

나는 내 정체성을 성별로 인식하지 않았다. 아니, 나는 상당히 양성적이었다. 나뿐 아니라 수많은 소녀가 성에 관한 고정관념을 거부하거나 반항하는 시기를 비슷하게 거친다. 소녀로 자란다는 것은 몸 전체를 빙 둘러 약 10센티미터 바깥쪽에 흐릿한 백묵으로 그어진 경계선 안에서 사는 것과 같다. 사회, 가족, 종교 그리고 소녀의 행동이 모든 여성의 행동을 직접적으로 대표한다고 여기며 소녀의 행동에 어떻게든 간섭하려 드는 여자들이 그어놓은 경계선 말이다.

백묵 경계선은 소녀들이 세상과 교류하는 방식을 제한한다. 그뿐 아니라 그 선 안에서 모든 칭찬의 말에 따라다니는 '계집애치고는'이라는 함의가 시작된다.

'터프하구나, 계집애치고는!'

두 팔을 힘껏 휘저어 백묵 경계선을 지우고 싶겠지만 그 선은 언제나 소녀를 따라다니며 끊임없이 10센티미터 안에 소녀를 가둔다. '소녀'라는 꼬리표는 내 웅대한 신님을 남기엔 너무 세한적이있나. 그래서 나는 거의 매번 그 꼬리표를 무시했다.

내 성별에도 분명 장점은 있었다. 어머니는 대개 아버지에게 순종적이었지만 간단하게 스킨십을 하며 육체적 쾌락을 선사하겠다는 뜻만 내비춰도 원하는 것을 거의 얻어냈다. 어머니를 아름답다고 말하는 수많은 남자에게서 나는 마침내 성의 상품성뿐 아니라 쾌락에 대한 간절한 갈망의 힘을 보았다. 섹스를 하느냐 마느냐를 결정하는 건 전적으로 여자들이라며 여자가 왕이라고 푸념을 늘어놓는 남자들도 있었다. 하지만 그때 나는 그런 힘을 사용할 준비가 되어 있지 않았다.

고등학교 시절, 다른 소녀들이 자신의 성적 취향을 알아보느라 실험에 열중하고 있을 때도 나는 성에 대해 거의 무감했다. 당시에는 섹스가 내게 쾌락을 줄 수 있으리란 걸 알지 못했다. 또한 섹스가 사람들과 관계를 맺는 하나의 방식이며 상대에게서 어떤 힘을 획득할 수단이라는 사실도 알지 못했다. 섹스가 사랑의 수단이란 것도, 사람들이 사랑을 위해서라면 무슨 짓도 마다하지 않는다는 사실도 물론 몰랐다.

그럼에도 불구하고 나는 혐오스러운 변태 선생들에게 내 성을 효과적으로 이용했다. 그중에는 내가 특히나 혐오하는 인간이 하나 있었다. 소프트볼 토너먼트인지 드럼 대회인지 기억나지 않지만 아무튼 내가 대회에 나가느라 어머니가 대신 과제를 제출했는데, 그 이유로 낙제점을 준 영어선생이었다. 그 작자는 나를 본보기로 삼으려고 수업시간에 공개적으로 '엄마가 갖다 주세요'라며 비아냥거렸다. 그는 늙고 복수심도 강하고 옹졸한 사람이었다. 결코 좋게 봐줄 수 없었다. 다른 학생에게도 인정머리 없이 군다는 것을 익히 알고 있었기에 나는 그 작자에게 트집거리를 준 적이 없었다. 하지만 내가 그 작자의 심기를 건드린 게 분명했다. 그러지 않고서야 이런 구실로 나를 공격할 리 없었다.

"토머스! 아는지 모르겠다만 넌 F학점이야. 네 과제물을 보지도 않았다. 그러니까 다음엔 어머니에게 괜한 수고 끼치지 말고 네가 직접 해서 제출할 거 아니면 제출할 생각하지 마라."

그 말을 듣자마자 화가 치밀었지만 나는 금세 냉정을 찾았다.

"엿 먹어, 돼지 같은 놈."

나는 침착하게 되받아쳤다. 그리고 몇 분 후 교장실로 불려갔다. 그

뒤로 그 작자와 나는 저급한 힘겨루기에 들어갔다. 나는 그를 파멸시키고 싶었다. 악명을 떨치던 작자이니 만큼 그를 파멸시키는 가장 쉬운 방법은 그의 부적절한 행동을 입증할 문서를 만드는 것이었다. 나는 그 작자가 수업시간에 하는 말과 행동을 토씨 하나 놓치지 않고 주의 깊게 기록했다. 모호한 것도 죄다 적었다. 그리고 학급의 여자애 몇 명을 포섭해 그들의 머릿속에 영어선생의 악의 없는 행동까지 들먹이며 그의 부적절함을 낱낱이 주입시켰다. 사실은 그 정도로 악한 변태는 아니었다. 1950년대에 태어난 남자들이 대개 그렇듯 자연스럽게 성차별주의가 몸에 밴 늙은이일 뿐이었다.

시험을 볼 때면 그 선생은 칠판에 문제를 적고 뒷자리에 앉은 학생이 볼 수 있도록 모두 책상을 앞쪽으로 끌고 나오게 했다. 그는 늘 맨 앞줄에 앉은 아이들에게 교탁에 닿을 정도로 앞으로 나오라고 시켰는데, 우연히 그 줄에 가슴골이 드러나는 쫄쫄이 티셔츠를 즐겨 입는 무용반 아이가 있었다. 나는 이때다 싶어 소문을 퍼뜨렸다. 그 애의 풍만한 가슴골을 더 잘 보려고 앞쪽으로 나오게 했다고 말이다. 소문이 그럴듯하게 들린 데는 다 까닭이 있었다. 그 영어선생은 자주 미간을 찌푸리는 버릇이 있는데 그 모습이 꼭 무용반 애의 가슴골을 음흉하게 훔쳐보는 것처럼 보인 것이다. 진짜 그랬는지도 모르지만 말이다. 어쨌든 그것은 그럴싸한 소문거리였고 소문을 퍼뜨리자마자 진실인 양 받아들여졌다.

소문 자체로는 충분치 않았다. 그를 자극해 내 가슴에 대해 외설적이고 모욕적인 발언을 하게 만든다면 또 모를까. 어느 날 수업시간에 기회가 찾아왔다. 수업 도중 최근에 있었던 공연 이야기가 나왔다. 나는 공연에 대한 다른 아이들의 말이 끝나자마자 빈정거리며 물었다.

"제 독창은 얼마나 맘에 드셨어요?"

"토머스! 넌 분별력이란 게 없구나! 아무 때나 불쑥불쑥 나서고 제 멋대로 지껄이다니. 여기 다른 애들 좀 본받아!"

영어선생은 그렇게 말하면서 자기 앞에 앉은 무용반 아이를 가리켰다. 반 아이들 전체가 내게 등을 돌리게 하려는 속셈인 것 같았다. 어쩌나, 운도 없지. 아이들은 이미 내 편인 것을. 그의 말은 내게 아무런 상처도 주지 못했다. 더구나 불행하게도 그는 모두가 보는 앞에서 명백히 학생과 선생의 경계를 넘고 말았다.

수업이 끝난 뒤 나는 무용반 아이에게 영어선생의 천박하고 은근한 추행이 불쾌하지 않았느냐고 물었다. 몹시 걱정스러운 표정을 지으며 말이다. 무용반 아이는 내 진심에 감동을 받았다.

"응, 불쾌해."

그 애는 영어선생과 자신에 관한 소문을 알고 있었고(그 소문의 출처가 나라는 사실은 눈치 채지 못한 것 같았다) 그렇지 않아도 그 소문 때문에 괴로워하고 있었다. 나는 기꺼이 그 애의 고민을 들어주는 연민의 귀가 되었다. 그 애가 털어놓는 모든 불만을 그냥 들어주기만 한 게 아니라 그 고통을 인정하고 고통의 불꽃에 부채질까지 해댔다.

나는 그날 영어선생의 행동을 빌미로 그를 통제 불능인 인간으로 만들어버렸다. 어떻게 해서든 그 애가 영어선생을 두려워하고 그를 비난하는 일에 동참하게 만들어야 했다. 나는 그 애에게 영어선생이 더 못된 짓을 저지르기 전에 막아야 한다고 말했다. 나는 영어선생의 성추행에 대한 공식적인 항의 서류를 작성할 생각이라고 했고, 괜찮다면 항의에 증인이 될 수 있겠느냐고 물었다. 그런 유형의 우발적인 사건이 상당히 많기 때문에 네가 아니어도 증인은 많다는 인상을 주는 것도 잊지 않았다. 그 애는 동의했다. 곧 자기가 가장 중요한 증인이라는 사실을 알게 될 테지만 말이다.

집에 오자마자 나는 어머니에게 학교에서 있었던 일을 얘기했다. 물론 영어선생과 내 힘겨루기나 그를 해고시키기 위한 계획은 빼고 정확한 사실만 콕 집어서 말했다. 특히 내가 느낀 '모욕감'을 강조하고 그 선생에게 이런 대접을 받은 수많은 학생을 대변이라도 하듯 떠벌렸다.

나는 어머니를 잘 알고 있었다. 어머니는 내가 자라는 동안 엄마 역할을 잘하지 못한 것 때문에 마음 한구석이 늘 불편한 듯했다. 나는 어머니가 영어선생의 성추행에 대해 관할 교육청에 직접 탄원해주길 바란다고 했고 어머니는 기꺼이 나서려고 했다. 과연 어머니는 나와 함께 교육청에 가서 직접 서류 작성을 해줄까? 아버지는 전적으로 반대했지만 아버지의 반대 때문에 오히려 어머니는 더욱더 나를 도와주려 했다.

나는 충실한 지지자들의 도움을 얻어 영어선생의 악행이 최대한 돋보이게 진술서를 꾸몄다. 영어선생은 몇 주 동안 감사를 받았다. 그가 가는 곳에는 늘 누군가가 따라다녔고 나는 즐겁게 그 모습을 주시했다. 공식적으로 영어선생은 '파면' 처분을 받았지만 비공식적으로는 조기 은퇴와 영어과 학과장 자리에서 물러나라는 권고만 받았다. 그 정도면 성공적이었다. 나는 결코 탐욕을 부리는 사람도, '원리 원칙'에 사로잡힌 사람도 아니었다. 나는 나름에 입혁힐 띠민 소녀들을 위해 그를 해고시키려 한 게 아니었다. 그가 얼마나 나약한 사람인지, 쓸모없고 하찮은 나 같은 소녀에게도 얼마나 상처받기 쉬운 사람인지 똑똑히 보여주려 했을 뿐이다.

로스쿨에서도 또 한 번 경험했지만 어쨌든 그 사건은 공식적인 사법체계의 한계를 알게 된 좋은 경험이었다. 그 후로도 나는 선생들과의 싸움에 여러 번 휘말렸으나 내가 무슨 짓을 하든 누구에게 그 사실을 알리든 해고는커녕 직위가 강등된 선생도 없었다. 또한 선생들에게 고통을 주었다는 점에서 만족감도 얻었지만 다른 한편으로 문제아라는 명성을 얻은 것도 사실이다.

내가 그런 선생들을 파멸시키려 거짓말을 하거나 사기를 치고 협박했을지도 모르지만, 그들은 명백히 아이들 주변에 얼쩡거리게 놔둬서는 안 될 나쁜 작자들이었다. 정작 자신은 고교 시절에 인정은커녕 왕따나 당하지 않았으면 다행이었을 것 같은 어떤 멍청한 선생은 대다수 평범한 아이들의 재능을 묵살하면서까지 인기 많은 아이들을 편애했다. 또 한 선생은 학생들에게 성적 집착이 강했는데 특히 나를 포함해 가슴이 큰 여자애들과 나를 제외한 자존심이 낮은 여자애들에게 변태 같은 관심을 보였다. 그렇다고 내가 대단한 공익을 위해 그런 작자들을 파멸시키려 했던 것은 아니다. 다만 나는 그처럼 부적절한 인간들이 내게 권위를 내세우는 꼴을 참을 수가 없었다. 소시오패스의 관점에서는 부당한 권위였고 소녀의 입장에서는 변태였으니 내게는 이중으로 부당한 작자들이었다.

5장

도덕은
얼마나 비효율적인가

나는 예수그리스도 후기성도교회, 즉 모르몬교 집안에서 자랐다. 갓난아기 때부터 가족과 함께 교회에 나갔고 지금도 여전히 모르몬교도다. 이런 내가 위선자일까. 내가 소시오패스라는 사실이 알려지면 모르몬 교회도 나를 멀리할 거라고 말하는 사람도 있다. 그건 내 실체나 종교가 타협한 깊이를 모르고 하는 소리다. 모르몬교회의 신도들은 모두 서로의 영원한 행복과 번창만을 염원하는 자애로운 신의 자녀이다. 이것이 바로 모르몬 교리의 중요한 본질이다.

모르몬 교인은 모든 사람이 세상의 창조주인 신과 같이 거룩해질 수 있다고 믿는다(소시오패스에게는 모르몬교가 꿈의 종교다. 신이 정해준 운명이라는 내 과내망상적 생각과 잘 맞아떨어지시니까). 물론 그 '모든 사람' 속에는 나도 포함된다. 또한 모든 존재는 구원받을 수 있으므로 내가 신경 써야 할 것은 감정적 결손이나 무자비한 생각, 사악한 동기가 아닌 행동이라는 결론을 내리는 것이 가능하다.

교회의 규범을 충실히 지키려는 내 집착은 본성과 충돌을 일으키는 일이 잦다. 하지만 그런 집착은 곧 복음의 가르침이 국가나 혈통, 방언을 막론하고 모든 세상 사람들을 위한 것이라는 증거다. 나는 만물을 창조한 창조주가 있다는 개념이 마음에 든다. 만물에는 소시오패스도 포함되니 말이다. 내 행동을 견제하는 수단이 있다는 것, 착한 소시오패스가 되어야 할 구실이 있다는 사실도 좋다. 선행에 대한 의기양양한 기분, 기도나 찬송 혹은 헌신에 따르는 내세의 약속 같은 보상이 있다는 것도 마찬가지다.

교회가 나와 각별히 잘 맞는 까닭은 교회의 규범과 기준이 매우 명확하기 때문이다. 사회의 평범한 규범을 직관적으로 감지하지 못하던 어린 시절, 교회의 명확한 기대와 지침이 그 구멍을 메워주는 역할을 했다. 모르몬 교회에는 정절에 관한 교훈부터 어떤 옷을 입고 누구와 어떻게 연애를 해야 하는지, 보고 듣지 말아야 할 것과 교회에 얼마나 헌금을 해야 하는지 같은 세부적인 지침이 적힌 책자가 있었다. 나는 그런 사항이 정확히 기록돼 있다는 사실이 마음에 들었다. 그렇다고 콜라를 마시지 않고 금욕적인 생활을 하며 십일조를 거르지 않는 한 무슨 짓을 해도 모르몬 교회가 눈감아준다는 뜻은 아니다. 확신컨대 교회는 단지 지침으로 삼을 기준을 제시할 뿐 피난처는 아니다. 하지만 이 명쾌한 지침의 도움이 없었다면 나는 다른 사람들과 잘 섞일 수 없었을 것이다.

최근에 나는 미스터리 드라마 한 편을 보고 있다. 드라마에서는 전 시즌에 걸쳐 중요한 인물을 죽인 살인범을 쫓는 사람들의 이야기가 펼쳐진다. 음모와 배신이 얽히고설키며 몇 편이 지나고 한 인물이 격분에 못 이겨 이런 말을 한다.

"아무리 용을 써도 진짜 사악한 놈이 누구고 그냥 행실이 나쁜 놈이 누구인지 모르겠어."

행실이 나쁜 사람과 사악한 사람에게 차이점이 있을까? 누구에게 자비를 내리고 누구에게서 희망을 빼앗을 것인가?

나는 결코 내가 사악하다고 생각하지 않는다. 나는 교회에서 내가 신의 자녀라고 배웠고 구약성서도 읽었다. 열왕기에는 마흔두 명의 신의 자녀가 선지자 엘리사를 모독했다는 이유로 암컷 곰 두 마리에게 사지가 잘렸다는 이야기가 나온다. 그 신이 내 아버지라고 믿지 못할 까닭도 없다.

흠이 없는 사람이 있던가? 이런 가정을 전제로 우리는 대부분 우리가 근본적으로 선한 사람이라고 생각한다. 댄 애리얼리는《거짓말하는 착한 사람들》에서 흥미로운 관찰을 설명하고 있다. 케네디 센터의 선물 가게에서 공연예술을 하는 동안 주로 나이 많은 자원봉사자들을 고장 난 금전등록기 앞에 배치해 현금 횡령이 얼마나 빈번하게 일어나는지 관찰했다. 흥미롭게도 뭉칫돈을 훔친 사람은 한 명도 없었지만 푼돈을 훔친 사람은 많았다.

누구나 부정행위를 저지른다. 그리고 누구나 부정행위를 저지르는 곳에서는 모두가 자기는 선한 사람이라고 주장할 수 있다.

나를 소시오패스로 진단한 하계 인턴 동료는 종교에 관해 토론하던 중 기독교에서 말하는 죄는 특정 행위가 아니라 존재의 상태를 말한다고 주장했다. 우리는 모두 '죄인'이며 그와 동시에 우리는 모두 '구원' 받는다는 것이다. 그 친구는 "어쨌든 '오늘 어떤 착한 일을 했고 어떤 나쁜 일을 했다'는 식으로는 악을 정의할 수 없다"고 말했다. 다시 말해 악이란 정해진 횟수만큼 기도를 하느냐 하지 않느냐, 카페인을 마시느냐 마시지 않느냐 등의 행위 안에 존재하지 않는다는 얘기다. 악은 '위반'이라는 개념과 질적으로 다르다는 의미다.

그 친구의 주장은 사실일 수도 있다. 그래서 '죄인'보다 '구원'을 강조하는 '개신교' 전성시대에 금전등록기를 지키던 나이든 자원봉사자들 중 누구도 푼돈 절도를 자기 안에 악의 본능이 내재돼 있음을 보여주는 증거로 여기지 않는 것인지도 모른다. 여기서 착한 사람, 아주 착한 사람, 나쁜 사람을 가르는 경계는 분명치 않다. 만약 심판의 여신이 장님이라면 선택적으로 눈이 머는 것 같다. 정상인이 저지른 '정상적인' 위반은 기꺼이 눈감아주고, 나 같은 사람이 저지르기 쉬운 '비정상적인' 위반은 그 즉시 유죄 판결을 내리는 것 같으니 말이다.

내가 도덕이 아닌 정의를 좋아하는 이유

내게 정의라는 것을 처음으로 깨닫게 해준 일이 기억난다. 하루 종일 책만 읽으며 지낼 수도 있을 정도로 나는 언제나 독서를 좋아했다. 어릴 적 부모님은 우리가 텔레비전 앞에 죽치고 앉아 있지 못하게 하려고 우리에게 이런저런 심부름을 시켰다. 하지만 내가 책을 읽고 있을 때는 그냥 내버려두었다. 어느 해 여름, 그러니까 내가 일곱 살이나 여덟 살쯤 되었을 때 나는 아침마다 출근하는 아버지를 따라 나가 아버지의 사무실에서 몇 블록 떨어진 도서관에 처박혀 책을 읽었다.

나는 무료로 책을 빌려볼 수 있다는 사실에 무척 놀랐다. 그것은 마치 사기 같았다. 그 어린 나이에도 나는 사기라면 사족을 못 쓰고 좋아했다. 나는 사서들과 안면을 익혔고 내가 독서광이라는 걸 확실히 보여주려 노력했다. 그러면 사서들이 내게는 열 권이라는 대출 제한을 없애줄 거라고 생각했다. 사서들은 그럴 수 없다고 말했다. 나는 형제들과 부모님의 대출카드를 훔쳐 보란 듯이 수십 권씩 대출을 신청했다. 속임수가 먹히는 게 즐거운 나머지 나는 독서보다 책을 더 많이 대출하는 일에 열중했다. 책을 돌려줄 마음은 아예 없었다. 그건 누가 봐도 비생산적인 일이었다. 나는 대출한 책을 방 한구석에 차곡차곡 쌓아놓았다. 책은 순진한 사서들을 골려주려는 내 음모의 성공적인 전리품이었고 도서대출 사기는 도무지 멈출 수 없는 지경에 이르고 말았다.

한 달쯤 지났을까? 나와 형제들 그리고 부모님의 이름이 적힌 몇 통의 우편물이 한꺼번에 도착했다. 도서관에서 보낸 그 우편물은 가족 모두가 연체자이고 빠른 속도로 벌금이 늘고 있음을 경고하고 있었다. 내가 범인이라는 사실은 금세 탄로 났다. 나는 도서관이 강제 규정을 정해두고 있다는 사실을 알지 못했던 것이다.

부모님은 화를 내지 않았다. 그저 지나친 독서열 때문에 욕심이 과했다고 생각하는 것 같았다. 부모님은 내가 돈을 마련하려면 집안일을 거들어야 할 거라며 모호하게 말꼬리를 흐렸다. 나는 설거지를 백 번 하면 한 번에 50센트를 쳐주겠다는 말에 영 마음이 내키지 않았다. 따지고 보니 명백한 착오로 발생한 일 때문에 설거지를 하는 것이 정당해 보이지도 않았다(처음에 내가 생각한 게임의 법칙이 알고 보니 다른 것이었으니 명백한 착오일 수밖에). 음모의 결과가 그러면 안 된다. 나는 한 가지 일을 더 해보기로 작정하고 아버지에게 물었다.

"그냥 수표를 써주면 안 돼요?"

전에 아버지가 수표를 쓰는 걸 본 적이 있기 때문이다. 나는 돈이 뭔지 알았고 필요할 때는 신기하게도 현금 사용을 유예해줄 수표를 대신 사용할 수 있다고 생각했다. 아버지는 이렇게 설명했다.

"수표도 여전히 네 돈이 나가는 거야. 당장 네 주머니에서 나가는 것은 아니지만 은행이 네 대신 갖고 있던 돈이 나가지."

나는 완전히 멍해졌다. 일곱 살짜리 뇌로는 설거지를 할 때마다 1달러를 달라고 협상하는 것 말고 다른 방법은 생각해낼 수 없었다. 이것이 정의가 작동하는 방식이었다. 규칙이 있으면 결과도 있고, 규칙을 어기면 결과를 감수해야 한다는 것.

내가 책 대출 사건이 정의에 대한 첫 경험이라고 하는 데는 그럴 만한 이유가 있다. 그 전에도 나는 처벌을 받은 적이 있지만 거기에는 내가 이해할 수 없는 도덕적 비난이라는 요소가 따라다녔다. 그래서 대개는 어린이가 치러야 하는 예기치 못한 희생이려니 하며 도덕적 비난을 무시했다. 책 대출 사건은 뭔가 새로웠다. 부모님이 내게 화를 내지 않은 것이다. 도덕적 비난이 없었다는 얘기다. 벌금도 제때에 책을 반납하지 않은 행위에 대한 합당한 결과로 보였다. 내가 벌금을 내야 한다면 다른 사람도 벌금을 내야 한다는 의미고 그런 구조라면 책은 더 빨리 순환될 것이다. 이것은 베스트셀러나 읽고 싶은 책을 더 빨리 빌려볼 수 있다는 의미다. 이런 식의 정의는 도덕적 비난과 달리 납득하기가 쉬웠다.

정의의 또 다른 면을 이해하고 나자 나는 정의가 마음에 들었다. 좋은 일을 하면 보상을 받는다니! 모르몬 교리에도 이런 구절이 있다.

"이 세상이 창조되기 전 천국에서 선포한 불변의 율법이 있나니 하늘의 모든 은총은 그 법 위에서 시작된다. 우리가 신의 은총을 받으려면 그 율법에 순종해야 하며 우리는 율법에 예정된 축복을 받을 것이다."

회의론자들은 이 구절의 객관적인 진실성을 의심할지 모르지만 부모님을 비롯해 주위 사람 모두가 진실이라고 믿는다면, 착한 일에 대해 정당한 보상을 구하는 '정의의 카드 게임'은 식은 죽 먹기보다 쉽다.

이 믿음이 우리의 가정생활에 미친 영향은 아무리 과장해도 지나치지 않다. 우리 가족 안에서 긍정적인 정의는 대개 돈을 넣으면 어김없이 구슬 껌이 나오는 구슬 껌 기계처럼 일관성 있게 작동했다. 나는 내가 한 일에 대비해 가장 큰 보상을 얻어내는 절묘한 비율을 발견했고, 지루함에도 굴하지 않고 꾸준히 그 비율에 맞는 행동을 하는 데 열중했다. 본래 하나를 보면 다른 것은 못 보던 형제들과 달리 나는 냉철하게 비용 효율적인 결정을 내리고 돈이 되는 일을 찾아냈다. 일례로 짐은 음악적 재능이 가장 뛰어났지만 피아노 연습을 싫어했다. 짐에게 연습을 독려하기 위해 어머니는 배운 곡을 처음부터 끝까지 연주할 때마다 5센트씩 상금을 주었다. 나는 태생적으로 음악을 좋아하지 않았지만 손가락으로는 기계적으로 건반을 두드리고 머릿속으로는 돈을 어떻게 쓸지 궁리하면서 피아노 앞에 몇 시간씩 앉아 있곤 했다.

모르몬교는 자비의 종교다. 매년 봄과 가을이면 우리 가족은 텔레비전 앞에 둘러앉아 위성으로 중계방송하는 예수그리스도 후기성도교회 총회를 시청했다. 일 년에 두 번 열리는 그 총회에는 교회의 지도부가 선정한 강연자가 등장한다. 내가 가장 좋아한 강연자는 지금 교회의 회장인 토머스 몬슨이었다. 그는 종종 과부와 고아 그리고 신의 따사로운 자비에 대해 재미있는 이야기를 들려주었다. 내 귀에 들린 그의 메시지는 분명했다. 신은 과부와 고아를 사랑한다. 그리고 나도.

그렇다면 죄인은? 모르몬교 안에서 죄인은 대단한 문제가 아니다. 모든 사람은 죄인이기 때문이다. 실제로 모르몬교도는 '이 세상에 사는 동안 우리가 그 어떤 시련과 유혹을 받을지라도'라는 모호한 구절을 들먹이며 죄에 대해 이야기를 나눈다. 또한 교회에서 설교 중에 이 구절이 나오면 좌우를 둘러보며 야비하고 폭력적인 사건으로 가득 찬 사람들의 이중생활을 상상한다. 나는 내가 한 번도 죄의 표준 범위를 벗어났다고 생각하지 않았다. 지금도 마찬가지다.

완벽한 사람은 없으므로 누구나 실수를 한다. 자비가 필요한 것도 이 때문이다. 문제는 똑같은 실수를 반복하는 데 있다. 나는 그러지 않는다. 물론 끊임없이 사람들을 조종하고 '파괴하며' 짓밟는 것은 '대접받고 싶은 대로 남을 대접하라'는 교리를 위반하는 것이라고 말하는 사람도 있을 것이다. 하지만 중요한 것은 누군가가 나를 파괴하든 말든 나는 신경 쓰지 않는다는 점이다. 내 생각에 그것은 그저 비즈니스일 뿐 개인적인 원한으로 삼을 일이 아니다.

우리는 모두 힘을 얻기 위해 경쟁한다. 내가 샌드위치를 파는데 길 건너에 누군가가 샌드위치 가게를 열었다고 분개해야 할까? 불쾌할 수는 있지만 나는 그걸 사적인 감정으로 받아치지 않는다. 나는 추호도 그런 사람을 미워하지 않는다. 병이라도 걸리길 바랄 수도 있지만 악의를 품고 그러는 것은 아니다. 그들은 내 게임에 참여한 선수고 타인을 지배하는 것은 내가 내 자존감을 얼마나 입증하느냐의 문제다. 타인을 지배하려는 것 자체가 상대에게 힘과 존엄성과 자주성을 박탈하려는 속셈이 아니냐고? 나는 이 문제를 도덕적 사안으로 보지 않는다. 왜냐하면 상대에게도 선택권이 있기 때문이다. 내 지배에 복종할 것이냐 아니면 결과에 개념치 않고 정면으로 맞설 것이냐는 그들의 손에 달려 있다. 신의 생각도 나와 같을 수 있다. 어쩌면 신도 이러한 자신의 생각을 밝히려고 가끔 아이들을 죽이는 건지 모른다.

모르몬교도 소시오패스

모르몬교의 교리 중 나를 가장 곤란하게 하는 것은 '하나님의 뜻대로 하는 근심'이라는 개념이다. 성경은 하나님의 뜻대로 하는 근심과 세상 근심을 구별한다. 어릴 때 내가 배운 바로는 세상 근심은 죄를 짓고 들켰을 때 느끼는 슬픔이고, 하나님의 뜻대로 하는 근심은 잘못된 길로 들어섰을 때 느끼는 회한을 의미한다. 하나님의 뜻대로 하는 근심은 미래의 행동을 바꿀 수 있다.

"보라 하나님의 뜻대로 하게 된 이 근심이 너희를 얼마나 조심하게 하는지."

하나님의 뜻대로 하는 근심은 회개의 전조와도 같으며 당연히 신의 은총을 불러낼 열쇠다. 내 고민은 하나님의 뜻대로 하는 근심이란 걸 느껴본 적이 없다는 데 있다. 그래도 나는 나쁜 짓을 할 때 영혼에 미칠 결과와 나쁜 업보로 쌓일 가능성을 염려한다. 이는 불법주차를 해놓고 주차위반 스티커를 발부받거나 견인될까 봐 불안해하는 것과 다르지 않다. 그럼 충분하지 않을까?

종교는 여러모로 내 괴팍한 행동을 설명해주는 편리한 도구이자 소시오패스적 특징을 숨겨줄 훌륭한 보호막이다. 나는 이제 눈에 띄지 않는 데 익숙하다. 물론 나는 부도덕한 것을 비판해 선량한 사람으로 보일 수 있다. 또한 나는 반사회적으로 행동할 수도 있다. 설령 내가 교회라는 공동체 밖의 사람들을 불쾌하게 만들어도 나를 대신해 내 종교가 비난받을 것이기 때문이다. 나는 모르몬교도들 틈에 쉬어 노부가 신의 사녀니 다양성을 용인하라는 명령과 교인들의 순진함을 기회로 이용했다.

우리는 과거의 사람들, 현재의 사람들 그리고 아직 오지 않은 미래의 사람들을 생각합니다. 영생을 얻은 존재로서 말입니다. 이들의 구원은 우리가 이뤄야 할 사명이고 이 일을 위해 우리는 신의 사랑만큼 깊고 무한하게 사랑을 펼쳐야 합니다. 지금도, 앞으로도 우리는 영원히 우리 자신에게 헌신해야 합니다(1907년 총회의 연설문 중 — 옮긴이).

솔트레이크 시티(모르몬교의 본부가 있는 곳 — 옮긴이)가 세계적으로 사기의 중심지가 된 데는 한 가지 이유가 있다. 모르몬교도는 대개 모든 이의 장점만 보려고 노력하기 때문이다. 비록 단점이 더 많더라도 말이다.

고등학교를 졸업하고 나는 브리검영 대학(모르몬교 재단이 소유한 대학 — 옮긴이)에 입학했다. 그 대학의 학생들은 평범한 모르몬교도보다 훨씬 더 남을 잘 믿었다. 그건 내게 음모를 꾀할 기회가 무수했다는 의미이기도 하다. 나는 유실물 보관소에서 물건을 훔치기 시작했다. 신입생용 생물학 교과서 같은 흔한 책을 잃어버렸다고 말하고 보관소 위층 서가에서 책을 한 권 꺼내다 서점에 팔았다. 며칠째 같은 자리에 세워둔 자물쇠 없는 자전거를 유심히 지켜보기도 했다. 그런 자전거는 사라져도 아무도 모를 테니 가져가면 그만이었다. 줍는 사람이 임자 아닌가?

나는 반사회적인 사람이 되려고 그런 일을 한 것이 아니다(지금도 그 행동을 반사회적이라고 생각하지 않는다). 그렇게 해도 세상은 여전히 잘 돌아가고 있다는 생각이 들어서 그랬을 뿐이다. 유타 주에서는 사람들이 어찌나 서로 조심을 하는지 골치가 아플 지경이었다. 그곳은 정말 비능률적인 도시였다. 교차로마다 거의 모든 운전자가 주춤주춤 하느라 도로는 마비되기 일쑤였다. 도로 규칙이란 것이 본래 정지 신호 앞에서 먼저 멈춘 차들은 신호가 바뀌면 가장 먼저 출발해야 한다. 하지만 사람들은 이 규칙을 제대로 따르지 않고 마치 매번 새롭게 고민해야 하는 무슨 도덕적인 문제인 양 서로를 대했다. 교차로에서 운전자들이 서로 먼저 가라며 양보의 수신호를 보내는 걸 보면서 분노를 억누를 때마다, 나는 뭔가가 저들의 머릿속을 관통하지 않았다면 저럴 수 없을 거라고 생

나, 소시오패스

각했다. 그들은 혹시 이런 생각을 하는 걸까?

'내가 어쩌다 맨 앞에 섰지만 저 사람에게 더 다급한 사정이 있는지도 모르잖아? 내게 우선통행권이 있다고 해서 그걸 반드시 행사해야 하는 것도 아니고 말이야.'

그 결과는 교차로에서의 지긋지긋한 정체였다. 예측 가능성이 신성함의 제물이 된 탓이다. 사람들은 어리석을 정도로 서로에게 '착한' 사람으로 보이려 애썼다. 어찌나 억지스럽던지. 내 생각에 그것은 신을 닮은 모습이 아니었다. 신도 아무 이유 없이 이익을 포기하진 않을 테니 말이다. 신도 자신의 힘을 키우려고 하지 않을까? 바로 나처럼.

유타 주의 모든 것이 나를 작동 불능 상태로 만들었다. 한편으로 생각하면 유타 사람들은 지금까지 내가 만난 사람들 중 가장 상냥하고 다정했다. 어느 학기에 나는 신약성서 강의를 들었다(브리검영 대학의 모든 학생은 졸업할 때까지 종교학에서 14학점을 이수해야 한다). 강의 중에 교수가 난데없이 "내가 갑자기 자네에게 이렇게 한다면 어쩔 텐가?"라고 물으며 한 학생의 뺨을 거의 칠 뻔하게 손을 휘둘렀다. 그 학생은 누가 시키지도 않았는데 무의식적으로 얼굴을 옆으로 돌리고는 반대쪽 뺨도 치라고 말했다. 나는 충격을 받았다. 그냥 성경의 한 구절이려니 생각했는데 그걸 그렇게까지 실천하다니! 문득 내 목표물들도 저 학생과 똑같은 사람이었나 하는 생각이 들었다. 내가 책을 훔치자 반대쪽 뺨을 대면서 자전거도 가져가라고 했던 걸까? 그들은 희생자로 세뇌당한 것일까? 그럼 나는 악마였단 말인가? 아니면 우리는 그저 어떤 균형을 맞추기 위해 서로 반대편에 있는 사람들인가?

모르몬 성경은 모든 것에는 반대편이 있게 마련이라고 가르친다. 정직함이 없으면 사악함도 없고, 거룩함이 없으면 궁핍함도 없고, 선이 없으면 악도 없고, '그것'이 없다면 신도 없다. 모르몬교에서 가장 큰 반대편인 '그것'은 사탄이 된 천사 루시퍼다. 그 배경에는 흥미롭고 자세한 이야기가 있다. 영계에서 성령의 아이로 태어난 루시퍼는 우리와 영적인 형제이며 하늘에서 가장 빛나는 별 중 하나였다. 그러다 반란을 일으켰고 우리에게는 없어서는 안 될 '반대편'이 되었다. 신에게 이것은 굉장한 사건이었다. 신의 계획에는 악당이 필요했으니까.

'인간은 스스로 구원에 이르지 못하므로 반드시 이쪽 아니면 저쪽의 꾐에 넘어가야 한다.'

그렇다면 루시퍼는 뭐냐고? 주일학교에서 처음 루시퍼의 이야기를 들었을 때 나는 신의 계획에서 루시퍼는 너무 편리한 '봉'이라고 생각했다. 신이 루시퍼를 꼬드겨 반란을 일으키게 했을까? 둘 사이에 모종의 거래를 한 것은 아닐까? 아니면 신이 자신의 목적을 위해 애초부터 특별하게 루시퍼를 창조한 것은 아닐까?

모르몬 성경은 이렇게 기록하고 있다.

'신이 있었으니 그가 모든 것을 창조하셨고, 행하거나 행함을 받는 모든 것을 만드셨느니라.'

그렇다면 루시퍼는 행함을 받는 것이 아니라 행하는 것으로 창조되었을까? 혹시 나도?

나는 브리검영 대학의 매점에서 물건을 훔치기 위해 제법 정교하게 계략을 짜기 시작했다. 친구 하나가 편의점에서 점심시간에 '런치백' 행사를 하느라 너무 바쁜 나머지 한심할 정도로 감시가 허술하다는 사실을 알려주었다. 한 학기였는지, 두 학기였는지 모르지만 아무튼 그 행사를 하는 동안 나는 돈으로 치면 천 달러 가량의 물건을 훔쳤다. 처음에는 내가 쓰거나 어릴 때 도서관의 책을 집에 쌓아둔 것처럼 훔친 물건을 차곡차곡 쌓아놓았다. 그러다 결국 아무도 눈치 채지 못하게 인심 쓰는 척하며 물건을 나눠주었다. 돈을 바라고 그런 것도 아니었고(나는 전학년 장학생이었다), 나쁜 짓을 한다는 스릴 때문도 아니었다. 내가 한 짓이 죄라는 생각은 아예 하지도 않았다. 발각될 불안감에 흥분을 느껴서도 아니었다. 발각되리라는 생각을 해본 적도 없었다.

당시에는 전혀 몰랐지만 이제 와 생각해보니 모든 것이 죄다 브리검영 대학 학생들의 선량함 때문이었다. 그들의 선량함이 내게 빈자리를 만들어주었고 나는 그 자리에 빨려 들어간 것이다. 우리 모두가 속한 먹이사슬에서 그들은 이미 아랫부분을 자기 자리로, 즉 행함을 받는 자가 되기로 결정한 듯했다. 남아 있는 유일한 자리는 맨 윗부분, 다시 말해 행하는 자리였다. 나는 그 행동이 옳은지 그른지 한 번도 따지지 않았다. 먹이를 사냥하면서 도덕성을 따지지 않는 상어처럼 말이다. 먹이사슬이라는 힘의 역학을 창조한 사람은 내가 아니라 신이다. 그리고 나는 맨 윗자리에 앉혀달라고 부탁한 적이 없다. 그냥 맨 윗자리에 앉게끔 만들어졌을 뿐이다.

부정할 수 없는 사실은 보통 사람이 말하는 양심이나 뉘우침이 내게는 없다는 점이다. 만약 도덕성이라는 개념이 옳고 그름에 대한 감정 긱 이해다민, 그깃은 내가 녹하시 잃은 특싱 십난 안에서나 봉아는 은밀한 농담처럼 내게는 별로 의미가 없다. 나는 그런 농담 같은 도덕성에도 그저 실오라기 같은 관심만 있을 뿐이며, 악에 대해 특별한 통찰도 없고 자기 인식도 지극히 평범한 수준에 지나지 않는다.

여전히 나는 옳고 그름을 느끼는 삶이 어떨지, 도덕성의 정북쪽을 알려주는 내면의 나침반이 있는 삶은 어떨지 궁금하다. 무언가에 대해 늘 특정 방식으로 '느끼는' 삶은 어떨까? 양심의 가책을 느끼는 삶은 어떨까? 분명 수많은 사람이 세상을 그렇게 살아가는 것 같은데 말이다.

반사회적인 것은 범죄인가?

시카고 대학의 신경생리학자 장 데세티는 사회적 인지와 공감 전문가로, 우리가 처음에는 도덕적 자각을 감정적으로 인식한다는 사실을 규명했다. 특히 어린아이의 경우 불공평하고 해로운 사회적 상황에 대해 극도로 부정적인 감정을 느끼지만, 그 감정의 도덕적 판단은 성인이 되면서 '뇌의 배외측 전전두엽피질과 복내측 전전두엽피질'에 따른 순화로 결과와 행동의 관계 그리고 그 가치를 고려하게 된다. 따라서 아이들은 모든 나쁜 행동을 악의적으로 보는 반면, 어른들은 동일한 행위에도 도덕이라는 논리를 들이대며 우발적 사건으로 인정하거나 무시해버린다. 그뿐 아니라 악의성의 수준에서 미묘한 차이를 찾아낸다.

데세티는 소시오패스와 반사회적 인격 장애가 있는 사람들이 부도덕한 행위를 보고도 불쾌감이나 혐오감 같은 부정적 감정을 느끼지 않는 까닭을 밝히기 위해 신경학적 메커니즘을 연구하고 있다. 이러한 감정적 자극을 아예 느끼지 못하든 아니면 공감 능력이 뒤떨어지든 소시오패스가 도덕심에 비교적 둔하다는 데는 나도 동의한다. 나 역시 잘못을 저질렀을 때 걱정은 되지만 도덕적 분노 같은 극단적 감정을 느끼지 못하기 때문이다. 이를테면 자기 자식을 사랑하고 보살피는 행위나 다가오는 포식자의 소리를 감지해 겁먹고 도망가는 행위처럼 우리에게 유리한 활동을 보강하기 위한 감정적 반응은 진화의 산물이다. 내가 도덕적인 사람으로 보이려면 어떻게 해야 하는지 직감적으로 아는 것도 어쩌면 진화로 얻은 이점일지도 모른다. 반면 감정에 근거한 도덕적 판단은 서로에게 정말로 끔찍한 일을 저지른 사람들에게 면죄부를 줄 수도 있다. 사형이나 부정한 여인 살해 같은 일을 저지르면서 '도덕'이라는 이름으로 정당화하는 것처럼 말이다.

나는 도덕성을 감정적으로 인식하지 않는 나 같은 소시오패스도 언제든 마음만 먹으면 더 이성적이고 관대한 사람이 될 수 있다고 생각한다. 순수이성에 입각해 공평하게 하나만 짚고 넘어가자. 소위 정신적으로 건강한 대중도 종교가 만들어낸 집단 광기에 빠지면 그 어떤 소시오패스가 야기한 것보다 더 사악한 위험과 대량 학살을 유발한다(비록 나도 집단 광기의 핵심 우두머리 중에 소시오패스가 있어서 명령을 수행하도록 대중을 채찍질했다고 생각하지만 말이다). 한나 아렌트도 《예루살렘의 아이히만: 악의 평범성에 대한 보고서》에서 이 개념을 논하고 있다. 나는 이 책을 읽고, 20세기 초반 50년 동안 벌어진 참사의 대부분은 나 같은 소시오패스가 저지른 것이 아니라 감정만 건드려주면 장단에 맞춰 춤을 춰주던 공감을 잘하는 사람들이 저지른 것이라는 결론을 내렸다.

마찬가지로 죄책감이 도덕적 행동의 필수조건이라는 주장은 무신론과 도덕적 무관심을 동급으로 취급하는 것처럼 명백한 거짓이며 모욕적인 주장이다. 이미 내정된 찜찜하인 보믹의 나침반 덕분에 사람들이 좋은 일을 하고 또 나쁜 일을 멀리할 수 있는 거라지만, 사람들이 좋은 일을 하고자 하는 데는 도덕성 말고도 다른 이유가 분명 존재한다. 내가 보기에는 차라리 법을 지키기 위해 도덕적인 행동을 한다는 말이 더 타당하다. 누구나 교도소에 갇히기는 싫지 않은가. 다른 사람을 다치게 하거나 상처를 입히지 않기 위해 도덕적 행동을 한다는 말도 논리적이다. 모두가 해로운 행동을 일삼는 사회라면 필연적으로 내게도 그 해가 미치니 말이다. 우리가 반드시 도덕적 선택을 해야 한다는 데 합법적이고 논리적인 이유가 있을 경우, 전적으로 직관에만 의지하지 않고도 옳은 일을 선택할 수 있어야 한다. 우리의 도덕적 선택에 합리적인 이유가 없다면 뭣 하러 끊임없이 그런 선택을 내려야 할까?

소시오패스가 좋은 일을 하고자 하는 도덕적 충동을 품고 있을 리는 없겠지만, 자기 이익을 추구하기 위해서는 도덕적으로 행동할 수 있다고 생각한다. 기업들도 이와 유사하다. 세상에는 당신이 좋아하는 일을 하는 기업이 굉장히 많다. 심지어 백신이나 전기자동차 생산처럼 선한 일을 하는 기업도 있다. 설령 그들의 주된 동기가 이윤일지라도 그건 사람들에게 도움을 주는 일이다. 또한 이윤 추구가 반드시 좋아하는 일이나 잘하는 일, 자신의 세계관과 맞는 일, 세상이 원하는 일이 아니라는 법도 없다. 사실은 도덕적으로 올바르게 행동하면서 오히려 순조롭게 이윤을 추구할 수도 있다. 사회는 우리가 서로를 올바르게 대할 때 더 훌륭하게 작동한다. 그리고 사회가 순조롭게 작동할 때 개개인도 더 이롭다.

형법에는 범죄로 인정하는 두 가지의 죄가 있는데, 그것은 '죄 그 자체'와 '금지를 범한 죄'다. 전자는 그 자체로 그릇된 행위를 말하며 살인, 절도, 강간 같은 범죄가 여기에 해당한다. 후자는 본질적으로 부당한 행동은 아니지만 가령 정해진 차선을 벗어난 역주행, 통행금지 위반, 무면허 주류 판매 같이 공익이나 최선의 치안 또는 공공복지를 위해 사회가 금지한 행위를 일컫는다. '죄 그 자체'를 규제하는 법은 대개 고정적인 반면 '금지를 범한 죄'를 규제하는 법은 어쩔 수 없이 가변적이다. 상황이 변하면 금지나 단속 대상도 달라지기 때문이다.

이 두 가지 죄의 범주는 구분하기 어려운 경우가 많다. 대표적으로

디지털 미디어 저작권물의 불법 복제에 관한 수많은 논쟁이 있다. 제작사 입장에서는 복제를 본질적으로 악의적인 절도로 인정하려는 반면 청소년과 법학자는 '복제는 단순히 경제 규제의 일환으로 국가가 정한 법을 위반한 것'이라고 주장한다.

나만의 우주 안에 '죄 그 자체'라고 여길 만한 것은 거의 없다. 나는 본질적으로 악의적인 행동은 하지 않았다고 생각한다. 다만 나쁜 행동이라는 이유로 하고 싶은 행동을 억지로 자제하지 않을 뿐이다. 그래도 달갑지 않은 결과가 일어날 것 같은 행동은 하지 않는다. 악의라는 말도 내게는 그다지 의미가 없고 궁금하지도 않다. '악'이라는 말은 그저 내가 느끼지 못하는 '부정(不正)'이라는 감정을 설명하는 단어일 뿐이다.

나는 평등주의나 공정함 따위에 아무런 기대도 하지 않는다. 마찬가지로 악이나 절망이 존재한다고 해도 실망스럽지 않다. 나는 빈곤의 신호, 이를테면 걸인이나 굶주린 고아 또는 구호를 바라는 빈민가 사람들을 봐도 마음이 흔들리지 않는다(즉흥적일망정 종종 기부는 한다). 나는 불공평에도 분개하지 않는다. 죽음을 받아들이는 것처럼 불공평도 받아들이는 편이다. 대다수 사람이 자선 행위를 하고 느끼는 우쭐한 감정도 나는 느끼지 않는다. 세상 일이 올바르게 돌아가디다는 기내도 없다. 심지어 '옳다'는 것을 믿지 않는다. 모든 것은 단순히 그 자체일 뿐이고 그 자체라야 당연히 아름다울 수 있다.

부당함은 알아채기 쉽고 불공평이 그렇지 못한 까닭은 둘 사이에 미묘한 차이가 있기 때문이다. 모든 삶에는 엄청난 행운이 존재하며 그 나름대로의 배경도 있으므로 똑같은 행동을 했다고 같은 결과를 기대해서는 안 된다. 반면 부당함은 저울을 일부러 꾹 눌러 의도적으로 특정 결과가 나오도록 특권을 행사한다. 어떤 일의 자연스러운 과정을 방해하는 의도적인 간섭이 바로 부당함이다. 나는 위험을 마다하지 않고 실제로 위험한 일에서 짜릿함을 느끼지만, 부당하게 조작된 게임을 할 마음은 없다. 만에 하나 내 삶이 조작된 것이라면 내가 무슨 짓을 저지를지 나도 모른다. 자살을 하거나 다른 사람을 죽일 수도 있다. 오로지 나는 다른 사람보다 잘할 수 있거나 혹은 충분한 이익이 보장되기 때문에 게임을 할 뿐이다.

반사회적 태도가 하나의 정신질환이라는 사실은 프랑스의 인도주의자이자 정신의학의 아버지인 필립 피넬이 2백 년도 훨씬 전인 1806년에 쓴 논문 〈정신 이상에 관한 논문: 공개적으로 알려진 것보다 광적인 장애의 새롭고 실용적인 분류학적 원리들〉에서 처음 등장했다. 피넬은 친구 하나가 정신적 고통으로 힘들어하다 자살한 후 심리학에 관심을 기울이기 시작했다. 그는 오랜 관찰과 대화를 바탕으로 정신병 환자들에 대한 '도덕적 처우'를 대중화한 인물이다.

논문에서 피넬은 정신착란을 세 가지 범주로 구분했다. 첫 번째 범주는 울병(조울병의 한 형태로 이유 없이 슬픔을 느끼거나 의욕상실, 무기력, 죄책감, 망상 등의 증상이 나타남 — 옮긴이) 또는 섬망(의식이 흐려 착각을 일으키거나 생생한 환각, 초조함, 떨림 등이 자주 나타나는 증상 — 옮긴이), 두 번째 범주는 섬망이 있는 조병(기분이 들떠 흥분한 상태가 일주일 이상 지속되는 상태 — 옮긴이) 그리고 마지막은 섬망이 없는 조병이다.

마지막 범주에 속한 사람들은 충동적, 폭력적, 파괴적인 특징이 있고 도덕관념이 없긴 하지만 유능하고 이성적인 경우가 많다. 피넬은 섬망 없이 조병을 앓는 환자의 경우 정신 기능의 극히 일부만 정상적으로 작동하지 않을 뿐 나머지 부분, 특히 지능과 관련된 부분은 아무런 이상이 없다고 주장했다. 그는 이렇게 설명한다.

"세 번째 범주의 상태는 영구히 지속될 수도 있고 일시적일 수도 있다. 이해 능력 변화는 감지할 수 없지만 폭력적인 행동에 대한 맹목적인 경향과 함께 추상적이고 살벌한 분노가 두드러져 유효한 능력도 왜곡된다."

피넬은 조병이 지능에 전혀 영향을 미치지 않을 수도 있다는 데 놀라움을 금치 못했다. 이는 당시에 널리 받아들여진 존 로크의 주장과 정반대되는 개념이었다. 1960년 존 로크는 《인간오성론》에서 광기는 주로 정신적인 추론 능력 결핍이나 교란으로 인해 발생한다고 주장했다. 그는 생각하는 능력이 없는 사람은 사회에서 제 역할을 수행할 수 없다고 믿었다. 다시 말해 온전한 정신의 열쇠는 이성의 작용이며 그것이 없으면 정신착란이나 조병이 발생한다는 것이다. 그런데 피넬은 종류가 다른 광기 혹은 정신적 결핍(도덕성 결핍)도 존재한다는 사실을 발견했다.

1863년 영국의 심리학자 제임스 콜스 프리처드는 '도덕적 광기'라는 말로 나 같은 사람을 설명했는데, 그의 문구 하나가 내 마음에 쏙 들었다. 〈광기와 정신에 영향을 미치는 기타 장애들〉이라는 논문에서 프리처드는 피넬의 사례 연구를 인정하며 다음과 같이 기술했다.

"변종 정신착란의 특징 수준에 이른 수많은 사람이 사회에서 격리되지 않고 활개 치며 살아가고 있다. 그들은 유별나고 고집스러우며 괴팍한 성격으로 알려진 사람들이다."

신앙심이 돈독한 프리처드는 정신적 질병이 정신뿐 아니라 영혼까지도 병들게 할 수 있다는 사실, 도덕적 타락은 질병이라 의학적으로 분류할 수 있으며 임상학적으로 치료할 수 있다는 사실을 인정하기 힘들어했다. 최초는 아니겠지만 프리처드는 소시오패스를 맹렬히 비판한 사람 중 하나였을 것이다. 정신 기능을 완전히 통제하는 사람이 올바르게 살 수도 없고 살지도 못한다는 개념은 그를 불쾌하게 만들었다. 그때까지 그는 합리적인 사람이 도덕적인 사람이라고 생각했다. 피넬과 마찬가지로 프리처드는 망상이 반드시 악행의 근원이라 할 수 없고 사악한 행동을 하면서도 어떤 면에서는 완벽히 합리적일 수 있다는 개념에 안절부절못했다.

피넬은 대다수가 경험하는 감정적 도덕성은 소시오패스를 비롯한 그 부류의 사람들이 내리는 논리적이고 도덕적인 의사결정보다 본질적으로 우선한다고 믿었다. 나는 이에 동의하지 않는다. 누구나 의사결정을 할 때는 지름길을 택한다. 의사결정이 필요할 때마다 모든 정보를 모으고 충분히 추론해 결정을 내리기란 불가능한 일이다. 가령 술집에서 싸움이 벌어졌다고 해보자. 어떤 녀석이 당신의 얼굴에 주먹을 날렸다면 그 녀석을 칼로 찌를지 말지 어떻게 결정할 것인가? 공감 능력이 뛰어난 사람이라면 감정적인 지름길을 이용해("이런 놈은 배에 칼을 꽂아야 마땅해"라거나 "저 녀석을 정말 죽인다면 내가 더 괴로울 거야"라는 감정적 논리에 근거해) 행동을 결정할 가능성이 크다. 소시오패스는 공감하지도 않고 할 수도 없으므로 다른 지름길을 택한다.

수많은 소시오패스가 '내 알 바 아니다'나 '내게는 나뿐이야'라는 지름길을 이용한다. 이 지름길로 들어선 소시오패스는 마음속으로 다른 사람의 요구와 필요는 묵살하고 자신을 돌보는 것만이 자기 이익을 확대하는 합리적인 방법이라고 생각한다. 이때 이기적인 충동에 사로잡혀 행동하는 소시오패스도 있겠지만 대부분은 무작정 뛰어들지 않는다. 그랬다가는 교도소 신세를 면치 못하니 말이다.

내 규범은 내가 만든다

극도로 충동적이고 폭력적인 소시오패스를 제외한 많은 소시오패스가 의사결정을 할 때 다각도로 자기성찰과 숙고를 거친다. 교도소에 갇혀 봐야 좋을 게 하나도 없으니 중대한 위법행위는 가능한 한 피하는 게 상책이라 결정하고 내면의 충동을 억제할 수도 있다('교도소의 불편함을 감수할 만큼 저 놈을 죽여 얻는 만족감이 크지 않아'라고 생각할 수도 있다). 내 블로그에 찾아오는 한 소시오패스는 자신이 하는 행동이 대개 위험하고 사악하다는 걸 안다며 이렇게 말했다.

"나는 어떤 이유에서든 넘지 않으려 하는 선이 한두 개 있다."

그렇지만 그 선이 있다고 해서 회계 부정이나 감정적 학대 같이 공감자가 불쾌해할 사소한 위법과 부당행위를 자제할 만큼 양심적인 소시오패스가 되는 것은 아니다.

나를 비롯한 다른 소시오패스들은 좀 더 '원칙적'으로 삶에 접근하며 종교나 윤리적인 신념에 따라 행동한다. 아니면 최소한 자신의 이익이나 입지를 망치지 않는 선에서 행동하려 한다. 우리는 행동 기준을 정하거나 결정을 내릴 때마다 참고할 일종의 규범을 갖고 있다('사람을 죽이지 않기로 했으니 저 녀석을 칼로 찌르지는 않을 것이다'). 블로그 독자인 한 소시오패스의 말처럼 "도덕성은 중요치 않다. 윤리적 규범을 갖는 것이 중요하다."

내가 만든 도덕의 나침반은 나를 위해서는 대부분 잘 작동한다. 지금까지 내 방식은 도덕적으로 행동해야 한다는 대다수의 생각을 벗어나지 않았다. 하지만 소시오패스의 '규범'은 공통적으로 한 집단 안에서 행동을 지배하는 암묵적인 규칙이자 관습이 된 일반적인 사회적 기준을 충분히 고려한 게 아니다. 예를 들어 내가 알고 있는 소시오패스는 마약 딜러로 아내에게 상냥하게 굴 때나 부하들을 가혹하게 대할 때 취하는 자기만의 행동 규범을 마련했다.

마찬가지로 나도 보통은 범죄에 가담하지 않으려 하지만 그렇다고 당신의 속옷 같이 의심스럽고 메스꺼운 물건에서 자전거처럼 유용하고 가치 있는 물건에 이르기까지 무엇이든 내게 필요한 것을 빼앗지 않는다는 의미는 아니다. 다른 사람들도 별반 다르지 않을 것이다. 내 경험 그리고 다른 소시오패스들과의 대화에 따르면 이처럼 순수한 편의주의와 좀 더 실용적인 공리주의를 마음대로 뒤섞는 일은 결코 드물지 않다. 한 블로그 방문자는 이렇게 적었다.

나는 '지적인' 소시오패스다. 마약도 하지 않고 범죄에 연루된 적도 없으며 사람들에게 상처를 준 일도 없다. 인간관계에도 별로 문제가 없다. 물론 공감 능력은 전혀 없지만 나는 그게 오히려 장점이라고 생각한다. 내가 옳고 그름의 차이를 알까? 착한 사람이 되고 싶을까? 물론이다. 식초보다는 꿀로 더 많은 파리를 낚는 법이다. 평화롭고 질서정연한 세상에서 사는 게 나도 훨씬 편안하다. 그렇다고 법을 위반하지 않는 이유가 그것이 '옳기' 때문일까? 아니다. 법을 위반하지 않는 이유는 이치에 맞아서다. 내게 좋아하는 일을 하면서 돈을 많이 버는 능력이 없었다면, 범죄를 저질러 돈을 벌려고 했을지도 모른다. 단언컨대 나는 범죄를 저질렀어도 틀림없이 대박을 터뜨렸을 것이다. 사람들에게 못된 짓을 하면 그대로 돌아온다. 기독교인은 아니지만 '대접받고 싶은 대로 남을 대접하라'는 말은 진리다.

그런데 대부분의 사람들이 도덕적으로 옳다고 여기는 것이 매번 효율적인 것은 아니다. 로펌에서 해고되고 나서 얼마 후, 나는 다른 도시에서 나를 만나러 온 친구와 바닷가로 나가려고 이웃집 자전거를 슬쩍했다. 자전거는 자물쇠 없이 지하의 공용 주차장에 세워져 있었다. 먼지도 수북하고 타이어에 바람도 빠져 있었지만 가져다 쓰라는 듯 마침 그 자리에 있었다. 나는 내 이웃이 자전거가 사라진 걸 눈치 채지 못하리라고 판단했다. 효율 지향적인 내 자아는 이웃에게 자전거를 이용해도 좋으냐고 허락을 구할 경우 어떤 거래가 될지 상상했다. 내가 상황이 이만저만하다고 설명하면 이웃은 어떤 위험이나 손해도 내가 책임진다는 조건으로 자전거를 빌려줄 것이다. 나는 한 번 타고 나면 전체적으로 기름칠을 해주는 것과 같아 자전거 성능이 좋아진다고 너스레를 떨겠지. 자전거는 타라고 있는 거다, 자전거를 필요로 하는 사람이 있는데도 주차장에 처박아두는 것은 사회적으로도 낭비, 원한다면 대여료를 주겠다고 하면서 말이다. 물론 여기까지는 나 혼자 생각이다.

실제로 나는 자전거 주인과 이런 거래 따위는 하지 않았다. 그녀가 나와 사고방식이 다를 경우 그건 내게 불편하고 위험을 감수해야 하는 일이다. 내 생각엔 사람들은 매우 비이성적이며 효율적인 결정을 내디디다고 모징힐 수도 없다. 자신게 구인니 낯신 사림에 내해 비이싱찍인 공포심이 있어서 거절할지 누가 알겠는가? 우리가 처한 정보 불균형의 상황 때문에 자전거 주인이 왜곡된 시각으로 의사결정을 할 수도 있다. 나는 자전거를 훔칠 생각이 없고 그냥 몇 시간만 쓴 뒤 가져갈 때보다 좋은 상태로 돌려놓을 작정이지만, 자전거 주인에게 이런 내 입장을 무슨 수로 납득시킬 것인가? 요즘 사람들은 불신이 깊어도 너무 깊다.

어쩌면 그 주인은 단지 자전거가 자기 것이라는 이유만으로 자전거를 과대평가할지도 모른다. 처음에는 매주 해변으로 타고 나갈 희망에 부풀어 100달러쯤 주고 자전거를 샀을 수도 있다. 이젠 창고 세일에서 아무리 많이 쳐줘도 10달러를 넘지 않을 자전거지만 주인은 마음속으로 100달러라는 투자비용과 안일한 환상에 감정적 뿌리를 두고 자전거 가치를 정할 것이다.

나는 종종 자전거 주인과 그 남편이 분에 넘치는 생활을 한다고 생각했다. 전문직에 종사하는 두 사람은 1980년대 말에 나온 혼다 시빅을 몰고 다니지만 어린 자녀들과 함께 꽤 괜찮은 아파트에서 살고 있다. 그 여자는 가진 게 많지 않아 낡아빠진 자전거처럼 하찮은 물건을 잃어버렸다는 생각만으로도 안절부절못할 타입이었다. 자전거를 어떻게 다뤄야 좋은지는 주인보다 내가 더 잘 알고 있었다. 자전거가 사라진 줄 모르는 것이 그녀에게 상처가 될 리도 없거니와 무엇보다 나는 진심으로 그녀와 성가신 대화를 나누기가 싫었다.

그런데 멀쩡한 상태로 자전거를 되돌려놓은 그날 밤, 나는 현관문을 두드리는 노크소리와 함께 분노에 찬 비난을 들어야 했다. 보아하니 그녀는 집에 돌아와 자전거가 없어진 걸 알고 충격을 받은 모양이었다. 몇 시간 동안 찾아다니다(찾아다녀? 어디로? 몇 시간이나?) 포기했는데 원래 자리에 세워진 자전거를 발견했단다. 남편의 자전거는 그대로 있고 자기 자전거가 사라진 시간 동안 내 자전거도 자리에 없었다는 사실을 눈치 챈 모양이었다. 물은 이미 엎어졌다. 나는 자전거를 내가 썼다고 솔직히 고백했다.

그녀는 내가 아무렇지도 않게 인정하는 것을 보고 깜짝 놀랐다. 더구나 돈을 주려 한 게 오히려 일을 더 어렵게 만들었다. 여자는 경찰을 부르겠다고 으름장을 놓았지만 나는 경찰이 와도 무슨 일을 하겠느냐고 퉁명스럽게 말했다. 원칙적으로 도둑이라고 하려면 내가 그녀의 재산을 영구적으로 강탈하려는 의도가 있었다는 증거가 필요한데, 그런 증거가 없으니 나는 도둑이 아니라고 설명했다. 기껏해야 내가 한 일은 동산(動産)에 대한 불법 침해인데, 해볼 테면 실손해액을 증명해보라고 했다. 여자는 겁에 질린 표정으로 한동안 나를 노려보더니 관리실에 알리겠노라고 협박했다. 공연한 협박이었다. 나는 그렇지 않아도 실업 급여에 맞는 더 싸구려 아파트를 구할 참이었다.

　발각되는 것 따위에는 애초에 신경 쓰지도 않았다. 어쨌거나 그것은 비즈니스를 위해 감수해야 할 비용이니 말이다. 물론 발각되지 않았다면 내가 그 사건을 지금까지 기억할 리 없다. 내 삶을 통틀어 이와 비슷한 일은 일일이 나열하기 힘들 정도로 일상적이었다. 하지만 붙잡히든 말든 전혀 뉘우치는 기색을 보이지 않았으니 그런 나를 보는 다른 사람들은 좀 짜증이 났을 것이다.

　어릴 적에도 나는 눈을 뜨자마자 형제들과 장난을 일삼았는데 그러면 아버지는 우리를 일렬로 세우고 차례차례 허리띠로 때렸다. 그냥 때린 것도 아니고 신체적 협박과 감정적 창피를 고르게 주면서 말이다. 나는 결코 반응하지 않았다. 눈물도 사죄도 없었고 반항하지도 않았다. 왜 때리는 줄을 모르는데 무슨 반응을 보인단 말인가. 아버지가 내 굴복을 원한다는 것을 알고 아버지에게 만족감을 주지 않으려 했던 것도 한가지 이유였다. 내 눈물은 타인을 조종하는 도구였지만 체벌할 때 아버지에게는 그 조종이 통하지 않았기 때문일 수도 있다.

　온 신경을 곤두세우고 보복의 음모를 꾸밀 때마다 내게 돌아오는 것은 냉담한 분노뿐이었다. 나보다 덩치가 큰 오빠가 둘이나 있었지만 나는 가장 가혹하게 매질을 당했고, 내 작은 엉덩이와 넓적다리에는 분노의 허리띠 자국이 선명하게 남았다. 어른이 되어 나는 아버지에게 왜 그렇게 때렸느냐고 물었다. 아버지는 자세한 것까지는 기억나지 않지만, 내가 형제들을 위험하게 만들었고 매를 맞아도 쌀 정도로 못된 짓을 저지른 것만은 분명하다고 말했다. 아마 그랬을지도 모른다. 하지만 아버지가 나를 바꾸려고 택한 처벌 방식은 내게 별로 효과가 없었던 것 같다. 틀림없이 내 무반응이 잘못은 뉘우치지 않는 것으로 보였을 테고 아버지는 더 가혹하게 때려 그런 태도를 꺾어놓고 싶었던 모양이다.

자전거 주인도 자기를 고통스럽게 만든 장본인이 무표정한 얼굴로 동산의 무단 점유에 대한 법조항을 열거하는 걸 보고 아연했을지도 모른다. 나는 그동안 사람들에 대해 터득한 모든 지식을 짜 맞추고 나서야 그녀를 이해할 수 있었다. 여자는 금전적 보상보다 내 사과를, 그녀가 느낀 개인적 모욕감을 보상해줄 어떤 감정적 반응을 기대했던 것이다. 나는 그처럼 실체도 없고 어렴풋한 것을 이해하기가 힘들었다. 그런 것을 느끼지 못해서라기보다 그냥 다른 사람에게서 어렴풋한 것이 언제 튀어나올지 예측하기 어려웠기 때문이다. 그런데 내가 했던 말을 취소하고 사과했을 때도 이웃 여자는 여전히 불만스러운 표정이었다. 아버지가 그랬던 것처럼 그녀도 내가 진심으로 미안해하지 않는다는 걸 감지한 것 같았다. 나는 양심의 가책보다 우위에 있는 하나님의 뜻대로 하는 근심은 전혀 느끼지 못했다. 길을 잃은 게 아니었으니까. 적어도 내 논리상으로는 길을 잃지 않았다. 그럴 만해서 자전거를 가져갔던 것이다.

이런 행동이 무례하게 보일 수도 있겠지만 그렇다고 정말 부도덕한 짓일까? 프리처드가 도덕성에 대해 독특한 기준을 적용했다는 사실을 전제하지 않는다면, 소시오패스가 부도덕하다는 이유로 혐오스러워한 프리처드의 주장은 전반적으로 부당해 보인다. 내가 잠시 이웃의 자전거를 가져간 게 정말 잘못한 일일까? '타인의 사유재산 침해는 부도덕한 일'이라고 생각한다면 내가 잘못한 것일 수 있다. 그러나 법도 이런 일을 언제나 잘못으로 인정하는 건 아니다.

예를 들어 눈보라 속에서 조난을 당했을 경우 손해액을 보상하는 한, 임자가 있는 산장의 문을 부수고 들어가 밤을 보낼 수 있다. 산장의 임자를 만날 수 있었다면 허락을 구했을 것이라는, 소위 긴급 상황에 대한 정당성을 주장하면 법은 그 항변을 인정한다. 심지어 당신이 신장 주인과 서로를 향해 오줌도 누지 않을 만큼 철천지원수라 산장을 빌려주지 않으리란 것을 당신이 확실히 아는 경우에도 이 항변은 먹힌다. 산장 주인이 막무가내로 나올 수도 있지만 법은 산장 주인의 손을 들어주지 않는다. 왜냐하면 법도 산장 주인이 비이성적이라고, 어쩌면 부도덕하다고 여기지 않기 때문이다! 프리처드의 종교적인 렌즈가 아니라 이러한 논리의 렌즈로 바라보면 처박아놓은 자전거를 빌려주지 않았던 자전거 주인의 행동이 적절치 않을 수도 있다. 사회적인 기준에 입각해 내가 부적절하게 행동한 것이 있다면 그것은 아마 최소한의 뉘우침을 보이지 않았다는 것뿐이리라.

계약법에 보면 이른바 '효율적 위반'이라는 개념이 있다. 사람들은 대부분 계약 위반을 본질적으로 약속을 깨는 것이라고 생각해 항상 '나쁘다'고 여긴다. 그런데 계약을 어기는 것을 좋다고 보는 혹은 법학과 경제학 용어로 '효율적'이라고 여기는 경우도 있다. '효율적 위반'이라는 개념은 계약 조건을 이행한 결과가 일방의 계약 불이행에 따른 상대방의 손실보다 경제적으로 더 큰 손실을 낼 때 적용한다. 가령 내가 누군가를 만나는 중이라고 가정해보자. 뭐, 잘하면 그와 결혼할 수도 있다. 그런데 갑자기 둘 중 하나가 다른 누군가를 좋아하게 되면, 실제로는 교제를 끊는 게 서로에게 이로울 것이다. 당신이 나처럼 효율적 위반의 가치를 인정할 경우 파트너가 당신을 배신하고 바람을 피워도 분개하지 않을 수 있다.

효율적 위반에서는 대개 부도덕한 선택이 모두에게 이롭다. 로스쿨에서 효율적 위반이라는 용어를 배우기 훨씬 전부터 나는 이 개념에 입각해서 살았다. 어릴 적 내 자아는 세상의 모든 일을 선택과 결과, 즉 인과관계 측면에서 이해했다. 규칙을 깨고 싶고 그 결과를 기꺼이 감당할 마음이 있으면 나는 주저 없이 실행에 옮겼다.

나는 내가 하는 거의 모든 일 아니, 위험이 크면 클수록 더 자주 이런 식으로 스스로를 부추기는 계산법을 적용한다. 친구의 아버지가 암 진단을 받았을 때 나는 그 친구와 절연했다. 무자비한 짓으로 보이는 그 행동은 실제로도 무자비했다. 그렇다고 내가 친구를 싫어한 것은 아니다. 솔직히 말하자면 그 친구를 아주 많이 좋아했다. 어쩌면 깊이 사랑했는지도 모른다. 하지만 더 이상은 그 친구에게서 훌륭한 조언이나 재미있는 대화 같은 어떠한 이득도 얻지 못하리란 걸 깨달았다. 당시 그 친구는 곁에 있기도 싫을 만큼 끔찍했기 때문이다.

나는 그 친구와 동업을 하느라 과도한 투자를 했고 몇 달 동안 아무런 진전 없이 적자만 내고 있었다. 더는 우리 모두에게 상처를 주지 않는답시고 무작정 동정심과 이타심의 가면을 쓰고 있을 수가 없었다. 기어코 나는 모든 매듭을 끊고 그 친구를 떠났다. 어느 쪽이든 위험은 있었지만 한 가지 방법 말고는 그 위험을 누그러뜨릴 방도가 없었다. 효율적 위반!

나는 그 친구도 내 의견에 동의하리라고 생각했다. 심지어 내가 그 친구의 상처와 고통까지 계산에 넣었다고 해도 말이다. 그 이유만으로도 우정은 대부분 부정적으로 종지부를 찍고 만다. 그런데 우리의 경우 내가 그 친구를 버린 것이 오히려 그 친구에게는 이득이었다. 내 행동이 갈수록 악화되리라는 점을 감안하면 그 친구에게는 분명 이득이다. 나는 이미 친구에게 힘이 되기는커녕 마음마저 차츰 멀어지고 있었다. 그러니까 나는 그 친구를 배려하지 않아서가 아니라 오히려 친구를 많이 배려했기에 떠난 것이다. 실제로 그게 효율적이었다.

친구를 떠난 뒤 처음 두 달 동안은 정말 홀가분했다. 더러 친구가 생각나긴 했어도 그건 지속 불가능한 상황이 끝났다는 데 대한 감사한 마음 때문이었다. 그런데 몇 달 지나자 내 삶에서 그 친구가 차지하던 자리가 비어버린 느낌에 공허감이 찾아왔다. 유감스럽긴 했지만 그 공허감 역시 비용　편익 분석의 일부였다. 그때 나는 설령 내가 어떤 결정을 후회하지 않더라도 상황이란 종종 유감스럽게 흘러가게 마련이란 걸 깨달았다.

가끔은 효율적 위반이 현실에서 부정적인 결과를 초래하기도 한다. 시장에서는 약속을 깨면 신용이 떨어지고 그러면 잠재 고객을 잃는다. 일례로 당신이 이혼을 여러 번 했다면 사람들이 당신을 믿지 않아 당신과는 더 이상 사랑 게임을 하지 않으려 할 것이다. 그러면 곤란하다.

내가 규칙을 지킬 때에 의무를 저버릴 때를 아무리 합리적으로 결정할지라도 나와 거래하는 상대에게는 미덥지 못할 때가 많다. 그들은 으레 더 바란다. 평소의 자기들보다 더 감정적이길, 더 깊은 애착을 갖길, 더 헌신적이길 바란다. 그러면 나는 어느 시점에서 합리적인 내 의사결정이 공감 능력 결핍이라는 내 결점을 벌충해줄 수 있을지 고민하고, 벌충해주지 않는다고 결론을 내릴 것이다. 사람들은 공감을 당연한 것으로 여긴다. 자기들은 날 때부터 갖고 있었기 때문이다.

도덕성도 마찬가지다. 자기들은 어떤 식으로든 내재화하니 말이다. 사랑하는 사람이 울면 따라 울어야 하는데, 내게는 애초부터 사람들의 마음속까지 이어진 지름길이 없었다. 사랑하는 사람에게 상처를 주면 죄책감을 느껴야 하는데, 나는 사랑하는 사람을 잃지 않게 해줄 내면의 안전장치인 죄책감을 어떻게 느끼는지 몰랐다. 그래서 '제2의 해결책'을 궁리해냈지만 별로 도움이 되는 것 같지 않다.

다행히 소시오패스인 내게는 고집스러운 낙천성과 굽힐 줄 모르는 자존심이 있다. 더구나 한 번 고장 난 것은 고칠 수 없다는 교훈도 터득하지 않았던가! 분노한 이웃은 두 번 다시 나를 괴롭히지 않았다. 친구의 아버지가 돌아가신 후 우리는 재회했고 다시 친하게 지내고 있다. 지난날 상처받은 가족과 친구들은 나를 용서했다.

소시오패스를 다룬 이야기는 대개 병리학적 측면에서만 거론하지만, 가끔 나는 내가 아킬레우스와 닮았다는 생각을 한다. 초인간적 힘을 얻는 대가로 아킬레우스에게는 하나의 약점이 생겼는데, 나는 그것이 공정한 거래였다고 생각한다. 그의 죽음이 도저히 믿기지 않지만 말이다.

그런데 나는 우울한 감정에서는 완전히 자유롭지 못하다. 내가 느끼는 부정적인 감정 중 가장 슬프면서도 강력한 것은 후회. 나는 삶의 대부분은 우연의 연속이며 내게도 온갖 나쁜 일이 일어날 수 있다는 걸 인정한다. 그에 대해서는 불만이 없다. 다만 내 뇌리를 떠나지 않는 것은 다른 누구도 아닌 바로 내가 부지불식 중에 내 불행의 원인제공자가 될 수 있다는 생각이다. 느닷없이 한 번도 상상하지 못한 방식으로 일이 끝장난다면 어찌할 것인가. 이것은 그야말로 궁극의 무력감이다. 이는 단순히 내가 한 일이 실속 없다는 생각이 드는 수준이 아니라, 내가 한 일이 문제가 될 수도 있고 실제로 상황을 악화시켰을 경우를 의미한다.

내가 누구인지를 알게 된 순간

대학 생활이 중반기쯤 이르렀을 때, 나는 음악 프로그램에서 내 본질을 일깨워준 한 여자를 만났다. 우리는 같은 부문 오디션에 지원했는데 그녀의 연주 실력이 훨씬 더 뛰어났음에도 불구하고 내가 이겼다. 그녀는 성품이 착한 사람이었고 전염성 짙은 그녀의 웃음 덕분에 주위에 늘 친구가 모여들었다. 적당히 비위를 맞춰주고 진지하면서도 친절한 그녀는 남이 선망할 정도로 예쁘지는 않았지만 혐오감을 줄 정도로 못생기지도 않았다. 한마디로 좋아할 수밖에 없는 사람이랄까?

어쩌다 보니 그녀와 가까워지면서 나도 그녀와 비슷한 평판을 얻었는데, 나는 쉽게 호감을 사는 그녀의 매력에 기꺼이 편승했다. 내 가식적인 면과 대비된다기보다 오히려 내게도 그 매력이 전염되었다는 확신이 섰기 때문이다. 그런데 내가 그녀를 이해하려 무던히 애쓰기 시작하면서 일이 틀어지기 시작했다. 내가 보기에 그녀가 자아내는 요염함과 투박한 매력의 미묘한 균형은 의도적으로 짜 맞춘 것 같았다. 나는 그것을 분석해 재조립했지만 사실 그녀가 풍기는 분위기는 그녀 자신도 설명하거나 간파할 수 없는 우연이며, 변덕스럽고 예측할 수 없는 상황의 공교로운 조립에 불과했다. 그녀는 그냥 그녀였을 뿐 다른 무언가가 아니었다.

나는 몰래 그녀의 편지와 일기를 샅샅이 뒤져 그녀가 갈피마다 쏟아놓은 불안을 야금야금 먹으며 그녀를 이해했다. 그러던 어느 날 그녀에게 그 짓을 들키고 말았다. 그날 이후 그녀는 음악 프로그램에 참가한 다른 모든 사람처럼 나를 철저히 피했다.

그 일을 입 밖에 내는 사람은 없었지만 언제나 개인의 경계를 무시하고 남을 배척하던 입장에서 배척을 당하다 보니 이만저만 신경이 거슬리는 게 아니었다. 급기야 사람들은 나를 괴물로 취급했다. 기껏해야 모든 사람이 저지를 수 있고 또 저지르고 싶어 하는 사소하고 어리석은 죄를 저질렀을 뿐인데, 끔찍하게도 그들은 내가 세상에서 가장 못난 사람이라도 되는 양 나를 부끄럽게 만들었다. 나는 내가 전혀 이해하지 못하는 단순한 도덕적 규칙을 위반했다고 생각했지만, 아무도 나와 어울리려 하지 않았다.

하다못해 사회적 선의라는 자선도 받지 못한 채 나는 매사를 혼자서 고되게 견뎌야 했다. 은밀한 음모는 꿈도 못 꿀 정도로 신뢰가 바닥으로 추락했기 때문이다. 그건 내게 일어날 수 있는 최악의 사건이었다. 결국 내 행동은 도저히 무시할 수 없는 힘으로 내 발목을 잡아버렸다. 사회적으로 완전히 고립된 상태에서 나는 스스로에게 철저히 솔직해지는 것 말고 달리 선택의 여지가 없었다.

그제야 비로소 내가 나 자신을 너무 모른다는 사실이 보이기 시작했다. 왜 그런 짓을 했는지(그리고 여전히 하고 있는지)도 보였다. 나는 내가 스스로를 모른다는 사실이 끔찍했다. 내 정체는 무엇일까. 나는 나 자신을 우호적으로 바라보고 정체를 캐기로 했다. 그렇게 어떠한 판단이나 자기기만도 배제하고 무려 아홉 달 동안 나 자신을 관찰했다. 고행하는 수도자는 아니었지만 나는 진정한 내 자아를 발견하고 싶었다. 그 시간 동안 나를 이끈 원칙은 단호한 솔직함과 받아들임이었다. 나를 충분히 알고 나면 행복이나 내가 원하는 삶에 조금 더 가까이 갈 수 있을 것 같았다. 마치 임시변통으로 만든 곡괭이로 콘크리트 벽을 파면서 탈출할 궁리를 하는 죄수처럼.

아홉 달이 끝날 무렵 나는 몇 가지 결론에 도달했다.

우선 내게는 자아라는 것이 아예 없었다. 나라는 존재는 그림을 그렸다가 흔들면 지워지는 그림판처럼 끊임없이 흔들었다 다시 그린 그림에 불과했다. 또 어느 순간 왜 믿게 되었는지 모르겠지만 최근 몇 년간의 나에 대한 확신이 사실은 진짜가 아니었다. 일례로 나는 내가 매력적이고 겉으로는 선량해 보이므로 틀림없이 마음이 따뜻한 사람일 거라고 생각했다. 사회적 기대에 부응하려는 흉내는 나 자신조차 흉내 내고 있음을 잊을 정도로 쉬운 일이었다. 성인용 책을 읽으면서 나는 유년기의 괴팍한 버릇은 어른이 되면서 모두 사라진다고 배웠고, 내게도 그런 일이 일어났으려니 여겼다.

그러나 실제로 내게서 사라진 것은 어릴 때, 심지어 십대 때까지도 갖고 있던 자기 인식이었다. 내가 믿은 몇 가지는 신기루였고 가까이 다가가 살펴보려 하면 그 신기루는 흔적도 없이 사라졌다. 나는 거의 예외 없이 내 삶의 모든 것이 이와 같다는 것을 금세 깨달았다. 내 인생 스토리랍시고 최근까지도 지어내고 있던 모든 이야기가 실제로는 환상이었음을. 우리의 뇌가 착시 현상에 생긴 틈을 메울 때처럼 내 뇌도 환상 사이의 구멍을 메우기에 급급했던 것이다. 정상이라고, 다른 사람보다 좀 더 똑똑할 뿐이라고, 내가 느끼는 감정은 진짜고 또래가 느끼는 보통의 감정일 뿐이라고 스스로에게 말하고 있었던 셈이다.

그제야 미망에서 깨어난 기분이었다. 이야기를 적극 지어내는 '나' 이외에는 자아가 없었다. 만약 내가 열반에 이르는 길을 찾아 헤매는 불교신도였다면 자아가 없다는 것이 엄청난 깨달음이겠지만, 내게는 깨달음에 이르렀다는 성취감은 전혀 없었다. 대신 나는 자아 의식을 넘어선 사람만이 느낄 수 있는 기분을 느꼈다. 그건 자유였다.

물론 내가 완전히 '몰입'해서 한 일도 있다. 나는 겉으로는 웃으면서 속으로는 음모를 꾸몄고 많은 사람을 조종했다. 그러면서 '조종'은 다른 사람과 관계를 맺는 나만의 기본 방침이라고 여겼다. 모든 관계는 스텝을 주고받는 춤과 같았고 나는 어떤 상대가 내게 최고의 이익을 줄지 가늠하며 끊임없이 안무를 구상했다.

나는 힘, 흥분 같은 것을 좋아한다. 내 관심사는 내가 하는 행동의 내용이 아니라 기술이다. 또 나는 유혹하는 걸 좋아한다. 그것은 성적인 유혹을 비롯해 상대방의 마음을 완전히 지배하기 위한 유혹을 말한다. 내게는 유혹도, 누군가를 사로잡는 것도 어렵지 않았다. 별 이유 없이 거짓말에 거짓말을 덧입히는 데 익숙했기 때문이다.

나는 쾌락 추구자로 진짜 자아는 없지만 스스로를 꽤 좋게 생각했다. 이 세상에서 나만의 배역을 맡은 나는 자아가 없어도 존재하는 데 문제가 없었다. 한마디로 나는 스스로는 전혀 달라지지 않으면서 분자들 사이를 오가며 반응을 촉발하는 효소 같은 존재였다. 아니면 숙주를 찾는 바이러스라고나 할까? 보통 사람과 다르긴 했지만 나는 분명 존재했다. 나는 행동하고 반응했으나 내 대부분은 환상이었다. 물론 환상도 그 나름대로 현실이다. 대부분의 사람도 환상을 경험하고 어쨌든 환상에 반응하니 말이다.

매력이나 조종 능력, 거짓말, 문란한 섹스, 카멜레온 같은 변신, 가면 그리고 공감 능력 결핍 등 소시오패스의 특징은 주로 자아감 결핍에서 비롯된다. 나는 모든 인격 장애는 비정상적으로 왜곡된 자아감에서 비롯된다고 생각한다. 물론 소시오패스에게 극도로 유연한 자아감이 있다는 개념은 내가 만들어낸 것이 아니다. 하지만 과학적 문헌은 좀처럼 이를 분명하게 언급하지 않는다. 나는 소시오패스를 다룬 여러 분야의 문헌을 뒤적이며 내 개인적 경험과 일치하는 정보를 모았다.

심리학자들이 소시오패스의 특징을 열거한 목록을 보면 그들은 소시오패스가 '무엇'인지는 이해하지만 '어떻게' 소시오패스가 되는지는 이해하지 못하고 있음이 드러난다. 밝혀진 소시오패스 행동의 근원, 즉 '어떻게' 소시오패스가 되는지 알려면 우리에게 확고한 자아감이 없다는 점을 파헤쳐야 한다. 그래야 소시오패스의 특징에 가장 근접한 정의를 내릴 수 있다.

자아감에서 기인한 소시오패스의 특징을 가장 근접하게 정의한 사람은 캘리포니아 주립대학 노스리지 캠퍼스의 교수 하워드 캠러다. 그는 "소시오패스는 견고한 도덕적 정체성뿐 아니라, 확고한 자아 정체성도 거의 없다고 볼 수 있을 만큼 부족할 가능성이 크다"고 주장했다. 소시오패스가 양심의 가책을 느끼지 못하는 까닭은 단지 양심이 없기 때문이라기보다 본색을 드러냈다는 생각을 하지 못하기 때문이다. 캠러는 이렇게 말한다.

"확고한 자아감이 없는 사람은 대부분의 사람이 정체성의 핵심이라 여기는 중대한 인생 계획을 침해하고도 자신이 진실성을 잃었다는 생각을 하지 못한다."

가령 나는 누군가와 헤어졌을 때도 그 사람의 '여자친구'라는 사실에 별다른 감정적 애착이 없기 때문에 결코 흥분하거나 화내지 않는다. 마찬가지로 나는 나를 특정 지식의 전문가나 사회 경제적으로 성공한 계층에 속한 사람으로 정의하지 않는다. 그런 까닭에 누리던 특권을 순식간에 박탈당하고 꽤 오랫동안 실직자가 되어 가족과 친구들의 도움, 실업 급여에 의존할 때도 괴롭지 않았다. 나는 능력 있는 사람이었고 그것으로 충분했다. 특정 지위나 신분은 내게 한순간도 중요하지 않았다. 물론 내 지위가 다른 사람이 나를 보는 시각과 나를 대하는 태도를 결정한다는 것쯤은 알고 있었다.

자아를 구축하지 않고도 자아를 인식한다는 것은 무슨 의미일까? 나는 내가 다른 사람에게 미친 영향을 간접적으로 관찰하면서 내 자아를 인식한다. 사람들이 내 존재를 인정하는 걸 보면서 나 자신을 인식하는 것이다. 그건 마치 우리가 우주에 암흑 물질이 존재한다는 것을 알고 있지만 직접적인 관찰이나 측정으로 아는 게 아니라, 보이지 않는 암흑 물질의 중력이 주변 물체의 움직임을 왜곡하는 효과로 그 존재를 아는 것과 같다. 소시오패스는 힘을 은밀하게 숨기고 있는 암흑 물질과 닮았다. 비록 평범함 속에 묻혀 그 존재가 눈에 띄지는 않지만 당신도 우리가 발휘하는 힘의 효과는 분명 볼 수 있을 것이다. 나는 나에 대한 사람들의 반응을 보고 나를 인식한다.

　'이런 식으로 빤히 응시할 때마다 내가 그들을 두렵게 만드는구나.'

　점묘 화법으로 그린 초상화처럼 이렇게 수백만 번의 사소한 관찰을 모아 그린 그림이 내 자아에 대한 인식이다.

　어렸을 때는 자아를 정의하기도 쉬웠고 그만큼 무시하기도 쉬웠다. 그냥 집에서는 가족의 일부고 학교에서는 학생이며 교회에서는 신도니까. 나는 나쁜 행동으로 내 본색을 드러내는 일도 걱정할 필요가 없었다. 언제나 내 어깨 너머에서 나를 지켜보는 눈길이 있어 줄곧 내 행동을 자제해야 한다는 게 문제였지만 말이다.

　어른이 되자 상황이 달라졌다. 어른이 되면 스스로 더 많은 것을 결정하는데 그런 내 행동이 점점 더 영구적이고 심각한 결과를 낳았다. 그 점에서 인공적으로 만들어낸 도덕의 나침반은 나를 정의하고 내 행동을 제한하는 데 쓸모가 있었다. 즉, 내가 정도를 벗어나지 않고 생활할 수 있었던 것은 효율성과 종교라는 내 개인적인 규범 덕분이었다.

　규칙을 깨는 일이 드물긴 하지만 나는 규칙을 입맛에 맞게 바꾸는 경향이 있다. 이를테면 모르몬교에는 음식에 대한 제한이 있다. 대표적인 금지 음식은 담배, 술, 카페인이다. 언뜻 녹차와 다이어트 콜라를 즐기는 나는 규칙을 위반한 것 같지만 이런 음식에 대해서는 원본주의자의 해석을 따른다. 카페인 금지와 관련된 실제 문구에는 '뜨거운 음료'라고 적혀 있다. 그러니 차가운 콜라는 예외가 아닐까? 금지 음식의 개념을 만들 당시에는 녹차가 흔치 않았을 테니 녹차도 금지 음식에서 제외되는 게 마땅하지 않을까? 사실을 말하자면 나는 정말이지 카페인 광이다.

혼전 섹스 금지는 교인에게 심각한 영향을 미치고 있지만 여기에도 모호한 면은 있다. 내 조부모 시대에는 '성적 교제'에도 선이 있었고 사람들도 그 선까지만 진도를 나갔다고 들었다. 언젠가 아버지는 내게 한 교회의 목사가 젊은이에게 해준 충고를 들려주었다.

"모럴(moral)을 지키려면 오럴(oral)로 해라."

비록 지금은 그런 말을 한 적이 없다며 펄쩍 뛰지만 말이다. '성관계'라는, 어쩌면 음식보다 훨씬 더 경계가 넓은 범주에 대한 금지와 함께 그때 이후로 빠져나갈 구멍은 점점 더 좁아지고 있다. 아예 닫혔는지도 모른다. 교회는 신도에게 모호한 말로 금지를 명하면서 성경험이라는 복잡한 문제를 각자의 언어로 해석하라고 맡긴 것 같다. 나야 얼마는지 환영이다. 교회의 기준 안에서도 내 성생활은 얼마든지 풍요롭다. 마치 10음절, 14행으로 이루어진 소네트를 자유시로 쓰기로 마음먹은 시인이라고나 할까?

모르몬교에서는 '증가한 수입'의 일정 비율을 십일조로 내게 되어 있지만, 다른 것과 마찬가지로 이 규정도 해석하기 나름이다. 나는 그것을 세금으로 본다. 내긴 내지만 정해진 율법 안에서 내가 받을 수 있는 모든 공제를 최대화한다. 솔직히 말하면 나는 교회가 이래라저래라 하는 일의 이유에는 별로 관심이 없다.

내가 교회에 적을 두는 까닭은 교회와 교리의 공정성에 도덕적 확신 같은 게 있어서라기보다 일종의 효율성 때문이다. 사실 나도 우주를 만든 창조자의 실재(實在)와 부재(不在)를 실험적으로 증명할 수 없음을 인정한다. 단지 신의 실재를 알 수도 있다고 치부하고 그냥 믿을 뿐이다. 내가 기대고 있는 교회의 교리가 진실이라면 내 영생을 위한 현명한 투자로 치면 그만이다. 진실이 아니라면? 어차피 불확실한 미래에 어떤 영향을 미칠지 알 수 없으니 최소한 도리에 어긋나지 않는 도덕적 규범을 충실히 지키며 현재를 사는 것도 그리 나쁘지 않은 투자가 아닐까? 나는 신앙을 내 삶의 토대라고 생각한다. 더불어 나는 그 기반 위에서 엄청난 즐거움과 본질적 기쁨을 선사해줄 삶을 창조한다.

종교나 윤리적인 규범 따위가 없어도 고도로 기능적인 소시오패스는 결국 자기 힘을 잘 쓰는 법을 터득한다. 타인의 연약함을 이용하려는 맹목적 본능을 의도적으로 억누를 수는 없지만, 그 특별한 본능을 파괴적이 아닌 생산적으로 이용할 결정권은 소시오패스가 쥐고 있다. 때론 타인을 조종하고 그들의 연약함을 이용하려는 선택이 소시오패스 자신에게 약점으로 작용하는 결과를 낳는다. 이를테면 명성에 흠집을 입거나 잔인한 반사회적 행동에 중독될 수도 있다. 반면 충동을 통제하기로 결정한 소시오패스는 의미 있는 좋은 인간관계를 오랫동안 유지하면서 고립감을 극복할 수 있다. 진심으로 힘을 키우고자 하는 소시오패스는 자신이 얻을 수 있는 가장 큰 힘은 스스로를 극복하는 힘이라는 것을 알고 있다.

6장

성자, 스파이, 그리고
연쇄살인범

최근에 다녀온 뉴질랜드는 그야말로 다양한 생태계의 보고였다. 인간이 출현하기 전까지 그곳은 거의 새들의 땅이었다. 날지 못하는 작은 녀석부터 한 끼에 수십 킬로그램의 먹이를 먹어치우는 녀석까지 새들은 먹이사슬의 모든 단계를 차지했다. 수백만 년 동안 인간과 포유류가 없는 이 세계를 새가 지배한 것이다. 이곳은 다른 형태의 고등 생물이 알려지지 않은, 오로지 깃털과 부리 그리고 발톱의 우주였다. 새들은 환경에 맞는 최적의 능력과 자연스러운 방어 수단을 획득했다.

그런데 13세기 들어 유럽이 십자군 전쟁으로 분주하게 돌아가는 동안 폴리네시아 탐험가들이 이 땅에 발을 들여놓았다. 그들과 함께 깃널이 아닌 닐, 부리가 아닌 이빨, 무시무시한 발톱이 아닌 삭은 빌을 가진 쥐도 들어왔다. 그러자 상대가 자신과 같은 새일 때는 잘 먹히던 방어 수단이 쥐에게는 번번이 실패했다. 하늘을 날아다니는 포식자의 눈에 띌 것 같은 위험을 감지하면 그 자리에 죽은 듯 서 있었던 날 수 없는 새들은 쥐를 만났을 때도 똑같이 행동했다. 잡아먹히지 않기 위해 수동적으로 근육 한 가닥도 움직이지 않으려 애쓴 이 작은 녀석들은 서 있던 자리에서 쥐에게 게걸스럽게 먹혔다.

쥐나 인간을 본 적 없는 이 작은 새 같은 동물을 전문용어로 '천진난만하다'고 한다. 귀엽기 짝이 없는 이 작은 새에게 뉴질랜드는 일종의 에덴이자 도덕적 세상이고, 그곳의 거주자 역시 교활한 침입자의 먹이가 되거나 자신의 무고한 동족을 잡아먹을 때 말고는 평화롭게 살고 있었을 것이다.

나는 종종 나와 만나는 사람들도 천진난만하다고 생각한다. 그들이 나와 닮은 누군가를 마주친 적이 없다면 말이다. 소시오패스는 다른 사람은 못 보는 것을 본다. 세상과 사람에 대해 다른 기대치를 갖고 있기 때문이다. 당신을 비롯한 모든 사람이 어떤 가혹한 진실 앞에서 일반적인 감시자의 주의를 흩뜨리기 위해 감정이라는 재주를 발휘하는 동안에도 소시오패스는 현혹되지 않는다. 우리는 새들의 섬에 온 쥐와 같기 때문이다.

시스템 갖고 놀기

지금까지 나는 나를 작은 새라고 생각해본 적이 없다. 나는 공포에 잘 갇히고 소극적이며 순진한 피해자였던 적이 없다. 또 한 번도 이 세상에서 평화로운 에덴이나 인간의 호의를 갈망해본 적이 없다. 나는 쥐이고 사죄나 변명을 하지 않고도 모든 기회를 내 것으로 만들 수 있다. 그리고 이 세상에는 나와 닮은 또 다른 사람들이 있다.

나는 가장 부도덕하고 타인을 조종하려 드는 사람들, 심지어 나조차 혀를 내두를 만큼 타인을 철저히 무시하고 시스템을 갖고 노는 쥐들을 로스쿨에서 만났다. 그들은 자기 이점을 최대로 활용하기 위해 모든 사건과 만남을 계산했다. 이점이 그저 조금 더 맛있는 아침식사처럼 지극히 사소한 것일 경우에도 계산을 했다. 그들은 대부분 충분한 동기만 주어진다면 대량 학살이나 대규모 절도 혹은 글자 그대로 파괴를 일으킬 수 있을 것 같았다. 그들 중 과연 몇 명이 소시오패스 진단을 받을지 모르지만 내 경험상 그리고 연구 결과를 보더라도 일반인보다 그 확률은 매우 높을 것이다. 그렇지만 진짜 흥미로운 것은 내가 알고 있는 그들 중 상당수가 위험한 사람이 아니라는 점이다. 소시오패스는 어떤 것에든 광신자가 되지 않는다. 광신은커녕 자기 자신 말고는 옹호도 하지 않는다.

더구나 로스쿨이라는 환경은 평범한 사람마저 소시오패스로 만들어버린다. 그 안에서 성공이란 한 치의 오차도 없이 철저히 계산된 제로섬 게임이라고 세뇌당하기 때문이다. 학기가 끝나면 전국의 로스쿨 학생의 성적을 모아 등수를 매기고 공개한다. 동급생 사이에서 등수는 출세 가능성을 가늠하는 척도였다. 모든 학생이 기차역 전광판처럼 생긴 등수 번호판을 이마에 붙이고 다닌다고 생각하면 된다. 주위 친구들의 전광판 숫자가 바뀌는 것은 곧 내 이마 위 전광판 숫자도 바뀐다는 걸 의미했다.

물론 나는 그 시스템을 절저히 갖고 놀았다. 1년에 2학기씩 3년을 다녔으니 총 6학기를 공부한 셈이다. 6학기 모두 내 이력에 서로 다른 영향을 미쳤다. 첫해 하계 인턴 실습은 법률 리뷰에 글을 올리든 올리지 않든 참여가 가능했다. 두 번째 하계 인턴 실습은 유급이었고, 마지막 인턴 실습은 연방법원 사법 보좌관 지원에 필요한 평점을 채우기 위해 지원했다. 나는 A학점을 얻을 가능성을 기준으로 강의와 교수를 고르고 엑셀로 목록을 만들었다. 또 로스쿨 학생에게 특별히 과정 이수 여부로 학점을 주는 학교의 관대한 방침을 이용해 학부 과정의 재즈 즉흥 연주, 민속음악, 영화 입문 같은 시시한 과목도 수강했다.

동급생들이 연방 법역(法域) 같은 골치 아픈 강의를 듣는 동안, 나는 강의실에 편안히 앉아 사뭇 진지한 두 학생이 투바족의 '목구멍 노래'가 여성 혐오적인 내용이네 아니네 하며 열띤 논쟁을 벌이는 걸 지켜보았다. 무엇보다 좋았던 건 내가 무엇을 하든 아무 문제가 없었다는 점이다. 그것은 오로지 출석의 미덕만이 돋보이는 수업이었기 때문이다. 내가 착하게 보이든 냉정하게 보이든 상점도 벌점도 없고 성적도 공개하지 않았다.

성적표상의 나는 실제 나보다 훨씬 훌륭해 보인다. 성적표만 보면 나는 성공의 품질보증 마크를 단 셈이었지만 현실은 종종 난해한 방식으로 내게 닥쳤다. 내가 말하는 방식이란 일반적인 인격 형성 과정을 의미하지 않는다. 그것은 어수선하고 간접적인, 때론 내게 과도한 지략과 능란하게 뻔뻔해질 것을 요구하는 방식이었다.

나는 요구나 압박이 있을 때는 철저히 뻔뻔스러워진다. 상대방이 내가 원하는 것을 주도록 유도해야 할 경우에도 마찬가지다. 나는 브리검영 대학에서 최고의 뮤직 앙상블 팀에서 연주했고 동계올림픽의 폐막식에서도 공연을 했다. 술수적인 결과물임을 밝히지 않는 한, 내 이력서에서 이러한 항목은 꽤 인상적으로 보인다. 어떤 술수를 썼느냐고? 모든 연주자가 남자라는 점을 이용해 음악부에 성차별 혐의를 씌우기가 쉬웠다. 이를 놓칠세라 나는 대학 행정부에 항의했다. 또한 여성과 소수자의 더 많은 참여를 독려하기 위한 프로그램을 이용해 학생들이 펴내는 법률 리뷰의 명망 있는 편집부에서도 한자리를 차지했다. 그 후속 프로그램을 홍보하는 데 열정적으로 뛰어든 나는 또 한 번 성별 균등 분할을

나, 소시오패스

요구해 편집위원으로 선출되었다. 수석 졸업을 위해 교수 한 명에게 성적을 올려달라고 주장하기도 했다. 처음 인턴 실습 자격을 따낼 때도 면접을 마치고 나가면서 면접관과 악수를 하며 거의 구걸하다시피 졸랐다. 애절하고 진지한 표정으로 면접관의 눈을 지그시 바라보며 나는 이렇게 말했다.

"전 진심으로 이 일을 하고 싶어요."

나는 똑똑하고 성공한 사람으로 인정받고 싶었다. 인정만 받는다면 여러 사람 앞에서 치욕스런 일을 하는 것도 마다하지 않았다. 여기저기에서 혐오스런 표정으로 나를 바라보는 눈길도, 실망감에 고개를 절레절레 흔드는 모습도 얼마든지 무시할 수 있었다. 내게는 오로지 졸업식에서 내 명예를 부각시켜줄 작은 별모양의 배지만 중요했다. 지금도 그 배지를 보면 부끄럽기는 커녕 흐뭇하다.

로스쿨을 졸업할 때 나는 로스앤젤레스에 있는 로펌에서 소위 고급 매춘부 자리를(변호사들은 죄다 고급 매춘부나 다름없다) 하나 얻었다. 나는 첫 달 월급을 받기도 전에 유행에 민감한 전형적인 로스앤젤레스의 성공한 여자처럼 보이게 해줄 옷을 한 벌 샀다. 그런데 이게 웬일인가. 책상에 앉자마자 일할 맛이 싹 사라지는 게 아닌가. 이제와 생각해보니 나는 형식만 따졌지 내용에는 관심이 없었다.

그럼에도 버틸 수 있었던 것은 뒷거래를 거리끼지 않는 강점 때문이었다. 거리낌은커녕 자랑스러웠다. 심지어 내게 그럴 만한 자격이 있다고 생각했다. 안 될 이유는 또 뭐람? 나는 필요하면 수단을 가리지 않고 삶의 성공 지표를 손에 넣었다. 시험 성적은 늘 상위권이었고 이력서는 완벽했다. 내 출세 곡선은 그야말로 눈부실 지경이었다. 사기처럼 보여 더 눈부셨는지도 모른다. 어쨌든 나는 그런 게임을 좋아했고 어렸을 때도 전 과목 A학점만으로는 성에 차지 않았다. 그건 어려운 일이 아니었기 때문이다. 나를 짜릿하게 만든 것은 A학점을 받을 최소한의 노력의 선이 어딘지 찾는 일이었다.

변호사가 되는 것도 똑같았다. 애초에 나는 진심으로 변호사가 될 마음이 없었고 그저 변호사처럼 연기하고 싶었을 뿐이다. 실제로 그 업계에서 벌어지는 거의 모든 일은 사기였고 나 역시 수많은 연기자 중 한 명이었다.

나는 사무실 내에서 벌어지는 미묘하고 노골적인 힘겨루기를 즐겼다. 또한 나는 불안 감정가가 되었고 그 지식을 이용해 나이를 막론하고 모든 동료를 다양한 방식으로 조종했다. 영향력이 큰 변호사의 불안은 특히 더 달콤하고 격렬했으며 섬세했다. 그들은 남근의 크기나 체격, 나이 면에서는 거의 비슷했지만 그 외에 좀 더 미묘한 것으로 내 흥미를 크게 자극했다.

일례로 내 옆자리에 있는 동료는 신기하게도 자녀가 여섯 명이라는 사실에 불안해했다. 물론 그가 '번성'하라는 종교적 사명을 지키려한 것은 아니었다. 그래서인지 변명을 하고 싶었던 것 같다. 회사 크리스마스 파티에서 애플티니에 취한 그는 나를 구석으로 데려가더니 도시에 사는 전문가치고 유난히 자식을 많이 낳은 자신의 죄를 고백했다. 내가 한 일이라고는 미소를 머금고 자비로운 표정을 지은 것뿐이었다. 그랬더니 그는 최근에 쓴 책의 공동 저자가 되어달라고 부탁했다. 월요일에 출근했을 때 나는 그에게 파티에서 한 제안을 들먹이지 않았지만 그는 여전히 공동 저자의 미련을 버리지 못한 게 역력했다.

사람에게는 저마다 상처받지 않기 위한 방어 수단과 자기 약점을 가리고 잠재적 착취를 피하려는 전략이 있다. 공원 구석에 있는 트레일

나, 소시오패스

러에서 자란 소녀는 어른이 되면 크리스찬 루부탱 구두만 신고 에르메스 스카프만 두른다. 나치의 손자는 다문화 무료 급식소에서 봉사한다. 학습 장애를 안고 자란 소년은 최고의 대학에서 박사학위를 따기 위해 청춘을 모두 바친다. 문제는 이러한 방어 수단의 정체가 눈에 띄지 않는 경우에만 효과를 거둔다는 점이다. 만일 어떤 식으로든 정체가 드러나면, 다른 누군가가 그들을 알아보면, 그때는 마치 벌거벗겨진 기분 혹은 꼼짝 못하고 서서 먹히기만 기다리는 새가 된 기분이 든다. 눈에 띄는 것, 다시 말해 실체가 드러나는 것은 도저히 견딜 수 없는 고통이다. 왜냐하면 사람들은 옛날의 낡은 트레일러만 보는 것이 아니라 과거를 부정하고 싶은 그 사람의 애절한 마음도 보기 때문이다.

포커 게임에서처럼 사람들이 무의식적으로 내뱉는 말이나 행동, 표정의 미세한 변화를 보면 나는 그들이 살면서 손에 쥔 패가 센지 약한지 금세 알 수 있다. 말처럼 계급을 잘 알려주는 것도 없다. 감히 말하건대 지금까지 나는 자신의 계급이나 사회 경제적 신분에 대한 불안을 감쪽같이 감추거나 아예 불안이 없는 사람을 만나보지 못했다. 자신에 대한 회의는 초밥 집에서 젓가락을 잡는 방법부터 집배원에게 인사하는 방법에 이르기까지 삶의 모든 면에 철저히 배어 있다. 그런 상황에서는 느긋하고 관대하게 기다리며 최소한의 반김을 보여주기만 해도 내게 유리한 힘의 역학을 구축할 수 있다. 고상하게 생색내는 일종의 노블리스 오블리제라고 해두자.

로펌에 근무할 때 한번은 제인이라는 상사를 돕는 임무를 맡은 적이 있다. 그녀의 사무실은 지부에 있었기 때문에 직접 만나는 일은 몇 주에 한 번 정도였다. 로펌에서 2년 선배는 인생을 좌우할 만큼 궁극적인 권위자로 통한다. 제인은 그런 위계질서를 꽤나 진지하게 여기는 사람이었다. 그녀는 로펌 이외의 다른 영역에서는 그런 힘을 한 번도 누려 본 적이 없는 게 분명했다. 핏기 없는 창백한 피부, 얼룩덜룩한 기미, 형편없는 식습관, 꼼꼼하지 않은 위생 관념이 사회의 특권층 밖에서 살았다는 것을 여실히 보여주었다. 그래도 그녀가 부질없는 계급적 특권에 자기 이름을 올리기 위해 무던히 애썼다는 것만은 인정해야 했다.

제인은 자신의 모든 꿈에 대한 응답으로, 더할 나위 없는 근면함으로, 회사 내에서 알량한 힘을 얻었고 자기보다 더 힘 있는 변호사를 위해 직무를 훌륭히 수행했다. 그녀는 자신의 힘이 오래가길 간절히 바랐지만 그 바람을 이루기에는 너무 서툴렀다. 어떤 상황에서는 고압적이었고 또 어떤 때는 호구가 되기도 했다. 그녀 스스로도 그 점을 인정하고 있었는데 특히 명목상의 힘과 자기 회의의 조합을 즐기는 것 같았다.

나는 그녀에게 최고의 동료는 아니었다. 내가 만난 수많은 사람처럼 제인도 나를 그 자리까지 오를 자격이 없는 사람으로 여겼다. 그녀는 엄청난 노력을 들여 제대로 된 옷(몸에 잘 맞지도 않고 어깨에 패드까지 있는 베이지색 정장)을 갖춰 입었지만 나는 기회다 싶으면 플립플랍을 신고 티셔츠를 입었다. 그녀는 인간이 할 수 있는 선에서 가급적 많은 시간을 투자해 의뢰인에게 보내는 청구서를 썼으나, 나는 회사에 없는 휴가 정책을 이용해 3일 연휴도 챙기고 몇 주간 휴가를 얻어 해외로 나갔다. 사람들은 은근히 내가 휴가를 챙기지 않기를 기대했지만 나는 명확한 규칙 아래 나만의 인생철학을 누렸고 그것이 나를 보여주는 가장 쉬운 방법이기도 했다.

내 스케줄 표나 공사 구분 없는 복장을 보기만 해도 내가 휴가 정책이나 다른 암묵적인 규칙을 무시하고 있다는 것쯤은 그녀도 알았을 것이다. 그렇다고 그녀가 나를 미워했다는 의미는 아니다. 그녀는 나라는 사람을 어떻게 다룰지 난감해했다. 그녀에게 나는 걸어 다니는 부당함이었다. 내가 그녀를 진저리나게 한 것도 사실이지만 내가 악마에게 영혼을 판 사람이라면, 그녀는 악마의 명함과 연락처를 갖고 싶어 한 사람이었다.

어느 날 지사에 갔다가 마침 점심식사를 하고 들어오는 그녀를 로비에서 만났다. 우리는 함께 승강기 앞에 섰고 곧 문이 열렸다. 승강기 안에는 키가 크고 잘생긴 남자 둘이 있었다. 한 명은 프랑스인이었다. 두 사람은 우리 지사와 한 건물을 쓰고 있는 벤처 캐피털의 직원임이 분명했다. 그들은 연봉이 수백만 달러라는 게 얼굴에 쓰여 있었다. 아마도 그들은 지하 주차장에 나란히 서 있던 로터스나 마세라티를 타고 출근했을 것이다. 변호사들도 부자가 될 수 있지만 거의 예외 없이 모든 변호사 주위에는 훨씬 더 막대한 부자가 있게 마련이다.

두 남자는 공교롭게도 내가 전날 밤에 관람한 교향악 연주회에 대해 한창 이야기를 나누고 있었다. 나는 교향악 연주회를 찾아다니는 편은 아니었지만 우연히 친구가 표 한 장이 남는다기에 관람했던 것이다. 무심코 연주회가 어땠느냐고 묻자 두 사람은 눈이 휘둥그레졌다. 프랑스인이 말했다.

"기막힌 행운이네요! 당신이 해결사가 피아구닐 수도 있겠군요."

"이 친구는 지난밤에 연주한 곡이 라흐마니노프의 피아노 협주곡 2번이라고 우기네요. 전 3번 협주곡이라고 생각하거든요. 기억하세요?"

나는 조금도 주저하지 않고 말했다.

"2번이었어요. 정말 놀라운 곡이에요, 그렇죠?"

사실 나는 기억나지 않았다. 더구나 나중에 알고 보니 3번이었다. 물론 정답이 무엇이냐는 중요치 않았다. 두 남자는 내게 지나칠 정도로 감사를 표하고 승강기에서 내렸다. 남겨진 제인과 나는 그녀의 사무실이 있는 층까지 아무 말 없이 올라갔다. 그 시간이면 제인도 내 지적 수준과 사회적 우월함을 충분히 가늠했을 것이다. 승강기 사건은 그녀가 세상물정 모르던 십대였을 때 《맨스필드 파크》(제인 오스틴의 소설로 사회적 신분을 넘나드는 사랑을 그린 소설―옮긴이)를 닳도록 읽으며 마음속에 품어온 그 귀공자와의 우연한 만남이었을 터다. 교향악 연주회에 갔더라면 잘생긴 낯선 두 남자에게 지적인 말을 건넬 수 있었을 텐데. 어쩌면 제인은 일류 대학에 들어가 유명한 로펌에 입사했으니 자신이 그 우연한 순간의 주인공이 되어야 마땅하다고 생각했는지도 모른다. 하지만 그 순간은 그녀의 것이 아니라 내 것이었다.

제인은 사무실에 들어설 때까지도 점심에 마신 커피의 카페인과 더불어 인생의 기회를 놓쳤다는 생각에 약간 불안한 것 같았다. 우리는 함께 진행하던 프로젝트에 대해 의견을 나눌 예정이었지만 어쩌다 보니 이야기는 제인의 열여덟 살 이후의 선택, 직장, 외모에 대한 걱정, 불안으로 흘러갔다. 그러다가 몇 년간 이성과 교제했지만 오히려 여성에게 더 매력을 느낀다는 제인의 성적 취향부터 별로 기억나지 않는 시시콜콜한 이야기까지 나누게 되었다.

승강기 사건 이후 그녀는 확실히 내 것이 되었다. 그녀가 나를 바라볼 때마다 심장이 두근거린다는 사실을 알게 되었다는 의미다. 그녀는 내게 자신의 모든 약점을 보여준 것에 불안해했고 내 알몸을 상상하거나 내 뺨을 때리면 어떤 일이 벌어질지 궁금해하는 것 같았다. 꽤 오랫동안 내가 그녀의 꿈에 자주 출현했다는 걸 나도 안다.

몇 년이 지난 지금도 나는 미소 한 번으로 그녀의 손끝을 떨게 만들 수 있다. 물론 힘 그 자체만으로도 보상이었지만 나는 그녀와 나 사이에 생긴 특별한 힘의 역학을 이용해 암이 아닐까 걱정된다며 외래 진료를 받아야겠다고 스치듯 건넨 말로도 3주짜리 유급 휴가를 받아낼 수 있었다. 이 역시 또 하나의 보상이다.

소시오패스 기질은 내게 타고난 경쟁적 이점이다. 뇌에 독특한 사고방식이 내장되었다는 말이다. 나는 내 능력을 확신한다. 또한 나는 집단 내에서 영향력과 힘의 흐름을 결코 놓치지 않는 매의 눈을 갖고 있다. 덕분에 중대한 위기가 닥쳐도 눈 하나 깜짝하지 않는다. 장담컨대 세상에는 소시오패스에게 유리한 일이 매우 많다. 소시오패스인 나는 대중 앞에서의 연설도 두렵지 않고 감정적 폭식을 할 가능성도 별로 없다. 가끔은 내게 공포나 감정이 있는지 나조차 모를 때가 있지만 그런 것이 보통 사람과 달리 내게 영향을 미치지 않는다는 것만은 분명하다.

직업, 내 삶을 통제할 출발점

케빈 더튼은 《천재의 두 얼굴, 사이코패스》에서 전형적인 살인자 한니발 렉터와 공감 능력이 없는 유능한 외과의사 한니발 렉터는 종이 한 장 차이라고 주장한다.

두려움이 없고 확신에 가득 찬 모습, 카리스마, 무자비함, 뛰어난 집중력처럼 21세기에 성공의 보증수표나 다름없는 특질을 보이는 소시오패스는 성공할 확률이 높다. 나는 이러한 특질을 이용해 부적응 어린이에서 재능 있는 연주자로, 성공한 법학도로, 두둑한 연봉을 받는 변호사로 계층 이동을 했다. 그리고 그러한 특질이 장차 나를 어디까지 데려갈지는 아무도 모른다.

소시오패스는 즉흥적으로 생각한다. 최근 연구에 따르면 소시오패스의 뇌는 주의력 결핍 장애를 가진 사람의 뇌와 유사하게 무질서한 방식으로 정보를 습득한다고 한다. 쉽게 말해 정보를 작은 조각으로 나눠 좌뇌와 우뇌에 무작위로 저장한다. 어쩌면 이 독특한 저장 시스템 때문에 소시오패스의 뇌량, 즉 뇌의 양쪽 반구를 연결하는 신경섬유 다발이 보통 사람보다 길고 더 가는지도 모른다. 결과적으로 소시오패스의 양쪽 대뇌 반구 사이를 오가는 정보의 속도는 비정상적으로 빠르다. 물론 양쪽 대뇌 반구 사이를 오가는 정보의 효율성이 높다는 증거에도 불구하고 거의 모든 연구자가 소시오패스의 뇌는 공감 능력이 있는 사람들의 뇌에 비해 어떤 식으로든 장점이 있다는 사실을 결코 인정하려 들지 않는다. 대신 이 효율성을 사이코패스의 전형적인 특징인 '양심의 가책을 덜 느끼고 감정이 거의 없으며 사회적 유대감이 적다'는 말로 대충 얼버무린다.

보통 사람은 물론 과학자들도 소시오패스의 뇌가 어떤 면에서 훨씬 뛰어나다는 사실을 인정하지 않는다. 지금까지 내가 읽은 어떤 문헌도, 심지어 소시오패스의 뇌에 모종의 장점이 있다는 긍정에 가까운 논의를 담고 있는 문헌조차 마지막에는 한 걸음 뒤로 물러서서 소시오패스가 정상이 아니라는 편리한 결론을 내린다. 소시오패스의 뇌량에 관한 그 논문의 제목도 사실은 〈제멋대로인 뇌〉이다. 과학이라는 이름을 달고 있는 이러한 편견에야말로 '제멋대로'라는 말을 붙여야 하지 않을까?

내가 멀티태스킹에 뛰어난 사람이 아니라는 것은 인정하지만(멀티태스킹을 잘하는 사람은 정말 드물다) 나는 맑은 정신으로 집중하는 데 천부적 소질이 있다. 물론 한 번에 한 가지에만 집중하지만 때론 주의력 결핍 장애자처럼 보일 정도로 생각의 스위치를 빠르게 전환한다. 겉으로

나, 소시오패스

는 산만한 것처럼 보일 때조차 전혀 흐트러짐 없이 온 정신을 하나에 집중할 수 있다. 특히 아드레날린이 솟구치는 일이라면 더욱더 그렇다.

그 집중력 때문에 상황이 악화될 수도 있다. 고장 난 에스컬레이터로 올라가려 했다는 이유로 내게 면박을 준 워싱턴 DC 지하철 역무원을 어떻게든 죽이려고 맹목적으로 쫓아가던 때처럼 말이다. 물론 상황판단을 할 때는 이롭게 작용한다. 보통 사람이라면 주위의 잡음에 정신이 산만해지지만 나는 그런 잡음을 철저히 무시할 수 있고, 경쟁 상대를 성가시게 만드는 일상의 사소한 걱정이나 불안에서도 자유롭다. 주위에서 어떤 사건이 벌어지든 편안하게 평정을 유지한다. 내가 학교 시험에서 좋은 성적을 거두는 것은 이러한 무신경함 덕분인 것 같다. 나는 성적이 상위 1퍼센트 밖으로 밀려난 기억이 없다. 모의재판 대회에서 한 판사가 나를 보고 이렇게 말하기도 했다.

"기회가 있다면 내려가서 자네 맥박이 뛰는지 확인해보고 싶네. 대단히 침착하군."

캘리포니아에서 변호사 시험을 치를 때도 다른 응시자들은 압박감을 못 이겨 거의 울상이었다. 시험을 진행한 컨벤션 센터가 마치 재난 대피소처럼 보일 지경이었다. 약간의 공간만 보이면 사람들은 책과 서뉴를 산뜩 벌놓고 시난 몇 수 농안 머릿속에 우겨넣은 내용을 기억하려 발버둥을 쳤다. 그동안 나는 멕시코에서 크로스컨트리(언덕, 목초지, 도로 등 자연 환경을 이용한 코스에서 달리는 것—옮긴이) 여행도 하고 조카들에게 수영을 가르치며 휴가를 보냈다. 여러 기준에서 보면 끔찍할 정도로 준비가 부족했지만 나는 평정을 유지하고 법률 지식을 극대화하기 위해 극도로 집중했다. 결국 나만큼 똑똑하고 나보다 준비를 더 철저히 한 많은 친구가 떨어졌지만 나는 합격했다.

심리학자들은 흔들리지 않는 정신을 가리켜 '몰입'이라고 설명한다. 경기의 우승자, 뛰어난 음악가를 비롯해 최선을 다해 역할을 수행하는 사람들이 집중할 때도 '몰입'한다고 표현한다. 이 고도의 집중력 덕분에 나는 학교나 직장에서 최소한의 노력으로도 보통 사람이 엄청난 시간을 투자해야 도달하는 수준에 거뜬히 올라갔다. 그 순간에 필요한 정신적 자원을 정확한 곳에 배치할 수 있기 때문이다.

하지만 좀 더 폭넓은 집중력이 필요한 일도 있다. 이를테면 공항에서 가뿐하게 인파를 헤치고 걷는 일이나 한꺼번에 여러 사람과 대화하는 일, 포커 게임, 간부 회의에서 회사의 정책을 정리하는 일 등이 있다. 이런 일을 위해 나는 프리 다이버들이 말하는 소위 '분산 집중'을 이용해 복합적이고 다양한 목표물에 고도의 집중력을 분배하는 법을 터득했다. 어떤 변호사는 이를 가리켜 '상황별 인식'이라고 한다. 모든 생각을 배제하려 노력하는 명상과 달리, 분산 집중은 한 번에 모든 것에 집중하고 모든 것을 동시에 감지한다. 프리 다이빙 세계기록 보유자 나탈리아 몰차노바는 이렇게 말했다.

"다이빙을 배우기 시작할 때는 스크린을 볼 때처럼 사물의 중심보다 가장자리에 집중해야 한다."

그녀는 신속한 의사결정을 내릴 때처럼 집요한 스트레스를 받을 때는 집중력을 분산하고, 자칫하면 '잘못된 결정을 내리거나 공황에 빠질 수 있는 위기상황에는 감정적으로 무디게 반응'하는 것이 효과적이라고 말한다. 분산 집중에 도달할 즈음이면 나는 흔히 엑스터시(무아지경)라고 하는 심신일체 상태가 되어 모든 감각적 정보를 과민하게 인식한다. 그건 매우 만족스러운 상태다. 반갑지 않은 충동을 억누르고 싶을 때, 크게 보면 하찮은 충동일 뿐이니 더 큰 그림을 봐야 한다고 스스로를 다독일 때는 특히 더 유익하다.

고도의 집중 역시 분산 집중 못지않게 효율적이다. 다른 유혹을 물리치고 한 가지 행동에만 전념할 수 있게 해주기 때문이다. 집중력 게임은 충동의 압제에서 나 자신을 자유롭게 만들어주었고 사회적, 직업적으로 안정적 궤도에 올라설 수 있게 만들어준 최고의 비결이다.

나는 오랫동안 진단받지 않은 소시오패스로 살았다. '다름'을 극복하고 더 넓은 세상에서 성공하기 위해 그리고 정상인처럼 보일 방법을 찾기 위해 가급적 모든 것을 하면서 말이다. 그러나 '다름'을 완전히 벗어버릴 만큼 잘해내지 못했다. 로펌에서는 동료들의 인내심의 한계를 건드렸고 결국 업무 태만으로 해고당했다. 친구들이나 사랑하는 사람과의 관계도 눈앞에서 허물어졌다.

내가 자기분석을 시작할 즈음 아니, 소시오패스라는 사실이 무슨 의미인지 조사할 무렵 깨달은 것이 있다. 그것은 내가 나 자신에게나 주변인에게 엄청난 고통을 안겨주긴 했지만 객관적으로 소시오패스의 특질을 들먹일 만한 일은 없었다는 점이다. 그래도 그 특질을 유익하고 생산적인 방향으로 돌리는 법을 알았다면, 나는 스스로에게 더 솔직해지고 다른 사람과 나 자신에게 준 고통을 최소화하며 그런대로 만족스러운 삶을 살았을 것이다. 이제 삶을 통제할 때가 왔고 그 출발점은 직업이었다.

나는 태만함과 전반적인 무관심에도 불구하고 일단 일을 시작하면 훌륭하게 해냈다. 로펌에서 해고된 후 나는 잠시 지방 검사 사무실에서 경범죄 기소 검사로 일했다. 당시 소시오패스 기질 덕에 매우 뛰어난 검사가 될 수 있었다. 세부사항에 기초해 수백만 장의 서류를 일일이 추리거나 법정 서류 작성용 활자체를 새로 배우고 익숙해지는 데 진땀을 빼는 변호사들에 비해 단연코 우월했다. 스트레스에도 강했고 매력적이며 조작에 능했다. 물론 죄책감이나 양심의 가책은 없었다. 내가 그런 지저분한 일에 안성맞춤이었다는 말이다.

법에는 저지를 수 있는 실수가 백만 가지도 넘었다. 특히 공판이 다가올 때면 기소 검사가 실수할 여지는 더더욱 늘어났다. 기소 검사들은 증거와 윤리라는 법정 최고 부담을 견뎌야 할 뿐 아니라 직책 박탈을 비롯해 실수에 따르는 여러 징계 조치까지 감수해야 한다. 이러한 부담에도 불구하고 경범죄 기소 검사는 매번 새로운 사건을 들고 법정으로 들어간다. 그것은 마치 현물을 보지도 않고 저당 잡힌 집을 경매로 구매하는 것과 같았다. 대박이거나 쪽박이거나 둘 중 하나라는 의미다. 하는 일도 딱 두 가지였다. 엄포를 놓거나 파고들 구멍이 있어서 어떻게든 재판을 끝내기를 바라거나.

물론 내게는 그것이 전혀 문제될 것이 없었다. 적어도 나 같은 사람에게는 말이다. 어떤 공포에도 흔들리지 않는 소시오패스가 아닌가! 그렇다고 내가 그런 끔찍한 일을 해낼 수 있으리라고 확신한 것은 아니다. 돌아보면 확신이란 게 조금 있었던 같기도 하지만. 내 총명함과 눈치 빠름 그리고 공정하고 냉정한 판단력을 감안할 때, 설령 판사를 감동시키지 못할지라도 최소한 멋진 법정 쇼를 보여줄 자신은 있었다.

변호사들이 피도 눈물도 없는 냉혈한이라는 고정관념은 진실이다. 특히 훌륭한 변호사는 모두 그런 말을 듣는다. 변호사가 연민에 빠지면 변호 일도 망치고 통제권도 잃고 만다. 한마디로 연민은 변호사의 적이다. 따라서 기소든 변호든 좀 더 냉정한 소시오패스 법률가가 맡는 게 유리하다. 당신이 운이 지지리도 없는 사람이든 억만장자 기업 총수든 당신에게는 나 같은 소시오패스 조언자가 필요하다. 당신이나 당신의 도덕적 약점을 판단하지 않기 때문이다. 나는 오로지 법에만 의거해 다각도로 손을 쓰고 잔인하리만치 이기는 데만 신경을 쓴다. 당신뿐 아니라 나를 위한 승리이기도 하니까.

변호사는 대부분의 사람들이 외면하는 문제를 처리한다. 신경과학자이자 소시오패스 연구 전문가인 제임스 팰런은 대다수가 스스로 할 생각은 없지만 반드시 해야 하는 궂은일, 이를테면 진위는 모르나 혐오스럽고 역겨운 짓을 저지른 사람을 법적으로 대변하는 일에는 소시오패스가 제격이라며 극찬했다. 누군가는 제2의 버나드 매도프(폰지 금융 사기범—옮긴이)나 오제이 심슨을 변호해야 한다. 소시오패스는 그런 궂은 일을 마다하지 않을 뿐더러 종종 그 누구보다 월등히 잘해낸다.

옳고 그름 사이의 교묘한 틈을 내게 유리하게 이용하는 일은 개인적으로도 만족스럽고 훌륭한 변호사라는 명성을 얻는 부수적 혜택도 덤으로 따라왔다. 변호사는 격렬하게 논의하는 '사실일지도 모를 사실' 중에서 강탈하듯 뽑아낸 것만 '사실'이 될 수 있음을 알고 있다. 그리고 소시오패스와 마찬가지로 범죄 행위 이면에 감춰진 동기와 더러운 비밀을 캐내는 변호사도 모든 사람의 마음 깊은 곳에는 이기심이 웅크리고 있다는 사실을 인정한다.

법에는 우리가 다른 글에서 좀처럼 쓰지 않는 단어가 하나 있다. 바로 '결정적'이라는 단어다. '결정적'이라는 말은 '문제의 확정과 관련이 있거나 문제를 확정하는'이라는 의미인데, 법에서는 결정적인 사항이냐 아니냐에 따라 소송의 승패가 결정 난다. 가령 병원과 불과 몇 미터밖에 떨어지지 않은 인도에서 누군가가 심하게 다쳐 피를 흘리고 있는데 내가 모른 체하고 그 옆을 지나갔다고 해보자. 여기서는 내가 그 사람과 일면식도 없다는 사실이 '결정적'이다. 즉, 법은 내가 낯선 사람이므로 그를 도와줄 의무가 없다고 판단해 내게 어떠한 법적 책임도 묻지 않는다. 사건 종결. 그 밖의 모든 사실은 쓸모가 없다. 피해자가 도와달라고 비명을 질렀고 내게 전화기가 있어서 911에 신고할 수도 있었으며, 심지어 내가 구급상자와 수술 장갑을 갖고 있었다고 해도 말이다.

'결정적'이라는 말은 법의 테두리 밖에서는 거의 쓰지 않는다. 평범한 삶에는 결정적인 일이 거의 없기 때문이다. 삶은 대부분 모호한 도덕적 규범과 사회적 기준으로 구성되어 있다. 그 복잡성이나 공허함은 짜증이 날 정도다. 반면 법은 단순명쾌하다. 상대가 무슨 패를 들고 있든 플러시가 늘 스트레이트를 이기는 것처럼 말이다. 법은 단순명쾌하기 때문에 강력하다. 만약 법이 당신이 누군가를 죽이지 않았다고 선언하면 오제이 심슨 사건이 보여주듯 모든 의도와 목적에도 불구하고 당신은 살인자가 아니다. 법도 틀릴 수 있지만 우리는 법이 틀리지 않은 척한다. 법이 당신의 손을 들어주도록 상황을 조종할 수 있는 한, 법은 당신에게 비장의 카드다.

위험부담이 너무 크다는 점에서 어쩌면 법정은 가장 파란만장한 인생극장일지도 모른다. 하지만 다른 배우들을 들었다 놨다 하는 감정이란 것에 별로 동요되지 않는 장점은 언제나 나를 유리한 위치에 서게 해주었다. 특히 정의에 관한 극단적 분노에 대해 나는 아예 장님이거나, 아니라면 확실한 항체를 갖고 있는 것 같았다.

어릴 때 나는 형제들과 함께 이따금 굴욕을 당하거나 매를 맞았다. 확신컨대 이유는 규칙 위반이었다. 어머니는 폭력적이고 경멸적인 자신의 행동을 부모의 특권인 훈계와 처벌로 정당화했다. 그것은 마치 도덕적 정당함으로 포장한 학대의 날카로운 칼날 같았다. 조무래기들이 도둑질을 하다가 들키기라도 하면 그 칼날은 외부와 단절된 상태에서 제

세상을 만난 듯 포장을 뚫고 본색을 드러냈다.

재판장은 나의 무대

로스쿨에 들어가기 전까지 나는 법정이 무엇인지도 몰랐고 거기에 내 배역은 없다고 생각했다. 우리가 듣고 읽은 모든 강의와 판례집은 배신, 사기, 남용 등 온갖 사악한 이야기와 인간이 얼마나 창조적으로 서로에게 못된 짓을 저지를 수 있는지 증명하는 증거로 가득 차 있었다. 때로 나는 로스쿨 동급생들의 행동을 이해할 수 없었다. 동급생들은 수십 년 전 혹은 몇 세기 전에 일어난 낯선 이들의 죽음에도 집단적으로 분노하고 눈에 띄게 격분했다. 나는 그들을 보면서 불안감을 느낀 게 아니라 매료되었다. 그들은 내가 느끼지 못하는 뭔가를 분명 느끼고 있었다. 내가 그들의 분노에서 본 것은 조심스럽게 균형을 이루는 정의의 저울 따위는 철저히 무시한 채 자동반사적으로 자경(自警)주의를 조장하는 부조리함이었다. 동급생들은 판례집에 등장하는 어린이 성추행범과 강간범을 더 이상 분간할 수 없는 지경에 이르렀고, 정의의 분노에 휘말려 급기야 자신이 도덕적으로 파렴치한이라고 여기는 사람과 선하다고 여기는 사람에게 서로 다른 규칙을 적용하는 의사결정 오류를 저질렀다. 강의실에 앉아 나는 사람들이 공감의 한계에 이르렀을 때 규칙을 어떻게 바꾸는지 지켜보았다.

이러한 충동은 로스쿨이라는 교양 있는 공간에서뿐 아니라 공공연한 곳에서 훨씬 더 명백하게 드러난다. 거의 모든 액션영화마다 은밀하고 폭력적인 자력구제를 합법적으로 그리고 있다. 아들은 어머니를 위해 복수하고 아버지는 딸을 위해 복수하며 남편은 아내를 위한 복수를 한다. 복수 행위는 점점 더 섬뜩해진다. 악당이 더 이상 악행을 저지르지 못하게 하는 수준으로는 충분치 않다. 가능한 한 더 큰 고통을 주려 한다. 마치 악마라는 존재 혹은 악마라고 불릴 만한 어떤 존재와 대결하는 착한 사람에게는 안전한 천국이 제공되는 것처럼 보일 지경이었다. 고통의 숭고함을 경험하고 남에게 상처 주는 일을 마음껏 탐닉해도 되는 안전한 공간 말이다.

나는 공감자, 심지어 변호사나 판사 또는 배심원 역할을 맡은 사람조차 휘말리기 쉬운 정의와 처벌의 세찬 물살을 이해하지 못했고 거기에 가담하지도 않았다. 당신이 만약 끔찍한 범죄의 누명을 쓰게 되었다면 소시오패스가 변호나 판결을 맡아주길 원하지 않을까? 당신은 내심 범죄가 도덕성과 아무런 관련이 없다고 믿는 나를 이용하고 싶을 것이다. 나는 뒤얽힌 단편적인 사실과 오해를 휘저어 진실만 추려내야 하는 법률 게임에서 오로지 이기는 데만 관심이 있지 않은가.

판사와 배심원 앞에서 법을 시행하는 일은 누가 누구인지도 모르는 수많은 고학력 밥벌레가 우글거리는 사무실에서 노예처럼 일하는 것보다 훨씬 즐거운 일이다. 재판은 그 전에 해온 모든 작업의 결정판이자 그 후에 발생할 문제가 별로 없는 결승전이다. 한마디로 재판은 '결정적'인 것의 진수이며 죽기 아니면 살기다. 열두 명의 배심원을 성공적으로 설득해 원하는 것을 얻든지 아니면 모두 잃는다.

재판장에서 나는 공연을 한다. 눈이 팽팽 돌 정도로 소란스러운 법정 서커스에서 나는 모든 이의 주목을 받고 한가운데 선 사자 조련사다. 나는 일대일이 아닌 관객 전체가 무슨 말을 듣고 싶어 하는지 알아야 한다. 법정에서는 사람들을 읽는 내 능력이 지나치게 달아오른다. 그럴 때는 다시 분산 집중을 이용해 한 번에 모든 것에 집중해야 한다. 필요한 것을 얻으려면 설득력 있는 이야기를 엮어내야 하기 때문이다.

나는 사람들의 희망과 기대, 예측, 편견을 감쪽같이 속인다. 내 이야기는 설득력 있고 심지어 믿을 만한 '진실'처럼 보이게 만들고 상대 변호사의 이야기는 거짓말처럼 보이게 만들기 위해 나는 온갖 거짓말을 동원한다. 특히 사람들이 도덕성이 관련된 사안은 비합리적이라고 믿는 경향이 있기 때문에 내게 남은 마지막 결전 카드를 이용한다. 언제나 사람들이 반응하는 한 가지, 즉 공포로 결판을 내는 것이다. 냄새로 암 환자를 가려내는 개처럼 나는 즉시 공포를 주입해줄 정확한 버튼을 찾아낸다.

주법에 따라 배심원을 선발하는 동안 검사와 변호사는 후보자의 편견을 가늠할 질문을 한다. 배심원 선발 과정은 그들에게 내 인상을 강하게 심어줄 첫 번째 기회다. 나는 일단 옷을 잘 차려입고 훌륭한 바람둥이처럼 무심하게 시작하면서 그들을 유혹한다.

처음에는 직업을 묻는다. 배심원 후보가 자기 직업에 긍지를 보이든 수치심을 보이든 직업을 인정한다는 듯 고개를 끄덕이는 것도 잊지 않는다. 배심원이 자기 직업을 부끄러워한다는 느낌이 오면 나는 "수요가 꽤 많은 직업이군요"라고 말해 다른 후보들 앞에서 그를 추겨 세워주는 듯한 인상을 심어준다. 그 한마디로 나는 배심원과 동맹을 맺고 게임에서 우승 후보가 된다. 그 호의로 그는 내게 약간이나마 충성의 빚을 진 셈이다. 반대로 배심원이 자기 직업에 긍지를 보이면 나는 그의 성공에 놀라고 감동한 표정을 짓는다. 누군가가 당신을 좋아하는지 알아내는 최고의 지표는 그들이 당신에게 동류의식을 느끼는지 보는 것이다. 승리를 극대화해서 나쁠 건 없다.

배심원 노릇도 쉽지 않은 일이다. 증거는 연속적으로 제공되지 않고 재판 전에 구성 요소를 갖추지 않았다거나 절차상의 이유로 어떤 식으로든 제한되기 일쑤다. 또 목격자는 저마다 자기 편의에 따라 나타나고 그나마 그들의 진술도 커다란 퍼즐로 치면 작은 한 조각에 불과할 때가 많다. 여기에다 진술 의도마저 분명치 않을 때가 허다하다.

이런 이유로 배심원은 원고와 피고의 대리인 사이에서 벌어지는 드라마에 온 신경을 집중한다. 그럴 수밖에 없지 않은가. 변호사는 재판의 전 과정에 참석해 주도권을 잡고 있는 것처럼 보이지만, 배심원들은 로비에서조차 변호사와 이야기를 나눌 수 없다. 그들은 재판이 끝날 때까지 배심원석에 앉아 우리의 말과 행동을 관찰하며 우리를 지배하는 보이지 않는 규칙이 있음을 간파한다. 심의실에 격리돼 있는 동안에도 그들은 중요한 일은 대개 법정에서 일어난다고 생각한다. 심지어 그들은 우리가 판사석으로 나가 배심원에게 들리지 않게 귓속말로 속닥거리는 말에도 신경 쓴다. 이런 점 때문에 우리는 배심원에게 걸어 다니는 미스터리이자 공연이 있을 때만 찾아오는 유명한 스타다.

나는 늘 상대편 변호사를 정중히 대한다. 하지만 결코 우호적으로 보이지 않도록 선을 분명히 지킨다. 로비에서 배심원과 마주치면 살짝, 아주 감질날 정도로 요염하게 미소를 지으면서 우연히 마주친 그 어색한 상황에 나도 당황했다는 신호를 보낸다. 판사에게는 결코 환심을 사려는 태도를 보이지 않는다.

법정 안에서도 나는 호감이 가는 태도를 유지하지만 힘과 권위 그리고 배심원들이 모르는 지식으로 무장한다. 사람들은 권력을 쥐기를 망설인다. 권력을 쥘지 아니면 '신뢰할 만한' 누군가에게 양도할지 물으면 대개는 권력에 따르는 책임을 떠맡지 않으려고 기꺼이 양도한다. 특히 자신에게 전문적인 지식이 없다고 생각하거나 피고의 유죄 여부 같은 결정적 사안에서 실수를 할까 봐 두려워하는 사람은 거의 백 퍼센트 권력을 양도한다.

나는 그들에게 확신이 없다는 것과 그들이 권력이라는 부담을 대신 떠맡아줄 믿을 만한 누군가를 찾고 있다는 것을 잘 안다. 그래서 나는 자신감 넘치고 권위적인 태도를 보여줌으로써 기꺼이 믿음직한 권력의 양수인이 된다. 재판 중 쟁점을 논의할 때면 나는 의미심장한 눈길로 그들과 눈을 맞춘다. '당신들은 이야기의 전말을 알지 못해. 내가 아는 걸 당신들도 안다면 나와 같은 결론을 내릴 거야'라는 내 의도가 그들에게 전달되기를 바라면서. 법정 밖에서는 그들이 곤경에 처해 도움을 간절히 필요로 할 때 믿고 의지할 만한 사람은 '나'라는 확신을 은연중에 심어준다.

배심원과의 이런 동맹은 그들이 심의 과정에 들어갔을 때 결정적으로 작용한다. 배심원들은 주어진 증거에 대한 합리적인 이해를 바탕으로 합의를 이끌어내야 한다고 지시받는다. 만약 한 배심원이 나머지 배심원들과 의견이 다르면 그는 다른 배심원에게 자기주장의 정당성을 입증해야 한다. 최악의 상황은 나머지 배심원이 전혀 신뢰하지 않는 어떤 증거를 딘 한 명의 배심원만 이치구니없이 믿어버릴 때 발생한다. 훌륭한 검사는 이 어처구니없는 배심원에게 두 가지 방법으로 압력을 가한다.

나는 우선 그 배심원에게 내가 가장 신뢰할 수 있고 가장 강력한 동지라는 인식을 심어준다. 학교로 치면 최고의 퀸카와 한 배를 탄 것이나 마찬가지이므로 나와 함께하는 한 외톨이가 되는 일은 결코 없다는 사실을 주지시키는 것이다. 그럼으로써 나는 심의실 안의 보이지 않는 배심원이 되어 꼭두각시에게 다른 배심원의 어떠한 도전도 한 방에 무너뜨릴 무적의 대사를 내뱉게 만든다.

"하지만 기소 검사가 한 말을 잊었나요?"

내가 '진실'로 보이도록 훌륭히 변론을 해내면 꼭두각시 배심원의 이 한마디는 내게 유리한 평결이 나오게 하는 데 부족함이 없다.

그렇지만 사람들이 언제까지나 합리적인 행동을 지속할 수는 없다는 걸 알기에 나는 배심원들의 공포의 중추를 건드린다. 사건에 대한 내 해석을 그대로 믿는 걸 조금은 부끄럽게 여기도록 만드는 것이다. 내가 전하고 싶은 메시지는 늘 하나다.

"재판에서 피고의 주장을 그대로 믿으면 당신은 멍청이다."

사람들은 자신이 팔랑귀처럼 보이는 걸 좋아하지 않는다. 배심원도 팔랑귀를 가진 멍청이처럼 보이느니 차라리 동료 시민을 교도소로 보내는 것이 속 편하다고 생각한다. 나는 남에게 수치심이나 주는 불량배가 아니다. 오히려 나와 의견이 같다는 것은 그들이 지적이고 합리적인 사람이기 때문이라는 사실을 배심원 각자에게 충분히 인식시킨다. 이제 배심원과 나는 한 팀이 되고 승리는 우리의 것이다.

법정의 스릴이 좋았던 나는 검사 일을 즐겼고 멋지게 잘해냈다. 법정에는 자칫하면 무효 심리가 되거나 증인석의 목격자가 진술을 번복하게 만드는 중대한 실책을 저지를 위험이 늘 도사리고 있다. 그런 의미에서 배심원과 판사를 상대로 거둔 승리는 매력적이다. 좌중의 이목을 사로잡음으로써 내가 얻는 힘도 마찬가지다.

나는 재판을 대단한 도덕적 사안으로 보는 게 아니라 포커 게임을 하듯 즐긴다. 포커 게임에서는 양쪽이 각자의 패를 갖고 더 좋은 패를 만들기 위해 과감히 거래를 해야 한다. 그런 면에서 법은 위대하다. 승

　나, 소시오패스

자와 패자가 분명하지 않은가. 정의를 수행하는 것도 좋지만 누군가를 패배시키는 것 역시 그 자체로 보상이다. 다행히 사법 체계는 이러한 동반 관계에 적확히 들어맞는 변론주의를 채택하고 있다. 양측이 이기기 위해 최선의 변론을 해도 우리가 도달할 수 있는 한계는 진실에 가장 가까운 근사치일 뿐이다.

승리에 대한 집착

사실 소시오패스의 특질과 유난히 잘 들어맞는 직업은 수없이 많다. 제임스 팰런은 외과의사와 투자상담사를 꼽았다. 소시오패스 전문 연구자 제니퍼 스킴은 영화 〈허트 로커〉에서 이라크에 파견된 폭발물 처리반 특수요원으로 나온 주인공이 전형적인 소시오패스라고 주장했다. 규칙 따위에 아랑곳하지 않고 급조 폭발물을 해체하면서도 전혀 두려워하지 않는 대담한 태도나 팀원들과 감정적으로 얽힌 문제 때문이다. 소시오패스의 특질을 보면 군 장교, 스파이, 헤지펀드 매니저, 정치인, 제트기 조종사, 수중 용접공, 소방관 등도 잘 맞는다. 나 같은 사람은 위험에 대한 내성 덕분에 다른 사람이 할 수 없는 일을 할 기회를 얻는다. 경쟁이 치열한 환경에서 이것은 강점이 아닐 수 없다.

전 CEO이자 소시오패스일 가능성이 큰 앨 던랩의 말처럼 기업 세계에서 소시오패스 기질은 진정한 장점일 수 있다. 소시오패스는 감정을 잘 드러내지 않고 냉정하며 매력적이고 자신감이 있다. 사실 소시오패스 중 상당수가 야심가로 권력과 명성에 늘 굶주려 있다. 이는 기업 세계에서 칭송받아 마땅한 기질이다. 저명한 법률학자 조엘 바칸은 《기업의 경제학》을 통해 법의 테두리 안에서 기업이 '인간적 특질'을 갖고 있다고 가정하면 과연 어떤 유형의 사람일지 묻는다. 더불어 그는 기업의 행위가 전형적인 소시오패스의 특질을 모두 보여준다고 단정한다. 도덕관념도 없고 오로지 자신의 이익만 추구하며 성공을 방해하면 도덕은 물론 때로 법적 한계까지도 무시하기 때문이다.

이러한 유형의 조직은 소시오패스가 리더로 있을 때 번창한다. 실제로 경영자 교육 프로그램에 관한 연구에서 조직의 최상위층에 있는 관리자는 '훌륭한 의사전달자, 뛰어난 전략적 사색가, 창의성이 뛰어난 사람'으로 보인다고 밝혀졌다. 동시에 이들은 소시오패스 특질 평가에서도 높은 점수를 받았다. 설령 부하 직원에게 인기가 없고 '협업'을 못하는 것처럼 보일지라도 이들은 전반적으로 리더의 자질이 있는 사람으로 평가받는다. 조엘 바칸은 이런 결론을 내린다.

"일반 사회에서 사이코패스를 매우 불쾌한(때로는 폭력적인) 사람으로 보이게 만드는 특질이 기업 세계에서는 업무 능력과 상관없이 성공자의 자질로 간주된다."

혹자는 자본주의 기업에 뭔가 문제가 있는 게 아니냐고 반론할 수도 있지만, 어쨌든 기업도 사회가 만든 하나의 시스템이다. 그리고 그 시스템 안에서 소시오패스는 단연 탁월하다.

직장생활을 하면서 나는 한 가지 알게 된 것이 있다. 그것은 자극을 갈망하는 기질 때문에 마감이 임박해도 스트레스를 받기보다 흥분한다는 사실이다. 어떤 게임이든 이기려는 욕망은 나를 냉정하리만치 효율적인 사람으로 만들어준다. 나아가 반드시 이기리라는 단호한 확신은 나를 따르는 사람들에게도 전염된다. 나는 논리적이고 결단력 있는 타고난 리더다. 특히 보통 사람이 공황에 빠지거나 포기해버릴 만한 위

나, 소시오패스

기 상황에서는 더욱더 그렇다. 나는 순식간에 분노하는 동시에 순식간에 평정을 찾을 수도 있다. 그래서 내 팀원들은 내가 실패를 용납하지도 않지만 실패에 대한 뒤끝도 없는 사람이라는 걸 잘 알고 있다. 내 성향을 유익한 방향으로 돌리는 법을 터득한 지금의 나는 선천적인 리더이자 성공한 전문가다. 지금의 나는 소시오패스의 특질에도 '불구하고'가 아니라 소시오패스의 특질 '때문에' 존재한다. 블로그 독자 중에도 비슷한 경험을 했다고 주장하는 사람이 있다.

현재 나는 미국에서 제법 큰 생수회사의 서비스 및 생산 관리자다. 미국에서 가장 큰 콘크리트 회사에서 노동자로 사회에 첫발을 내디뎠다. 12년 만에 위로는 단 두 명의 상사만 있고(기업의 소유자들) 아래로는 무려 350명의 부하 직원을 거느린 지위로 올라섰다. 기업의 구조조정으로 힘든 것이야 누구나 마찬가지겠지만, 우리(소시오패스)는 적응할 수 있을 뿐 아니라 적응을 강요할 수도 있다. 십대였을 때 나는 심각한 적응 장애가 있다는 말을 들었다. 나는 환경에 적응하지 않고 환경을 내게 적응시킨다. 술수와 협박이면 가능하다. 우리는 양떼 틈에 섞인 늑대들이다.

또 다른 독자는 이렇게 말한다.

소시오패스 관리자는 서로를 능가하길 원한다. 그들은 동료를 신경 쓰지 않으며 같은 직급의 다른 사람을 칭찬하지도 않는다. 철저히 자기 중심적이다. 하지만 그들은 맡은 임무를 완수해내며 오로지 그것만 신경 쓴다. 그리고 승진해서 높은 자리에 오르더라도 기업의 운영 방침과 맞설 확률은 거의 없다.

소시오패스의 특질은 위험하게 드러날 수도 있고 실제로 그렇게 드러난다. 하지만 아래 독자의 말처럼 기업이라는 특정 분야에서 소시오패스는 공감자보다 내분을 덜 일으킨다.

내 생각에 더 큰 골칫덩이는 공감하는 사람들이다. 나쁜 정책인줄 알면서도 가담하고 변덕스러운 감정, 즉 다른 사람이 자신을 골탕 먹일 것이라거나 자신에게서 힘을 빼앗아버릴 거라는 공포심에 의지해(전혀 사실 무근은 아니겠지만) 대부분의 결정을 내린다. 무능력하고 겁에 질린 탐욕스러운(결코 좋은 조합이라고 할 수 없는 성격) 사람들과 병적인 나르시스트 몇 명을 위해 일을 해보니 나는 소시오패스가 대체 왜 나쁘다는 건지 알 수가 없다. 논리, 아니 잔인한 그 논리는 바뀌어야 마땅하다.

실제로 기업이나 관리자가 개인적인 감정 혹은 도덕성을 일과 섞으면 종종 부정적인 결과를 초래할 수 있다. 대표적인 예로 프랜차이즈 요식업체 '칙 필 에이'의 동성애 결혼 반대 발언으로 벌어진 불매운동과 이 업체 관리자의 특정 정당 지지에 대한 주주의 소송을 들 수 있다. 어느 블로그 방문자는 이렇게 적었다.

기업이 양심 없는 사람들에게 잘 맞는 유일한 까닭은 기업 자체가 의도적으로 친사회적 방침을 배제하기 위해 만들어진 조직이기 때문이다. 기업은 돈을 벌기 위해 만들어진 조직이다. 그게 전부다. 따라서 기업은 친이윤적 방침을 수행할 사람을 선택한다. 소시오패스와 정상인을 가리지 않고 말이다. 그것이 기업의 매력이다. 기업은 당신에게 양심이 있든 없든 신경 쓰지 않는다. 기업은 오로지 기업이 요구하면 당신이 도덕성을 살짝 제쳐두고 이윤을 낼 수 있는 사람인지만 본다.

맞는 말이다. 적어도 기업의 관점에서는 돈이 최고다. 그렇다고 기업이 좋은 일을 할 수 없다는 의미는 아니다. 어떤 독자가 말했듯 '기업도 소시오패스처럼 최고의 관심사와 맞물리면 매우 호의적인 행동을 할 수 있고 종종 그렇게 행동한다.'

나는 돈을 사랑한다. 돈을 싫어하는 사람이 있을까? 모든 사람이 이기고 싶어 하는 이 세상에서 돈은 종종 등수를 결정하는 수단이다. 나는 어쩔 수 없는 경우를 제외하고 돈 쓰는 걸 좋아하지 않는다. 물건을 구매하거나 소유하는 데서는 별로 즐거움을 느끼지 못하기 때문이다. 돈은 그 자체로는 내게 의미가 없지만 돈을 획득하는 것은 내가 정말 좋아하는 게임이다. 사람들은 다른 무엇보다 돈에 가장 관심이 많은 것 같다. 그토록 돈에 신경 쓰다 보니 사람들은 돈을 위해 나를 상대로 혹은 다른 누군가를 상대로 치열하게 싸운다. 돈을 위해 싸우는 사람들은 나만큼이나 승리에 집착한다. 그래서 게임은 더욱 흥미로워진다.

가끔은 승리에 대한 관점을 달리할 필요가 있다. 주식시장 같은 곳에서는 더욱더 그렇다. 1700년대 초기 주식에서 푼돈을 잃은 아이작 뉴턴은 유명한 고백을 남겼다.

"천체의 움직임은 계산할 수 있지만 인간의 광기는 도무지 계산이 안 된다."

돈을 불리는 내 재주는 특히 주식시장에서 놀라울 만큼 뛰어나다. 나이 서른에 나는 퇴직금을 몽땅 펀드에 투자했다. 진지하게 투자를 시작한 2004년부터 나는 주식시장에서 평균 9.5퍼센트(같은 기간 S&P500지수 평균수익률 3.7퍼센트에 비해 2.57배나 높은)의 수익을 올렸다. 그처럼 꾸준하고 견실하게 시장을 이긴 것은 전대미문의 기록이다. 이를 두고 많은 사람이 말도 안 된다고(아니면 순전히 운이 좋았다고) 주장한다. 2011년에는 뮤추얼펀드 매니저 다섯 명 중 단 한 명만 S&P500지수를 눌렀고, 개인투자자 중에서는 극히 소수만 간신히 규칙적으로 수익을 올렸다. 반면 나는 매해 수익을 올렸다. 그렇다고 정보가 더 많았던 것은 아니다. 사실 나는 비교적 순진한 투자자였다. 대신 내게는 특이한 안목이 있었다. 세상을 둘러보면 어쩐 일인지 사람들과 사회제도의 약점 및 결함이 마치 내게만 보이는 형광펜으로 칠해놓은 것처럼 선명하게 보인다.

상어는 명암만 본다. 과학자들은 배경의 명암만 인식하는 것은 색깔을 인식하는 포식자보다 유리할 수 있다고 주장한다. 잠재적 먹잇감을 찾을 때 불필요한 세부적인 것보다 결정적인 공간 관계에만 집중할 수 있기 때문이다. 나는 집단 히스테리를 조장하는 행동에 대해서는 상어처럼 색맹이라 정상적이고 바람직한 행동에 비해 그런 행동을 더 잘 감지한다. 공감 능력 결핍은 달리 말하면 내가 사람들의 공황에 휘말리지 않는다는 뜻이다. 덕분에 내게는 독특한 시각이 생겼다. 금융계에서는 무리와 정반대의 생각을 할 줄 아는 능력만 있으면 된다.

증권 매매업자들은 '역투자' 정신을 칭송한다. 워런 버핏은 이렇게 말했다.

"다른 사람이 몸을 사릴 때 욕심을 내고, 다른 사람이 욕심을 낼 때 몸을 사려라."

그런데 거의 모든 증권 매매업자가 말로만 떠들 뿐 이것을 행동으로 옮기지 못한다. 바로 그들이 내 주식거래 게임의 경쟁자였다. 모든 주식거래에는 팔려는 사람과 사려는 사람이 있게 마련이다. 적어도 특정 가격에서는 그렇다. 거래에 임하는 모든 사람은 상대방을 바보로 여기는 경향이 있는 것 같다. 간단히 말해 팔려는 사람은 자기가 적시에 치고 빠진다고 생각하고, 사는 사람은 엄청난 수익을 내리라고 기대한다.

실질적인 거래는 얼굴을 맞대고 하는 게 아니므로 평소처럼 사람들의 마음을 읽거나 조종하는 기술을 쓸 수 없지만, 쓸 필요도 없다. 시장은 효율적인 시장 이론 아래 주식 하나하나의 신비롭고 완벽한 가치를 결코 반영하지 않는다. 이것이 진실이다. 오로지 시장은 실제로 주식을 평가하고 투자하는 개인투자자의 집단적 여론만 반영할 뿐이다. 고로 시장은 어떤 기업의 능력에 대한 모든 사람의 희망과 공포의 총합인 셈이다. 사람들의 희망과 공포를 잡아먹는 것이 바로 내 전문 분야다. 집단이면 어떠랴. 배심원에게 했던 그대로다. 희망과 공포의 밑바탕에는 모두 절망이 깔려 있다. 일단 그걸 찾아내는 방법을 터득하면 금세 눈에 띈다. 색맹인 내 눈에는 이러한 요소가 다른 어떤 것보다 뚜렷하게 보인다.

몇 사람에게 보이는 절망은 시차를 두고 유효한 숫자만큼 대중에게도 퍼진다는 사실을 염두에 두어야 한다. 1929년 주식시장이 붕괴되기 직전 조지프 케네디(존 F. 케네디의 부친으로 1920년대 말 증권계에 종사하며 부동산과 영화산업으로 거부가 됨─옮긴이)는 구두닦이 소년이 알려준 주식 정보를 듣고 시장에서 발을 뺄 때임을 알았다고 말했다. 조지프 케네디가 소시오패스였을 리는 없겠지만 그의 행농은 누가 봐도 소시오패스적이었다. 1963년 잡지 〈라이프〉는 그를 특집기사로 다루면서 다음과 같이 묘사했다.

"케네디는 그리니치 빌리지(뉴욕 맨해튼 섬 남부의 예술가 거주지역─옮긴이) 안에 살면서 사회 최고층 엘리트에서 무명배우에 이르기까지 '배경을 따지지 않고 거의 모든 종류의 사교계 사람'과 잘 어울리는 소시오패스적 기질을 갖고 있다. '오직 예리한 관찰자'만 케네디가 어떤 사람과도 실질적인 관계를 맺지 않았다는 것을 눈치 챌 수 있다. 그는 자신 말고는 그 어떤 세계에도 소속되지 않았다."

케네디가 주식시장에서 위업을 달성할 수 있었던 까닭은 대중 사이에 섞이는 능력과 철저히 독자적일 수 있는 능력을 겸비했기 때문이다. 실제로 케네디와 한 사무실을 쓴 브로커의 얘기를 들어보자.

"케네디는 투기에 완벽한 기질이 있는 사람이다. 사실에 대한 열정이 남다르고 감정이라고는 눈곱만큼도 없으며 타이밍에 대해 놀라운 감각을 지녔기 때문이다."

조지프 케네디만큼의 재능은 아니지만 감정이 완벽하게 결핍되었다는 면에서 보면 나도 축복받은 사람이다. 주식시장에 흥미를 느낀 냉혈한이 어디 케네디와 나뿐이겠는가. 2012년, 월스트리트에서 일하는 사람들 중 10퍼센트가 사이코패스로 추정된다는 언론 보도가 있었다. 그러나 정확한 숫자를 확인할 정도로 조사를 진행하지는 않았다.

2010년 로버트 헤어 박사는 기업의 전문가 집단 내 사이코패스 연구에서 이들 가운데 4퍼센트 가량이 임상학적 사이코패스 기준에 근접하며, 이는 전체 인구 중 사이코패스 비율이 1퍼센트인 것과 대조적이라고 밝혔다. 하지만 헤어 박사는 이렇게 덧붙였다.

"월스트리트에서 일하는 사람들 중 사이코패스가 얼마나 되는지는 모른다. 사이코패스적인 기업가나 위험을 좋아하는 사람이 금융계라는 '술집'에 강하게 끌리는 경향, 특히 엄청난 돈벌이가 되고 통제가 미흡한 곳에 더 끌리는 경향이 있다는 전제를 놓고 보면, 그 숫자는 10퍼센트를 훌쩍 넘을 수도 있다."

2008년 엔론의 파산과 금융권 붕괴가 소시오패스적 행동 때문이라는 비난도 있지만, 그 주모자가 진짜 소시오패스인지는 명확치 않다. 일각에서는 그랜드마 밀리 지역에 전력 공급을 중단해 캘리포니아 주 당국으로부터 엄청난 돈을 짜낼 수 있었다고 엔론 직원들끼리 나눈 이야기가 담긴 녹취 테이프를 들먹이며 명백한 소시오패스적 행위라고 주장했다. 하지만 다른 한편에서는 대부분의 엔론 직원이 법을 어긴 것이 아니라 오히려 신중하게 법의 테두리를 지키려 했으며 직원으로서 마땅히 해야 할 일, 즉 비윤리적인 방법으로 시장을 조작했을지언정 그건 회사를 위해 돈을 버는 일이었다고 옹호하기도 한다. 혹자는 대부분의 엔론 직원이 불법적 행위에 가담하지 않았을 거라고 보는 유일한 근거는 자기들이 싫어하는 규정을 삭제하거나 바꾸는 데 자비를 베풀지 않았다는 점이라고 주장했다. 엔론의 성공과 파멸이 사람들에게 충격을 던진 이유는 기업의 교만과 부도덕성이 만천하에 드러났기 때문이다. 소시오패스는 엔론 같은 기업에서라면 자기 집인 양 편하게 일했을 것이다. 아니면 내부 고발자처럼 무모하고 위험스러운 일을 했을지도 모른다. 여러 면에서 소시오패스와 기업은 날씨와 닮았다. 때로는 비가 축복이지만 때론 저주인 것처럼 말이다. 대부분의 사람들이 할 수 있는 일은 축복을 바라거나 저주에 대비하는 것이다.

얼음처럼 차가운 여우

나는 훌륭한 변호사가 될 수도 있었지만 몇 년 전에 변호사 사무실을 접었다. 지루해진 탓도 있었고 사람이나 기업을 돕는 일이 그리 흥미롭지 않았기 때문이다. 차라리 그들을 가르치는 일이 더 흥미로울 것 같았다. 그래서 법학과 교수가 되었다.

법을 가르치는 일은 운 좋게도 우연한 기회에 찾아왔다. 친구 하나가 교수였는데 대학에서 언제 교수를 구할지 모르니 미리 이력서를 보내라고 귀띔을 해주었다. 나중에야 알았지만 나는 정말 가르치는 일을 사랑했다. 생활방식, 급여, 힘, 무엇보다 자율성이 있다는 점이 마음에 들었다. 매년 매력에 끌리듯 새로운 학생들이 들어왔다. 법학과에는 나와 의견도 다르고 좋아하지도 않는 몇 명의 '숙적'이 있었는데, 나는 그들과 일방적인 게임을 했다. 내 학문적 지식은 주로 그들의 학식을 무너뜨리는 데 초점이 맞춰졌다. 사람들은 내가 일주일에 여섯 시간 정도, 일 년에 여덟 달 이하만 가르친다고 하면 대개 놀란다. 선천적으로 게으른 데다 지루하고 고된 일은 아예 엄두도 내지 않는 나 같은 사람에게 교수는 정말이지 꿈의 직업이다. 물론 언젠가는 이 일도 지루해질 테고 또 무슨 일을 하게 될지 모르지만 어쨌든 일은 잘 돌아갈 것이다. 늘 그랬으니까.

학자로서 나는 특이한 변수들 안에 조직된 제도적 환경에서 일한다. 가령 법학과 교수라고 하면 스스로도 늘 정장을 갖춰 입고 법학 분야로 진출할 학생들에게도 복장을 준수하게 할 거라고 생각하겠지만, 기존의 법 체제에 도전하는 것이 본연의 역할인 만큼 교수들은 공동체의 기준에 순응하리라는 예상을 번번이 뒤집는다. 달리 말하면 옷을 갖춰 입는다고 교수가 되는 것은 아니다. 법학과 최고의 거물은 강아지를 데리고 강의실에 들어오고, 가장 형편없는 교수는 권력의 넥타이를 매고 강의실에 들어온다. 물론 순응하려 노력도 하지만 어떻게든 철저히 순응하는 일만은 피하려 하는 내게는 성공하기에 좋은 환경이다.

학생들은 내게서 풍기는 이런 매력적인 기벽을 좋아하고 나도 학생들의 요구에 각별히 신경 쓴다. 처음 몇 년간 나는 광범위한 시장조사를 했다. 이를테면 수백 가지의 주제를 정해놓고 학생들을 은밀히 조사해 내 교수법에서 '빅맥' 같은 매력을 느끼도록 만들었다. 나는 교수평가에서도 언제나 탁월한 점수를 받고 있다. 이는 내 사려 깊음과 명백한 자아감 결핍에 대한 표창장인 셈이다.

나는 기지 넘치고 결코 잘난 체하지 않는 사람으로 통한다. 농담도 잘하고 동영상과 그룹 활동으로 무미건조한 수업에 활기를 불어넣기 때문에 재미있는 교수로도 알려져 있다. 가르치기 시작한 지 2년 만에 강의실에는 가장 심원한 주제도 흥미롭게 만드는 내 능력을 격찬하는 학생이 두 배로 늘었다. 교수평가 보고서에 따르면 나는 '얼음처럼 차가운 여우'다. 매력적인 사람이 못생긴 사람보다 훨씬 좋은 대우를 받고 더 능력 있는 사람으로 인정받는다는 연구도 있다. 따라서 나는 강의가 있는 날이면 옷을 신경 써서 입는다. 보수적이면서도 섹시하게 보이는 옷, 몸에 딱 붙는 조끼와 아름다운 모델이 즐겨 입는 무릎까지 오는 펜슬 스커트가 한 벌인 스리피스 정장을 주로 입는다. 바지 정장을 입을 때는 멜빵과 넥타이를 코디해 중성적 이미지를 연출한다.

남학생의 관점에서 나는 모든 것을 완비한 '뜨거운 여교수'의 환상을 충족시켜줄 만한 욕망의 대상이다. 여학생에게는 패션에 대한 안목도 있고 강의 중에 '탐폰'이라는 단어도 거리낌 없이 내뱉을 수 있는 맵시 있고 성공한 여성의 롤모델이다. 이 모든 것은 최대한 많은 학생의 마음을 끌기 위해 철저히 계산한 일종의 가면이다.

물론 때로는 이러한 가면 때문에 상황이 끔찍하게 나빠질 수도 있다. 가끔은 실제로 나빠지기도 했다. 나는 섹시한 매력을 보이려고 일부러 과장해서 연기를 할 때도 더러 있었다. 한번은 남학생들을 희롱한다는 이유로 고소를 당하기도 했다. 많은 신입생이 만만해 보이는 내 매력을 수상하게 여기는 것도, 내 주변에 개인숭배 분위기가 감도는 것도 사실이다. 이는 소시오패스의 직장생활에 심각한 위험을 초래할 수 있다. 한 블로그 독자도 비슷한 이야기를 털어놓았다.

최근에 내 직속상관이 된 사람은 약도 없을 나르시스트였죠. 나는 그를 리틀 보스라고 불렀어요. 내 부하 직원들은 나를 몹시 좋아해서 시키는 일이면 뭐든 척척 잘했지요. 리틀 보스는 그게 몹시 못마땅했던 모양입니다. 직원들은 같은 말도 리틀 보스가 하면 듣지 않았지만 내가 하면 잘 들었죠. 원칙적으로 따지면 자기들에게는 그가 더 상관이었음에도 중간에 있는 내게 충성한 거죠. 내가 '멋진 남자'라 직원들은 나를 위해 일하는 걸 좋아했어요. 물론 나도 직원들에게 무한 신뢰로 보답했지요. 그러니까 내 빅 보스(빅 보스가 누구겠어요? 리틀 보스의 보스잖아요.) 눈에는 내가 얼마나 훌륭해 보였겠어요. 그럴수록 리틀 보스는 격분했죠. 리틀 보스는 노골적으로 내가 개인숭배를 조장하는 기업의 암적 존재라고 떠들고 다녔죠. 급기야 빅 보스와 나를 이간질하기 시작했어요. 아주 열정적으로 말입니다. 어느 날 인신공격을 시작했고 내 인내심이 바닥나 한 대 갈겨줬지요. 지금은 다시 직장을 구해야 합니다. 아니면 폭행 혐의로 고발하겠다나요. 인생이란 참.

일부 학생이 자석 같은 내 매력을 의심하는 것은 순순히 인정한다. 법학도가 아닌가. 우리는 학생들에게 냉소가가 되라고 가르친다. 내가 법정에서 배심원들과 그랬던 것처럼 법학도와 조화로운 관계를 구축하려면 약간 시간이 걸린다. 나는 학생들의 불신을 잘 알고 있기 때문에 처음부터 솔직하고 효율적으로 전문가답게 대처한다. 나는 건방진 사람으로 보이는 걸 원치 않는 동시에 학생들이 나를 만만한 사람으로 여기는 것도 원치 않는다.

나는 자신감 넘치고 냉담한 사람이다. 학생들 중 누군가가 선을 넘으면 감정에 좌우되지 않는 냉정하고 단호한 말로 신속하게 그를 제자리로 돌려보낸다. 그런 학생에게는 아무리 사소한 오해도 즉시 바로잡아준다. 아니면 그 학생에게 어려운 질문을 던져 학생들 앞에서 망신을 준다. 학생들은 이런 걸 좋아한다. 그들은 명사수도 싫어하지만 비위나 맞춰주는 선생들도 좋아하지 않는다. 이런 상황 외에 강의실에서 힘겨루기를 할 일은 없다. 증명하고 말고 할 것도 없고 나는 그저 학생들이 낸 등록금으로 적잖은 액수의 월급을 받을 뿐이다.

학생들은 나와 맞서려고 할 수도 있지만 강의실에서 나는 신이다. 내가 시험문제를 내고 성적을 주므로 내가 법이라고 하면 법이다. 하지만 나는 딱 적당한 수준에서 쇼를 접는다. 그래야 학생들이 내 강의를 듣는 것을 행운으로 여기지 않겠는가. 매력이 한참 떨어지는 다른 누군가의 강의가 아니라 내 강의를.

학생들은 내게 개인적으로도 관심을 보인다. 그들이 내게 점점 빠져드는 이유는 이따금 내가 흘려주는 사적인 이야기 때문이다. 이를테면 밴드 활동이나 지금밤으로도 내 위신을 세워줄 민현 의뢰인들이 얽힌 법정의 뒷담화 같은 것이 있다. 물론 솔직하게 모든 걸 털어놓는 것은 아니다. 나는 삶의 자잘하고 세밀한 부분에 대해서는 감춰두고 사람들 스스로 판단하게 만든다. 그래야 내 정보가 그들에게 좀 더 믿을 만하고 가치 있을 것 같아서다.

어쨌든 내가 만일 첫 강의부터 자격증을 들이밀며 허세를 부리거나 사적인 이야기로 억지 관심을 끌어내려 했다면 진즉에 위신이 땅바닥으로 떨어졌을 것이다. 가끔은 깜빡 잊고 너무 일찍 농담을 하거나 가족사를 공개할 때가 있는데, 그러면 즉시 뒤로 물러서서 중립적인 태도를 유지할 시간을 마련한다. 그런 실수는 점점 줄어들고 있다. 지금은 매일 먹는 요리를 하는 것처럼 편안하다. 곧 지루해질 것 같아 살짝 불안하지만 말이다.

사람들의 기대치를 조절해 그들을 요리하는 방법이나 기분 상하지 않을 정도의 냉담함을 보여줌으로써 자신을 따르게 만드는 방법을 알면 어느 직장에서나 유리한 위치를 점할 수 있다. 나는 평화로운 직장 분위기를 망치는 돌발적인 감정에 휘말리지 않는다. 그런데 수많은 리더가 이 문제를 지혜롭게 해결하지 못하는 것 같다. 나는 교회에서 진행하는 '불만을 말하세요' 모임에 참석한 적이 있다. 몇 분 지나지 않아 모임은 격분한 사람들이 쏟아내는 비난의 장이 되고 말았다. 각자의 불만은 사소한 것이었지만 그 가짓수는 실로 어마어마했다. 급기야 사람들은 그처럼 긴박한 문제에 신경 쓰지 않는 교회 관리자들에게 분노의 화살을 돌렸다. 모임에 참석한 사람들은 이전에 알지 못했던 불만을 새로 알게 되었고 죄다 열이 받아서 자리를 떴다. 이 얼마나 바보천치 같은 짓인가. 이보다 더 어처구니없는 모임이 또 있을까 싶었다.

강의실을 비롯해 이런저런 전문가 모임에서 사소한 반란 사태가 일어나면 나는 가장 소리 높여 불만을 토로하는 사람을 목표물로 정한다. 그리고 만남을 계획하거나 재빨리 그들에게 '이만저만한 일로 당신이 얼마나 불만스러운지 나도 알고 있다'는 식의 이메일을 보낸다. 그런 다음 그들이 원하는 만큼 불만을 토로하게 내버려둔다. 반드시 어떤 입장을 밝힐 필요는 없다. 그저 동정하는 태도로 들어줄 뿐이다. 변명도 하지 않고 내 입장을 완강하게 고수하지도 않지만 상대의 입장에 동의하지도 않는다. 다만 위로 차원에서 그들의 감정에 집중해 '정말 힘들었겠구나' 또는 '이해해, 로스쿨 과제가 보통 힘든 게 아니지'라고 말한다.

가급적 동정심이 묻어나는 단어를 사용하려 노력하지만 다른 한편으로 그런 문제는 얼마든지 극복할 수 있고 법률가가 되기 위한 필수 과정이라거나 개인적인 사정이나 능력에 상관없이 해야 할 일이라는 뜻을 분명히 밝힌다. 물론 나는 대다수에게 분출구가 필요하다는 사실을 알고 있지만 은근슬쩍 수치심을 주는 말도 잊지 않는다.

"법은 만만한 게 아니야. 그건 앞으로 네가 엄청난 돈을 벌게 될 이유이기도 하지."

속뜻은 '이 울보야, 그렇게 약해빠져서 어디다 쓰겠니'라는 의미다.

나는 잠정적 반란 선동자를 격리하고 선수를 친다. 또 그들에게 결코 공개적으로 말할 기회를 주지 않으며 지지를 얻을 기회도 허락지 않는다. 그러면 모든 학생이 각자 개별적인 고통 외에는 알 수 없을뿐더러 나나 강의와 관련된 문제를 학과 전체의 제도적인 문제가 아니라 개인의 문제로 인식한다.

또한 나는 똑똑한 사람으로 보이고 싶어 하는 학생들의 욕구도 좀 다른 방식으로 이용한다. 로스쿨에는 강의 중에 교수가 학생에게 임의로 질문을 하는 '콜드콜'이라는 전통이 있다. 썩 마음에 드는 전통은 아니다. 제대로 준비하는 학생도 별로 없거니와 시간 낭비 같기 때문이다. 그러나 콜드콜을 전혀 하지 않으면 학생들은 아예 강의 준비를 하지 않을 수도 있다.

이를 위해 나는 이메일을 사용했다. 콜드콜을 하기 전에 한 학생에게 특정 판례에 대해 준비하라고 이메일을 보내는 것이다. 물론 나머지 학생에게는 콜드콜을 하는 것처럼 보이고, 이메일을 받고 준비한 학생은 콜드콜을 멋지게 완수한다. 나머지 학생들은 '혹시 나만 콜드콜을 제대로 받아치지 못하면 어쩌나?' 하는 걱정과 함께 놀라움을 금치 못한다. 학생들이 열심히 공부하게 되는 게 당연한 일 아닌가.

내게 이메일을 받은 학생은 이메일을 받았다는 사실을 함부로 누설하지 않는다. 자신의 콜드콜 실력이 돋보이려면 결코 알려져선 안 될 테니까. 강의실과 직장에서 이러한 분할 정복 접근법은 꽤 여러 번 효과를 거두었다. 그저 사람들이 이 방법을 쓰지 않는 것이 놀라울 따름이다.

나는 불량배 같은 사람과 함께 일한 적도 있다. 그녀는 대단한 실세도 아니면서 교묘하게 자신을 없어서는 안 될 존재로 만드는 데 성공한 모양이었다. 그 무렵 내가 합류했다. 처음에 나는 그 불량배에게 착하고 매력적인 사람으로 보인다며 바람을 넣었다. 그게 마음에 들었는지 그녀는 내가 진행하는 프로젝트가 무엇인지 또 잘 진행되고 있는지 물으며 관심을 보였다. 그런데 동료의 말을 듣자하니 그녀가 남이 잘되는 꼴을 못 본다는 게 아닌가.

불량배가 다른 사람들에게 퇴근 인사를 할 때 나는 그녀를 옆으로 살짝 끌고 가서 어깨에 손을 올려놓고 말했다.

"있잖아요, 사과할 게 있어요. 오늘 아침에 한 말은 허튼소리였어요. 프로젝트가 어떻게 진행되느냐고 물었죠? '그럭저럭'이라고 대답했잖아요. 그건 프로젝트에 내 모든 신경과 능력을 쏟지 않았다는 의미가 아니었어요. 오히려 이번 프로젝트에 백 퍼센트 전념하고 있어요. 제가 너무 겸손을 떨었나 봐요. 이제 생각해보니 너무 농담처럼 성의 없게 대답한 것 같아요."

내 사과에 그녀는 완전히 경계를 풀고 비밀을 털어놓기 시작했다.

"음, 실은 최근에 프로젝트를 담당했던 몇 사람이 해고되었죠. 내 생각엔, 어쩌면…… 아무튼 당신은 좀 다를 것 같아요."

그렇게 그녀는 자신의 패를 내보였다. 그날 오전만 해도 전혀 모르는 체하더니 그녀는 내가 진행하는 프로젝트를 알고 있음을 인정했다. 프로젝트가 언제 시작되고 어떻게 진행되었는지, 얼마나 중요한 프로젝트인지 알고 있으며 아울러 내 실패에 명백한 관심이 있다는 걸 인정한 것이다.

다음 날 나는 완전히 돌변했다. 그녀가 내게 질문을 하면 대답 대신 아무짝에도 쓸모없는 시시한 질문을 던졌다.

"점심에 뭐 먹을 거예요?"

"알잖아요, 매일 똑같죠 뭐. 점심에 뭐 먹을 거예요?"

"지금 무슨 일 하고 있어요?"

"이런저런 일들. 무슨 일 하세요?"

내 대답이 짧아질수록 그녀는 점점 더 불쾌해했다. 이제 불량배는 필사적이었고 힘의 이동을 간파하기 시작했다. 그녀의 질문은 '친근하게' 에둘러 던지는 것에서 단도직입적 심문으로 빠르게 진행되었다.

"그래서 어제까지 그 프로젝트는 얼마나 진행되었죠? 승인이 떨어졌나요?"

알고 싶기나 한 건가? 어느 블로그 독자는 불량배에 대해 이렇게 적었다.

어떤 작자들은 소시오패스가 최악의 불량배라고 생각하죠. 머리가 조금이라도 돌아가는 소시오패스라면 폭력과 협박이 누워서 떡 먹기라는 걸 알고 있을 겁니다. 그리고 그것만 믿다가는 끔찍한 후폭풍이 있으리란 것도 알죠. 소시오패스는 탄압자가 아니라 기쁨조예요. 불량배는 힘을 얻기 위해 적을 만들지만 소시오패스는 친구를 만들죠.

이러한 전략은 감정의 드라마와 파동에 휘말리지 않으려 하는 소시오패스의 이기적인 욕망 때문에 발달한 것이지만 어떤 조직에서든 유익하다.

'현실성' 획득하기

가르치는 일을 하면서 얻는 즐거움 중 하나는 학술회의에 참가하는 것이다. 전문가다운 모든 활동이 거기에서 벌어지기 때문이다. 그곳에서 나는 철저한 계산 아래 나를 드러낸다.

일단 관심을 끌 만한 옷을 신중하게 고른다. 모두가 비즈니스 정장을 차려입는 데 반해 나는 청바지와 카우보이 부츠를 신는다. 특히 카우보이 부츠는 내 오만한 걸음걸이를 돋보이게 해준다. 이것은 평범한 기준으로 내리는 평가에는 별로 관심이 없다는 걸 보여주는 도구이기도 하다. 어쨌든 사람들이 내가 어느 학교 교수인지 보기 위해 내 이름표를 한 번 더 보는 게 중요하다. 일류 대학이 아니라는 걸 눈치 채면 사람들은 내가 유능하리라는 기대를 금세 접지만, 사실 난 유능하다. 또한 제아무리 유능한 남자 교수도 여자를 목표물로 본다는 사실을 잊지 않는 게 좋다. 나는 그들의 기대를 가지고 놀 뿐 그것을 탓하지 않는다. 그들은 함께 놀아서 즐겁고 나는 암암리에 내 관점을 주입해서 즐겁다.

그들이 나를 과소평가하고 있다는 걸 알지만 굳이 싸우지 않는다. 확실한 사실만 전달하는 메신저가 되는 것이 바로 내 능력이다.

"그런데 말이죠, 이런 각도로 보면 X도 Y처럼 보이지만, 저런 각도로 보면 달리 보이지 않나요?"

나는 그들 스스로 보게 만든다. 이것은 배심원들과의 경험을 통해 터득한 것으로 그게 훨씬 더 설득력이 있다. 나는 내 생각을 상대방의 머릿속에 이식하려 노력한다. 물론 머릿속에 뿌리내리기도 전에 이질적인 생각이라며 거부하지 않도록 신중하게 꺼내놓기만 하면 된다.

다른 한편으로 생각을 주입하는 이 방식이 약간은 신기한 마법처럼 보이길 바라는 마음도 있다. 수수께끼를 맞히는 것처럼 말이다. 수수께끼는 원래 어려워서가 아니라 수수께끼를 내는 방식, 다시 말해 알짜 정보를 쏙 빼고 내기 때문에 어렵다. 수수께끼는 풀라고 있는 것이다. 사람들이 열심히 풀어서 자신을 과시하려 하는 이유도 풀 수 있다는 수수께끼의 특징 때문이다.

학술회의에 참석하면 나도 사람들에게 수수께끼를 낸다. 정답을 아는 사람은 손을 들어보라고 하면 정답을 맞힌 사람은 천재처럼 돋보인다. 원래 그런 의도로 문제를 냈으니 천재처럼 보이는 것도 당연하다. 내가 법률 토론에서 자주 써먹는 수수께끼는 이것이다.

"솔트레이크 시티 공항이 미국의 여느 공항보다 훌륭한 흡연 시설을 갖추고 있는 이유는 뭘까?"

솔트레이크 시티 주민의 대다수는 모르몬교도로 그들은 담배를 피우지 않는다. 왜냐하면 인간의 몸은 성전이고 담배는 성전을 모독하는 행위라고 믿기 때문이다. 나는 사람들에게 주민 대다수가 비흡연자인 그곳 공항에 편리한 흡연 시설을 만든 이유가 무엇인지 묻는다. 그때 모두가 이 질문에 해답이 있다고 생각한다. 하나같이 똑똑한 사람들이기 때문에 모두가 과감히 답을 말한다. 그러나 정확하게 그 문제의 답을 말한 사람은 한 명도 없었다. 기상 악화로 비행기가 연착돼 공항 로비에서 서성거리던 어느 날, 문득 나는 나 자신에게 이 질문을 했다. 덕분에 나는 그 신기한 수수께끼의 창시자가 되었다.

그 수수께끼의 묘미는 답이 간단하다는 데 있다. 정답은 '이 공항이 1960년대에 지어질 때부터 금연 정책이 시행되었기 때문'이다. 로스앤젤레스 국제공항, 라과디아 공항 그리고 미국의 많은 대형 공항에는 뒤늦게 설치한 것처럼 보이는 흡연 시설이 있다. 이 공항들은 애초부터 공항 터미널 전체에 흡연을 허락했기 때문에 예전에는 흡연실이 따로 없었다. 이 공항들의 주요 터미널이 담배연기로 자욱하던 1960년대에 솔트레이크 시티 공항은 처음부터 금연이었다. 그러다가 다수자인 흡연자들의 요구를 들어주기 위해 실내 흡연을 공식 인정했고, 공항 터미널 곳곳에 편리하게 이용할 수 있는 '흡연실'을 설치했다. 이처럼 솔트레이크 시티 공항의 훌륭한 흡연 시설은 비흡연자 입장에서 흡연자를 특별히 고려해 탄생한 것이다.

사람들은 약간 꼬인 것을 좋아한다. 흡연실 이야기는 의도치 않은 결과를 예측하기 힘들다는 비유이기도 하고, 우세한 다수가 순식간에 압박받는 소수가 될 수 있음을 보여주는 경고성 이야기이기도 하다(소시오패스에 대한 특별 대우도 터무니없는 생각은 아니지 않을까). 나는 수수께끼의 모호한 도덕성이 좋다. 복잡한 세상일을 단순하게 보여준다는 점도 수수께끼의 매력이다.

솔트레이크 시티 공항 수수께끼에 대한 내 답이 속임수가 아니듯 법과 관련된 내 업무도 속임수가 아니다. 법률 업무에서 내가 부리는 술수는 사람들에게 법을 제시하는 방법에 있다. 나는 사람들을 단 하나의 결론, 즉 내 결론으로 이끈다. 마침내 닿을 목적지가 어디인지 사람들이 모르기 때문에 스릴이 있다. 그야말로 지적인 마법이 아닌가. 실제로도 법은 효율적인 화술이다.

법학과 교수로서 나는 독창적인 이론들을 발표해 학교에 내 가치를 충분히 입증하고 있다. 또 나는 무례한 말로 사람들의 심기를 건드려 내게 도전하도록 만드는 걸 좋아한다. 논쟁도 즐기는데 그 이유는 논쟁을 하면 할수록 사람들이 내 주장을 더 많이 기억하기 때문이다. 물론 내게는 모든 것에 대한 해답이 있다. 처음에 나를 과소평가하던 사람들도 내 공격에 꼬리를 내린다. 그들은 단지 신분증만 내세우는 세상에 익숙할 뿐이다. 내 요점은 당신들이 생각하는 내가 진짜 '나'는 아니라는 것이다. 내가 원하는 것은 그들이 나를 또다시 공격할 마음을 접게 하는 일이다. 나는 그들이 내 입에서 떨어질 엄포를 두려워하길 바란다. 법은 상황이고 '확실한 것'은 거의 없으므로 법을 쥐고 있는 한 나는 법을 최대한 활용한다.

물론 옥스퍼드 출신들과는 경쟁이 되지 않는다는 것쯤은 나도 알고 있다. 최근 십여 년간 있었던 대법원 판결을 결정한 진술을 줄줄 꿰고 있는 공부벌레들과 어찌 경쟁하겠는가. 그런데 다른 분야와 마찬가지로 변호사와 판사 사이에도 자신과 비슷하고 똑같이 행동할, 적어도 자기보다 젊고 박력 있는 판박이 같은 사람을 보고자 하는 올드보이 클럽 같은 게 있다. 이들은 마치 남근의 크기를 견주기라도 하듯 누구에게 질세라 실체법을 불쑥불쑥 들먹이며 잘난 체를 한다. 법률 논쟁에 휘말리는 것쯤은 개의치 않는다.

실체법은 대부분 몹시 지루하다. 특히 나처럼 끊임없는 자극을 갈망하는 사람에게는 이루 말할 수 없을 정도로 지루하다. 나는 그런 사람들과 두뇌 유형도 다를뿐더러 백과사전처럼 법률 지식을 쌓고 싶은 마음도 없다. 요즘 인기 있는 법률적 쟁점에 대해서도 그다지 흥미가 없다. 내가 개업 변호사에 썩 어울리지 않는 것도 이 때문이다. 나는 대다수 사람과 똑같은 방식으로 일하지 못한다. 심지어 의뢰인에게 매우 중대한 영향을 미치는 일마저도 말이다. 다행히 대학에서는 내가 원하는 대로 배우고 가르칠 자유가 있다.

그래도 나는 최소한 내 역량을 보여주는 수준은 반드시 유지한다. 내 명성을 걸고 법조계 모임의 창립 멤버와 설전을 벌인 것도 그 때문이다. 그건 내가 선택한 싸움이다. 영국군에 맞선 혁명군처럼 나는 적을 안전한 요새에서 꾀어내 나만의 능력, 즉 사람의 마음을 읽고, 시스템의 이용 가능한 부분과 결점을 찾아내고, 고정관념에서 벗어나 생각할 줄 아는 능력으로 매복 공격을 감행했다. 상대는 이러한 게릴라전에 익숙지 않았다. 정정당당한 싸움이 아니라고? 세상에 정정당당한 싸움이란 건 아예 없다는 걸 나는 누구보다 뼈저리게 알고 있다. 나와 같은 학교에서 가르치는 사람들이나 최근 아홉 차례의 대법원 판결을 내린 판사의 이름을 줄줄 꿸 수 없는 사람들에게 정정당당한 싸움은 없다.

내게 학술회의는 복잡한 감정이 매설된 지뢰밭이기도 하다. 나는 칵테일파티가 싫어서 가끔은 밤을 위한 가면을 쓰고 나 자신에게 또 다른 역할을 부여한다. 내 남자친구 중 하나는 내 모순 때문에 처음부터 끌렸다고, 여러 개의 가면 중 어느 것이 진짜 나인지 알고 싶었다고 말했다. 그는 겉으로 보이는 것보다 내 머릿속에 훨씬 더 많은 생각이 있다는 걸 알 수 있다고 말한다. 친한 사람들과 이야기를 나눌 때도 겉으로는 한없이 즐거운 척 내내 미소를 짓지만 머릿속으로는 그 자리에서 벗어날 궁리를 하는 것 같기 때문이란다. 철저히 계산한 것이라고 볼 수 없을 정도로 몸과 생각이 따로 노는 내 모습이 지극히 자연스럽다는 것이다. 어떤 메시지를 전하려고 적극 노력하지 않는 한, 누군가를 유혹하려 하지 않는 한, 나는 사람들에게 말을 걸지 않는 편이다. 뭔가 남의 죄를 들춰낼 것 같은 위험도 크고 돌아오는 이득도 없기 때문에 차라리 입을 닫는다.

사실 자주 참석하는 사교 모임에 갈 때는 잡담할 이야깃거리를 준비한다. 이를테면 수수께끼 같은 것 말이다. 경험상 이 방법은 동료나 친구들을 꼬드길 때, 고통스럽고 어색한 칵테일파티를 견뎌야 할 때, 심지어 직업상 점수를 쌓을 때도 확실히 효과적이었다. 최소한 다섯 가지의 길고 짧은 개인적인 이야기를 준비하면 충동에 이끌려 생뚱맞은 말로 대화의 맥을 끊는 일은 피할 수 있다. 사교 모임도 내게는 학생이나 배심원을 다루는 일과 흡사하다. 내게 최고의 이점을 선사하는 데 초점이 맞춰져 있기 때문이다.

소시오패스적인 성향을 좀 더 생산적이고 전문가다운 행동으로 충족하는 법을 터득하면서 지나친 충동을 억제하는 방법도 익히게 되었다. 햇병아리 변호사 시절에는 무모했지만 지금은 이익만 바라보면 추락할 수도 있음을 늘 의식한다. 그 시절에는 조사하면 금세 발각될 바보 같은 사기를 쳐서 월급으로 모두 갚은 일도 있었다. 로펌에 있을 때 개인 테니스 강습비를 로펌에 청구했다. 저음에는 로펌의 관리사급 가운데 오랫동안 동료와 깊은 관계를 유지하고 있는 한 사람을 유혹하려 했다. 결국 그녀보다 주목을 덜 받는 관리자를 꼬드기는 데 성공했지만 그가 시키는 일을 수준 이하로 하는 바람에 내 매력의 마법이 풀려버리고 말았다. 그래도 대체로 교묘하게 모면하긴 했고 강습비 명목으로 나를 호출하는 사람도 없었다. 그 일로 해고 통지를 받기 전까지는 말이다.

지금은 일이 틀어지면 잃을 게 많다. 돈과 안정적인 생활, 직장, 비교적 일관성 있게 관계를 유지하는 가까운 동료들까지. 이러한 요소가 머릿속에 스치면 갑자기 수백만 가지 위험이 눈에 띄기 시작한다. 모든 것을 한꺼번에 잃는다면 결코 무시할 수 없는 타격을 입을 것이다.

위험을 인식하면서 내게 새로운 증상이 생겼다. 그 증상을 가장 잘 표현하는 말은 내가 볼 때 '불안감'이다. 그건 예전에 전혀 의식하지 않던(혹은 신경 쓰지 않던) 증상이다. 과거에는 불안감을 감지하면 관계를 끊어버리고 다시 시작했지만 나이가 들수록 다시 시작할 수 있는 것이 점점 줄고 있다.

여전히 나는 무모한 사람으로 보일지도 모른다. 특히 사람들이 이유 없이 두려워하는 상황에서 상대적으로 침착할 때는 더욱 무모하게 보일 수 있다. 지금도 흥분을 좋아하는 건 변함이 없다. 새로운 일, 위험이 잠재된 일을 찾는 경향도 여전하다. 최근에도 친구들과 번지점프 여행을 떠났을 정도니까. 하지만 나이가 들수록 나도 별 수 없이 삶의 외형적 측면보다 정신적 측면으로 더 기울고 있다. 그래서 보상 대비 위험 비율이 높은 지적 추구나 마인드 게임에서 흥분과 스릴을 느낀다. 동료들의 감정을 갖고 노는 일도 점점 줄고 있다. 그런 게임을 완전히 끊을 수 있을지, 또 게임을 끊을 필요가 있는지는 잘 모르겠지만 말이다.

실제로 변호사 업무의 상당수는 교묘한 속임수이다. 내 역할은 사람들의 기대에 따라 달라졌는데, 그렇다고 악역을 맡지 않았다는 의미는 아니다. 더러는 지독한 악역도 맡았다. 어떤 면에서 보면 나는 법조계에 어울리지 않는 사람인지도 모른다. 복장도 제멋대로였고, 대화 중에 발동하는 충동도 법조인 스타일은 아니었다. 이런 내 버릇을 교묘히 위장하는 법도 수많은 시행착오를 거쳐 이제 막 터득했다.

얼마 전부터 나는 외부의 도움을 받아 패션에 대한 결정(도덕적 결정도)을 내리기로 했다. 어쩌다 내뱉은 실언을 기발하고 풍자적인 농담으로 바꾸는 기술에도 익숙해졌다. 예쁜 면도 있고 못생긴 면도 있다는 사실을 잘 아는 여배우처럼 나는 관객에게 적절한 쇼를 보여주기 위해 늘 주의 깊게 신경을 썼다. 사랑하는 사람, 직장 상사, 친구 들에게 알맞은 쇼를 보여주기 위해서. 한동안 나는 박수갈채를 받을 만큼 잘해냈다.

그렇게 몇 해가 흘렀다. 자기 분석 시간이 지난 지금, 나는 나 자신에게나 가족 그리고 몇 명 되지 않는 친구에게 근본적으로 정직해야 한다는 걸 배웠다. 그렇지만 그럭저럭 지내기 위해, 일과 삶을 위해, 오늘도 나는 정상인의 가면을 쓰고 세상으로 나간다. 그것은 고독한 일일 수도 있다. 너무 오랫동안 힘들게 정상인인 척을 하느라 지친 것도 사실이다. 그래도 마지못해서일망정 정상적이고 안정된 사람 흉내를 내다보니 어느 정도는 진짜가 되었다.

착한 변호사 역할을 하는 것과 진짜 착한 변호사 사이에는 무슨 차이가 있을까? 소중한 동료인 척하는 것과 진짜 소중한 동료 사이에는 무슨 차이가 있을까?

이제야 깨달았지만 신참 변호사로서 내가 맡은 가짜 배역은 현실성이라는 중량감을 획득하는 일이었다. 그것이 곧 내 삶이다.

7장

일반인 코스프레하는
외계인

어릴 적 나는 여동생 캐슬린과 함께《오즈의 마법사》를 읽었다. 그런데 나는 주인공 도로시에게 동질감을 느끼기는 커녕 캔자스의 집으로 돌아가고 싶어 하는 그녀의 소망도 이해할 수도 없었다. 오합지졸 같은 일행을 사악한 힘으로부터 구원하는 여장부 역할은 내게 어울리지 않았다. 오히려 오즈의 나무꾼 닉 초퍼로 태어난 양철 나무꾼에게 동질감을 느꼈다.

그의 역경은 먼치킨(판타지 속의 난쟁이들—옮긴이)족 소녀와 사랑에 빠지면서 시작되었다. 소녀의 보호자는 소녀를 놓아주기 싫어 동쪽 마녀와 계약했고 마녀는 닉의 도끼에 마법을 걸어 닉을 다치게 만들었다. 닉이 나무를 향해 도끼를 휘두른 순간 도끼가 손에서 미끄러지면서 그의 다리를 잘랐던 것이다. 다음 날에는 다른 쪽 다리를, 또 다음에는 두 팔과 머리 그리고 마지막으로 몸통마저 둘로 가르고 말았다. 도끼가 자신을 배신할 때마다 닉은 양철장이를 찾아가 사라진 부분을 양철로 만들어 붙여달라고 했다. 하지만 닉이 마지막으로 두 동강난 몸통을 대체해달라고 했을 때 양철장이는 심장을 만들어 넣는 걸 잊었다.

양철 나무꾼은 침착했다. 심장이 없는 그는 더 이상 옛 애인과 결혼할 수 있을지 걱정하지 않았고 거의 모든 것에 무감해졌다. 마치 사악한 마녀가 닉에게 잔인하고 고통스런 저주를 내린 것 같았다. 양철 나무꾼의 새로운 양철 피부는 예전의 부드러운 살보다 훨씬 더 강했고 낮에는 환하게 빛났다. 비록 심장은 없었지만 닉은 전보다 더 멋지고 강해진 자신의 모습에 기분이 좋았다. 살이 난도질당하는 고통을 통해 마녀는 닉에게 또 다른, 훨씬 더 고통스러울 수 있는 저주를 제거해준 셈이다. 가질 수 없는 것을 열망하는 저주, 먼치킨족 소녀를 붙들고 싶은 저주가 사라졌다는 것은 그가 행복을 얻은 것이나 마찬가지였다. 양철 나무꾼처럼 혹시 나도 그런 선물을 받은 게 아닐까. 다른 사람은 고통을 느끼는 일에서 자유로울 수 있는 선물을 받은 게 아닐까. 자꾸만 이런 의문이 들었다.

다른 사람이 내게 만족감을 주리라는 기대가 없다면 불평할 것도 없다. 어찌 보면 내 결핍은 내게 부족한 것과 아예 없는 것 다시 말해 사람들에게 아주 중요해 보이는 어떤 목적, 정체성, 선량함, 정당성을 확증해줄 무언가로부터 나를 자유롭게 해주었다.

양철 나무꾼이 감당해야 할 손해라고 해봐야 부식에 약하다는 것뿐이었다. 날씨가 나쁜 때를 대비해 늘 기름통을 갖고 다니면 손해랄 것도 없었다. 그러던 어느 날 양철 나무꾼은 칠칠치 못하게 기름통을 두고 나왔고 설상가상으로 폭풍우를 만났다. 관절이 녹슬어버린 그는 더 이상 움직이지 못했다. 양철 나무꾼은 도로시가 발견하기 전까지 무려 일 년 동안 굳은 채로 지냈다. 몸을 움직일 수 없던 그 일 년 동안 양철 나무꾼은 자기가 무엇을 잃어버렸는지 깨닫기 시작했다.

"견디기 힘든 시간이었지만 그 일 년 동안 생각했어요. 내가 잃어버린 가장 중요한 것이 무엇인지. 그건 심장이란 걸 알게 되었죠."

몸이 완전히 녹슬기까지, 즉 목표를 잃고 실업 급여로 연명하며 자기반성의 시간에 이르기까지 내게도 오랜 시간이 걸렸다. 삶의 속도가 느려지고 여유 시간이 생기면서 '과연 나는 누구고 무엇을 원하는가'를 생각하기 시작했다. 부식은 잊을 만하면 한 번씩 찾아왔다. 당황한 나는 녹슬어버린 감정의 관절을 억지로 뻗고 고통 따위는 무시하겠다는 단호한 결심으로 터벅터벅 앞으로 걸어갔다. 물론 내겐 성공과 행복, 뛰어난 성과, 유쾌한 승리의 시간도 있었다. 하지만 심장이 없는 냉혹한 나도 사랑과 유대감 그리고 여느 사람들처럼 세상에 소속감을 느끼고 싶었다. 고독을 피할 수 있는 사람은 아무도 없고 심장을 얻는 것이 즉효약이 아니라는 것쯤은 나도 안다. 양철 나무꾼은 결국 자기에게 어울리는 심장을 얻었지만 눈물을 흘릴 수가 없었다. 눈물에 몸이 녹슬면 심장이 멈출 테니까. 양철 나무꾼이 심장을 얻고 나서 더 행복했는지, 더 좋아졌는지는 장담할 수 없다.

소시오패스의 감정 세계

나 자신을 들여다볼 때면 내가 지음에 하나의 '의시'로 탄생했을 거라는 생각이 든다. 나는 욕망과 그 욕망을 채우기 위한 노력의 산물이 아닐까. 내 정체성은 성별이나 직업 혹은 인종이 아닌 소시오패스에 있다. 나라는 존재는 처음에 니체주의의 기계처럼 강철 심장을 가진 존재로 만들어진 게 아닐까. 그러다 나머지 부분이 생겨난 것이 아닐까. 어쩌면 의식이 먼저 자리 잡고 그다음에 몸이, 이어 내부의 기관과 함께 현상학적 자각이 싹터 세상과 협상하고 있는지도 모른다.

당신은 눈으로 바라보고 손가락 끝의 신경으로 감촉을 느끼면서 온몸의 분자로 우주를 느낀다. 사람들은 당신을 특정 방식으로 인지하고 그에 맞게 대접한다. 그러고 보면 당신은 어떤 특징과 충동, 욕망의 혼합물이고 그 모든 것이 당신의 몸 분자들 사이의 공간에 원자의 속도로 얽혀 있는지도 모른다. 반면 나는 그저 결핍, 욕구, 행동 그 자체일 뿐이고 그 모든 것에 소시오패스의 특질이 속속들이 배어 있는 존재라는 생각이 든다.

내게는 감정의 방향 감각이 없다. 그렇다고 감정을 아예 느끼지 못한다는 의미는 아니다. 나는 여러 감정을 느끼지만 그중에는 내가 분간하거나 이해하지 못하는 것도 있다. 내 감정에는 전후맥락이 없는 경우가 많다. 한 번에 한 쪽씩 책을 읽지만 뒤에서부터 거꾸로 읽는 느낌이랄까. 이해를 도와줄 단서는 있지만 일관된 논리가 없어 내가 느끼는 모호한 불쾌감과 '어떤 것 때문에 슬프다'는 식의 인식 사이에서 명확한 인과관계를 추론하기가 힘들다. 스스로의 감정에도 맥락을 정하기 어려운 마당에 다른 사람의 감정을 이해하기란 꿈도 못 꿀 일이다.

런던 킹스 칼리지 정신분석 연구센터의 최근 연구 결과를 보면 소시오패스 범죄자의 뇌에 다른 사람의 감정을 이해하는 데 중요한 역할을 하는 회백질이 매우 적다는 사실을 알 수 있다. 또한 보통 사람의 뇌와 달리 소시오패스의 뇌가 죽음, 강간, 암 같은 단어에 감정적 반응을 하지 않는다는 사실을 보여주는 연구도 있다. 그런 단어에도 우리는 '의자' 같은 단어와 비슷한 수준의 감정적 반응을 한다. 소시오패스의 뇌에는 감정 조절, 위협 처리, 의사결정 촉진을 돕는 전전두엽 피질과 감정을 처리하는 편도체 사이의 연결 부위가 적다는 것을 밝힌 연구도 있다. 이는 소시오패스가 반사회적 행동을 하면서도 그런 행위에 대해 부정적인 감정을 충분히 느끼지 못하는 이유를 설명해주는 연구 결과다.

감정과 의사결정 사이의 이런 접속 불량은 위험 부담이 엄청난 보상을 보장하는 직업 환경에서는 확실히 경쟁의 이점으로 작용한다. 반면 소시오패스에게 감정적 유대를 기대하는 인간적인 환경에서 접속 불량은 심각한 문제를 일으킬 수 있다. 어떤 블로그 독자는 이렇게 말한다.

나는 주로 영업부에서 일했어요. 도덕적 유연성 덕분에 종종 성공을 거뒀죠. 하지만 승진할수록 개인적인 성향이 걸림돌로 작용하더군요. 순리대로 그다음 일을 잘해내면 어김없이 다른 사람을 관리하거나 동료와 협업해야 하는 상황이 벌어지더라고요. 시간이 지날수록 다른 사람을 배려해야 하는 엄청난 감수성을 요하는 상황이 늘어난 거죠. 여차하면 실수할 수 있는 수준이었죠. 그러면 나는 일을 그만두고 다른 일자리를 찾아 새로 시작해야 했어요.

나도 마찬가지다. 나는 주로 감정적 유대가 있는 것처럼 혹은 감정을 이해하는 것처럼 흉내 냈는데, 이러한 묘기에는 유효기간이 있었다. 흉내 내기를 더 이상 지속할 수 없는 순간이 찾아왔던 것이다.

소시오패스의 감정 세세와 관련해 가장 마음에 드는 이론은 위스콘신 대학의 교수이자 사이코패스 연구 전문가인 조셉 뉴먼의 이론이다. 뉴먼은 소시오패스 증상은 주로 집중력 장애로 보아야 한다고 주장했다. 소시오패스도 모든 정보를 받아들이지만 단지 일반인과 같은 방식으로 정보에 집중할 수 없기 때문에 받아들인 정보가 쓸모없다는 얘기다.

감정의 영역에 대해 뉴먼은 소시오패스도 정상인과 똑같은 범위의 감정을 느끼지만 정상인처럼 집중하지 못해 감정을 경험하는 방식이 다를 뿐이라고 주장한다. 뉴먼은 소시오패스도 특정한 어느 하나의 감정에만 집중하면 정상인과 똑같은 방식으로 그 감정을 느낄 수 있다는 사실에 주목했다. 차이가 있다면 그 집중이 무의식적으로 이뤄지지 않는다는 것뿐이다. 소시오패스가 정상인처럼 감정을 느끼려면 의식적으로 하나의 감정에 집중하려는 노력이 필요하다. 소시오패스 기질이라는 사회병질의 결과로 '집중력의 병목 현상'이 일어나는 탓에 소시오패스는 한 가지 활동에만 집중하거나 다른 사회적 암시를 배제하는 사고력 훈련을 해야 한다는 뜻이다. 어쩌면 당장 하고 있는 행동을 멈추려면 '전전두엽과 편도체를 오가는 신호마저' 배제해야 할지도 모른다.

뉴먼의 이론은 큰 감명을 주었다. 내가 한 가지 감정에 집중한다면 그 집중력을 본래의 힘보다 더 크게 높일 수 있지 않을까? 느끼고 싶지 않은 감정에 대해서는 집중력의 스위치를 내리면 되지 않을까? 불쾌하거나 못마땅할 것 같으면 얼마든지 무시할 수 있을 것이다.

소시오패스인 나는 따로따로 분리된 극단적 형태로 감정을 느끼는 것 같다. 나는 마음속 스위치로 공포나 분노, 불안, 두려움 같은 감정을 자유롭게 껐다 켤 수 있다. 이건 적절한 환경에서 이러한 감정을 느끼지 않는다는 의미와는 다르다. 다만 이 감정을 어떻게 건드리느냐 하는 것만 알면 된다. 마치 다이얼을 돌려 라디오의 주파수를 맞추듯, 언제 어디서나 공중파를 타고 흐르는 모든 감정의 주파수를 골라 맞추면 그만이다. 절망, 불안, 만족, 공포, 혐오 등 뭐든 내가 느끼고 싶을 때 생각의 다이얼을 돌리면 된다는 말이다. 반쯤 빈 유리컵을 보면서 스위치를 올리거나 다이얼을 맞춰 반쯤 찬 유리컵으로 보는 것과 비슷하다. 공감 능력이 있는 사람도 때로는 이와 유사한 기분을 경험할 것이다. 이것이 '에피퍼니'(경험을 통해 직관적으로 진실을 파악하는 순간—옮긴이)가 아닐까. 갑작스런 인식의 전환, 즉 세상을 보는 사고방식의 변화 말이다. 시야가 매우 집중적이면서도 제한적이라 나는 이러한 에피퍼니를 하루에도 몇 번씩 경험한다. 그래서 당황할 때도 있지만 상황이 더 흥미로워지기도 한다.

대다수 사람은 자기 내면과 사회적 환경 안에서 어떤 것이든 가장 강한 전파로 흘러나오는 신호를 주의 깊게 듣는다. 물론 나는 소시오패스라는 사실 덕분에 신호를 선택해서 듣는다. 누구를 모방해야 할지, 어떻게 느껴야 할지 선택할 수 있다는 것은 좋을 때도 있지만 부담스러울 때도 있다. 특히 사회활동을 할 때는 공중파를 끊임없이, 적극적으로 관찰해야 한다. 다른 사람의 감정에 자동적으로 주파수를 맞출 수 있는 대다수는 사회적, 도덕적 신호를 쉽게 알아본다. 따라서 의식하지 않고도 몸짓을 읽으며 자연스럽고 직관적인 방식으로 그에 따른 적절한 감정을 보인다. 그 점에서 공감자들은 휴대전화와 비슷하다. 기지국에서 보내는 가장 강력한 신호를 자동적으로 찾아내니 말이다. 반면 소시오패스는 구식 라디오와 닮았다. 다이얼을 돌려야만 원하는 방송국 주파수의 신호를 포착할 수 있다. 아니면 전파를 찾아내는 능력을 의식적으로 길러야 한다. 말이 쉽지, 상당히 많은 시행착오를 겪어야 한다.

내가 끼긱 길이는 일은 중요한 신호글 놓쳤나는 사실을 깨닫는 일이다. 그때는 손실을 벌충하기 위해 주파수를 잽싸게 이리저리 바꾼다.

최근에 한 여학생과 관련해 이런 일이 벌어졌다. 나는 그 여학생에게 'duces tecum(문서 제출 명령—옮긴이)'이라는 라틴어 표현의 뜻을 물었다. 그 여학생을 지목한 이유는 전에 라틴어를 조금 안다고 했기 때문이다. 하지만 그 여학생은 질문에 답하지 않았다. 강의가 끝나고 그 여학생은 내게 다가와 그날 아침 할머니가 돌아가셔서 장례식에 참석해야 하기 때문에 다음 시간 강의에 출석할 수 없다고 말했다. 갑자기 배가 뒤틀리고 신경질이 나서 나는 습관처럼 말을 내뱉었다.

"저런, 안 됐구나."

그리고 내 나름대로 걱정스러운 표정을(걱정스러운 표정이길 바랐다는 말이다. 다행히 슬픔에 젖은 사람은 그 표정이 진짜인지 관찰하지 않으니까) 짓는 것도 잊지 않았다. 그 여학생은 자리를 뜨지 않고 꾸물거렸다. 나는 달리 무슨 말을 더 해야 할지 몰라 계속 주절거렸다.

"음, 같은 강의를 듣는 친구에게 노트를 복사해달라고 하는 게 좋겠구나. 스미스가 강의를 항상 녹음하는 것 같던데, 파일 좀 달라고 하던지."

그 여학생은 내 눈을 쳐다보지 않고 바닥만 보더니 가버렸다. 나는 무슨 말을 해야 할지 몰랐고 그 여학생을 빨리 돌려보내고 싶은 마음에 마지막으로 내뱉었다.

"어쨌든 할머니께서 돌아가셔서 안 됐구나."

그 여학생도 우리의 대화가 끝났다고 생각했을 것이다. 나는 우리가 나눈 대화의 목적도 알 수 없었고 내가 그 학생의 기대에 적절하게 부응했는지도 몰랐다. 그런데 몇 걸음 떨어진 곳에서 기다리고 있던 근심어린 표정의 친구를 보자마자 무너질 듯 슬퍼하는 여학생을 보면서 나는 점점 더 불안해졌다. 문득 가능한 한 빨리 강의실을 나가고 싶은 강렬한 충동이 일었다. 하필이면 출입문으로 가는 통로에 그 여학생이 있었다. 다행히 강의실 뒤쪽에 좁은 골목으로 이어진 비상문이 있다는 사실이 떠올랐다. 나는 도망치듯 나와 재빨리 어둠 속에 숨었다. 들고 있던 잡동사니를 차 안에 던져 넣자마자 행여나 그 여학생과 마주칠세라 허둥지둥 주차장을 빠져나왔다.

나는 강력한 감정을 다루는 데 서툴다. 하지만 시간이 흐르면서 실수를 감추는 일에 점점 더 능숙해졌다. 나는 감정이 개입된 선택 중 웬만한 것은 신속하게 반복할 수 있고 컴퓨터 체스 게임을 하듯 적절히 반응할 수도 있다. 그러나 체스와 마찬가지로 인간의 사회적, 감정적 소통에는 실로 무한한 경로와 변수가 있다. 안타깝게도 나는 공감자처럼 감정을 직관적으로 빠르게 알아차리지도 못하고 적절하게 자연스러운 반응도 할 수 없다.

직업에서 상대적으로 감정에 휘둘리지 않는다는 것은 매우 유리하지만, 가령 결별 가능성을 염려하는 상황처럼 친구나 연인이 내가 마땅히 당황하리라고 생각하는 상황에 전혀 당황하지 않으면 불쾌한 긴장이 감돌기도 한다.

얼마 전 이런 상황이 벌어졌다. 나는 친구들을 만나 그날 아침 아버지에게 심장마비가 왔었다고 말했다. 친구들은 내가 그 사건을 심각하게 여기는 건지 웃어넘길 정도로 대수롭지 않게 여기는지 몰라 무척 혼란스러워했다. 아버지가 심장마비를 일으켰다는 중대한 사건을 말하면서도 그에 합당한 부정적 감정을 보이지 않았기 때문이다. 실제로 내게 공식적으로 소시오패스 진단을 내린 정신과 의사도 감정적으로 상당히 곤혹스러운 추세를 얘기하면서도 그에 맞는 감성을 보이지 않는 특징을 가장 결정적 특징이라 판단했을 것이다. 나는 지금도 적절한 감정적 반응을 정확히 흉내 내지 못해 애를 먹을 때가 많다.

나는 감정 결핍 때문에 남성적이라는 소리도 자주 듣는다. 나와 만나는 남자들은 이따금 남자와 연애를 하는 것 같다며 투덜댄다. 내가 만약 남자라면 어떤 소시오패스였을까? 여성의 경우엔 드물지만 남성 소시오패스는 대개 스스로를 과시하기 위해 더 노골적으로 반사회적 행동을 하는 것 같다. 사실 여성 소시오패스에 관한 연구 자료는 많지 않다. 그러나 한 가지 분명한 결과는 여성 소시오패스가 공감을 못하고 타인을 조종 및 이용하는 데서 쾌락을 느낀다는 점은 남성 소시오패스와 비슷하지만 폭력적이고 충동적인 행동을 하는 경우는 드물다는 것이다.

나는 지금은 그렇지 않지만 십대와 이십대 때는 폭력 충동으로 곤란을 겪은 적이 많았다. 노출이 심한 옷을 입고 혼자 난잡한 콘서트장에 갔다가 성추행을 당하기도 했고, 컴컴한 밤에 스케이트보드에 배를 깔고 엎드린 채 교통이 혼잡한 울퉁불퉁한 도로를 달려 내려오는 일도 있었다. 거짓말이(혹은 물건을 훔친 게) 탄로 나는 바람에 경비실에 끌려가는 일도 다반사였다. 가끔은 피가 거꾸로 솟을 정도로 강한 충동을 느끼는데 특히 누군가가 억지로 내게 죄책감이나 수치심을 느끼게 만든다는 생각이 들면 어김없었다. 내 블로그 독자 중 한 명은 그 충동에 대해 이렇게 말했다.

"일단 충동의 지배를 받으면 충동이 끝날 때까지 통제력은 고사하고 눈에 뵈는 것도 없다. 충동이 지나고 나서 저지른 일을 보면 달아날 생각만 난다."

충동성과 대담함은 소시오패스의 다른 이름이다. 과학자들은 소시오패스에게 내재된 다양한 정신생리학적 특질을 연구하면서 소시오패스가 혐오스러운 자극에도 비정상적일 정도로 당황하지 않는다는 점을 발견했다. 이는 곧 우리가 위협에도 부정적인 감정 혹은 공포를 느끼지 못한다는 의미로 볼 수 있다.

위험이 닥쳐도 나는 말 그대로 눈 하나 깜짝하지 않는다. 언젠가 한 번은 남자 두 명이 내 아파트를 털고 있는 중에 들어갔다. 처음에는 무슨 일이 벌어지고 있는지 알지 못했다. 물론 두 남자는 나를 보자마자 자기들이 들어온 뒷문으로 서둘러 내뺐다. 다짜고짜 두 사람을 뒤따라 가다가 아무것도 잃어버린 게 없다는 걸 깨달았다. 훔쳐가려고 방 한가운데 잔뜩 쌓아놓기만 했던 것이다. 도둑들을 뒤쫓을 이유가 없어서 추격을 멈추었다. 이웃의 신고로 경찰이 왔는데 경찰 앞에서 어떤 행동을 해야 할지 전혀 감을 잡을 수가 없었다. 그런 상황에서는 겁에 질리고 무척 걱정스러운 표정을 지어야 하겠지만 두려워하거나 걱정하는 표정을 아예 짓지도 못했다. 결국 경찰에게 친절하게 군다는 것이 그만 추파를 던지는 꼴이 되고 말았다. 이런 뜻밖의 상황이 닥치면 그동안 정상인처럼 보이기 위해 꾸준히 착실히 실천한 계획들이 한 번에 엎어진 기분이 든다.

때로는 나도 나를 감당할 수 없다

교수로 강단에 선 첫해에 나는 논쟁의 여지가 있는 공격적인 발언을 많이 했다. 그때부터 나는 마치 불쾌감을 줄 정도로 빈정거리기 좋아하는 사람이나 일부러 괴짜처럼 보이려고 하는 사람처럼 의도적으로 그런 발언을 하기 시작했다. 핼러윈 때 콘돌리자 라이스(부시 행정부에서 흑인 여성 최초로 국무장관을 지낸 여성—옮긴이) 분장을 하겠다고 떠들고 다니기도 했다. 그렇다고 가면을 벗고 내 솔직한 생각을 보여주었다는 얘기는 아니다. 내게는 '솔직한 생각'이란 게 정말 없었다. 그저 다른 사람이 하는 말과 행동을 따라하면서 잘했느냐 못했느냐만 따질 뿐이었다.

솔직히 말해 나도 나를 감당할 수 없다. 나는 끊임없이 겉으로 드러나는 '나'를 만들면서 나에 대한 타인의 생각을 조종한다. 모난 부분을 갈고 유혹의 기술을 연마하면서 하도 오랫동안 '나'를 만들다 보니 이젠 연기를 하지 않으면 내가 어떤 사람인지조차 상상할 수 없는 지경에 이르렀다. 심지어 말투조차 지어낸 것이다.

내 억양은 형제나 부모님과 달리 굉장히 미묘하다. 한마디로 흔치 않은 음조를 띤 낮고 느린 억양이다. 언제부터인지 모르지만 소리를 탐닉하는 경향으로 인해 생긴 억양인 듯하다. 가까이에서 내 말을 들으면 자음과 모음의 음색이 경쾌하게 들린다. 나는 그 억양을 유지하고 가꾸기 위해 상당한 노력을 기울였다. 매혹적이면서 전혀 위협적이지 않은, 색다르면서 동시에 약점을 사로잡고 아련한 신비로움을 자아내는 억양이란 걸 알았기 때문이다. 나를 외국인으로 착각하는 사람도 많다. 주로 동유럽이나 지중해 지역 출신이라고 생각한다. 내 연인이던 한 남자는 실제로 이렇게 말했다.

"넌 외계인 같아. 장담컨대 인간은 아닐 거야."

나는 직장과 학술회의에서 수많은 사람을 만나는데, 그들 사이에서 내 입지를 굳히기에 걸맞은 행동을 하려고 무던히 애쓴다. 불행히도 많은 사람이 그렇듯 나도 사람들의 얼굴을 잘 기억하지 못한다. 그 이유는 누군가를 만나면 일단 어떤 사람인지 빨리 파악하고 공들일 가치가 없는 사람이라는 생각이 들면 얼굴을 지워버리기 때문이다. 그 사람을 우연히 또 만났을 때 그는 나를 기억하는데 나는 기억하지 못하는 상황에서는 어쩔 수 없이 처음 몇 마디 나누는 동안 바보가 되고 만다. 그때는 정신 나간 사람처럼 시시덕거린다. 이를테면 어깨를 툭 치고 호탕하게 웃으면서 할 수 있는 한 자주 그 사람의 이름을 부른다.

"오, 피터! 당신 생각이 정말 마음에 드네요!"

반응이 호의적이면 자신 있게 호의를 받아들인 다음 재빨리 화제를 상대에게 돌려 대화를 계속한다. 호의와 관심에는 나도 친절하고 너그럽게 대한다. 앞뒤 가리지 않고 일단 집중해 뻔드르르한 겉치레용 말을 쏟아내다가 느닷없이 실례를 구하고 자리를 뜬다. 그렇게 나는 언제든 대화에서 발을 뺄 준비를 하고 있다. 마지막까지 혼자 남지 않도록 늘 조심해야 하기 때문이다.

궁지에 몰린 기분이 들면 나는 사적인 주제로 대화의 방향을 돌린다. 물론 이런 행동은 지겨운 얼간이들이나 하는 짓이다. 그래도 내가 얼마나 교묘하고 우아하게 대화의 방향을 바꾸는지 안다면 아마 당신은 놀랄 것이다. 내가 말하지 않으면 아무도 눈치 채지 못한다. 나는 내 경험이나 관심사 또는 주제와 관련된 지식을 말하기 전에 최소한 몇 가지 질문을 던진다. 예리하기로는 나를 따라올 사람이 없다. 거기다 위트 있는 이야기나 흥미로운 기삿거리로 양념도 친다.

"일 년 동안 로스앤젤레스에 살았다면서요? 아름다운 곳이죠?"

"세 달 만에 햇빛에 넌더리가 나던걸요. 날마다 자전거를 타거나 하이킹을 해야 하는 게 아닐까, 이 좋은 날씨를 이대로 두면 안 될 텐데, 생각은 그랬죠."

"저런, 그런 날씨에 맞는 특별한 '쾌락'도 있잖아요. 커튼을 치고 〈소프라노스〉(마피아와 가족을 주제로 한 미국 드라마― 옮긴이)를 열 편이나 보며 아름다운 날을 허비하는 거예요. 금괴 조각을 씹어 먹는 것처럼 '퇴폐적'으로 말이에요."

사람들은 '쾌락'이나 '퇴폐적'이라는 말을 들으면 좋아한다. 로마 시대의 난교나 초콜릿을 떠올리기 때문이다. 나는 턱을 약간 수그리고 눈을 똑바로 맞추면서 요점을 힘주어 말한다. 그리고 아주 잠깐, 뭔가가 잡아당긴 것처럼 상대방의 머리에 닿을 듯 말 듯 머리를 슬쩍 갖다 댄다. 명백히 관능적이지만 너무 순식간이라 진도를 나갈 수는 없는 동작이다. 그러면 사람들은 일순간 내게 속내를 들킨 것 같다는 생각을 하면서 초조하게 웃는다. 물론 나는 속내를 파악할 수 있다.

대체로 소시오패스는 보통 사람과 달리 사적인 이야기를 흘리지 않는다. 가능한 한 새로 알게 된 사람에게 대화의 초점을 맞춘다. 사람들과 이야기를 나눌 때 나는 원하는 것을 얻느냐 못 얻느냐만 신경 쓴다. 상대가 누구든 똑같다. 그러나 애초에 목적이 없다면 상대방의 동의나 인정을 얻으려는 마음도, 대화하고 싶은 욕망도 없다. 그래도 내가 알고 있는 모든 사람의 정신 상태를 파악하고 자료를 수집하는 것이 얼마나 효율적인지는 분명히 안다. 아는 게 힘이다. 당신 할머니의 묘지 위치 같은 대수롭지 않은 사실도 일단 알아두면 언젠가는 쓸모가 있다. 따라서 나는 주로 듣는 쪽인데 만약 듣지 않으면 틀림없이 농담을 하거나 뻔뻔스럽게 추파나 던질 것이다. 이 책도 아예 시작하지 않았다면 모를까, 이왕 여기까지 왔으니 갈 때까지 가보자.

소시오패스는 가짜 친밀감이나 신뢰감 또는 고의로 오해를 유도하기 위해 전략적으로 '사적인' 이야기를 시시콜콜 늘어놓기도 한다. 정말 있었던 일을 털어놓는 경우는 좀처럼 없지만 어쨌든 이런 행동은 가면이 살짝 벗겨진 것처럼 보일 수도 있다. 나는 사람들이 나에 대해 뭔가를 아는 것이 싫다. 그러면 내가 기억해야 할 것이 더 늘어나기 때문이다. 그 말은 곧 거짓말을 할 수 없다는(또는 진실을 덮으려고 결심한 이상 거짓말에 거짓말을 덧입혀야 한다는) 의미다. 그리고 정말로 아는 게 힘이라면 내 패는 결코 보이고 싶지 않다.

소시오패스는 사기에 도가 텄다고들 하는데 최근의 연구에서 그 이유가 밝혀질지도 모른다. 뇌는 정보를 처리하는 뇌세포 집단인 회백질과 뉴런 사이에서 전기 신호를 운반하고 뇌의 여러 부분을 연결하는 백질로 구성돼 있다. 서던캘리포니아 대학의 야링 양 박사는 실험을 통해 상습적인 거짓말쟁이는 정상인과 반사회적 성향이 있는 대조군에 비해 평균 22~26퍼센트나 백질이 더 많다는 사실을 밝혀냈다. 어쩌면 반대로 거짓말을 할수록 백질이 늘어나는지도 모른다. 가령 '나'와 '전투기 조종사'처럼 일반인은 연결하지 않을 단어를 조합해 거짓말할 때 백질이 늘어날 수도 있다. 양 바사의 주장에 따르면 이 조합 능력 때문에 '개념의 도약'이 가능해져 전혀 상관없는 이야기와 개념을 버무려 거짓말을 지어낸다는 것이다. 하지만 그의 연구에서도 조합 능력으로 인해 거짓말을 잘하는 것인지 아니면 반복적으로 거짓말을 하다 보니 '훈련'이 되어 조합 능력이 늘어나는 것인지는 분명히 밝혀지지 않았다.

블로그에서 나는 내 정체를 조심스럽게 위장한다. 가장 내밀하고 분간하기 어려운 거짓말은 본인이 입 밖으로 낼 필요 없이 다른 사람이 말하게 하는 거짓말이다. 나는 전략적으로 나에 관한 정보를 선별해서 보여준다. 일례로 나는 웹상에서 결코 내 성별을 말하지 않는다. 심지어 내가 정확히 어떤 민족 출신인지 밝히지 않고 다른 사람과 구별되는 개인적인 특징도 말하지 않는다. 그럼으로써 내가 백지상태가 되어 사람들이 내게 사기 생각을 부사할 수 있기를 바란다. 나는 내가 사람들의 희망과 꿈, 공포를 받아들이는 블로그의 명목상 주인이 되길 원한다. 그래서 사람들이 블로그에 그들의 삶에 들어온 사랑하는 소시오패스를 혹은 미워하는 소시오패스에 대한 생각을 솔직히 털어놓기를 바란다. 내가 모든 것을 너무 구체적으로 밝히면 환상은 깨질 수밖에 없다. 그보다 보편성을 유지하면서 사람들이 마음 내키는 대로 백지를 채우게 만든다. 블로그 독자들은 내가 자신의 경험을 완벽하게 글로 표현한다고 말한다.

또 내가 소시오패스인 것 같기도 하고 소시오패스를 알고 있는 사람인 것 같기도 하다고 평가한다. 이만하면 성공적이다.

내가 블로그의 명목상 주인 노릇을 한 것도 자신감, 남을 유혹한 것도 자신감 때문이다. 외모에 비해 나는 유혹을 잘한다. 걸어도 그냥 걷는 게 아니라 과시하며 걷는다. 누군가를 볼 때도 전혀 흔들림 없이 상대의 눈을 응시한다. 칭찬받는 것이 삶의 목적인 사람처럼 행동하고 사람들에게 그런 내 목적에 헌신할 기회를 충분히 준다. 그리고 사람들이 내게 반하는 걸 늘 당연하게 여긴다. 괜한 허세가 아니다. 몇 해 동안 가슴앓이를 하다가 나에 대한 연민이 조금 식었을 때 비로소 당황스러운 고백을 하는 사람이 한둘이 아니었다.

가끔은 나도 사람들의 마음을 완전히 헛짚을 때가 있다. 오로지 나를 흠모하는 모습만 보고 싶다는 생각에 사로잡혀 혐오하는 모습을 못 보고 지나칠 때가 더러 있다. 선천적으로 우월한 것은 맞지만 내게도 사각지대는 있게 마련이다.

나는 사회적 상황을 관찰하고 힘의 위계질서 안에서 각각의 위치나 이용할 수 있는 약점을 살피는 데는 능숙하지만 대화에 깔린 미묘한 감정을 포착하는 면에서, 특히 내게 해가 될 수 있는 감정을 포착하는 면에서는 여전히 많이 서툴고 힘들다. 가끔은 누군가가 돌아버릴 만큼 화가 나 있어도 전혀 감을 잡지 못한다.

사이먼 배런 코언 같은 전문가는 반사회적 인격 장애가 있는 사람은 자기 자신이나 타인의 정신 상태를 읽지 못하는 일종의 '마음맹'(사이먼 배런 코언이 자신의 저서 《마음맹》에서 언급한 용어―옮긴이) 증상을 겪는다고 주장한다. 이는 공감 능력 결핍과 같은 맥락이다. 한 블로그 독자는 느닷없는 감정(특히 낯선 사람의)에 맞닥뜨렸을 때를 이렇게 묘사했다.

사람들이 내게 고함을 치면 처음에는 일단 혼란스러워요. 강한 감정 폭발은 정말이지 경악스럽거든요. 하지만 1, 2초 만에 유머 감각을 회복합니다. 그 짧은 순간에 뇌가 상황을 분석하기 위해 기어를 최대로 올리는 것 같아요. 저 사람들이 왜 내게 고함을 칠까? 무슨 말을 하고 있는 것일까? 최근 혹은 언제라도 저들에게 고의로 해를 끼친 적이 있던가? 혹시 내가 저들이 간접적으로나마 나 때문에 손해를 봤다고 할 만한 일을 저질렀나?

소시오패스가 마음맹이라면 우리가 어떻게 사람들을 그토록 능숙하게 조종하는 걸까? 연습 덕분이다. 하루에도 수많은 사람을 만날 수 있으므로 연습할 기회는 충분하다. 마음맹을 벌충해야 하기 때문에 우리는 수단과 방법을 가릴 수가 없다. 죽기 아니면 살기다.

나는 사람들이 세상에서 자기를 가장 잘 이해해주는 사람이라고 추켜세울 정도로 기막힌 선견지명과 통찰력이 있는 사람처럼 보일 수 있다. 물론 그 내막은 생각보다 많이 복잡하다. 중요한 것은 이해 수단인데 어떤 면에서 나는 사람들을 전혀 이해하지 못한다. 그저 과거에 그들이 내게 보여준 행동에 근거해 추측할 뿐이다. 은행의 컴퓨터가 수백 만 개의 자료에 근거해 잉싱재무사를 판별하는 것처럼 말이다. 나는 숙명적으로 극단적인 경험주의자다.

공감 능력과 날카로운 풍자 사이에는 일종의 접점이 있는 것 같다. 누군가의 감정을 이해하는 능력이 있으면 풍자 속에 숨은 뜻을 정확히 이해하기도 쉬우니 말이다. 많은 소시오패스가 상황을 곧이곧대로 받아들이거나 비언어적 감정 단서에 적절히 반응하지 못하는 경향이 있다. 나도 풍자나 주위 사람들의 불신을 전혀 감지하지 못할 때가 많다.

사회적 상황에서 힘의 역학을 정확히 꿰뚫어보는 일도 많지만 가끔은 다른 사람에게 뻔히 보이는 단서도 놓치곤 한다. 내가 잘 놓치는 단서는 주로 권위와 관련된 습관 같은 것이다. 내 눈에는 잘 보이지 않는 그 미세한 존경의 표시 때문에 당황한 적이 한두 번이 아니다.

한번은 매우 권위 있는 법원 서기를 뽑는 면접을 보았다. 면접 후 나는 심사원과 마주쳤고 잠시 이야기를 나누었다. 심사원은 점심식사를 하러 나가려던 참이니 할 이야기가 더 있으면 점심 후에 다시 보자고 했다. 나는 점심식사 후에 돌아가지 않았다. 할 얘기는 다 했으니 그것으로 끝이겠거니 생각했던 것이다. 서기가 되고 싶은 생각이 있었다면 최소한 점심식사 후에 돌아가 심사원에게 내 의사를 재차 전달했어야 한다는 것도 몇 년이 지나서야 깨달았다. 심사원이 언질이라도 주었으면 좋았으련만, 어쨌거나 그 면접의 관건은 누가 시키지 않아도 해야 할 일을 하는 것이었던 모양이다.

솔직히 말해 나는 융통성이라곤 전혀 없는 사람이다. 오죽하면 단어도 평범한 사전적 의미로만 사용한다. 상대방이 진의를 파악하려 한다는 것을 짐작하고 에둘러 표현하는 공감자들을 보면 정말이지 입이 벌어진다. 하지만 다행스럽게도 풍자와 위선이 만연한 사회에서는 소시오패스도 '무사 통과'할 수 있다. 꽤 진지하게 내 생각을 말해도 사람들은 그냥 웃어넘기기 때문이다. 보아하니 그런 잔인한 생각을 진짜 마음에 품을 리 없다고 믿는 것 같다. 심지어 정색을 하고 나를 좋아하는 사람을 이용하고 싶다거나 작은 동물을 죽이고 싶다는 말을 내뱉어도 사람들은 당연히 농담이라고 생각한다.

가장 기막힌 예는 아마도 최초로(그 후로 매번) 사람들 앞에서 무심코 소시오패스라는 사실을 인정한 일일 것이다. 로스쿨 신문에 해학적인

나, 소시오패스

글을 한 편 썼는데 그 글에서 나는 내 상황을 밝혔을 뿐 아니라 학생들 중에도 나 같은 소시오패스가 상당히 많을 거라고 썼다. 평소에도 내가 로스쿨과 특히 나 자신을 조롱하는 말을 많이 해서 그런지 그 기사를 진심으로 받아들이는 사람은 없었다. 한 블로그 독자도 그런 걸 인정했다.

이번만큼은 진실이라고 말을 해도 아무도 그걸 진지하게 받아들이지 않아요. 그래서 포기했지요. 지금은 대놓고 진실을 말합니다. 예를 들어 "지금 무슨 생각해?"라고 상대방이 물었을 때 "내가 네 귀를 물어뜯으면 내 입 속에 들어온 네 귀는 어떤 기분이 들까?"라고 대답합니다. 그러면 "하하!" 하고 웃거나 노련한 사람들은 "너, 나 좋아하니?" 하고 되물어요. 그럼 내가 "너한테 관심도 없어!"라고 말하죠. 그럼 또 웃어요. 난 진심을 전했는데 아무도 나를 믿지 않아요.

욕망의 분출구, 파멸시키기

공감자와의 소통법을 배우는 것은 외국어를 배우는 것과 비슷하다. 학창 시절 4년간 스페인어 수업을 들었는데, 나는 최소한 사람들이 하는 말의 골자는 이해하고 대답할 수 있다고 생각했지만 실제로는 자주 빗나갔다. 어떤 때는 내가 잘못 이해하고 있다는 것조차 몰랐다.

내가 자기와 같은 민족일 거라고 추측하고 자기네 말로 말을 거는 사람도 있는데(대개 헤브루계나 스페인계라고 여기지만 다른 민족이라고 여긴 경우도 많다), 그때는 망설임 없이 미국식 영어로 대답한다. 그러면 사람들은 금세 자기 생각이 틀렸다는 사실을 눈치 챈다.

물론 감정이라는 이질적 언어로 말을 걸 때는 감히 내 식대로 대응하지 않는다. 감정 언어를 모국어처럼 말하지 못해 사람들에게 내 실체를 들킬 여지를 두지 않기 위해서다. 그럴 때는 수많은 상황에서 터득한 한두 마디 기계적인 말로 재빨리 화제를 바꾼다. 이건 바람직한 방법은 아니지만 어차피 내 인생에 바람직한 것은 없다.

이러한 약점에도 불구하고 소시오패스는 다른 사람의 마음을 사로잡는 데 독보적인 재능을 발휘한다. 종종 내게 소시오패스가 어떻게 누군가의 영혼을 꿰뚫어보고 그것이 진짜 그 사람의 본질이라는 걸 아느냐고 묻는 사람도 있다. 좋은 질문이다. 동시에 소시오패스에 대한 일반적인 불만(칭찬일까?)이기도 하다. 나는 소시오패스가 통찰력이 남다르다고 생각하지는 않는다. 그저 소시오패스는 다른 것, 즉 연약함이나 단점 그리고 이용할 수 있는 부분을 찾고 그것에 상당한 노력을 기울이는 것뿐이다. 소시오패스가 위험한 까닭은 사람들의 상호작용에 몹시 민감하고 그들 틈에 섞이기 위해 적절한 사회적 단서를 유심히 관찰하며, 정상적인 행동을 모방하고 필요할 때 써먹기 때문이다. 집중할수록 잘 보이는 법이다. 음악가로서 나는 음악을 들으면 제목과 연주자뿐 아니라 녹음 방법도 알 수 있다. 이것은 음악가처럼 충분히 연습하면 누구나 할 수 있는 일이다.

'사람들을 파멸시키는 것.'

나는 혀와 입 안에서 구르는 듯한 이 단어의 느낌을 사랑한다. 사람들을 파멸시키는 것은 아주 달콤하다. 공감자든 소시오패스든 모두 배가 고프면 먹고 싶어진다. 소시오패스는 힘에서도 똑같이 굶주림을 느낀다. 태어나 지금까지 내 관심은 오로지 힘에 있다. 신체적 힘, 욕망이나 숭배의 대상이 되었을 때의 권력, 파괴적인 힘, 지식 그리고 보이지 않는 영

나, 소시오패스

향력이 모두 내게는 힘이다. 나는 사람들이 좋다. 그들을 감동시키고 새롭게 만들고 싶을 만큼, 심지어 파멸시키고 싶을 만큼 사람들이 좋다. 그 결과를 눈으로 보고 싶어서가 아니라 내 힘을 행사하고 싶은 필연적이고도 단순한 이유 때문이다. 힘을 획득하고 보존하며 이용하는 것이 소시오패스를 자극하는 최고의 동기다. 내가 아는 한 그렇다.

누군가를 파멸시킨다는 것은 내게 무슨 의미일까? 사람들은 힘에 대해 저마다의 취향을 갖고 있다. 음식과 섹스에 대한 각자의 취향이 다른 것처럼 말이다. 정신과 생각으로 나를 둘러싼 세상을 만들어가는 것은 내게 가장 기본적인 일이다. 블로그에 신경 써서 글을 올리는 것도 그 때문이다. 그것은 매일 먹는 오트밀 죽처럼 내가 굶어죽지 않게 해주는 기본적인 양식인 셈이다.

하지만 내가 마음먹고 탐닉할 때는 풍미가 진하고 퇴폐적인 음식인 푸아그라를 먹을 때처럼 다른 사람의 정신 속에 내 자아를 박아 넣고 가능한 한 재빨리 대혼란을 일으킨다. 악을 탐닉하고 아무 이유 없이 사람들의 영혼을 위협하기 위해서. 이처럼 물리적 실체로 구현한 자신의 수고를 보는 것은 한마디로 쾌락이다. 파괴하는 것도 똑같은 쾌락을 준다. 부서진 나무문에 곡괭이를 휘두르는 것처럼 내 손이 하는 파괴를 보는 것도 쾌락이다. 이때는 내가 강력하고 유능한 사람이 된 것 같은 기분도 느껴진다.

파괴가 특별히 즐거운 또 하나의 이유는 희소성 때문이다. 그것은 샴페인에 진주가 녹는 것처럼 희귀한 일이다. 우리는 날마다 생산적이고 친사회적이어야 한다는 기대 속에 살아간다. 그러나 가장 친한 친구에게 '그 바지를 입으니까 더 뚱뚱해 보여'라는 말을 하고 싶은 충동을 느껴본 적 있는 사람이라면, 누군가의 아킬레스건에 가차 없이 돌직구를 날렸을 때 얼마나 후련한지 그 느낌을 알 것이다.

내가 몇 번이나 그런 돌직구를 날렸을까? 솔직히 헤아리기가 어렵다. 어릴 적에는 내가 무슨 짓을 하는지도 모른 채 돌직구를 날렸다. 기억하기로 나는 늘 세 명이 무리지어 노는 걸 좋아했다. 이런 우정은 금세 깨지기 십상이다. 나는 일부러 연극을 꾸며 나머지 한 명을 왕따로 만들기도 했다. 그건 소시오패스적이라고 할 만한 일도 아니다. 거의 예외 없이 소녀들은 모두 그러고 놀았다.

오로지 힘을 과시하는 즐거움 때문에 누군가로부터 당신을 파멸시키고 싶다는 얘기를 듣는다면 당신은 아마 펄쩍 뛸 것이다. 솔직히 누구나 본능적으로 사람을 갖고 놀려고 하지 않나? 장담컨대 당신도 누군가를 갖고 논 적이 있거나 누군가의 노리개가 된 적이 있을 것이다. 실제로 사회에서 존경받는 사람들 중 상당수는 타인의 감정을 냉정하게 무시하거나 자신이 무슨 짓을 왜 저지르는지 모른 채 타인의 자존감을 짓밟고 성공한 사람들이다. 너나 할 것 없이 인간은 누구나 육체적, 정신적으로 자기에게 반한 사람에게 알량한 힘을 행사하며 쾌락을 느낀다. 소시오패스라고 특별히 더 나을 건 없다. 다만 조금 더 능숙하게 해내고 특이한 방식으로 즐길 뿐이다.

사람을 파멸시킬 생각을 할 때면 나도 모르게 하는 행동이 있다. 송곳니의 뾰족한 부분을 혀로 핥으며 예리한 감촉을 음미하는 것이다. 그런 다음 챔피언처럼 이를 간다. 하도 갈아서 위쪽 송곳니 하나는 뾰족한 부분이 편평해졌다(십대였을 때 한번은 아버지에게 꾸중을 들었다. 이를 가는 것이 무슨 갱단 신고식이라도 되느냐고, 그래서 이를 바득바득 가느냐고). 나는 송곳니를 혀로 핥는 게 좋다. 짜릿한 전율이 느껴지기 때문이다. 부드러운 혀에 느껴지는 예리한 감각만으로도 충분히 좋지만, 그보다는 바깥

나, 소시오패스

에서 전혀 알 수 없는 내 입 속의 은밀한 곳에서 고요하게 느껴지는 감촉이라 더 짜릿하다. 전반적으로 섬뜩한 듯하면서 완벽하게 자연스러운 내 치아는 전체가 한 덩어리처럼 보인다. 희고 반짝이는 치열 속에서 예리하고 뾰족한 부분은 눈에 잘 띄지 않는다. 문득 매력적인 연쇄 살인마 '맥 더 나이프'를 묘사한 베르톨트 브레히트의 서정시가 생각난다.

그리고 상어는 이빨을 가지고 있다네.
그리고 상어의 이빨은 눈에 보이지.
그리고 매키스, 그는 칼을 가지고 있다네.
하지만 그 칼은 눈에 보이지 않지.

사람들을 파멸시킨 이야기를 들려줄 수 있으면 좋으련만, 고소당할 가능성이 농후하기 때문에 어쩔 수가 없다. 그중에는 경찰이 연루된 일도 있고 규정을 어겨 교수로서 도리를 벗어난 상황도 있다. 또 사람들이 정작 이해관계가 얽히지 않은 일에서도 나를 의심하거나 나와의 관계를 끊어버려 실패한 경우도 있는데, 이런 이야기는 듣기에 지루할 것이다. 어쨌든 사람들을 파멸시키고자 한 시도는 소시오패스적 기질을 가장 잘 보여주는 행동이고 비교적 친사회적인 현재의 생활방식에서 될 수 있는 가장 일관성 있는 일탈이 아닐까 싶다.

내겐 가능하면 지키려고 노력하는 도덕적 규범이 있지만 실체는 사람들을 파멸시키는 것이다. 마치 공항 화장실에서 섹스할 남자를 고르는 행동이 게이라는 사실을 숨기고 싶어 하는 복음주의 기독교인 기혼 남성의 진짜 실체인 것처럼 말이다. 내가 의도적으로 만든 도덕의 나침반에 집착하는 것은 대다수가 종교에 집착하는 것과 비슷하다.

최근에 나는 한 유대인 여자와 상담한 적이 있다. 우리는 간단히 끼니를 때우려고 햄버거 가게에 들어갔고 그녀는 구운 치즈 샌드위치를 주문했다. 왜 그걸 주문하느냐고 묻자 여자는 평소에는 유대교 율법을 엄격히 지키지만 여행 중에는 지키려는 노력만 한다고 대답했다. 그녀에게 유대교 율법에 따른 식사는 중대한 도덕적 목표고 어쩌면 경험에 근거한 훌륭한 규칙이지만, 그녀는 모든 것에 완벽한 사람은 없다는 것을 순순히 인정하고 있었다. 그녀는 자기도 인간이라는 사실을, 우리 모두는 그저 똑같은 인간이라는 사실을 알고 있었다. 나아가 사람은 누구나 스스로 세운 규범과 상관없이 실수할 수 있다고 생각했다.

때로 우리는 이런저런 실수를 하지만(또 때로는 스스로를 그저 너그럽게 봐주기도 하지만), 그럼에도 불구하고 규범을 충실히 지키려고 노력하지 않으면 규범은 있으나마나 한 것이 되고 만다. 형편에 따라 다르게 행동한다면 공연히 엄격한 틀을 정해놓고 자신의 본성과 애써 싸울 까닭도 없다. 그냥 마음 내키는 대로 살면 그뿐이다.

나는 진부한 방식으로 나만의 규범을 깨고 싶은 충동은 없다. 나는 강박증적인 도박꾼도, 알코올의존증 환자도, 성도착자도, 마약중독자도 아니다. 내 갈망은 대개 산발적이거나 무해하다. 어떤 것에 대한 갈망이 일관성 있게 지속되면 그때는 충동을 조절하려는 부단한 노력도 멈춘다. 다시 말해 정말로 갈망하는 것은 결과 따위에 아랑곳하지 않고 어떤 식으로든 하고야 만다. 내가 싸우는 갈망은 대체로 그런 갈망이다. 걱정이 있다면 이대로 조금만 더 내버려두면 다시 예전의 모습으로 완전히 돌아가버리지 않을까 하는 점이다. 모르긴 몰라도 그건 지속 가능한 삶은 아닐 것이다.

어쨌든 나는 갈망을 식힐 분출구가 필요해서 사람들을 파멸시키지만 그건 불법도 아니고 입증할 수도 없다. 무엇보다 나는 내 힘을 유연하게 이용한다. 할 수 있다는 것, 아주 잘해낸다는 것을 알면 기분이 좋다. 누군가를 파멸시키는 것은 분명 나쁜 일이지만 반드시 사람들에게 해를 끼치는 것이 목적은 아니다. 내가 파멸시켜서 죽은 사람은 아무도 없고 어떤 사람은 거의 눈치 채지도 못한다. 설령 눈치를 채도 그것은 내가 일부러 귀에 들어가도록 물심양면으로 손을 썼기 때문이다. 아마 내 장기 중 하나인 사랑의 삼각관계 만들기를 예로 들면 이해하기 쉬울 것이다.

그럼 캐스와 루시 그리고 내 삼각관계를 들려주겠다.

캐스와 나는 한동안 만났고 둘 다 오래 사귈 수 있을 거라 생각했지만 결국 내 쪽에서 먼저 흥미를 잃었다. 캐스는 마음을 접지 못하고 꾸준히 연락했다. 그는 수동적이면서도 끈기 있게 언제나 내 삶에 들러붙어 있을 것만 같았다. 장담컨대 캐스는 쉽게 떨어질 것 같지 않았다. 어쩔 수 없이 나는 또 하나의 '캐스 이용법'을 궁리했다. 어느 날 밤 키스 게임을 하는 파티에 함께 참석했을 때 나는 그 방법을 발견했다. 파티장에 들어가자마자 우리는 사람들 틈에 휩쓸려 서로 헤어졌다. 키스 게임을 핑계로 한 여자가 캐스에게 다가왔는데 나중에 그녀는 자신을 루시라고 소개했다.

루시는 단연 눈에 띄는 여자였고 무엇보다 나와 닮았다는 점이 눈에 거슬렸다. 갑자기 그녀를 파멸시키고 싶은 생각이 솟구치면서 머릿속 계산기가 재빨리 작동했다. 루시는 캐스에게 홀딱 반했고 캐스는 내게 푹 빠져 있었다. 그것은 곧 내게 루시를 지배할 뜻밖의 힘이 생겼다는 의미였다. 내 지시에 따라 캐스는 루시를 따라다니기 시작했다. 그동안 나는 루시의 선량한 친구에게서 루시에 대해 가능한 한 모든 정보를 캐냈다. 친구들을 통한 정보 약탈은 목적을 위한 수단에 지나지 않았지만 그 자체로도 즐거운 일이었다. 놀랍게도 루시와 나는 정확히 같은 날 몇 시간 차이로 태어났다. 이 사실은 내 집념을 더 매혹적으로 만들어주었다. 나는 루시를 내 도플갱어 정도가 아니라 마치 걸어 다니는 거울 혹은 또 다른 내 실체로 생각하기 시작했다.

우리는 좋아하는 것도 싫어하는 것도 같았다. 똑같이 산만하고 격식을 차리는 척만 했으며 의사소통이 약간 서툰 것까지도 닮았다. 흡사 그녀는 또 다른 내 자아 같았다. 물론 그녀도 나와 똑같이 느끼며 내게 관심을 보였다.

캐스와 루시가 데이트를 하는 동안에도 나는 캐스에게 늘 한 다리를 걸치고 있었다. 캐스를 살살 꼬드겨 루시와 데이트 약속을 잡게 하고는 함께 있고 싶다고 졸라 루시와의 약속을 깨게 만들었다. 캐스는 내가 루시를 궁지로 내몰기 위해 자신을 이용한다는 사실을 알면서도 거의 모든 일에 가담했다. 캐스가 양심의 가책을 느끼기 시작했을 때 나는 캐스와 결별을 선언했다. 그리고 나는 기다렸다. 캐스가 루시에게 다시 관심을 기울일 때까지, 루시가 캐스의 마음이 자기에게 돌아왔다는 희망을 품을 때까지. 그런 다음 또다시 캐스를 불러내 말했다.

"우린 운명으로 연결돼 있어. 난 그저 네 의지를 시험해보고 싶었던 것뿐이야."

물론 진심이 아니었다. 루시도 그녀 나름대로 잘못을 했다. 그녀는 도무지 사생활을 지키려는 마음이 없었다. 특히 나처럼 정보를 공격용으로 이용할 수 있는 사람에게도 모든 걸 털어놓았다. 루시는 감정적으로 상처를 입은 듯했고 그건 마치 한 편의 희극 같았다. 가식적인 뱀파이어 영화처럼 사랑의 상대이자 희생자는 언제나 종이에 손을 베인 채

터벅터벅 걷거나 무릎의 상처에 아랑곳하지 않고 돌아다니거나 양파를 썰다가 손가락을 베어 피를 흘리고 다니기 일쑤다.

루시에 대한 정보는 루시가 직접 말하지 않아도 그녀의 선량한 친구들이 알아서 물어다주었다. 이건 일종의 심리 탐색전이었다. 가끔은 내가 동성애자였다면 상황이 더 완벽하게 돌아가지 않았을까 하는 생각이 들었다.

상황이 계속 흥미로웠던 것은 내가 진심으로 루시를 좋아했기 때문이다. 심지어 홀딱 반한 것 같기도 했다. 지나치게 낙천적인 그녀의 태도가 내 마음을 사로잡는 바람에 솔직하게 고백하고 진정한 친구가 되고 싶은 마음마저 들었다. 적어도 내 마음속에서는 심리학적으로 매우 흥미로운 측면이 계속 나타났다. 아주 시시한 대화까지 짜릿했고 생각만 해도 입맛이 다셔졌다.

한참 후 나는 루시를 피하기 시작했다. 그녀는 먹기에 너무 진하고 강렬한 맛이 나는 디저트라 내게 복통을 안겨주었다. 그래서 나는 캐스와 루시가 영원히 결별하게 만들었다.

이런 것이 비교적 무해하게 사람을 파멸시키는 일이다. 난 실제로 루시에게 아무 짓도 하지 않았다. 그 상황을 루시의 입장에서 생각해보자.

그녀는 한 남자애를 뒤쫓았고 파티장에서 키스를 했다. 그녀는 그 남자애가 좋았고 파티 후 일주일에 두 번씩 데이트를 했다. 가끔은 남자애의 섬뜩한 친구(나)도 함께. 그런데 시간이 흐르면서 관계가 덜그럭거리기 시작했고 곧 끝났다. 실제로 나는 루시의 어느 것 하나도 파멸시키지 않았다.

그녀는 지금 결혼해서 잘 살고 있고 멋진 직업에 종사하고 있다. 내가 나빴던 것은 그녀는 진짜라고 믿었지만 실제로는 내가 최선을 다해 조작한 로맨스에 끌어들인 것이다. 그게 전부다. 나는 다른 사람을 조종하지 않았고 오히려 나 자신을 조종했다. 사실은 다른 사람의 감정에 상처를 주려고 노력하는 만큼 내 감정도 엉망이 되고 만다. 나는 다른 사람을 파괴하는 연극을 꾸미면서 세심하게 심리적 환상을 만든다. 그 환상은 현실이 될 수도 있고 그렇지 않을 수도 있지만 대개는 그것이 현실화할 거라는 생각만으로도 충분히 만족스럽다.

검고 차가울 뿐, 심장은 있다

한번은 누군가가 내게 엑스터시를 먹고 새로운 감정을 느껴보는 건 어떻겠느냐고 제안했다. 흥미롭긴 했지만 나는 이미 영화나 음악, 예술을 통해 다른 감정을 느끼도록 스스로를 조종할 수 있다고 대답했다. 그리고 약을 먹는 것이나 내 방법이나 무슨 차이가 있는지 모르겠다고 덧붙였다.

나는 음악을 사랑한다. 음악이 영화만큼(혹시 영화에 음악이 들어가서 그럴지도 모르지만)이나 교활하다는 데는 의심의 여지가 없다. 모든 음악은 듣는 이에게 어떤 감정이나 감성을 불러일으키기 위해 존재하는 게 아닐까? 물론 듣는 이가 음악에 자신의 전부를 내맡긴다는 전제 하에 말이다. 음악은 다른 사람을 이해하는 데도 훌륭한 도구다. 다른 사람이 감정을 경험하는 방식이나 작곡가 혹은 작사가가 경험하는 방식대로 나도 감정을 경험할 수 있기 때문이다. 어떤 면에서 음악은 내게 마약과도 같다. 음악은 늘 느끼는 것마저 완전히 다른 느낌으로 접하게 만들지 않는가. 언제든 마음만 먹으면 황홀경을 느끼게 해주는 대용물 같다고나 할까?

학교에서 음악을 공부할 때 나는 심지어 비판받는 것까지도 즐겼다. 대회가 끝나고 심사원들의 자세한 평가지를 받는 것마저 즐거웠다. 심사원들이 주의 깊고 신중하게 나와 내 연주에 집중할 수밖에 없다는 건 즐거운 일이 아닌가. 심사원들이 그 일을 좋아하든 말든 상관없었다.

나이가 들어감에 따라 내 삶에서 음악의 역할은 달라졌다. 음악은 간사한 꾀나 교묘한 계략 따위 없이 동료 연주자와 인간다운 관계를 맺게 해주는 통로였다. 연주자들 사이의 관계는 말과 표정이 아닌 소리와 악기, 박자에 맞추는 음악적 행위로 성립된다. 연주는 내게 음악이 아닌 다른 방식으로 인간관계를 맺을 때 좀처럼 느낄 수 없는 행복감과 충만함을 안겨준다. 또한 음악은 연주자가 아닌 보통 사람과의 심드렁한 상호작용을 피할 구실이기도 했다. 거의 모든 사교적 연회에서도 피아노 한 대만 있으면 나는 사업도 할 수 있다. 호텔 로비 한구석이나 구석 바에서 피아노가 보이기만 해도 마음이 편안해진다.

나는 잡담을 몹시 혐오한다. 8개월 된 당신의 아기가 기념비적인 새로운 짓을 했다는 둥, 지난달 콜로라도 여행이 어땠다는 둥 그런 시시콜콜한 일에 나는 눈곱만큼도 관심이 없다. 어쩔 수 없이 잡담에 끼어들어야 하는 상황에 놓이면 문제는 심각해진다. 왠지 모르게 껍딥을 부추겨야 할 것 같은 의무감이 들기 때문이다. 물론 나는 미소를 짓고 고개를 끄덕이거나 맞장구를 쳐줄 만한 일화를 눈치 빠르게 들이대기도 한다.

하지만 음악이 있으면 말이 달라진다. 피아노를 연주하며 내가 다른 사람에게 심어준 감동은 가벼운 잡담으로 하루 종일 노력해서 주는 감동과 비교도 안 될 만큼 효과가 크다. 연주를 하느라 파티의 뒷전으로 물러나 있으면 반사회적인 사람이 아닌 내성적인 사람일 뿐이고 불쾌하기는커녕 예술가다운 사람이다. 말하지 않고 속이는 것이 더 쉬울 때도 있는 법이다. 음악에는 왠지 사람을 홀리게 만들고 마음을 끄는 뭔가가 있다. 더구나 연주는 꽤 드문 '자기몰입' 행위이고 흔히들 그것을 너그럽게 이해해준다.

나는 종종 텔레비전을 보듯 내가 참여하지 않고 멀리서 사람들을 관찰만 한다면 얼마나 좋을까 하는 생각을 한다. 그런 이유로 나는 텔레비전 앞에서 보내는 시간이 많은데 거의 맹목적으로 볼 때도 있다. 무엇보다 나는 텔레비전 드라마의 닫힌 세계와 진부한 음모 장치가 좋다. 내가 해야 할 일도 없고 결과를 왈가왈부할 필요도 없이 그저 벌어지는 상황을 수동적으로 보기만 해도 되지 않는가. 현실에서 만나는 사람보다 영화나 소설에 등장하는 인물을 정의하는 게 훨씬 쉽다. 또 영화를 볼 때는 발각될 위험 없이 사람들을 관찰하고 자유롭게 분석할 수 있다. 소설을 읽으면 사람들의 은밀한 생각을 엿볼 수 있고 시간을 두고 곰곰이 곱씹어볼 수도 있다. 필요하면 다시 읽어도 된다. 나는 현실에서보다 영화나 책, 텔레비전에서 사람에 대해 더 많은 걸 배웠다. 물론 그런 식으로 사람을 아는 것이 즐겁기도 했다.

사람들은 소시오패스가 공감을 못하기 때문에 감정도 없을 거라고 오해한다. 나는 감정이 없는 소시오패스가 존재한다는 말을 들어본 적이 없다. 다만 소시오패스의 감정이 대개 깊이가 얕고 어린아이처럼 미숙하다고 여길 뿐이다. 그런데 당신이 알고 있는 정상인 중 얼마나 많은 사람이 감정적으로 미숙한지 아는가? 내게 감정이란 것이 전혀 없다면 어떻게 사람들의 감정을 이토록 능수능란하게 가지고 놀 수 있을까?

감정이란 대체 무엇일까? 감정은 적어도 부분적으로는 전후맥락과 관련이 있다. 그리고 감정은 부분적으로 우리가 자신에게 들려주는 이야기에서 비롯된다. 가령 '뱃속에서 나비들이 퍼덕이고(butterflies in the stomach) 있다'는 표현을 생각해보자. 이것은 안절부절못한다는 의미인데 상황에 따라서는 흥분된다는 뜻으로도 쓸 수 있다.

또한 다른 문화에서는 반드시 존재한다고 볼 수 없는 특정 감정이 어떤 문화에는 존재한다. 이를테면 향수(鄕愁)를 뜻하는 브라질의 사우다데스(saudades)나 일본의 과도한 수치심 같은 감정이 그렇다. 감정은 단순히 몸이 진화로 습득한 투쟁 도주 반응의 해석에 불과한 것은 아닐까? 단지 아드레날린이 분비될 뿐인데 우리는 그것을 불안감이라는 감정으로 해석하는 것은 아닐까? 또는 엔도르핀을 만족감이나 행복감으로 해석하는 것은 아닐까?

꿈을 분석한 어떤 이론에서는 우리가 꾸는 꿈이 잠자는 동안 외부의 자극을 해석하기 위한 두뇌활동의 결과라고 주장한다. 가령 실제로 몸이 으슬으슬 춥다면 잠을 자면서 눈 속을 걷는 꿈을 꾼다. 우리의 잠재의식은 잠자는 동안 우리가 느끼는 것을 설명해줄 이야기를 지어낸다. 즉, 무작위적이고 불충분한 감각적 정보를 실제로 꿈꾸고 있는 허구의 시나리오에 필사적으로 끼워 맞추는 것이다. 감정도 이와 같지 않을까? 우리가 스스로에게 들려준 이야기를 뒷받침해줄 설명을 지어내면서 받아들인 감각을 해석하는 것은 아닐까?

나 이외의 모든 사람이 집단 망상 속에서 살아간다고 믿고 싶기도 하지만, 나는 사랑이라는 감정만큼은 존재한다는 걸 알고 있다. 비극적인 이야기 시 〈라라〉에서 바이런은 한 외고집 백작에 관한 반자전적 이야기를 쓰며 백작을 다음과 같이 묘사했다.

정말이지 그는, 다른 이들이 걸었던 길을 걸었네.

다른 이들처럼 행동하고 말했지.

도리에 어긋나도 분노하지 않았고 대들지도 않았지.

그의 광기는 머리가 아닌 가슴에서 시작되었네.

내 마음은 다른 이들의 마음보다 조금 더 검고 차갑다. 어쩌면 그래서 다른 이들의 마음에 상처를 주고 싶은 것인지도 모른다.

8장

소시오패스의
사랑

열여덟 살 때, 브라질에 교환학생으로 간 적이 있다. 그곳에서 나는 사랑에 관한 새로운 사고방식에 완전히 매료되었다. 사실 '성취'라는 렌즈로 세상의 모든 것을 바라보던 내게는 사랑도 성취해야 할 어떤 것으로 보였다. 내게 사랑이라는 학문은 유혹의 한 분야였을 뿐이다.

그런데 브라질 텔레비전에서 끝없이 방영하는 B급 영화를 보며 사랑에 관한 조악한 청사진을 얻자마자 나는 곧바로 연구에 착수했다. 단언컨대 삶에 필요한 모든 것은 텔레비전에서 배울 수 있다. 사랑은 어려운 속임수가 아니다. 섬세함 같은 건 없어도 상관없다. 사람들은 사랑에 너무 굶주려 있기 때문에 평범한 술수, 즉 가벼운 접촉, 감정이나 관심을 표현하는 모호한 말 나니, 헤어질 때의 열정적인 포옹 한 번이면 충분하다. 드라마 한 편만 봐도 사랑을 알 수 있다. 덧없는 탓에 세상에서 가장 감질 나는 것이 사랑이란 사실을 말이다.

사랑은 본래 존재 상태가 끊임없이 변하는 속성이 있다. 뜨겁게 달아오른 피부에 땀방울이 맺힐 만큼 농밀해졌을 때는 바람만 불어도 사라지고 아직 시작도 못했을 때는 더 많은 것을 주겠다는, 더 좋은 것을 주겠다는 약속과 함께 두터워진다.

브라질은 사랑과 애무를 배우기에 완벽한 나라였다. 브라질에 도착할 때까지도 나는 부드러운 애무의 감촉을 까맣게 잊고(사실은 전혀 몰랐다) 있었다. 어린 시절에 어머니가 해준 키스의 감촉은 자라면서 일상이 되어버린 아이들과의 주먹다짐 감각에 묻혀 빛을 잃었다. 그런데 그 주먹의 감촉마저 주먹이든 손길이든 아예 접촉이 없던 긴 청춘기가 흐르면서 사라졌다.

아무튼 나는 극단적인 감정 표출을 달가워하지 않았다. 어쩌다 만나면 무지막지한 힘으로 나를 끌어당겨 특유의 냄새가 나는 품에 덥석 안던 할머니와 할아버지의 억센 포옹도 싫었고, 온갖 비정상적인 사건이 터질 때마다 가족의 얼굴을 추하게 일그러뜨린 분노나 슬픔 또는 그렁그렁한 눈물도 싫었다. 그럴 때면 사람들이 나를 조종하는 것 같은 기분이 들었다. 어떤 때는 내가 어떻게 반응할지 보려고 일부러 나를 괴롭히는 것 같았다. 또 감정의 절벽 가장자리로 나를 밀어버리는 듯한 느낌이었지만 내가 그 절벽에서 뛰어내리는 일은 드물었다.

내가 남겨놓고 온 삶은 그랬다. 하지만 집에서 수천 마일 떨어진 그곳에서의 스킨십과 감정의 육체적 표현은 사랑의 비밀공작 같았다. 사랑이 마치 숨 막힐 듯 재미있는 책처럼 짜릿했다. 브라질 사람들은 만나고 헤어질 때마다 포옹하고 키스를 했다. 그들은 아무것도 아닌 것처럼 동시에 모든 것인 양 서로의 감정을 대했다. 어떤 때는 함께 감정을 공유하다가 또 어떤 때는 열정적으로 서로의 마음에 상처를 남겼다. 그들의 아랫도리는 성욕에 걸신이 들려 있었다. 당시 리우데자네이루의 클럽을 휩쓸며 유행하던 춤은 일명 '병 춤'이었다. 남녀 할 것 없이 그들은 클럽 바닥에 뚜껑을 딴 맥주병 하나를 놓고 그 주위를 빙글빙글 돌면서 춤을 추었는데 어디에나 관능미가 넘쳐흘렀다. 나는 평일 오후 거리 한복판에서 세 살짜리 꼬마들이 삼바 춤을 추리라고는 생각지도 못했다.

브라질 사람들은 아름다워도 아주 독특하게 아름다웠고 못생겨도 아주 독특하게 못생겼다. 젊은 사람은 옅은 호박색과 진한 커피색이 어우러진 버들 회초리처럼 반질반질 윤기가 났고 날씬했으며 유연했다. 늙고 쇠약한 사람은 비참할 정도로 활기가 없고 뒤꿈치에 굳은살이 박였으며 등허리는 옹이진 나뭇등걸 같았다. 마주치는 모든 사람의 얼굴에는 미소, 미소의 기미, 미소의 기억이 있었다.

명백한 가난이나 극도의 불결함과는 대조적으로 그곳에는 미국에서 볼 수 없는 강렬한 삶의 실체가 있었다. 이탈리아풍의 대리석 건물 대신 콘크리트를 마구잡이로 쏟아 부어 지은 건물과 '성녀 테레사의 법열'(로렌초 베르니니의 조각상—옮긴이) 대신 길거리에서 만난 낯선 사람들끼리 반라로 섹스를 하며 황홀경에 빠진 모습만 제외하면 주변 사람들의 몸이 너무 밀착돼 바로크풍의 초현실적인 세상에 온 것 같은 기분이 들었다. 사람들이 하루 종일 혹은 일제히 울거나 웃거나 비명을 지르거나 노래하지 않는 것이 오히려 이상할 지경이었다.

브라질의 자유는 다 이해할 수도, 누구에게 설명할 길도 없다. 그저 그 포오싱 가득한 문화에 뚝 빠서봐아 안나. 브라실에는 백인이나 흑인이 없다. 그곳에는 수많은 세대를 거치면서 인종과 민족이 섞여 인종을 구분할 수 없는 다양한 피부색의 사람들이 존재한다. 성 전환자도 무수히 마주쳤다. 오랫동안 나를 가두었던 성별 기준이나 관습을 그들은 너무도 태연히 무시하고 있었다. 어떤 사람은 남근과 유방을 동시에 갖고 있었고 또 어떤 사람은 그 두 가지가 모두 없었다. 둘 중 하나를 가졌느냐는 인간의 조건이 그곳에서는 무의미했다. 성별에 대해 양면성을 느끼고 있던 나는 그들과 동질감을 느꼈고, 그들은 지금까지 내가 염두에 두지 않은 가능성을 보여주었다.

그야말로 난생처음 보는 인간 전시장에서 나는 새로운 흥밋거리를 발견했다. 그들은 내가 가면을 바꿔 쓰고 비춰보기에 더없이 안성맞춤이었다. 그들은 나와 달라도 너무 달랐고 나는 낯선 렌즈로 세상을 바라보면서 매일 생소한 행동에 몰두했다. 그동안 배운 나태하고 순진한 사고방식은 던져버릴 수밖에 없었다. 그곳에는 사람에 대해 알아야 할 모든 것이 있었다.

브라질 사람들은 진기하고 독자적인 종(種)이었고 나는 그들의 비밀을 캐내는 과학자였다. 언제나 자기 삶을 가장 흡족하게 여기고 행복해 보이는 그들은 아름다웠다. 또 언제 어디서나 유머와 친절을 잃지 않고 주변 공기마저 가볍게 만드는 매력적인 사람들이기도 했다. 나도 그런 사람이 되고 싶었다.

일단 머리로 충분히 이해하고 연습도 많이 했다. 나는 두 번 다시 볼 필요가 없는 사람들로 가득 찬 곳에 있었고, 현실적인 결과 따위에 신경 쓰지 않고 원하는 것은 무엇이든 할 수 있었다. 그렇기 때문에 외국에서 종종 미국 여학생들은 호감을 사고 남학생들은 경멸을 당한다. 나라면 비난받을 리가 없었다. '대놓고 섹스를 하는' 문화 속에 있는 이상 젊고 자유로운 나는 성적 취향과 관능미, 친밀감의 향연에 참가한 다른 젊은이와의 육체적 교감을 위해 내 몸을 내놓으리라는 기대를 저버리지 않았다.

밤이 되자 젊은이들은 두 사람씩 깊고 치밀한 키스로 결합했고 나도 그들 중 하나였다. 이런 실험적 시도에서 나는 키스에 관한 거의 모든 것을 배웠다. 상대의 혀를 어떻게 빨아주는지, 어떻게 하면 상대방이 내 혀를 잘 핥고 빨게 만드는지, 어떻게 상대방의 입천장을 간질이는지, 그래서 상대방이 나를 덥석 안지 않고는 못 배기게 만드는지를 말이다. 급기야 나는 키스로 대화를 나누는 수준에 이르렀다. 때로 키스는 친절한 낯선 사람들 사이에서 잡담이 되기도 하고 재미있는 농담이 될 수도 있다. 때로 키스는 또 다른 한 인간의 내밀한 곳으로 가능한 한 깊이 들어가 친밀한 관계를 구축하는 것 같은 기분을 느끼게 해준다.

사랑은 권력이다

나는 사랑을 완전히 숙달해야 할 어떤 능력쯤으로 여겼다. 포르투갈어를 유창하게 구사하는 능력처럼 말이다. 언어 능력이 나아질수록 나는 유혹을 위한 획기적인 사건과 도전을 새롭게 고안했다. 가령 클럽에 갈 때면 마음속으로 목표를 정하고 갔다. 이번에는 과연 한마디도 하지 않고 누군가를 사로잡을 수 있을까? 손끝 하나 건드리지 않고도 누군가에게 좌절감을 줄 수 있을까? 나는 풋내기 고교생과 피로에 지친 교환학생, 나이든 남자, 복장도착자 들을 상대로 연습을 했다.

내 첫 번째 키스 상대는 여장을 한 남자였다. 넝치가 큰 그의 몸은 반짝이와 물감으로 얼룩져 구릿빛으로 빛났다. 그는 요란한 장식이 달린 황금색 가슴받이를 걸치고 끈 팬티를 입고 있었다. 또 길고 검은 머리카락에는 하늘하늘 흔들리는 색색의 깃털과 보석 장식이 매달려 있었다. 나는 본능적으로 그의 불그스레한 입술에 내 입술을 포개고 싶었고 그의 허세 가득한 자신감은 그를 소유하고 싶을 만큼 내 마음을 끌었다. 그건 일종의 우승 상금이나 트로피 같았다. 더구나 그는 나처럼 보기 드문 사람이었다.

　　그때까지 나는 그처럼 화려하게 꾸민 남자를 만나본 적이 없었다. 나는 비좁고 낡은 아파트에서 모조 다이아몬드를 조심스럽게 붙이고 양쪽 눈의 음영을 아이섀도로 보정하는 남자의 모습을 그려보았다. 내 끌림은 그의 남성성이나 여성성과는 아무런 상관이 없었다. 내 마음을 끈 것은 아름다움의 진가를 알아보고 괴성을 지를 줄 아는 그의 집중력이었다. 그에게는 내가 존경해 마지않는 완전무결한 용기 같은 게 있었고 내가 이용하고 싶은 가슴 떨리는 연약함도 있었다.

　　아마도 나는 어떤 면에서 그를 부러워했던 것 같다. 자신의 기묘함을 포착하고 그것을 세상에 보여주는 능력, 심지어 그러기 위해 자신이 무엇을 해야 하고 자신이 누구인지 아는 능력에 질투가 났는지도 모른다. 그때까지 나는 나 스스로에 대한 주권이 없었다. 겉으로는 자신만만하고 열린 사람 같았지만 속으로는 심술궂고 외로웠으며 세상과 관계를 맺는 법도 몰랐다. 착한 사람이 되고 싶은 마음은 간절했어도 내가 아는 것이라고는 못되게 구는 동시에 착하게 보이는 방법뿐이었다. 나는 속이고 위반하는 것 말고는 다른 식으로 살 수 있다는 걸 몰랐다. 그와 키스하는 순간, 나는 그의 진지한 노력과 정직한 아름다움을 깨닫고 말았다. 그의 사소한 존재감으로 주마등 같이 스치는 모든 광경에 인간미가 더해졌다. 모든 선한 의도와 에너지가 세상으로 쏟아져 나왔고 나는 내 입으로 그것을 맛보고 가능한 한 많이 삼키고 싶었다.

　　물론 그것은 오래 갖고 있고 싶은 소유권은 아니었다. 육체를 통해 그를 이해하고 차지하는 기분을 느낄 수 있다면 단 한순간으로도 족했다. 키스를 멈추는 순간 그가 급사할지언정 내게는 조금도 중요치 않았다. 그날 밤 느닷없이 십대 갱단이 나타나 그의 사타구니를 걷어차고 목

나, 소시오패스

을 베어버려도 나는 그 자리에 서서 그 매혹적인 폭력 장면을 즐겁게 바라볼 수 있을 것 같았다. 내가 미래 따위는 없다고 믿는 소녀였다면 아마도 갱단과 합세해 몇 분 전까지도 그토록 애무하던 그의 뼈가 내 주먹에 바스라지고 근육이 파열되는 것을 보며 만족감을 느꼈을지도 모른다.

그 남자와의 첫 경험 이후 나는 여러 사람을 갈아치웠다. 그리고 낯선 사람과 육체적 애무를 연습하면서 배운 것을 나는 몇 안 되는 지인과 사랑이라는 감정을 즐기는 데 이용했다. 상대방 위에 군림할 힘을 얻기 위한 계획에 도움이 되지 않는다면 결코 키스도 할 수 없었다. 나는 신중했고 무자비했으며 무엇보다 동물적이었다.

이제 와 깨달았지만 사랑과 섹스는 내가 감탄하고 이해하려 한 그 여장 남자 안의 운동 에너지와 관련이 있었다. 내가 지금까지 읽고 듣고 드라마와 영화에서 본 것은 하나같이 사랑은 결코 부도덕할 수 없으며 모든 것을 가치 있게 만들어준다고, 사랑은 세상에서 가장 위대한 것이라고 말했다. 그제야 나는 내 마음속에서 꽤 오랫동안 부도덕한 것으로 낙인 찍혀 있던 섹스가 사랑의 가장 중요한 부분임을 알았다. 섹스는 타락의 산물도 남성의 전유물도 아닌 관계를 위한 독보적인 수단이다. 기막히게도 섹스는 끝내주게 멋지고 달콤하며 희열이 넘치는 힘을 얻는 또 하나의 수단이다.

난 섹스에 타고난 재주가 있었다. 그러고 보니 내가 다른 사람을 조종하고 착취하면서 느낀 기쁨, 즉 내 삶을 가치 있게 만들어준 중요한 그것을 사랑이라는 이야기 안에서 설명할 수도 있을 것 같았다. 이보다 더 희망적이고 인간적인 것이 또 있을까?

그것은 실로 놀라운 발견이었다. 무려 20여 년이나 나는 다른 사람들의 내면세계로 향하는 중요한 입구, 다시 말해 가장 보편적인 아킬레스건을 간과하고 있었던 셈이다. 마침내 나는 친절이 지나쳐 화를 입힌다는 말의 의미를 이해했다. 사람들은 사랑을 지나치게 갈망한다. 사랑을 아니, 애무와 인정을 갈망하면서 매일 조금씩 죽어간다. 그것이 누군가에게는 마약이 된다는 데서 나는 엄청난 만족감을 얻었다.

내게 사랑은 중독의 또 다른 이름이기도 했다. 나는 숭배받는 것도 좋아했고 숭배하는 것도 좋아했다. 나는 사람들이 왜 진심을 털어놓지 않는지, 왜 거리로 뛰쳐나가 사랑을 선언하지 않는지, 왜 매일 사랑의 편지를 쓰지 않는지 도무지 이해할 수 없었다. 그토록 쉬운 일을 왜 하지 않는단 말인가. 내게 사랑은 공짜로 얻는 짜릿한 만족감이었다. 내가 사랑하는 상대에게 점점 더 깊이 다가갈수록 그들은 자신의 행복을 점점 더 내게 의존했고, 그럴수록 나는 점점 더 힘에 도취되었다. 나는 마치 진흙을 주무르듯 그들의 얼굴에 미소를 만들었고 탄식을 자아냈다. 그들은 정말 그렇게 해주었다! 그런 생각을 하면서 느끼는 황홀경은 믿을 수 없을 정도로 놀라웠다.

누구나 마음만 먹으면 아무라도 사랑할 수 있고 실제로 사랑하는 사람을 한동안(하룻밤, 일주일 혹은 몇 주라도)만이라도 삶의 이유로 만들 수 있다는 걸 깨달았다. 다른 수단에 비해 사랑이 더 많은 힘을 주는 것은 아니지만 상대방을 더 많이 이용할 수는 있다. 사랑에는 당길 수 있는 지렛대와 누를 수 있는 버튼이 많고 방법도 무한하다. 사랑은 내가 일방적이고 직접적으로 고통을 야기했다는 쓸쓸한 기분에서 벗어나게 해주었다. 나는 그들을 조종하거나 속였다는 생각을 전혀 하지 않았다.

미국으로 돌아오자마자 브라질의 애정 상대들은 머릿속에서 순식간에 사라져버렸다. 집으로 돌아온 나는 몇 가지 일을 해야 했다. 브라질에서 배워온 것을 그것과 정반대인 미국의 감수성으로 더럽히고 싶지

나, 소시오패스

않았다. 나는 브라질 효과를 더 확대하고 더 깊이 있게 만들고 싶었다. 여기에는 사람들과 관계를 형성하는 것도 포함되었다.

그때까지 나는 눈뜬장님이었다. 다른 사람의 내면세계에 뛰어들고 그 세계를 사로잡는 기쁨을 전혀 모른 채 억제하고 있었던 것이다. 사람들이 나를 위해 뭔가를 '하고 싶게' 만든다면 그들이 그냥 나를 위해 뭔가를 '하게' 만들기는 얼마나 더 쉬울지 왜 한 번도 생각하지 않았을까? 그제야 눈을 뜨고 마음을 연 나는 그것을 영원히 열린 채로 두고 싶었다. 사랑은 이제 내가 가장 잘하고 싶은 일이자 사람들의 눈에서 눈물을 빼는 일의 긴 목록에 추가한 새로운 일이었다.

나는 사랑을 능숙하게 해낼 자신이 있었다. 하지만 집에 돌아오자마자 만나는 모든 사람의 입 안에 혀부터 들이밀 수는 없는 노릇이었다. 특히 섹스나 키스에 엄격한 규율이 있던 신실한 기독교 대학에서라면 더욱더 안 될 일이다. 그래도 모든 것에는 이면이 있는 법이 아닌가. 내 주위의 거의 모든 사람이 섹스에 굶주려 있었고 특히 애송이 남학생은 유혹의 덫에 더없이 약했다.

그중에서도 이루 말할 수 없을 정도로 순진하던 한 남학생과의 데이트는 잊을 수가 없다. 그 애는 쿼터백 저리 가라 할 정도로 외모가 출중했다. 활짝 웃으면 보소개와 함께 희고 고른 치아가 드러났고 햇빛을 받은 금발의 곱슬머리는 눈부시게 빛났다. 어느 날 우리는 영화를 보고 내 차에서 한참이나 앉아 있었다. 그 애가 내 아파트로 가서 내 몸, 특히 가슴을 만지고 싶어 했기 때문이다. 그런데 학교에서 정한 통금시간도 이미 훌쩍 지났고 결정적으로 나는 그 애에게 전혀 흥미가 없었다. 데이트를 한 지 15분 만에 나는 그 애가 내 것이 되었음을 감지했다. 그래서 그저 드라이브나 하며 그 애를 관찰하고 나중을 위한 정보나 수집할 요량이었다. 나는 추격전을 더 하고 싶었지만 그 애는 실질적인 도전을 불러일으키기에는 너무 연약한 한 마리 가젤이었다.

옆자리에 앉아 있는 그 애를 보자니 문득 이 녀석은 샤워에 대해 무슨 환상을 갖고 있을지, 어떤 여자애들과 키스를 해봤을지 궁금해졌다. 그 애는 평범해도 너무 평범했고 텔레비전 쇼 프로그램에 나오는 배우처럼 일부러 활기차고 사내답고 성마르게 행동하는 것 같았다. 이런 사람과 같이 있으면 누구라도 의심이 들 것이다. 그들에게 내면세계라는 것이 존재하기나 할까, 프로그램 작가가 사무실 불을 끄고 퇴근하면 그들의 의식 세계도 거기서 끝나버리지 않을까 하는 의심 말이다.

나는 그 애를 안달 나게 했다. 그 애는 내가 왜 그토록 자신감이 넘쳤는지, 왜 그렇게 자기가 내게 마음이 끌렸는지 알 수 없었을 것이다. 겉으로 드러난 모습만 보면 나는 전혀 특별한 애가 아니었다. 그다지 눈에 띄는 용모도 아니었고 소문이 날 정도로 인기 있는 여학생도 아니었다. 물론 내가 특이한 여학생인 건 맞다. 나를 진지한 데이트 상대로 봐야 하나 말아야 하나를 고민하느라 그 애의 살갗 가득 돋은 의심의 잔털들마저 감지할 수 있었으니까. 잘생긴 외모로 보건대 그 애는 자기와 똑같은 금발의 뭇 여학생들의 관심과 애정을 끌고도 남았다. 그러니 그 애가 내게 무장 해제된 듯한 기분을 느꼈다는 것은 내가 그 애의 마음속에 엄청난 불안을 심어놓았다는 증거가 아니겠는가.

로펌 지부의 협력자로서 제인을 사로잡은 것과 마찬가지로 열아홉 살 때의 나도 원하기만 한다면 미국의 전형적인 쿼터백이던 그 애를 사로잡고도 남았을 것이다. 숙제를 떠넘기거나 슈퍼마켓 심부름을 보내거나 심지어 나와 결혼하게 할 수도 있었으리라. 하지만 난 그 애를 원치 않았다. 그날 밤 내 아파트 앞에서 한참이나 그 애의 비위를 맞춰주고

나, 소시오패스

있는데 갑자기 차에서 쫓아내고 집으로 들어가 잠이나 자고 싶다는 생각이 솟구치기 시작했다. 그날 이후 그 애는 몇 번이나 내게 연락을 했지만 이미 버스는 떠나버렸다. 그날 밤이 가기도 전에 내 머릿속에서 그 애는 사라지고 없었다.

스릴을 즐기기 위한 게임으로 상대를 유혹할 때는 바로 그것이 문제다. 순수하고 무해하게 유혹을 시작해 한동안 관심과 애정을 향유할 수는 있지만, 그러다 갑자기 상대가 싫증나면 나 없이는 제대로 살 수도 없을 것 같이 의존적이고 얼이 빠져버린 사람을 처치해야 하는 문제가 남는다.

기꺼이, 즐겁게 상처를 주다

누군가를 유혹할 때 나는 보통 내가 이겼다는 사실을 깨닫자마자 목표물을 자유롭게 풀어준다. 내 논리로 보면 그것은 낚시 게임과도 같다. 게임의 재미는 오로지 물고기를 잡는 데 있지, 잡고 난 다음 배를 가르고 깨끗이 씻어서 요리하는 데 있지 않다. 그러니 당연히 다시 풀어주는 게 맞지 않을까! 언젠가 나시 잡일 수 있노록 말이나.

나는 유혹을 좀 더 수월하게 해줄 새로운 가면을 만들려고 노력한다. 사람들은 대개 내 자신감에 끌리지만 진짜 이유는 그들이 이제껏 만난 여느 사람과 달리 내게는 감칠맛 나면서도 이국적인 면이 있기 때문이다. 억양도 미묘하다. 피부는 대부분의 백인보다 까무잡잡한 편이지만 그렇다고 전혀 '다른' 인종이라 할 정도는 아니다. 원래 양성적인 스타일이지만 복장이 내 성격을 반영하든 말든 별로 신경 쓰지도 않을 뿐더러 내가 옷을 고르는 일도 드물다. 내가 자주 입는 하늘거리는 꽃무늬 드레스와 굽 높은 구두는 늘 유행보다 한 발 앞서 있다. 이건 전적으로 내 옷을 골라주는 일을 행복해하는 내 친구의 취향이다. 그렇지만 하늘거리고 요란한 치장 속의 나는 분명 단호하고 심지어 근육질이다. 다만 나는 정말이지 놀랍도록 가슴이 예쁘다.

나는 몸과 얼굴뿐 아니라 숫자, 경치 그리고 논리에 대한 미학적인 관점이 상당히 예리하다. 어쨌든 쾌락이 최고의 관심사다 보니 나는 언제나 새로운 쾌락의 원천을 찾는다. 유혹은 쌍방이 육체적 만족감을 얻는다는 점뿐 아니라 불법 거주자처럼 자기 소유가 되기 전까지 상대방 정신의 한 부분을 완전히 점유해야 하는 정신적 도전이라는 점에서도 쾌락을 준다. 한 가지 조심해야 할 점은 점유한 영역이 그 가치보다 훨씬 더 큰 문제를 일으킬 수도 있다는 것이다.

모건을 처음 만났을 때 나는 그녀가 그토록 큰 골칫거리가 되리라고는 상상도 하지 못했다. 그녀는 나와 이름이 똑같았다. 그녀가 처음에 내 흥미를 끈 이유 중 90퍼센트는 이름이 같다는 것이었다. 내가 나를 사랑하는 일이 벌어질 수도 있지 않을까 하는 생각이 들었다. 내가 신참이던 로펌에서 그녀는 선임 변호사였고 확실히 유능해보였으며 우연히 멀리서 한 번 봤는데도 아름답고 섹시했다.

우리가 처음으로 대화를 나눈 것은 금요일 오후 각자의 사무실에서 나오다가 마주쳤을 때였다. 우리는 마치 자기 입으로 털어놓지 않는 이상 서로의 범죄에 대해 입을 열지 않는 현행범들 같았다. 그때 우리는 승강기에 올라타기 위해 적어도 5분쯤 미로 같은 복도를 걸어갔고, 승강기에서 내려 주차장까지 또 함께 걸었다. 이미 그녀를 흠모하고 있던 터라 나는 약간 흥분해서 쉴 새 없이 잡담을 늘어놓았다. 걱정과 달리 주차장에 이를 때까지 그녀도 서슴없이 자기 이야기를 늘어놓았다. 나는 그저 들어주었다. 경청의 힘이라니! 유혹하는 데 경청만큼 효과적인 방법은 없다. 그녀의 삶은 학대적인 관계, 범죄, 성 정체성 장애 등 사람들의 연약한 약점을 알고자 하는 내 욕구를 채울 만큼 충분히 흥미로웠다.

내 쪽에서 일방적이던 흠모는 급속히 쌍방의 흠모로 바뀌었다. 내 흠모는 철저히 나 자신의 나르시시즘과 처음에 숭배하던 사람의 약점을 착취하기 위한 욕망에서 비롯된 것이고, 그녀의 흠모는 그녀에게 고통을 가하는 것을 즐기는 사람에 대한 끌림이 분명했다. 모건처럼 내게 강력히 반응한 사람은 처음이었다. 나를 향한 그녀의 애착은 점점 더 깊어졌고 급기야 그녀의 얼굴마저 바꿔놓기 시작했다. 단호하고 야무졌던 턱은 허약한 골격만 남았고 흔들림 없던 갈색 눈동자는 어느 한곳에 머물지 못한 채 내 눈길을 피하느라 정신없이 흔들렸다. 머리숱도 점점 줄어드는 것 같았다.

신기한 것은 그런 그녀가 일을 할 때만큼은 유능하고 자신감이 넘쳤다는 점이다. 판사나 배심원을 상대할 때는 냉정을 잃지 않는 강인한 사람처럼 보였다. 직장에서 모건은 한마디로 내가 그토록 열망하는 사회적 권력을 쥔 사람이었다. 특히 그녀가 어렵게 획득한, 다른 사람들로부터 존성을 받는다는 점은 여러모로 내가 모방하고 싶은 것이었다. 처음에는 내가 그녀를 제압하고 있다는 걸 즐겁게 음미했다. 그녀의 목소리가 갈라지거나 입술에서 터무니없는 말이 튀어나올 때마다 나는 쾌락에 빠졌다. 그런 순간에는 나도 모르게 숨이 멎고 눈이 반쯤 감겼다. 그녀의 불안에서 느껴지는 쾌락은 내장까지도 꿈틀댈 정도로 본능적이었다. 육즙이 흥건한 고기 냄새에 침이 고이고 심지어 약간 정신이 혼미해진 사람처럼 어느새 내 혀는 날카로운 송곳니를 핥고 있었다. 조금은 주체할 수 없을 정도가 되기도 했다.

모건은 회복 불가능한 상태에 빠지고 말았다. 그녀가 더 이상 게임에 흥미를 보일 수 없을 정도로 내가 막강한 점수 차로 이기고 있었다.

나는 지나치게 흥분한 동물이나 아이를 진정시킬 때처럼 그녀가 지금 무슨 일을 하고 있는지 설명해주고 서둘지 말라고, 걱정할 것도 없고 결코 다칠 일도 없을 거라고 안심시키면서 그녀의 불안을 달래주려 노력했다. 그녀를 살짝 부끄럽게 만들어 덩치도 작고 나이도 더 많은 나를 두려워하는 것이 얼마나 어처구니없는 것인지 깨닫게 하는 데는 엄청난 겸손이 필요했다. 그러다 보니 신경 쓸 게 늘어났다. 그녀의 연약함과 소심함에 점점 질려버린 나는 일을 그르치기도 했다.

어느 날 오후 그녀는 나와의 저녁 약속을 취소했다. 보나마나 내가 자기를 불안하게 만든다는 것 말고는 다른 이유가 없었다. 나는 그녀의 사무실에 앉아 미동도 않고 그녀를 바라보며 생각했다. 그녀를 놓아주지 못하는 쪽은 나라는 사실을 말이다. 그녀의 자기학대적인 성향을 충족시켜주는 것은 내게 만족감을 주었다. 나는 수치심 전략을 너무 강하게 밀어붙였고 그녀는 내게 입을 닫아버렸다. 그때 마지막으로 내가 어떤 행동을 했는지 기억나지 않는다. 어쩌면 그녀가 더 이상 쓸모없는 사람이라고 넌지시 암시를 보냈거나 그녀의 알몸이 형편없다고 빈정거렸을지도 모른다. 관계를 끝내길 원한다는 그녀의 말에 나는 진심으로 놀랐지만 놀란 티를 낼 수는 없었다. 굴복하라고 명령하기는커녕 권리를 박탈해달라고 애원하는 꼴이 되지 않았는가.

그녀의 마음을 되돌릴 기회가 딱 한 번 있었다.

나는 두 달 정도 냉정을 회복하길 기다렸다가 그녀에게 이메일을 보냈다. 그것은 겉으로는 진심을 담은 것 같지만 사실은 내 사랑과 사과를 받아달라는 가식적인 고백의 글이었다. 글은 장황하면서도 모호했기 때문에 그녀로서는 내가 저지른 모든 잘못에 대한 사과의 글로 생각했을 터였다. 사랑을 말할 때는 꿀처럼 달콤한 서약이 넘쳐흐르는 법이다.

나는 내가 흠모하는 그녀의 모든 점을 아니, 그보다는 그녀가 흠모받기를 원하는 점을 일일이 열거했다. 또한 내가 얼마나 '상처받기 쉬운' 사람인지, 얼마나 그녀를 생각하는지 고백했다. 사실은 그녀를 되찾아야 할 잃어버린 물건쯤으로 생각한 것이지만 하여튼 그녀를 매일 생각한 것은 맞다. 이메일에서 나는 몇 번이나 그녀에게 사랑을 말하면서 과거 시제로 쓰는 것을 잊지 않았다. 그녀 자신도 모르는 어떤 것에 대해 후회하게 해주고 싶었기 때문이다.

이메일 내용만 보면 내게 사랑을 잃는 것보다 더 참담한 것은 없으며, 그 사랑을 되찾는 것보다 더 강렬한 목표도 없었다. 내가 자신을 사랑했다는 걸 그녀가 몰라서 그랬든 내가 사랑하지 않아서 그랬든 그녀가 나의 사랑을 감지하지 못했다고 썼다. 끝으로 나는 그녀가 내게 상실감을 안겨주었고 버림받은 기분이 든다는 불안을 가장한 가벼운 비난의 말을 몇 마디 던졌다. 그리고 우리가 다시 만난다면(비록 우리의 재회를 확신하거나 기대할 근거는 없다고 주장했지만), 모든 게 달라질 수 있으리라고 제안했다. 아주 감동적인 이메일이었다.

몇 주 후, 그녀에게 답장이 왔다. 그녀는 새로운 여자친구와 섬에서 여름휴가를 보내고 있을 때 내 이메일을 받은 모양이었다. 모건은 내 이메일을 받자마자 새 여자친구와 옥신각신 실랑이를 벌였고 곧바로 헤어졌다. 새로운 연인과 해변에 누워 있으면서도 내 생각을 하고 있었다는 사실만으로도 나는 흡족했다. 그녀가 휴가에서 돌아오자마자 우리는 다시 만났다. 그녀의 자기학대적인 연약함은 사라지기는커녕 몇 배로 더 깊어진 것 같았다. 그녀는 내게 점점 더 많이 상처받기를 원했다. 이미 그녀에게 넌더리가 나 있었고 그토록 받고자 하는 상처를 줄 용의도 있었으므로 나는 즐겁게 그녀에게 상처를 주었다.

몇 달 만에 우리는 다시 사이가 멀어졌다. 스스로 그만둔 건지 해고당한 건지 모르겠지만, 모건은 직장에 나타나지 않았고 식이 장애와 약물 남용의 늪에 빠져들었다. 나는 능력 있고 성공한 변호사에서 불과 몇 달 만에 실직한 부적응자로 변한 모건의 모습에 큰 충격을 받았다. 그녀가 아직 살아 있는 것마저도 의심스러울 정도다. 그러나 그 극단적인 파멸이 전적으로 내 책임이라고 생각하지는 않는다. 학대받고 싶어 하는 그녀의 욕망에 비춰보면 그것은 필연적인 결과였다. 그녀는 여러 번 자살을 시도했다. 그녀가 진짜 자살할 마음을 먹었다면 충분히 성공하고도 남았을 것이다. 하지만 그녀에게 자살은 고통받을 기회를 상실하는 일이었다. 더 크고 다양한 빛깔의 고통을 경험할 가능성이야말로 그녀가 살아가는 힘이므로 아마 그녀는 자살로 생을 마감하지는 않을 것 같다.

우리의 관계는 서로에게 긍정적이었던 듯하다. 그녀는 상처받기를 원했고 나는 그녀에게 상처를 주고 그녀가 더 깊은 타락의 나락으로 떨어지는 모습을 지켜보고 싶었으니까. 그녀가 철저히 바닥으로 떨어지고서야 나는 흡족해했다.

지금도 나는 가끔 그녀를 본다. 하지만 추격의 짜릿함은 오래전에 사라졌다. 물론 나는 그녀를 사랑한 적이 없지만 그녀는 왜곡된 자신의 방식대로 지금도 나를 사랑한다. 나는 그녀가 두렵고 부끄러워서 다른 모든 사람에게 숨기고 있는 욕구와 욕망을 이해한다고, 그녀에 대해 모든 것을 알고 있으며 그것 때문에 전혀 놀라지 않았다고 말했다. 그건 거짓이 아니다.

나, 소시오패스

성적 취향의 이중성

사람들은 사랑과 섹스를 혼동하지 않도록 늘 조심해야 한다고 말한다. 그러나 내가 보기에 사람들이 더 걱정해야 할 것은 사랑과 이해를 혼동하는 일이다. 나는 사람들의 영혼이 하는 말을 모두 읽을 수 있을 뿐 아니라 그 말의 미묘한 뉘앙스와 세부적인 것을 파악할 때까지 깊이 연구할 수도 있다. 일단 파악하고 나면 손가락에 묻은 잿빛 잉크 자국에 고개를 저으며 구겨버린 신문처럼 금세 파기해버릴 것이다. 누군가의 마음에 겹겹이 쌓인 베일을 들추고 싶은 내 욕망은 꾸며낸 것이 아니다. 그렇다고 관심을 사랑이라고 할 수 없을뿐더러 영원을 위한 약속 따윈 하지 않는다. 가끔 약속할지도 모르지만 그러거나 말거나 신경 쓰지 마시라.

내 소시오패스 증상 가운데 하나는 섹스와 성적 취향의 이중성이다. 소시오패스는 자아감만큼은 상당히 예민하고 유연하다. 우리는 확고한 자아상이나 세계관이 없고 사회의 규범을 알아보지 못하며 도덕의 나침반도 없어서 옳고 그름에 대해 일관성이 없다. 반면 우리는 원하는 모습을 연출할 수 있고 말도 유창하며 매력적이다. 그런데 그 무엇에도 기준값이나 신념이라고 부를 만한 것이 없으며 어느 수준까지는 성생활도 다르지 않다.

실제로 무성(無性)적 특징이나 성적 모호성은 여러 진단 기준에서 소시오패스 증상의 하나로 인정하고 있다. 예를 들어 클렉클리는 사이코패스를 위한 진단표에서 "섹스에 구애받지 않으며, 상대를 비인간적으로 대하고 그와 소통하려는 노력은 하지 않는다"고 표현하고 있다. 그것은 정확히 나를 묘사한 것이고 그 표현에 불만은 없다.

한 친구는 내가 믿는 종교의 덕목 중 혼전 섹스를 금하는 것이 가장 마음에 들지 않는다고 말했다. 물론 나는 지금도 되도록 섹스를 많이 하려고 애쓰는 편이지만, 내막도 모르는 그녀는 섹스가 얼마나 즐거운 일인데 혹시라도 내가 종교적인 수치심 때문에 그 즐거움을 느끼지 못할까 봐 걱정스럽다고 했다. 그녀는 철저히 감정적인 사람이고 나는 전혀 그렇지 않다. 그녀가 섹스를 그토록 위대하게 여기는 이유는 섹스의 감정적 요소 때문이라고 할 수밖에 없다. 그에 반해 내가 육체적 친밀감에서 느끼는 감정적 유대감은 정크푸드를 먹을 때 느끼는 것(치즈버거는 단연코 최고다!)과 거의 비슷하다. 아무리 진지한 관계에서도 그 느낌은 동일하다. 사정이 이러니 누군가와 육체적으로 만나는 것이 꽤 재미있지만 그것은 다른 사람이 생각하는 그런 재미가 아니다. 그리고 내게 섹스가 눈물 바람으로 끝나는 경우는 결코 없다. 그런 맥락에서 내게 유혹은 최종적인 행위보다 사냥에 더 가까운 의미다.

내 연인들(누구나 그렇게 부르니 일단 연인이라고 해두자)은 가끔 그 무심한 태도 때문에 나를 떠난다. 나는 내 몸이 더할 나위 없이 만족스럽다. 많은 사람을 흥분시키기에 부족함이 없을 정도랄까? 그래도 멍청한 십대나 마약에 찌든 스트리퍼처럼 누드 사진을 흘리고 다니는 경솔한 짓은 하지 않는다. 그건 분명 이상하게 보일 것이다. 나는 잃어버릴 게 없는 사람이지만 내게 수치심과 육체적 친밀감에 대한 감정적 애착이 없다는 것이 확실해지자 혹시 내가 십대나 스트리퍼처럼 또는 성적 콤플렉스가 있거나 학대받은 여자들처럼 상처가 있는 사람으로 보이는 건 아닐까 하는 의문이 들었다. 어쨌든 사람들은 내 종교를 염두에 두고 내가 섹스를 마사지를 받는 것쯤이 아닌 영혼의 교감처럼 특별한 것으로 여긴다고 생각하리라.

섹스에 대한 내 대담한 태도는 파트너의 성별을 고르는 데까지도 영향을 미친다. 그렇다고 늘 여성에게 성적으로 끌리는 것은 아니다. 나는 언제나 열려 있다. 힘이나 독특한 세계관을 갖고 있는 사람에게는 늘 끌릴 준비가 되어 있다. 하지만 처음부터 상대에게 성적 매력을 느끼지는 않는다. 어른이 되어 깨달은 것 중 하나는 내 영역을 넓혀서 얻는 쾌락도 있다는 사실이다. 말하자면 사람들이 갖고 태어난 섹스 장비에서 미세한 차이를 발견하려는 것은 소용없는 짓이라는 얘기다. 나는 스스로 단련했고 성적 판타지에 동참할 동성 회원을 모집하기 시작했다. 동성 섹스에 대해 완벽한 판타지를 갖게 될 때까지 나는 남성이 아닌 여성들과 차츰 섹스 횟수를 늘려갔다. 이제 동성애는 내게 제2의 천성이 되었고 기회를 늘렸다는 점에서 무척 만족스럽다.

소시오패스로서 내게는 특정한 성 정체성이 없는 것 같다. 양성애라는 말도 일종의 선호도를 암시하므로 내게는 적절치 않다. 오히려 '기회 균등'이라는 말이 더 적합한 표현인 것 같다. 성별을 구별할 이유가 없기 때문이다. 솔직히 말해 소시오패스는 인간 세계의 보노보 원숭이 같기도 하다. 빈번하게 우발적으로 실용적인 성생활을 하니 말이다. 나는 소시오패스임을 보여주는 가장 확실한 특징 중 하나가 모호한 성 정체성이라고 생각한다.

실제로 소시오패스를 정신적 질환으로 인식하던 초창기에 소시오패스는 주로 동성애자나 '비정상적인' 성행위자와 관련이 깊다고 여겨졌다. DSMMD는 1952년 미국 정신의학협회가 최초로 발표했는데, 그 원본에서 소시오패스라는 인격 장애 증상의 하나로 동성애를 들고 있다. 두 번째로 발표한 DSMMD에서는 소시오패스와 동성애 간의 연관성을 인정하지 않았고 세 번째 개정본에서는 정신 장애로서의 동성애 자체를 완전히 배제했다.

클렉클리도 자신의 저서 최신판에서 사이코패스와 동성애를 연관 지어 생각한 초창기 이론을 비판했다. 그는 "사이코패스에게 동성애적 경향이 나타나지만 전형적인 특징으로 간주할 만큼 보편적인 현상은 아니다"라고 주장했다. 하지만 한편으로는 다음과 같은 전제를 달았다.

"충동의 배출구를 찾는 열렬한 동성애자는 도착적 성행위에 가담할 가능성을 주로 사이코패스에게서 발견한다. 이들은 때로 엄청난 보상을 바라기도 하지만 때로는 그저 장난삼아 해볼 만한 일이라고 생각해 동성애에 쉽게 가담하기 때문이다."

클렉클리는 '안나'를 비롯해 동성애에 집착한 소시오패스의 이야기를 몇 편 들려준다. 그는 그중 젊고 부유한 명문가 자제에 대해 "그가 동성애자일 수도 있다는 의견은 타당하지 않다"고 이야기하며 다음과 같이 적고 있다.

환자는 분명 사전에 아무런 의도도 없었고 특정 성향에 대해 집요하거나 강력한 충동도 없었다. 그저 순간적으로 집에서 가까운 들판에서 일하는 흑인 남자 네 명을 골랐을 뿐이다. 당시 인근 지역에서 쿠클럭스클랜, 일명 KKK단이 득세하고 있던 만큼 지적이고 고귀한 이 젊은 남자는 불결한 노예 네 명을 납치해 트럭 뒤에 태우고 문란한 섹스 장소로 알려진 곳으로 데려가면서 전혀 양심의 가책을 느끼지 않았다. 그가 선택한 '여행자 오두막'은 주로 남자들이 그렇고 그런 목적으로 여자들을 데려오는 곳으로, 관리자가 잘 드나들지 않아 신분이 드러날 염려도 없었다. 그런 시설이 좀 꺼림칙하기도 했지만 환자는 자기가 데려온 네 명의 노예와 오럴섹스를 하다가 느닷없이 들어온 관리자를 보고 기겁했다. 그의 역할은 오럴섹스를 즐긴 쪽이 아니라 한 쪽이 었기 때문이다.

범죄 현장을 들키자 그 젊은 환자는 "사내가 다 그렇지요"라며 웃어넘겼다.

어떠한 진단표도 모호한 성 정체성을 밝혀내지 못하지만 나는 공식적으로 알려진 다른 특질보다 소시오패스를 분간하는 리트머스 시험지로 이보다 유효한 것은 없다고 생각한다. 나는 개인적으로 그리고 블로그를 통해 동성애와 이성애를 넘나드는(혹은 집단 성교에 끌리는) 것처럼 보이는 소시오패스를 많이 보았다. 거만한 마초, 결혼한 흑인 남자, 무자비한 아시아계 미국인 기업가, 동료 교수, 가난한 퇴역 군인 등 그들은 법의 세부 조항 하나 때문에 석방된 무정부주의 전과자나 다를 바 없었다. 솔직히 말하면 개인적으로든 온라인에서든 동성애 경험이 없다고 말하는 소시오패스를 단 한 명도 만나보지 못했다. 따라서 모호한 성 정체성이야말로 소시오패스의 가장 일관성 있는 특질 중 하나라고 믿지 않을 수 없다. 실제로 소시오패스냐 아니냐를 판가름할 때 나는 다른 어떤 특질보다 성과 관련된 특질을 더 주의해서 본다.

놀랍게도 내 블로그 민글 독자들 중에는 소시오패스가 되고 싶어 하는 사람이 매우 많다. 소시오패스를 냉정하고 유능하며 강력한 사람으로 묘사하는 경우가 많기 때문일 것이다. 정상인이나 비정상인을 막론하고 모두가 바라마지 않는 특징이 아닌가. 블로그 독자 중에는 자신이 소시오패스인지 아닌지 내게 진단을 요구하는 사람도 있다. 그러면 나는 주로 성과 관련된 문제를 파고들면서 그들을 살짝 갖고 논다. 대뜸 동성애 파트너가 몇 명 있느냐고 묻는 식이다. 마치 모욕을 줄 기회를 별렀던 것처럼 말이다. 그 질문에 샐쭉해지거나 방어적인 태도를 보이면 나는 소시오패스를 암시하는 다른 모든 증거는 깡그리 무시한다. 보통 소시오패스는 자신의 남성성 혹은 여성성을 꼬집는 질문에 별로 반감이 없다. 성별 역할에 명확한 테두리를 긋고 있는 문화적 기준을 무시하기 때문이다.

임상학적 문헌은 개방적인 성 정체성을 거의 다루지 않지만 소시오패스를 다룬 소설이나 영화에서는 주요 특징으로 자주 다룬다.

영화 〈리플리〉의 주인공 톰 리플리와 〈배트맨〉의 악당 조커는 시나리오 작가에 따라 다르게 묘사하긴 했지만 양성애자다. 현실에서 대표적인 잔인한 양성애자는 알프레드 히치콕이 〈로프〉라는 공포영화 소재로 삼은 두 연인 레오폴드와 롭을 들 수 있다. 이들은 어린 소년을 아무 이유 없이 살해하면서도 니체의 '초인'이라는 개념에 심취해 있던 것으로 악명 높은 사람들이다. 보통 소시오패스의 우화적 존재인 뱀파이어를 그린 작품에도 성적인 유연성을 빗댄 표현이 자주 등장한다. 신화적인 뱀파이어를 믿는 미신에서 동성애 뱀파이어는 거의 불변의 공식이다.

소시오패스의 성적 취향과 잘 맞아 보이는 유명인을 꼽자면 로렌스 올리비에 경이 있다. 그는 세 번이나 결혼했지만 남성들과의 염문도 많았다. 그의 남성 연인 중 한 명은 올리비에를 다음과 같이 묘사했다.

"그는 마치 백지 같았죠. 상대가 원하는 대로 얼마든지 변신할 수 있는 사람이었어요. 상대가 단서를 주기를 기다릴 뿐이었죠. 단서를 주면 그는 어떻게든 그 단서에 맞는 사람이 되려고 할 겁니다."

어쩌면 올리비에는 소시오패스가 아니었는지도 모른다. 하지만 그는 자아감이 약한 사람이 오히려 수많은 다른 자아를 놀랍도록 정확하게 구현할 수 있다는 사실을, 그러면서도 정작 자신의 성 정체성은 모호할 수 있다는 사실을 보여주는 실례다.

　　나와 비슷해서 내가 어떤 배역을 맡든 상대역을 연기할 수 있는 모건을 유혹하기는 쉬웠다. 그러나 나는 나 자신을 사랑할망정 모건을 사랑할 가능성 따위는 생각해본 적이 없다. 내게 그녀는 언제나 목표물이었다. 유혹이란 내가 매력을 끄는지 아닌지를 보기 위함이지 획득물을 늘리기 위함이 아니다. 그건 그저 자기애를 충족시키기 위한 연료일 뿐이다.

소유냐, 이용이냐

나는 인간관계를 소유냐 이용이냐의 관점에서 생각한다. 그리스인처럼 그리고 사랑에 대한 그들의 표현처럼, 나에게도 소유든 이용이든 두 집단을 대하는 나름대로의 감정과 행동이 있다. 전자는 내 가족이나 친구라고 부르는 사람들을 위한 관점이다. 소유를 위한 집단, 즉 가족과 친구들에게 나는 소유를 '느낀다'. 물론 감사하는 마음도.

　　후자, 다시 말해 이용을 위한 집단은 유혹이나 나는 냉반석 흥미를 위한 대상이다. 유혹은 일반적으로 모 아니면 도로 결판나는 시도다. 적어도 성공 여부만큼은 나도 통제할 수 없다. 유혹은 한마디로 산불과 같다. 불을 붙일 곳을 선택할 수는 있지만 일단 불을 내고 나면 스스로 생명력을 얻어 번질지 아니면 갑자기 꺼질지 알 수 없다. 그래서 대개 곁에 오래도록 두고 싶은 사람에게는 불을 놓지 않는다. 이용의 관점에서 쾌락은 대상에게서 영향력을 획득하고 그 영향력을 다시 행사하는 데서 비롯된다.

나는 소유 대상에게는 결코 이성을 잃을 정도로 심취하지 않지만 이용 대상에게는 심취한다. 물론 이용 대상에게도 소유욕을 느낄 수 있다. 내가 이용 대상들을 쫓는 이유는 그들이 내게 짜릿한 흥분을 주기 때문이다. 그럼 내가 이긴 것일까? 이긴다는 것은 무엇일까? 성공은 그 것이 내 힘을 입증하는 증거일 때라야 가치가 있다. 한 블로그 독자는 이렇게 말했다.

"똑똑하고 아름답고 지략이 풍부한 사람이 누군가의 장난감으로 전락하는 것보다 더 짜릿하고 재미있고 유쾌한 일은 없다."

이건 일종의 게임이다. 내가 매번 전리품에만 흥미를 느끼는 것은 아니다. 차라리 전략을 실행에 옮기는 과정이 더 재미있지 않을까. 그 차이는 찰스 디킨스의 소설 《위대한 유산》에 등장하는 에스텔라가 잘 보여준다. 하비샴 부인은 복수의 일환으로 에스텔라를 키웠다. 남자들에 게 이별의 고통을 안겨주기 위한 복수 말이다. 에스텔라는 자신과 사랑에 빠진 단 한 명의 주인공 핍만 제외하고 모든 남자에게 기꺼이 그 역할을 해낸다. 핍은 에스텔라가 여느 남자와 달리 자신을 적극적으로 유혹하지 않는다는 것을 눈치 챈다. 이에 불평하는 핍에게 에스텔라는 경고를 날린다.

"그래서 너는 내가 너를."

여기까지 말하고 에스텔라는 화난 표정은 아니지만 진지하고 단호한 표정으로 휙 돌아서서 말을 잇는다.

"유혹하고 옭아매길 원한다는 거야?"

"에스텔라, 넌 그자도 유혹하고 사로잡았잖아."

나, 소시오패스

"맞아, 수많은 사람을 그렇게 했지, 너만 빼고."

에스텔라처럼 나도 소유 대상은 유혹하지 않는다. 그들에 대한 존경심을 잃고 싶지 않기 때문이다. 존경심을 잃고 나면 오랫동안 관계를 유지할 수 없으니까. 어떤 블로그 독자도 이렇게 적었다.

사람을 어떤 대상으로 취급하지 않기란 참 어렵다. 나를 이해하는 몇 사람에게라도 그러지 않도록 노력하는 것이 정말 중요하다. 나를 이해하지 못하는 나머지 인간은 나와 비교할 필요도 없다.

간혹 유혹의 대상으로 시작했다가 진지한 관계로 바뀐 사람도 있었다. 최근의 남자친구가 그 경우인데 관계를 시작한 방식 때문이었는지 그 친구는 '진짜' 나를 안다는 것에 만족할 수 없었던 것 같다.

소유 대상이든 이용 대상이든 모두들 내가 거리낌 없이 보여주는 단편적인 면만 본다. 소시오패스는 대개 흠모에 남다른 재주가 있다. 소시오패스라고 모두 자신의 재주를 후하게 베푸는 것은 아니다. 베푼다고 하더라도 소유욕이 발동할 수도 있고 변덕을 부릴 수도 있다. 자기가 지배권을 쥐었거나 이득을 얻었다고 느끼는 한 오랫동안 헌신적으로 관계를 유지하면서도 한순간 지루하고 귀찮아지면 가차 없이 관계를 끝내버린다는 말이다.

하지만 소시오패스는 마음만 먹으면, 즉 상대의 필요와 욕구가 우리의 매력적이고 유연한 성격과 잘 맞아떨어지면 상대가 꿈에 그리던 남자 혹은 여자가 될 수도 있고 실제로 그렇게 될 것이다. 사실 나도 사랑을 하면 우선 상대방의 일거수일투족에 관해 가능한 한 많은 정보를 수집하고 상대방의 이상형에 더 근접하기 위해 노력한다. 한 블로그 독자의 말처럼 그것은 중독과 같다.

상대방의 모든 불안을 알고 그것을 채워준다. 그러면 상대방은 내게 전적으로 기대기 시작한다. 내가 없으면 공허감을 느끼기 시작하는데 그 순간 내게 중독되는 것이다.

소시오패스의 사랑과 가장 유사한 것을 꼽는다면 아마 강렬하고 수용적이며 이기적인 어린아이의 사랑일 것이다. 어린아이처럼 극단적인 충신이 된다는 얘기다. 소시오패스는 결코 상대방을 자기 위에 두지 않지만 자신에게 가치가 있다고 판단하면 흔쾌히 상대방을 모든 것 위에 둔다. 내 친구만 봐도 알 수 있다. 그 친구는 소시오패스와 친구가 되면 '단점보다 장점이 많다'고 생각한다.

내가 사랑하는 사람은 대부분 내 정체를 안다. 내게 자신이나 대부분의 사람들과 달리 특별한 기질이 있다는 것도 안다. 실제로 내게 가장 소중한 사람은 공감이 철철 넘치는 사람, 내 마음속 작은 어둠의 실체를 충분히 알고 있는 사람, 자신의 말랑말랑하고 부서지기 쉬운 마음을 내 보호 안에 두지 않을 수 없는 사람이다. 나는 그들에게 나만의 지지와 헌신으로 보답한다. 또한 나는 너그럽고 친절하게 보이기 위해 어떤 일을 해야 하는지 알고 있다. 내가 가장 사랑하는 사람들은 그런 내 가상한 노력을 볼 줄 안다.

낭만적인 관계에 접근하는 내 방식이 틀리지는 않지만 그렇다고 전적으로 옳다고 볼 수도 없다. 이 역시 관점에 따라 다르지 않을까?

어느 날 밤 나는 차 안에서 '데이트 상대'의 목을 졸랐다. 우리는 저녁을 먹고 늦은 시간에 아파트 앞 길가에 주차했다. 지나가는 차의 헤드라이트가 몹시 거슬렸던 것을 보면 꽤 어두운 밤이었던 것 같다. 그

나, 소시오패스

전에 우리는 섹스의 지배권을 놓고 이야기를 나누었고, 그러는 중에 나는 구타와 폭력을 행사해도 된다는 암묵적 허락을 받은 것 같은 생각이 들었다. 내가 폭력을 휘둘러도 결코 보복이 없으리라는 합리적인 확신을 하게 되었다는 의미다. 하지만 나는 기다렸다. 적당한 타이밍이 되기를 기다렸다가 엔진을 끄고도 잠시 머뭇거렸다. 순간 그녀가 차 문을 열려고 하는 바람에 망설임도 멈추었다. 나는 그녀에게로 몸을 돌리고 그녀의 눈동자에서 의혹을 읽었다.

'설마 키스를 하려는 건 아니겠지?'

처음에 나는 그녀의 따귀를 때렸다. 어찌나 세게 때렸는지 몇 초가 지난 후에도 손바닥에 그녀의 날카롭고 높은 광대뼈의 감촉이 그대로 느껴졌다. 그녀의 얼굴에 충격이 묻어났다. 그다음에는 공포가, 마지막으로 온화한 이해의 느낌이 스치더니 마음이 열리고 욕망에 굶주린 듯한 표정이 드러났다. 한참 후 그녀는 내가 그녀의 목을 조르기 시작하자 통제력을 잃었다고 고백했다. 내가 그녀를 다치게 하고 심지어 죽일 수도 있을 거라는 강한 느낌이 왔다고. 그러나 내가 자기를 죽일 리 없다고 생각했기에 그때부터는 끝내주게 좋았다고 말했다.

공감 능력이 있는 피학적 성애자가 느끼는 것도 이런 게 아닐까? 만약 그렇다면 세상에 얼마나 많은 사람이 말로는 못할 욕구 불만 속에서 살고 있을까? 이따금 소시오패스가 나타나 주먹질을 해주지 않는다면 말이다. 내 데이트 상대이던 그녀는 오히려 가학자인 나보다 훨씬 더 그 일을 즐기는 것 같았다.

그녀의 목은 눈부실 정도로 길고 가늘고 탄탄했다. 특히 짧은 머리 덕분에 내 손에 착 감겨들었다. 뒷감당할 게 없다고 생각했다면 그녀를 죽일 수도 있었지만, 그녀를 해치지 말아야 할 이유가 무수히 많았다.

그녀를 흠모하는 내 감정 때문이 아니라 다시는 내게 그럴 기회를 주지 않을지도 모른다는 것이 가장 큰 이유였다. 나는 다시 기회를 만들고 싶었고 실제로도 그날 밤 이후로 몇 번 더 그녀와 경험을 나누었다. 내 팔은 강했다. 무엇보다 몇 년 동안 피아노를 친 덕분에 손가락 힘이 단연 남달랐다. 내 손가락은 일정한 압력으로 점점 더 세게 누르기에 알맞다. 아마 내 손가락에 목이 잡힌 사람은 내용물의 종류와 상관없이 멈추지 않고 돌아가는 압착 기계에 눌린 것 같은 기분을 느낄 것이다.

섹스 중 질식 행위는 시트콤에서의 반전처럼 농담 같아서 직접 해보지 않으면 함부로 트집 잡을 수 없다. 현재 사귀는 남자는 가끔씩 내목을 조른다. 그 기분은 충만하고 단호한 어떤 감촉 같기도 하고 심지어 정확히 계산된 압력에 눌리는 것 같기도 하다. 몸속 깊은 곳에서 표면으로 떠오른 감각이 고동치다가 점점 더 아찔하게 가라앉는 극도의 희열 같은 것이 느껴진다.

그와의 데이트에서 얻는 이점이 있다면 내가 도덕적이고 사회에 잘 적응하는 사람처럼 보인다는 점이다. 그는 보통 키에 어엿한 전문직에 종사하고 있으며 잘생겼고 몸매도 훌륭하다. 그 정도가 아니면 내가 깊은 친밀감을 느끼며 데이트를 지속할 이유는 없다. 물론 그의 우아함도 나를 즐겁게 해주는 것 중 하나다. 꾸밈없는 미소를 짓는 것도 나와 닮았고, 내가 그 어떤 것보다 자긍심을 느끼는 체력이나 자신감도 나와 비슷하다. 우리는 일주일에 서너 번 정도 만나는데 그때마다 그는 나를 위해 차 문을 열어주고 저녁을 산다. 소위 신사들이 애인을 위해 할 법한 모든 일을 나를 위해 해준다.

여러 면에서 그는 내가 과거에 만난 남자들과 비슷한데 외모나 말투 심지어 행동까지도 닮았다. 그들이 닮은 이유는 하나다. 내가 내 삶

나, 소시오패스

에서 똑같은 기능을 해줄 남자들을 골랐기 때문이다. 나는 그가 나를 사랑하는 방식대로 그를 사랑하지 않는다. 그렇다고 내가 내 방식으로도 그를 사랑하지 않는다거나 사랑할 수 없다는 말은 아니다. 과거의 남자들도 사랑하지 않았다는 의미도 아니다. 나는 언제나 친절하고 너그럽게 그를 대한다.

나는 최우선으로 두는 관계 이외에도 다른 남자 또는 여자들과 가끔 밀회를 즐긴다. 항상 그런 것도 아니고 규칙적인 것도 아니지만, 소유욕을 부추기는 사람이 느닷없이 삶에 끼어들 때는 거부하지 않는다. 이 행위를 부정하다고 생각하지 않지만 어쨌든 극적인 상황만은 피하는 게 좋으니까 최대한 비밀을 유지한다. 내 머릿속에서는 이런 활동이 소유가 아닌 이용 대상으로 분류되기 때문에 감정적으로 끌릴 걱정 따위는 할 필요가 없다. 오래갈 관계도 아니므로 굳이 애인에게 걱정을 끼치고 싶지도 않다. 그저 모든 사람이 관계에 대해 나처럼 생각하지 않는다는 걸 알기에 끝까지 비밀을 유지하는 것뿐이다.

물론 나는 나와 로맨틱한 밀회를 즐기는 사람들에게 다른 누구에게서도 얻을 수 없을 뭔가를 준다. 내가 가진 은밀한 욕구를 보여주고 서비스 차원에서 상대의 욕구를 채워준다는 의미다. 그러면 그들은 내가 원하는 것을 준다. 관심, 숭배, 돈, 훌륭한 조언, 봄의 쾌락 아울러 잠정적인 목표물(그들의 친구나 가족)에 접근할 기회까지도. 심지어 차에 있는 장바구니를 내 아파트까지 들어다준다. 그런다고 내가 심부름 값을 지불하는 것도 아닌데 지금까지 귀찮아한 사람은 한 명도 없었다.

내가 처음으로 내게 로맨틱한 관심을 보이는 누군가를 이용한 것은 유치원에 다닐 때였다. 당시 영어를 전혀 할 줄 모르는 멕시코 출신의 한 아이와 친하게 지냈다. 그 애는 내게 흠뻑 빠져 매일 자질구레한 선물로 자신의 충성을 표현했다. 내가 가장 좋아한 선물은 반짝이는 장식이 달린 연필인데 그것은 자동판매기에 25센트를 넣어야 살 수 있었다.

25센트씩 몇 번을 그렇게 쓰고 돈이 떨어지자 그 애는 미니 경주용 자동차를 몇 개 주었다. 틀림없이 자기 장난감 상자에서 꺼내왔을 터였다. 나는 인심 쓰는 척하고 그 자동차를 오빠들에게 주거나 친구의 도시락 반찬 중에서 마음에 드는 것과 바꿨던 것 같다. 그렇게 몇 주가 지나자 짐은 멕시코 꼬맹이에게 좋아하지 않는다고 말해야 한다고 나를 나무랐다. 나는 도무지 그 이유를 알 수가 없었다. 친절한 게 뭐 어때서? 좋아하지 않는다고 말했다가는 장난감 자동차와 연필은 물론 무엇이 됐든 그 애가 나를 위해 모아둔 것을 더 이상 주지 않을 수도 있었다. 멕시코 꼬맹이 입장에서도 내게 느낀 신비함과 사랑에 대한 희망 그리고 나를 흠모할 기회를 잃을 테니 손해가 아닌가! 물론 그래도 나는 상관없지만 말이다. 어느 쪽이든 나는 그 애의 사랑이 좋았다. 사랑받고 있는 게 좋았다. 누구나 그렇듯.

나는 나와 관련이 있는 모든 사람에게 저마다 다른 것을 받아냈다. 나 역시 사람들 개개인의 독특한 성향을 놀라우리만치 잘 견뎠다. 여러 해가 흐르고 영향력 있는 직장에서 빛을 잃어갈 무렵 멕시코 꼬맹이의 충성을 떠오르게 하는 한 남자를 만났다. 그 남자는 정말 아름다웠다. 조각 같은 몸매와 이목구비, 꿰뚫는 듯한 푸른 눈동자 그리고 월계수 화관이 있었던 게 분명해 보이는 이마에 흘러내린 짧고 곱슬거리는 금발까지. 그 남자는 〈세서미 스트리트〉의 어니와 버트처럼 남동생과 함께 방 하나짜리 아파트에서 침대를 두 개 놓고 살고 있었다. 짐작컨대 6년쯤 실직 상태로 지냈던 것 같다. 그는 끼니때마다 아파트에서 한 블록 반 떨어진 맥도날드로 가서 가장 싼 치즈버거 두 개로 때웠다. 치즈버거 때문인지 아니면 그의 추측인지 모르지만 그의 머리카락이 조금씩 줄기 시작했다. 우리가 애무할 때면 어김없이 내 입 속에도 머리카락이 들어와 있었다. 그는 온종일 1인칭 사격 게임을 하거나 액션영화의 배경음악을 들었다. 그는 내가 자신의 기벽을 핑계로 헤어지자고 하지 않아서 몹시 좋아했다. 언젠가 그에게 케빈 스페이시가 주연한 영화 〈케이 팩스〉의 완벽한 줄거리를 들어줄 시간도 엄청나게 많다고 넌지시 언질을 준 적이 있긴 했다.

나는 그에게 아스퍼거 증후군 환자의 삶에 관한 책을 한 권 보내주었다. 이처럼 에두른 내 진단을 받아들이긴 했지만 그는 결코 정식으로 진단을 받으려 하지 않았다. 내가 보기에는 아스퍼거 증후군이 분명한데도 말이다. 그는 자기가 '도리에 맞지도 않고 일정한 패턴도 없는' 인간관계를 맺어왔다며 좌절감을 드러냈다. 또한 사랑의 '관점과 경계'를 볼 수 없다고 토로했다. 어떤 면에서 그는 상처받은 내 쌍둥이였고 그래서 그를 이해하고 싶었다.

멕시코 꼬맹이처럼 그는 감정을 감출 줄 몰랐다. 나는 멕시코 꼬맹이와 달리 그와 오랫동안 관계를 유지할 생각까지 하고 있었다. 그는 내 모든 기준에 잘 맞았다. 아름답고 나태하며 판단하지 않고 유순했다. 하지만 가난하고 요구가 많았다. 내가 그의 요구와 그를 받아들인 것처럼, 그도 내 요구와 나를 받아들이게 만들어야 했다. 심지어 내가 실직자가 되고 돈이 떨어진 후에도 그는 여전히 나와 많은 시간을 보내고 싶어 했다. 사소한 논쟁조차 내게는 색다른 즐거움을 주었고 나는 진심으로 그와 함께 행복을 느끼고 싶었다. 그는 내가 소시오패스라는 낙인을 전적으로 수용한 후 진지하게 만난 첫 번째 사람이었다. 그때까지 나는 너무 많은 관계에서 실패한 탓에 나라는 사람도 진심으로 원하면 관계를 잘 유지할 수 있다고 믿고 싶었다. 하지만 나는 진정으로 낭만적인 관계를 유지하는 방법을 전혀 몰랐다.

결국 나는 우리가 서로를 이해하려면 상식적이고 이성적인 대화를 나눠야 한다고 결론을 내렸다. 나는 그에게 우리가 함께하는 시간의 동기가 서로 다르다고 설명했다. 그는 거의 무위도식하고 있었기 때문에 늘 나와 함께 있고 싶어 했다. 하지만 나는 달랐다. 시간에 대한 내 관점을 이해시키기 위해 나는 그에게 뭔가 새로운 일을 단 한 시간이라도 해보라고 말했다. 심지어 일부러 시간을 내 여덟 가지 활동을 생각해낸 다음 그에게 그중에서 원하는 것을 하라고 했다. 내가 골라준 책 읽기, 사진촬영에 도전하기, 국영 라디오 방송 듣기 등등. 물론 그가 그런 일을 하기를 진심으로 바란 것은 아니었다. 그저 내 관점을 이해하고 내 시간이 그의 시간보다 두 배나 가치 있다는 것을 깨닫길 바랐을 뿐이다.

내 제안을 받아들이지 않는 그를 보고 나는 무척 놀랐다. 이제와 생각해보니 내가 적어준 목록 때문에 그의 기분이 상했던 것 같다. 나는 고기능 자폐증이 있던 그가 목록을 인격 모독이 아니라 우리의 관계를 구원하기 위한 노력으로 여겨주기를 바랐는데 말이다.

아스퍼거 환자와 데이트를 하면서 나는 그의 감정이 공감자의 감정처럼 지뢰밭은 아니리라고 생각했다. 아니, 공감자와 맺을 수 없던 안정적인 관계를 그와 맺을 수 있기를 바랐다. 지금도 나는 내가 누군가와 정상적이고 장기적인 관계를 맺는 게 가능할지 궁금하다. 결혼을 할 수 있을까? 하더라도 몇 년이나 지속될까? 결국에는 지금까지 그랬던 것처럼 좋지 않게 끝나겠지.

장기적이고 안정적인 사랑의 가치

나는 이별에 몹시 서툴다. 일단 흥미를 잃으면 대개 상대방이 내게 질려서 제 발로 떨어져 나가도록 끈질기게 붙어 있는 편이다. 차라리 이런 불편함을 감수하는 것이 낫지 감정이 얽힌 드라마 같은 장면을 연출하기는 싫다. 나는 사람들이 어떤 일이나 상황에 감정을 개입하는 것을 이해하지 못한다. 그뿐 아니라 내가 한 말이나 행동 때문에 울고불고하는 꼴도 봐줄 수가 없다. 특히 내가 그런 감정에 대응할 수 없다는 걸 잘 아는 사람이 그러면 치사하다는 생각마저 든다. 이것은 휠체어를 타고 계단을 올라가라는 억지 같기도 하고, 딸이길 바랐는데 아들이라거나 그 반대라는 이유로 자식에게 화를 내는 것과 다를 바가 없다. 내 블로그 독자 중 한 명은 이렇게 말한다.

"감정적으로 미숙한 모든 사람은 지나치게 감정적인 사람에게 좌절감을 느낀다. 알아들을 수 없는 외계어로 고함치는 것과 같으니까."

실제로 나를 당황하게 하거나 화나게 하는 가장 확실한 방법은 내 앞에서 질질 짜는 것이다. 글너 상황에서 나는 통제력을 잃을 수도 있다. 그렇게 되면 어떤 식으로든 손해가 발생하거나 불쾌해질 수 있기 때문에 감정적으로 격한 이별 장면만은 모면하려 애쓴다.

심리학자들은 소시오패스가 진심으로 사랑할 수 없다고 주장하지만, 색다른 종류의 사랑이고 더 계산적이며 자기인식이 분명한 사랑이라는 이유로 그 존재조차 무효로 할 수는 없지 않은가. 이러한 오해는 선량한 사람만 사랑할 자격이 있다는, 즉 사랑은 이기심이 아닌 이타심에서 우러난 순수한 선물이어야 한다는 모종의 환상에서 비롯된 것이다. 하지만 나는 이 말도 믿지 않는다.

예를 하나 들어보자. 사람들은 대부분 '아이를 위해서'라며 아이를 낳지 않는다. 그렇지만 우리에게는 아이의 존재를 결정할 권리가 없다. 다만 아이를 낳지 않으면 아이 때문에 힘들 일도 아플 일도 없으니까 낳지 않을 뿐이다. 반짝이는 금발에 장밋빛 뺨을 하고는 아장아장 걷는 딸아이를 보면서 미소를 짓지 않고는 못 배기는 내 여동생을 보면 그보다 더 큰 사랑은 없다는 생각이 든다. 나 역시 이 작고 어린 생명을 볼 때면 사랑이라는 감정이 흘러넘친다. 내 심장에도 사랑이 흘러넘치도록 설정된 유전자 지도가 있다는 증거가 아닌가. 그 아이는 내게 영원한 매력 덩어리다. 세상에 그 아이가 존재한다는 생각만으로도 내 몸속 화학물질의 레버가 당겨지고 효소 버튼이 눌리면서 엄청난 기쁨이 솟아오른다.

관용과 애정은 이 화학물질의 증상이자 부작용이다. 진화생물학자들은 사랑에 대한 적응과 그에 따르는 관용 혹은 친절을 오랫동안 고민했다. 그리고 한 종족 대대로 유전자가 보존되는 이유는 이타심 때문이라고 이론을 끼워 맞췄다. 소위 '포괄 적응도'라는 수학적 이론도 근본적으로는 당신이 기꺼이 타인에게 베푸는 이타심 수준은 그 결과로 당신의 유전자를 보존할 수 있는 장점 수준에 비례한다는 이론이다. 쉽게 말해 당신은 사촌이나 조카보다 당신과 유전자의 절반을 공유하는 친형제자매를 더 흔쾌히 도우려 한다는 말이다. 이 이론은 최근 몇몇 과학자가 '수학은 도움이 되지 않는다'는 근거로 도전장을 내밀면서 엄청난 논쟁의 주제가 되었다. 이유야 어찌되었든 내게 조카의 존재를 높여주었다는 점에서 나는 이 반론이 마음에 든다. 무슨 수를 쓰든 내가 그 아이를 기쁘게 해줘야 한다는 의무를 안겨주었기 때문이다. 덕분에 나도 눈부신 행복감에 흠뻑 젖는다. 환희, 황홀경 등 뭐라고 불러도 좋다. 소시오패스든 누구든 이런 느낌을 싫어할 사람은 없다.

이십대 초반 나는 앤이라는 눈이 아름답고 얼굴을 덮을 정도로 길고 부드러운 머리카락을 자랑하는 소녀를 사랑했다. 그 소녀는 음악가였다. 별다른 명예나 명성이 따르지 않는 시시하고 인기 없는 악기였지만 앤은 그 악기를 멋들어지게 연주했다. 한동안 나는 잠시라도 앤과 떨어져 있으면 피부가 아리고 온몸에서 통증이 느껴졌다. 내 손가락으로 앤의 피부를 천천히 쓰다듬을 수 없는 몇 시간이, 앤의 숨결조차 느낄 수 없는 주말이 견딜 수 없이 힘들었다. 앤은 처음으로 내 진짜 모습을 본 사람이었고 내가 지금까지와 전혀 다른 방식으로 자신을 믿게 만든 최초의 사람이었다.

　우리는 순회공연 중에 만났다. 하지만 앤이 내 존재를 알게 된 건 내가 연주단원 중 상처가 있는 한 사람을 괴롭히고 있을 때였다. 그는 빨간 머리에 연주 실력은 그럭저럭 봐줄 만했지만 심리적으로 분명 문제가 있는 사람이었다. 앤은 내게 화내지 않고 도리어 궁금해했다. 그것이 내게는 호감의 신호로 보였다. 대부분의 사람이 비판적으로 반응할 때 호기심을 보였으니 말이다. 나는 앤에게 친구로 지내자고 했다. 내 단도직입적인 태도를 솔직함과 용기로 이해하리라고 본 것이다. 다행히 앤은 흔쾌히 받아들였다.

　"친구가 못 될 이유도 없지."

　우리는 3주 하고도 며칠을 함께 보냈다. 그 무렵 연주단원들은 내가 빨간 머리의 일기를 몰래 읽었다는 이유로 모두 등을 돌리고 나를 철저히 따돌리고 있었다. 내가 그동안 얼마나 외로웠는지, 다른 사람과의 관계를 얼마나 원했는지 그때까지는 알지 못했다. 버스를 타고 장거리 여행을 할 때면 나는 그 애의 무릎에 머리를 기대고 잠이 들었다. 이루 말할 수 없는 평화였다. 마치 순풍에 항해하는 게 어떤 기분인지 까맣게 잊을 만큼 혹은 단단하고 흔들리지 않는 땅을 밟아본 기억이 나지 않을 만큼 오랫동안 미친 듯 몰아치는 폭풍우에 시달리다 항구를 만난 기분이었다. 땅의 안락함을 통해 나는 내가 얼마나 오랫동안 나약하고 차가운 인간이었는지, 얼마나 오랫동안 인간의 손길을 느끼지 못했는지, 얼마나 아팠는지 그리고 두 번 다시 그 고통을 느끼고 싶지 않은지 깨달았다. 격렬한 고통 없이 앤과 함께한 그 며칠과 몇 주를 말로는 설명할 수 없다.

고독은 시작될 때가 가장 끔찍한 법이다. 왜냐하면 고독을 견뎌야 한다는 생각에 사로잡혀 그 고독이 얼마나 끔찍한지 이해조차 할 수 없기 때문이다.

앤은 나를 망가진 물건, 고쳐주어야 할 물건으로 생각했다. 실제로 그녀는 여러 면에서 나를 고쳐주었다. 앤은 내 욕구를 채워줄 지속 가능한 방법이 있다는 것 그리고 그 전제 조건은 자제력이라는 것을 가르쳐주었다. 그녀를 만나기 전 나는 지나치게 충동적이었다. 나는 문제를 그냥 내버려두거나 문제가 저절로 풀리기를 기대했다. 가령 달리는 자동차를 세우려고 앞으로 달려들었고 땡전 한 푼 없이 여행을 떠났다. 사람들을 때리거나 일이 엉망이 될 때도 많았다. 앤의 삶을 보면서 나는 미래를 고민하는 것도 괜찮다는 걸, 미래에 대한 고민 없이 사는 것은 불편을 초래할 뿐이라는 걸 깨달았다. 그리고 내가 왜 그토록 오랫동안 불편하게 살았는지 의아했다.

내가 앤을 사랑하게 된 데는 그녀가 영원이라는 말로 나를 설득한 탓도 있었다. 앤은 우리가 언제까지나 서로 사랑할 수 있을 거라고 장담했다. 나는 본질적으로 불확실한 것에 대해 그처럼 확신을 담아 말하는 사람을 본 적이 없었다. 나는 앤의 말을 믿지 않았고 그 생각을 읽은 앤이 말했다.

"진심이야. 설령 네가 우리 엄마를 죽인다고 해도 말이야. 물론 네가 우리 엄마를 죽일 거라는 말이 아니야. 넌 그럴 애가 아니니까. 만약 네가 우리 엄마를 죽인다면 너무 화가 나고 슬프겠지만, 그래도 난 너를 사랑할 것이고 너를 떠나지 않을 거야."

너무 터무니없어서 진담처럼 느껴지지 않았지만 나는 그녀를 믿었다. 그때까지 나는 누구를 믿어본 적이 없었다. 그동안 알았던 여느 사람들과 달리 앤은 내 생각을 속속들이 알고 싶다고 말했다. 그리고 '사람을 조종하는' 것과 몇 가지 취미에 대한 과대망상적인 장광설을 몇 시간이나 들어주었다. 가면을 쓸 필요가 없어 몹시 상쾌했지만 그래도 나는 초조하게 결말을 기다렸다. 마음 한구석에서는 그녀의 인내심을 시험해보고 싶기도 했다. 어쩌면 영원히 나를 사랑한다는 말이 거짓이란 게 탄로 날 수도 있으니까. 나는 내가 저지른 숱한 죄를 고백했지만 앤은 전혀 발을 빼지 않았다. 그때까지 나는 앤이 보여준 반응과 정반대의 반응에만 익숙해져 있었다. 솔직히 말하면 빨간 머리의 일기를 몰래 본 것처럼 시시한 일에도 나는 가혹한 처분을 받아왔다. 그런 고백에도 앤은 나를 괴물로 보지 않았다. 아니, 괴물로 봤을지도 모르지만 그럼에도 내게 사랑을 공언했다.

앤은 내게 무언가를 '주는 기쁨'도 가르쳐주었다. 나는 그녀에게 가능한 한 많은 것을 주었다. 책을 사주었고 요리를 해주었고 공항까지 태워다주기도 했다. 또 이사를 도와주었고 어깨를 주물러주었고 심부름도 해주었다. 급기야 나는 내게 강박적으로 반짝이는 연필을 주려고 한 멕시코 꼬맹이를 이해하는 지경에 이르렀다. 사람들이 이래서 애완동물을 키우나 보다 하는 생각도 들었다.

그건 풋사랑이었다. 나도 꼬맹이고, 앤도 꼬맹이였다. 우리는 꼬맹이들의 천진난만한 풋사랑이라고 믿었고 서로를 발견하는 기쁨에 취해있었다. 앤과 나는 서로에게서 특별함을 발견해내는 능력 때문에 서로를 더 특별하게 느꼈다. 지독하게 나쁜 사람을 보고도 앤은 그에게서 선한 면을 발견해냈다. 그녀는 세상 모두가 등을 돌린 사람마저도 기꺼이 사랑했다. 솔직히 털어놓은 내 부도덕한 면을 기꺼이 듣고 이해하려 노력하는 그녀의 진심을 보면서 나는 그녀에게 상처를 줄 수 없으리라고 생각했다. 하지만 그녀에게도 그만 상처를 주고 말았다.

지금은 왜 그랬는지 기억나지 않지만 한 번은 차 안에서 다툰 적이 있다. 앤은 울기 시작했고 나는 그녀에게 더욱더 화가 났다. 울음 같은 감정적 단서에 내가 반응하지 못한다는 걸 앤도 알고 있었기 때문이다. 배신감마저 느껴졌다. 그러다 내 안에서 어떤 스위치가 꺼지고 말았다. 나는 길가 쪽으로 차를 대고 앤에게 내리라고 말했다. 내 기억에 그녀 쪽으로 손을 뻗어 차 문을 열어주었던 것 같다. 훅 끼쳐 들어온 바깥 공기에서 어두운 도시의 위태로움이 느껴졌다. 앤은 내게 소리쳤다.

"대체 뭐가 문제야?"

그 말이 내겐 상처였다. 아마 그녀도 알고 있었을 것이다. 앤은 비난하듯 물었다.

"너 정말 이 낯선 도시 한복판에 친구를 내려놓고 혼자 갈 셈이야?"

나는 무슨 일이 벌어졌는지 이해할 수 없었다. 그녀가 내게 무슨 말을 하고 있는지도 몰랐다. 하지만 한 가지, 내가 분명히 이해한 것은 그녀의 목소리에 비난이 묻어 있었다는 점이다. 앤은 내가 좋은 사람인지 나쁜 사람인지 저울질하고 있었고 추는 나쁜 사람 쪽으로 기울고 있었다. 그녀만은 결코 그러지 않으리라 생각했던 일이 벌어지고 있었다.

나, 소시오패스

결국 나는 그녀도 여느 사람과 다르지 않다는 걸 깨달았다. 그곳에 그녀를 버려두고 떠나면 그녀도 나를 영원히 떠날 수 있을 것 같았다. 그러면 그녀가 내게 느끼게 해주었던 모든 감정을 버릴 수 있을 것 같았다. 나는 눈물로 얼룩진 앤의 얼굴을 무표정하게 바라보았다. 그녀는 흐느끼며 가쁜 숨을 몰아쉬었고 마치 섬유 가닥마다 그녀의 비참함이 스며 있기라도 하듯 옷은 풀어헤쳐져 있었다. 차라리 그녀가 가게 내버려두는 것이 나았을지도 모른다.

"아니, 물론 그러지 않을 거야. 문 좀 닫아줄래?"

앤은 문을 닫았다. 그때 내가 그녀에게 상처를 줄 수도 있다는 걸 똑똑히 확인했다. 나를 계속 사랑하려면 그녀 역시 이 점을 염두에 두지 않으면 안 된다는 걸 깨달은 것이다. 하지만 나는 뭔가 다른 것도 깨달았다. 그녀도 다른 사람과 마찬가지로 세상과 나를 구분하는 명확한 선을 긋고 있으며 내게는 그 선이 훨씬 더 가치 있으리라는 사실이다. 그제야 나는 앤이 나를 고쳐주는 어떤 도구가 아니라 한 인간으로 보이기 시작했다. 그녀가 한 인간에 불과하다면 어쩌면 세상에는 나와 그런 관계를 맺을 수 있는 사람이 널려 있으리란 생각이 들기 시작했다.

대학을 졸업하고 나는 앤과 함께 살기 위해 승서부의 한 도시로 갔다. 그곳은 보느시도 만든 보형 노시처럼 이렇다 할 특성이 없는 평범한 곳이었다. 부모님은 나를 집에서 쫓아냈다. 지금도 정확한 이유는 모르지만 짐작컨대 내가 동생들에게 나쁜 영향을 미친다고 생각했던 것 같다. 그때는 지금 같은 수준의 자제력도 없었고 사람들과의 상호작용에 노골적으로 적개심을 드러내던 인생 최악의 시기였다. 나는 음악 쪽 진로는 깨끗이 포기한 터라 줄곧 별난 일만 하면서 보냈다.

그러던 중 나는 아주 귀여운 남자를 만났다. 내가 들어본 그 어떤 목소리보다 한 옥타브가 낮고 시끄러운 소음 속에서도 조용히 울렸다. 앤과 내가 사는 아파트에는 낡고 거무죽죽한 소파가 있었는데 그와 함께 소파에 앉아 있던 날, 쿠션을 타고 내 등으로 전해지는 그의 음성이 마치 형체가 있는 것처럼 기묘하게 나를 감쌌다. 그 목소리가 아니었다면 아마 그 남자를 덜 사랑했을지도 모른다. 그건 내 몸을 전율하게 만드는 음성이었다.

여러 면에서 나는 그를 악기를 대하듯 했던 것 같다. '그'라는 악기 특유의 미묘함과 복잡함으로 나를 만족시켜주길 기대했던 것이다. 건설 노동자였던 그는 군인 같은 탄탄한 근육질 몸매, 단정한 머리, 순결해 보이는 푸른 눈동자를 하고 있었다. 신과 조국을 위해 싸우는 명예롭고 충성스러운 전형적인 미국 군인의 이미지가 그대로 투영된 외모였다. 대학은커녕 공부와는 아예 담을 쌓고 산 사람이었다. 한마디로 그는 똑똑하지 않았다. 수학이나 법학은 고사하고 내가 오랫동안 배운 어떠한 학문도 이해하지 못했다.

어느 날 밤 동네 전체에 전기가 나가는 바람에 칠흑 같은 어둠에 갇히게 되었다. 그때 누가 먼저였는지 기억나지 않지만 우리는 어둠 속에서 키스를 했다. 정말 행복했다. 내가 앤을 사랑한 건 그녀가 나를 이해했기 때문이다. 반면 그 남자를 사랑한 건 내가 그를 이해했기 때문이다. 애초에 내가 앤을 만나지 못했다면, 그녀가 누군가를 사랑하는 게 어떤 의미인지 또 사랑하는 존재가 어떤 의미인지 내게 가르쳐주지 않았다면, 나는 그 남자를 사랑할 수 없었을 것이다. 나는 행복해지고 싶다는 내 삶의 목표를 위해 그리고 두 사람의 행복을 위해 앤과 그 남자 사이를 오락가락했다. 그런 관계의 속성과 경계를 믿지 않았던 두 사람의 욕구를 맞춰주며 사랑 놀음을 하다 보니 어느새 나는 황폐해졌다. 두 사람에게 내가 더 이상 줄 게 없다는 걸 깨달은 것이다.

지금 앤은 결혼했고 아이도 여럿 두었다. 시작은 필사적이었지만 함께 나이 든 우리의 우정은 변함없는 신뢰로 발전했다. 물론 그 남자는 나를 떠났다. 나 역시 더는 두 사람이 애타게 그립지 않다. 지금은 누군가에게 그런 감정을 느꼈다는 것조차 잊을 만큼 두 사람의 부재에 익숙해졌다. 하지만 두 사람과의 관계는 내게 엄청난 보상을 안겨주었다. 장기적인 관계는 그 관계를 키우고 지속하기 위해 특별한 노력을 기울일 만큼 충분히 가치 있다는 사실을 마침내 깨닫게 된 것이다.

언제쯤 정착해야 할까?

그렇지만 나는 여전히 장기적인 관계에 익숙하지 않다. 로맨틱한 관계도 8개월 이상 끌고 간 적이 없다. 결혼을 해야 할 나로서는 문제가 아닐 수 없었다. 가족이 압박해서가 아니라 결혼은 세례만큼이나 중요한 종교적 사명이었다. 어쨌든 내가 결혼을 '할 일 목록'에 넣어두자 부모님은 결혼에 대해 일절 언급하지 않았다. 두 분은 각각 스무 살과 스물세 살에 결혼했다. 부모님은 서른 소반에 들어선 사람이 가족을 이루지 않는다는 걸 상상도 할 수 없는 일로 여긴다. 내가 태어났을 때 어머니는 스물여섯 살이었다. 어머니가 막내 동생을 낳았을 때 나는 너무 노산이 아닌가 싶었다. 좁은 승무원 실에서 그 애가 태어날 때 어머니는 서른일곱 살이었다.

내가 받아들일 수도 있던 프러포즈도 몇 번 있었다. 모르몬교도이면서 지적인 소시오패스 변호사, 모르몬교도인 냉혈한 투자은행가, 아직도 전 여자친구의 딸이 다니는 초등학교에 기부금을 내는 인심 좋고 지적이며 친절하지만 모르몬교도가 아닌 변호사도 있었다. 아름다운 아스퍼거 증후군 환자도 있었다. 내가 사랑했던 중서부의 남자도 결혼할 뻔한 사람인 것 같다. 그 사랑이 어떤 기분이었는지 지금은 기억하기 어렵지만.

지금 만나는 남자와 결혼할 수도 있다. 그에게는 특정 각도에서만 보이는 모호한 매력이 있다. 할리우드를 꿈꾸는 배우 같기도 하고 어찌 보면 나이가 들어 축 처진 것 같기도 한 매력이다. 그가 가장 멋져 보일 때는 한 달에 한 번 나흘간 주방위군으로 복무하고 군인보다 약간 긴 머리를 늘어뜨린 채 꾀죄죄하게 나타난 순간이다(이상하게도 군인은 내게 매력을 느낀다. 군인 특유의 도전정신 때문일까? 아니면 내게 충성을 다하지 않으면 처벌이 따를 것 같아서일까?).

우리는 교회에서 만났다. 다른 예비후보에게도 그랬지만 처음부터 그에게 지적으로 접근한 것은 아니다. 그는 유전적 자원이 풍부한 사람이 아니었지만, 그즈음엔 나도 각별히 똑똑한 슈퍼 유전자를 타고난 아이를 키우고 싶은 열의를 잃어가고 있었다. 지금부터 시작하면 어떻게든 두세 명의 아이를 낳고 그럭저럭 살아가겠지 싶지만 그건 별로 중요하지 않다. 영리하면서도 다루기 쉬운 그는 미국의 제조공장에서 일하다 1980년대 말쯤 명맥이 끊긴 유대인 이민자처럼 보이는 중산층 육체노동자다. 그의 손은 내 손에 비해 거칠고 우악스럽다. 아마 이 책을 읽는 대다수 독자가 한 번도 경험해보지 못한 느낌일 것이다. 나는 우리가 서로 다른 계급 출신이라는 걸 좋아하지만 그는 가끔 그게 신경이 쓰이는 모양이다.

최근에 나는 관계 속에서 적절한 조종의 역할을 고민 중이다. 늘 말하지만 모든 사람은 유혹받고 싶어 한다. 지금의 관계에서도 나는 완벽하게 유혹에 성공했다. 야구에 비유하자면 무안타 완봉승인 셈이다. 그것은 쉽지 않을뿐더러 성공 여부도 불확실하다(관계에 아무런 기대감이 없어서, 성공에 대한 압박감도 없어서 거의 완벽에 가깝게 유혹에 성공하는 게 아닐까 한다). 그 성공담을 들려줄 수도 있지만 야구의 무안타 완봉승이 그렇듯 완벽한 유혹 성공담도 실제로는 지루하다.

어쨌든 마지막일 수도 있는 관계를 맺고 있는 지금, 나는 그 선택권을 탐색하는 재미에 빠져 있다. 과연 내가 그를 계속 유혹할 수 있을까? 그와의 관계가 깊어질수록 나는 나 자신에게 더 진실하고 충실해지고 있다. 여기서 멈추고 유혹에 '정착'해야 하는지, 아니면 상황이 허락할 경우 조종해야 하는지 고민이다. 조종은 가끔 부작용을 일으킨다. 어떤 사람은 자신이 '조종당했다'는 걸 알면 배신감을 느낀다. 나는 사람들을 조종하는 수준에 반비례해 존중하는 경향이 있다. 상호이해가 성립된 상태에서 내가 하는 조종은 상대방이 나를 즐겁게 해주는 데 더 능숙해진다는 의미다. 흔히 애정관계에서 '작업을 건다'는 것과 뭐가 다른가.

왜 좋은 관계를 유지하기 위한 내 유혹과 조종이 배신으로 보이는 걸까? 부부생활 상담가나 자기계발서가 가르치는 것도 소통을 잘하는 방법 혹은 관계에서 원하는 걸 끌어내는 방법이 아닌가? 그런데도 내 연인들은 다르게 생각하는 모양이다. 그들은 어떻게든 배신을 느끼고, 뭐라고 딱 꼬집어 말할 수 없는 방식으로 그 배신감에 시달린다. 그리고 결국 모두가 내게 뭔가 나쁜 면이 있다고 결론짓고 나를 떠난다.

사랑은 언제나 실망할 구실을 찾는다. 아니면 내가 사랑을 실망시킬 구실을 찾거나. 누구나 키스하고 애무하고 약속할 수 있다. 누군가가 자신을 사랑하게 만들기 위해 장난감 자동차나 빛나는 연필을 거저 줄 수도 있다. 하지만 그걸로 끝이 아니다. 어느 시점이 되면 누군가가 자신을 사랑하게 만들기 위해 할 수 있는 일이 전혀 없을 때가 있다. 또는 자신의 사랑을 더 깊게 혹은 더 오래 지속시키기 위해 할 수 있는 일이 없을 때도 있다. 그럼에도 불구하고 우리는 사랑을 원하고 찾으며 사랑을 지속하기 위해 모든 노력을 기울인다.

내가 일단 관계를 끝장냈을 때 모건이 할 수 있는 일은 없었다. 물론 중서부에서 내가 사랑한, 건설 노동자이자 1인칭 사격 게임을 즐기고 수표장 쓰는 법도 간신히 배운 남자에게도 내가 할 수 있는 일은 없었다. 나는 그와 결혼해 아이를 낳고 싶었다. 내 여생 동안 가능한 한 오래 그의 곁에 있고 싶었다. 그는 애쓰지 않아도 내게 원하는 모든 것을 주었기 때문에 나는 그를 조종하지 않았다. 또한 내게는 이미 원하는 만큼 힘이 있었기에 그도 나를 사랑했다고 생각한다. 그때는 그의 마음에 상처를 주고 싶지 않았다. 지금은 그때 차라리 상처를 줄 걸 그랬다는 생각이 든다.

9장

카인을
위해

슈퍼 유전자를 가진 혈통을 많이 퍼뜨려야겠다는 야무진 꿈은 더 이상 실현 가능성이 없어 보이지만, 그래도 나는 여전히 이 지구에 종족을 가득 퍼뜨려야 한다는 모르몬교의 교리를 진지하게 받아들인다. 나는 아이들이 좋다. 아이들은 늘 현재진행형으로 세상을 이해하고 그래서 그런지 내게 기대하는 것도 많지 않다. 아이들과 함께 있을 때 나는 좀 더 진심에서 우러나오는 행동을 할 수 있다. 어른들과 함께할 때처럼 가면을 쓰려 애쓸 필요가 없다는 의미다. 출산과 육아를 '선한' 남자와 여자를 세상에 퍼뜨린다는 식으로 생각한 적은 없지만 누구나 그렇듯 나도 부모로서 한 인간에게 영향력을 발휘하고 인격을 형성해줄 수 있다는 개념은 마음에 든다. 세상에는 늘 차세대 소시오패스가 존재할 것이다. 날마다 세상 어딘가에서 죄책감이나 양심의 가책을 느끼지 못하고 공감 능력이 없는 유전적 성향이 있는 아이들이 태어나고 있다. 진정 불길한 일일까?

어린 소시오패스는 크게 성공할 수 있고 성취도나 기능 면에서 뛰어난 사회인이 될 수도 있다. 그 무엇도 이 아이들을 가로막을 수 없다. 나도 여러 면에서 탁월하고 사람들과 의미 있는 관계를 맺고 있으며 만족스런 삶을 살고 있다. 물론 지금의 내가 있기까지는 수많은 고통을 감내해야 했다. 대다수 소시오패스는 나와 비슷한 인생길을 걷는다. 그들도 나처럼 충동을 조절하고 욕망의 방향을 트는 법을 배워야 했을 터다. 또 가족과 다투고 친구와 멀어지거나 마땅히 추구해야 할 수많은 기회를 놓쳤을 것이다. 운 좋게도 내 부모님은 나를 키우면서 적절한 일을 하려고 노력했다. 내가 부모님을 사랑하는 이유도 그 때문이다. 몹시 좋지 않은 결말로 끝났을 수도 있었지만 그렇게 되지 않았다는 것에 감사한다.

태어난 소시오패스 vs 길러진 소시오패스

초기의 소시오패스 전문가로 '도덕적 광기'라는 용어를 처음 만든 제임스 프리처드는 악마로 태어나는 사람은 없다고 생각했다. 나쁜 사람도 본래 선하게 태어나지만 선의에서 비롯된 인간의 어리석은 행위의 끊임없는 사이클에 갇혀 잘못 양육된다는 것이다. 그리고 수십 년간 전문가들은 어린이는 백지와 같아서 좋거나 나쁘게 채워질 수 있다고 믿었다.

그렇지만 지금 우리는 인간의 특질이 나처럼 태어날 때부터 각인되었을 가능성에 더 무게를 두고 있다. 유전자에 소시오패스적 특질이 새겨져 있음을 알고부터 나는 종종 내가 낳을 아이들을 생각해본다. 반인반수의 아기가 태어나는 악몽에 시달리는 임산부처럼 나도 내 DNA가 무심하게도 미래 세대에게 그대로 복제되는 꿈을 꾼다. 장담컨대 내 유전 암호는 소시오패스적 기질로 모두 살아남을 것이다.

예전에 툴레인 의과대학을 방문한 적이 있다. 그곳에는 쉰 개 정도의 태아와 배아의 표본이 탁하고 누런 액체에 보존돼 있었다. 표본도 보존액도 모두 19세기 것이다. 약 절반은 정상적으로 발육이 진행된 것이지만 나머지 절반은 비정상적이었다. 표본마다 누르스름하게 빛바랜 카드에 휘갈겨 쓴 글씨로 병명이 적혀 있었다. 머리가 비정상적으로 큰 태아에는 뇌염, 손가락이 두 개인 태아에는 지결손증이라고 적혀 있었다. 특별한 병명이 없는 태아에는 '괴물'이라는 꼬리표가 달려 있었다. 머리가 둘 달린 괴물, 다리가 넷인 괴물 등 실로 가지각색의 괴물이 있었다.

존 스타인벡은《에덴의 동쪽》에서 괴물을 이렇게 묘사했다.

나는 이 세상에 인간 부모에게서 태어난 괴물이 있다고 믿는다. 당신도 몹시 불쾌한 기형 인간을 본 적이 있을 것이다. 커다란 머리에 가느다란 몸뚱이……

신체적인 괴물이 존재하듯 정신 혹은 영혼의 괴물도 태어나지 않을까? 얼굴과 몸은 완벽히 정상인데 말이다. 신체적 괴물을 만들 듯 비틀어진 유전자나 일그러진 난자가 영혼이 기형인 존재를 만들 수도 있지 않을까?

스타인벡은 소시오패스였던 캐시를 괴물과 동일시하고 있다. 그는 캐시에 대해서도 적고 있다.

균형을 이루던 장치가 고장 났거나 기어가 어긋난 것 같았다. 그녀는 날 때부터 다른 사람과 완전히 달랐다. 그녀는 사람을 불편하게 만들었지만 그렇다고 거리를 두고 싶을 정도는 아니었다. 남자든 여자든 그녀를 깊이 관찰하고 싶어 했다. 그녀에게 가까이 다가가 그녀가 미묘하게 야기하는 동요의 원인을 발견하고 싶어 했다. 늘 그래왔던 터라 캐시도 사람들이 그러는 게 전혀 이상하지 않았다.

꺼림칙한 매력, 홀릴 듯한 불쾌감을 확인하기 위해 어린 나를 바라보던 눈길들이 기억난다. 어머니와 아버지가 나를 그런 식으로 길렀다고 치부해버릴 수도 있지만, 나는 두 분이 갓 태어난 괴물을 버리지 않고 할 수 있는 한 최선을 다했다고 믿는다. 두 분도 틀림없이 자기들 품에 안긴 나를 보면서 사랑과 공포를 동시에 느꼈을 것이다.

태어나서 죽을 때까지 캐시의 계획은 사람들을 이용하거나 조종하는 것이었고 오로지 독, 광기, 욕망을 퍼뜨리려는 목표 하나로 타인의 삶에 교묘히 파고들었다. 캐시의 충동을 십분 이해한다. 나도 가끔은 그녀와 같은 길을 걷기도 한다. 하지만 내 안의 뭔가가 다른 선택, 특히 사랑이라는 탁월한 선택을 하게 했다. 그럴 수 있었던 것은 분명 부모님 덕이다.

내 유전적 유산은 불가피하게 2세를 낳아야 하느냐 마느냐의 고민을 하게 만들었다. 몇 명을 낳든 내 2세들도 다리나 머리의 수와 상관없이 괴물이 될 것이다. 공감 능력이 있는 아이를 낳는다면 그 아이에게 내가 제대로 부모 노릇을 할 수 있을지, 그 아이를 어떻게 사랑하고 존중할지 잘 모르겠다. 내 여동생 하나는 건드리기만 해도 눈물을 짜고 애정이 넘치다 못해 들러붙기를 좋아했다. 물론 나는 그 애를 몹시 경멸했다. 끊임없이 감정의 젖을 물고 있으려는 아이에게 내가 무얼 해줄 수 있단 말인가? 그저 멀찍이 떼어놓고 싶을 뿐이다. 십중팔구 귀찮아질 테니까.

그런데 만약 내 아이가 소시오패스라면 사내아이든 계집아이든 요

나, 소시오패스

령 있게 잘 키울 것 같다. 내 부모는 그럴 의도가 있었든 없었든 확실히 나를 잘 키웠다. 두 분은 다섯 명의 자녀에게 늘 시간이나 돈 같은 부족한 자원과 사랑을 얻기 위한 경쟁을 붙였다. 그건 비교적 공평하고 역동적인 게임이었다. 규칙도 일관성이 있었고 결과도 분명했다. 실제로 주말 오후가 되면 우리는 서로 누가 세고 누가 약한지, 어떻게 하면 부모님 비위를 거스르지 않을지 토론하느라 지루한 줄을 몰랐다. 아버지는 함께 서핑을 한다는 이유로 스콧을 좋아했지만 나중에는 자신의 허황된 환상을 충족시켜준다는 이유로 짐을 더 좋아했다. 스콧이 서열 맨 위에 오른 이유는 뻔했다. 아버지의 괴상한 생각에 동조했기 때문이다. 무슨 까닭에서인지 스콧은 무조건 아버지에게 동조했다.

나는 부모님의 편애를 실력자를 명확히 구별한다는 의미로 이해했다. 그 일관성 있는 시스템 안에서 나는 처세를 배웠다. 그리고 아주 적극적으로 그 게임에 참여했다. 경쟁자인 형제들보다 내가 더 잘할 수 있다는 걸 보여주고 싶었기 때문이다. 게임의 규칙이나 장치를 다 알지는 못했지만 이기는 방법을 터득하는 건 어렵지 않았다. 게임 말고 다른 식으로는 부모님이 나를 어떻게 생각하고 판단하는지 별로 궁금하지도 않았기 때문에 굳이 게임을 거부할 이유가 없었다.

어머니는 감성적이고 음악적 감수성이 있는 자식을 각별히 여겼다. 아마도 자신을 닮았다고 여겼기 때문일 것이다. 아버지는 자신의 지적 능력을 알아줄 만큼 머리가 좋은 자식을 좋아했지만 그렇다고 자기 권위에 반항할 빌미를 줄 정도로 애정을 보이진 않았다. 나는 항상 아버지와 서핑을 하러 가거나 스키를 타러 다녔다. 필요한 장비를 척척 사주었기 때문이다. 아버지는 잠수복, 보드, 보드 걸이, 스키, 스키 부츠, 글러브, 폴을 사주고 내 차에 기름까지 채워주었다. 반면 여동생 캐슬린은 무용 신발도 친구에게 빌려 신거나 누가 신던 것을 물려받았다.

어머니는 늘 우리가 〈파트리지 패밀리〉(미국 ABC 방송의 시트콤으로 여섯 명의 록밴드 가족을 그린 드라마 — 옮긴이)처럼 함께 노래하는 모습을 꿈꿨다. 나중에는 마샬리스 가족처럼 가족 재즈 밴드를 결성하는 꿈으로 발전했다. 아버지는 우리가 당신이 고교 시절에 동경하던 기타 천재들이 되길 바랐다. 나는 드럼을 선택했는데 그 이유는 두 분의 꿈에 모두 완벽히 들어맞을 것 같았기 때문이다. 덕분에 여동생은 돈을 못 내 캠프에 가지 못하는 상황에서도 내게는 드럼 세트가 생겼다. 나와 형제들을 위한 부모님의 감정적, 재정적 지원에는 일관성이 없었지만 우리를 대하는 단 하나의 벡터, 즉 일관성 있는 이기심 덕분에 우리는 두 분의 행동을 쉽게 예측할 수 있었다. 그 이기심의 어떤 부분을 공략해야 하는지만 알면 우리는 원하는 것을 모두 얻을 수 있었다.

부모님이 일관성 있게 행동하지 않았거나 지나친 자비를 보였다면 내게는 정말이지 최악의 부모였을 것이다. 어렸을 때부터 나는 모든 것을 원인과 결과로 이해했다. 나나 형제들이 규칙을 깨고도 제때 울음을 터뜨려 결과를 모면할 수 있었다면 그때부터 나는 규칙을 지키기는커녕 밥 먹듯 어겼을 게 분명하다. 나는 실험실의 쥐처럼 레버를 누르면 특별한 간식이 나온다는 것과 레버에서 손을 떼면 아무것도 나오지 않는다는 걸 배우면서 주어진 조건에 잘 따랐다.

소시오패스, 특히 어린 소시오패스는 실제로 경계가 명확한 세상에서 더 행복해한다. 즉, 규칙을 일관성 있게 시행할 경우 어린 소시오패스는 규칙을 '주어진 조건'으로 받아들이기 시작한다. 나는 확실히 그랬다. 순종과 위반에 대한 결과가 분명하고 예측 가능한 인과관계의 규칙만 있다면, 어린 소시오패스에게 인생은 한번 해볼 만한 흥미로운 퍼즐처럼 느껴질 것이다. 노련하게 계획하고 계획한 대로 수행했을 때 어느 정도 이점을 얻을 수 있다는 확신이 설 경우(어느 정도 성공이 보장될 경우, 내 생각엔 성공이 거의 기정사실이지만), 어린 소시오패스는 다른 사람이 세운 게임 시스템에 철저히 몰두한다. 이런 점 때문에 소시오패스는 자본주의 논리를 맹렬히 신봉하는 냉혈한 사업가가 될 수 있다.

내가 좋아하는 선생은 성적 우선주의를 철저히 지켰다. 그 선생은 6학년 기초대수학을 가르쳤는데 수업시간에 수업을 듣지 않을 수도 있었다. 인기 있던 남자 선생 후임으로 학기 중간에 온 그 선생은 학생들에게 나쁜 짓을 하도록 부추겼고 편파적이었다. 기초대수학은 우리 학년 학생들이 배우는 가장 수준 높은 수학이었다. 더구나 우리 학교는 인근 지역에서도 상위권에 속하는 학교로 똑똑한 학생들이 모여 있었기 때문에 기초대수학을 들을 자격이 됐다. 가장 똑똑하고 학구열이 치열한 학생들은 나를 포함해 선생님이 진도를 너무 늦게 나간다고 불평을 해댔다.

창의력 문제 해결의 일환으로 그 선생은 수업을 시작하기 5분 전에 간단한 퀴즈를 냈다. 그리고 정답을 맞히면 수업을 듣지 않고 교실 밖 잔디에 앉아 숙제를 하게 해주었다. 나는 매일 수업시간보다 몇 분 일찍 가서 그날의 수업 자료를 훑어보고 매번 정답을 맞혔다. 그런데 그해의 마지막 방학을 8일 남겨두었을 때, 사소한 수학문제를 틀리는 바람에 어쩔 수 없이 몇 번 그 수업을 들을 수밖에 없었다. 새삼스럽게 수업을 듣자니 곤혹스러웠지만 수업에는 몇 가지 규칙이 있었고 그 선생은 예외 없이 규칙을 정확히 적용했다. 일종의 게임 같았다. 그것도 내가 같은 반 친구들보다 훨씬 잘할 수 있는 게임 같아서 좋았다. 문제는 쉬운 게임이 아니라는 걸 내가 가끔 잊는다는 데 있었다. 그것은 계속 집중해야 할 만큼 도전적이었고 믿음이 가도록 일관성이 있었다.

만약 내가 참여한 게임에 일관성이 없었다면, 하나의 레버가 어떤 때는 전기충격을 주고 또 어떤 때는 간식을 주는 시스템이었다면, 나는 아마 게임에 참여하기는커녕 다른 쥐의 간식을 훔치려 했을 것이다. 보통 부모가 저지르는 최악의 실수는 일관성을 유지하지 않는 것이다. 그러면 어린 소시오패스는 게임은 얼마든지 조작할 수 있다고 생각한다. 이 경우 어린 소시오패스는 사기꾼(대개 부모)을 속이는 것만 제외하면 무슨 짓을 해도 무방하다고 여긴다. 우리 부모님이 내게 제공한, 즉 보상이 명확한 시스템은 소시오패스적 기질을 단련하면서도 긍정적 이점을 얻도록 설계한 것이었다. 덕분에 나는 말랑말랑하고 실체가 없는 공감이나 감정에 의지하지 않고도 내가 원하는 것을 얻을 수 있었다.

내가 아이를 키운다면 나도 어쩔 수 없이 상상을 초월했던 부모님의 이기적인 전철을 따라갈 수밖에 없을 것이다. 오로지 내 허영심을 충족시켜주도록 아이에 대한 모든 관심을 조장하면서 말이다. 그래도 이런 양육법에는 아이가 현실 세계에서 성공하기 위해 반드시 알아야 할 예측 가능성과 공정함이 있다.

아이들은 자기가 짜증을 내도 어른이 응석을 받아주기보다 감정적으로 무관심하게 대해주기를 바랄 때가 많다. 아이에게 감정 없이 대하는 것에도 합리적이고 안정적인 면이 있다는 말이다. 특히 아이가 자신에게 통제할 수 없는 감정이 있다는 걸 알 정도로 충분히 자각하고 있을 때는(내 생각에 아이들도 다른 사람의 감정 세계를 인식하기 시작하면 이런 자각을 한다) 더욱 효과적이다. 실제로 다른 누군가가 아무런 감정적 반응을 보이지 않을 때 아이는 매우 침착해진다.

얼마 전 세 살짜리 조카가 교회에서 자지러지게 운 적이 있다. 그

때 나는 조카를 데리고 밖으로 나왔다. 주말 연휴에 친척들이 파티를 열었는데 사촌들과 모두 한 방에서 잔 조카는 몹시 피곤한 모양이었다. 어쩌면 친척들과 노느라 흥분했을 수도 있고 얼마 전에 태어난 여동생 때문에 약간 짜증이 났을지도 모른다. 나는 조카가 울음을 그칠 때까지 함께 걸었다. 그리고 길가에 앉아 개미들을 보며 놀았다. 나는 조카의 기분이나 울음에 대해 한마디도 하지 않았다. 개미에게 싫증난 조카는 다시 교회로 돌아가자고 했다. 나는 처음부터 끝까지 조카가 대장 노릇을 하게 했다. 그것이 조카에게는 내가 자기를, 심지어 짜증을 낸 후에도 정중하게 대하는 신호로 보였던 것 같다. 드디어 교회로 돌아와 예배실에 앉았을 때 조카는 내게 등을 긁어달라고 했다. 주말 내내 내게 냉담한 대접을 받고도 조카는 주일학교에 나와 같이 가고 싶다고 했다(주일학교 의자는 내게 너무 작아서 앉을 수 없다고 정중히 거절했다).

아이들은 어느 순간 자신이 감정의 노예라는 사실을 깨닫는다. 그걸 알고 나면 아이들은 당혹스러워한다. 마치 발기한 자신의 남근을 보고 당황하는 열두 살짜리 소년처럼 말이다. 아이들은 결코 발기한 남근을 통제할 수 없지만 결국에는 발기한 남근에 더 집중하고 싶어 한다. 발기했느냐고 묻는 것은 좋은 행동이 아니다. 눈물노 규칙은 똑같다. 아니, 어쩌면 우리 가족의 아이들만 삼성석 무관심을 좋아하는시노 노르겠다. 그런 일에 익숙하니까. 어느 쪽이든 조카들이 내게 존경과 애착을 보이는 걸 보면 나도 공감을 잘하는 아이의 부모 노릇을 하기에 썩 나쁘지 않을 것 같다.

어쩌면 나는 어린 소시오패스를 키우는 게 더 나을지도 모른다. 소시오패스이면서 성공한 사람이기에 나는 알고 있다. 나처럼 무자비하고 감정이 없는 아이들도 성공법을 터득할 공평한 구조와 기회만 주어지면 다른 아이들만큼 인생에서 성공할 가능성이 있다는 사실을 말이다. 그들은 분명 잘해낼 것이다. 소시오패스인 캐시에 대해 스타인벡도 이렇게 말한다.

"자신의 결함을 이용하는 법을 터득해 한정된 분야에서 비장애인보다 더 유능해지는 장애인처럼, 캐시도 그렇게 자신의 '다름'을 이용해 자기만의 세상에 고통스럽고 혼란스러운 동요를 일으킨다."

내게서 태어날 소시오패스 아이들도 자신의 단점을 강점으로 바꿀 수 있으리란 걸 나는 안다. 다만 그 강점을 고통스럽고 혼란스러운 동요가 아니라 자기 가족과 나아가 세상에 이롭게 사용할 수 있도록 적절한 지도를 갖기를 바랄 뿐이다.

내가 가장 크게 걱정하는 것은 내 아이들이 세상을 어떻게 다루느냐가 아니라, 세상이 그들을 어떻게 다루느냐 하는 것이다. 혹시 아웃사이더나 추방자가 되지는 않을까? 세상이 그 아이들을 지하 세계로 내몰거나 아이들의 존재를 인정하지 않고 마음이 텅 빈 미완성의 인간으로, 심지어 악의 화신으로 취급한다면 견디기 힘들 것 같다.

어린 소시오패스가 성장한 이후

소시오패스라는 장애의 근본적인 원인을 밝혀내기란 쉽지 않다. 어떤 유전자가 어느 화학물질의 레버를 당기기에 어린 시절부터 이런 미묘한 정신적 경향이 작동하는 것일까? 어떻게 어린 시절에 시작된 최초의 화학적 갈망이 완전한 소시오패스로 발달하는 것일까? 유전학자, 신경학자, 정신과의사, 심리학자, 범죄학자 들은 이제 막 단편적인 연구와 관찰을 모아 복잡한 인간 유형의 다양한 초상화를 그리기 시작했다.

어린아이에게 너무 일찍 소시오패스나 사이코패스라는 진단을 내려야 하는 심리학자들은 그 진단으로 아이나 가족이 받을 수 있는 불공평한 처우를 고민한다. 그래서 어린 소시오패스에게 조심스런 자세로 '냉담하고 무감한' 아이라는 진단을 내린다. 아이들에게도 어른과 유사하게 감정과 공감 능력 그리고 양심의 가책의 현저한 결핍이라는 특질이 나타난다. 대다수는 부정적 신호를 통해 그 대처법을 터득하지만 냉담하고 무감한 아이는 부정적 신호에 아예 반응하지 않는다. 뉴올리언스 대학의 심리학자 폴 프릭은 다음과 같이 말한다.

"그런 아이들은 누군가가 자기에게 화를 내도 상관하지 않는다. 자기가 누군가의 감정을 상하게 해도 개의치 않는다. 만약 잔인하게 굴지 않고도 수월하게 자기가 원하는 걸 얻을 수 있다면, 나중에 그 아이들은 무슨 일을 하든 최고로 해낼 것이다."

내가 자라면서 경험한 것도 바로 그것이다. 다른 사람의 욕망에 부응하는 법을 알기만 하면 내가 원하는 것을 더 쉽게 보다 많이 얻을 수 있음을 수없이 경험했다. 놀이터에서 친구에게 장난감을 억지로 빼앗는 대신 그 친구가 기꺼이 빌려주게 만들면 더 오랫동안 장난감을 갖고 놀 수 있었다. 고등학교에서도 지능식으로 꾀를 써서 나쁜 아이들 위에 군림하기보다 함께 어울리면 더 큰 인기를 얻었다. 직장에서는 상급자를 비열하게 공격하기보다 사장에게 상급자의 좋은 면을 보게 하면 더 빨리 승진했다. 한 블로그 독자도 말한다.

30년 정도 대기업에서 일하다 보니 한 가지 터득한 게 있다. 내가 어디까지 승진할지 결정하는 것과 상관없이 더 높은 자리에는 늘 내 승진을 허락하는 사람이 있게 마련이다. 그들은 내가 그들이나 회사를 위해 가치 있는 사람이란 걸 보여주기 전에는 내 승진을 허락하지 않는다. 만약 모든 소시오패스가 직장에서 잔인하거나 파괴적으로 굴지 않는다면 힘 있는 사람들이 소시오패스의 승진을 허락하리라는 건 빤하지 않을까. 얼마 동안 다른 사람의 이익을 도모하면 종종 내게 훨씬 더 장기적인 이득이 돌아왔다. 정상인도 마찬가지일 것이다.

대부분의 소시오패스가 충동의 지배를 받지만(어쩌면 그저 소시오패스이기 때문인지도 모르지만) 그래도 그들은 보상 구조에 상당히 민감하고 실제 원가와 기회비용을 적극 고려해 의사결정을 한다. 물론 이러한 의사결정에는 염두에 두지 못한 결과도 있게 마련이다. 그중에서도 다른 사람들의 도덕적 비판은 예측할 수 없다.

추측컨대 이는 분명 뇌의 배선 문제다. 성인 사이코패스의 뇌를 자기공명촬영 한 결과 공감과 사회적 가치, 적극적으로 도덕적 의사결정을 내리게 하는 부분의 크기와 밀도가 정상인의 그것과 현저히 다르게 나타났다. 또한 이 부분은 긍정적인 결과를 촉진하고 부정적인 결과를 막는 중요한 역할도 하고 있다. 냉담하고 무감한 어린이의 뇌는 부모의 화난 얼굴이나 선생의 꾸지람 혹은 친구들의 고통스러운 비명 같은 부정적 피드백을 정상적인 어린이의 뇌가 인식하는 것과 다르게 인식한다.

다른 사람의 부정적인 감정에 관심이 없는 것은 집중력 문제일 수도 있다. 연구진은 냉담하고 무감한 사내아이 한 그룹을 대상으로 무의식적인 감정적 작용을 측정하기 위해 시각 테스트를 했다. 그들은 아이들에게 연속적으로 빠르게 다양한 표정을 짓는 얼굴 사진을 보여주었다. 가령 무서워하는 표정, 행복한 표정, 혐오스러워하는 표정, 모호한 표정

등을 보여주고 표정에 담긴 감정의 의미에 대한 아이들의 전주의적(주의나 의식적 작용이 개입하기 이전에 주로 감각적인 정보를 추출하고 탐지하는 과정을 뜻하는 심리학 용어—옮긴이) 또는 무의식적 인식 수준을 측정했다. 그리고 정상아의 뇌와 비교해보니 이들은 공포나 혐오라는 감정을 빠르게 인식하지 못했다. 냉담하고 무감한 아이들은 세상의 위협이나 부정적 신호를 자동적으로(혹은 무의식적으로) 이해하지 못한다는 의미다. 이들에게는 대부분의 사람들이 갖고 태어나는 기본적인 사회적 기술이 부족한 셈이다. 이 결핍은 전반적인 감정의 색조가 발달하는 방식에 영향을 미친다.

최근 한 연구에서 놀라운 결과가 나왔다. 뇌의 세로토닌에 영향을 미치는 유전자에 어떤 변이가 있는 아이들이 나쁜 환경에서 자라면 냉담하고 무감한 특질을 갖게 될 확률이 훨씬 더 높다는 것이다. 반대로 똑같은 변이가 있어도 사회 경제적 지위가 높은 환경에서 자라면 소시오패스적 기질도 매우 희박해진다고 한다. 실험을 주도한 한 연구원은 비록 소시오패스적 특질을 비정상적인 것으로 간주하긴 하지만 이러한 특질도 특정 환경에서는 유용할 수 있다고 말했다.

"가령 이러한 특질이 있는 사람은 불안감을 덜 느끼는 경향이 있고 우울증에 빠질 확률도 낮다."

그녀가 말하는 특질은 위험하고 불안정한 환경에서 유리한 것이다. 열악한 지역에서 자란 아이들의 경우, 혼란스럽고 불안한 환경에 대한 방어기제로써 자기 안에 내재된 반사회적 특질을 드러낼 가능성이 있다고 볼 수 있다. 이런 아이들은 타고난 범죄자나 염세주의자가 아니다. 정신과의사 리 로빈스는 행동에 문제가 있던 아이가 성인이 되는 과정을 추적 연구해 소시오패스의 뿌리를 조사했다. 그 연구에서 그녀는 두

가지 중요한 사실을 발견했다.

첫째, 소시오패스 진단과 일치하는 거의 모든 성인은 어릴 때도 심각한 반사회적 태도를 보였다.

둘째, 연구를 시작할 때 반사회적 행동을 보이던 어린이 가운데 약 50퍼센트는 정상적인 성인으로 성장했다.

결국 모든 어린 소시오패스는 반사회적이지만 그들 모두가 반사회적인 성인 소시오패스가 되는 것은 아니다. 어쩌면 이렇게 의심하는 사람이 있을지도 모른다. 반사회적인 어린이 중 일부가 성공한 고기능 소시오패스가 되어 '정상적인 성인'의 범주로 계산된 것은 아닐까? 그렇다면 어린 시절을 겪는 동안 과연 무엇이 계기가 되어 아이들을 서로 다른 길로 인도하는 것일까?

지금까지는 일반적으로 소시오패스 기질을 치료할 수 없는 장애로 간주해왔다. 그러나 뇌의 유연성이나 가변성이 입증되면서 전문가들도 어린 소시오패스가 초기의 간섭에 민감하게 영향을 받을 수 있다는 의견을 내놓기 시작했다. 어쩌면 어린 소시오패스는 흔적 기관처럼 남은 공감이라는 감각을 개발하는 훈련을 받거나 주변 사람들의 감정에 적절히 반응하는 방법을 배울 수 있을지도 모른다.

많은 소시오패스가 알고 있듯 인간에게는 공격적이고 이기적인 심성이 내재되어 있다. 그렇지만 대다수 사람에게는 근본적으로 인간에 대한 연민을 갖도록 생물학적으로 프로그래밍되어 있다는 사실도 밝혀졌다. 혼란한 가정에서 학대받고 자랐거나 학교에서 심각한 문제아로 낙인찍힌 아이일지라도 공감자의 속삭임을 듣는 법을 배울 수 있다는 것은 그 아이 내면의 어딘가에 공감 능력이 숨어 있기 때문이 아닐까?

캐나다의 한 단체에서는 학생들에게 기본적인 양육 능력을 길러주기 위해 어머니와 아기를 교실로 초대한다. 학생들은 아기가 어떤 기분일지 상상하며 '조망 수용 능력'을 기른다. 조망 수용 능력이란 타인의 입장에 놓인 자신을 상상함으로써 타인의 의도, 태도, 감정, 욕구를 추론하는 능력을 말한다. 엎드린 채 고개를 간신히 가누는 아기를 관찰한 다음 학생들도 아기처럼 바닥에 엎드려 고개를 들고 아기의 관점을 이해하려 노력한다. 이 조망 수용 능력은 공감의 인지적 차원을 말하며 대부분의 학생에게는 익숙하지도 않고 반사적으로 나타나지도 않는다. 이 프로그램을 연구한 한 발달심리학자는 프로그램이 매우 성공적이라고 주장한다.

"아이들이 공감과 이해를 다 잘하게 될까요? 폭력성이 줄고 서로에게 더 친절해질까요? 대답은 모두 '네', '네'입니다."

또한 폴 프릭이 어린 소시오패스에 대해 말한 것처럼 "우리는 아이들에게 자신의 행동이 미치는 영향을 인식하도록 가르칠 수 있다." 우리의 세포에 각인된 유전적 암호에도 불구하고 인간의 정신은 실로 놀라울 만큼 가변적이며 경험에 쉽게 영향을 받는다.

나 역시 외부의 영향에 쉽게 휘둘린다. 내 유전자가 사고방식이나 세상과 관계를 맺는 방식에 영향을 미칠 수 있다는 사실도 알고 있다. 하지만 나를 제외한 나머지 세상에 대해 통제력을 발휘할 책임도 전적으로 인정한다. 나는 날마다 활동한다. 나 자신을 민감하게 하거나 둔감하게 하고, 부단히 뇌를 재구성하면서 습관을 만들거나 없애고, 특정 방식으로 행동하거나 생각하는 경향을 북돋우기도 하고 누그러뜨리기도 한다.

지금까지 내가 한 모든 일이 나를 좋게 혹은 나쁘게 바꿔놓았다. 어릴 때는 그 사실을 몰랐다. 내가 매우 안전하고 종교적으로 독실한 가정에서 자란 건 정말 행운이다. 심지어 우리는 '빌어먹을'이나 '제기랄' 같은 욕조차 해서는 안 된다고 배웠다. 실제로 열세 살이 되기 전에는 'PG 13'(열세 살 미만은 보호자를 동반해야 볼 수 있는 영화—옮긴이)도 볼 수 없었고 성인 영화는 언감생심 꿈도 못 꿨다. 아버지는 성질은 좀 있었지만 부모님 모두 술에 취한 적도 없고 기분 전환용 약물은커녕 정신을 혼미하게 하는 것은 그 무엇도 입에 대지 않았다. 우리가 살던 동네는 매우 보수적인 분위기였고 대개가 '거듭난' 기독교인이었다. 고등학교에 다닐 때 몇몇 친구가 성적 유희를 즐기는 듯하기도 했지만 설령 그 애들이 실제로 섹스를 했더라도 나는 눈치 채지 못했을 것이다.

유전자가 정상적인 사람도 살인 같은 일에 대해 둔감해질 수 있고 소시오패스도 다른 사람의 욕구를 민감하게 감지할 수 있다는 사실을 나는 경험을 통해 배웠다. 나는 폭력에 민감했지만 음악에도 민감했다. 또한 조용히 입을 다물고 사물이 내는 이면의 소리를 듣는 법을 배웠다. 영성에도 민감한 나는 기도를 비롯한 여러 예배 의식을 통해 자기성찰에 이르도록 배웠다.

오빠와 여동생 사이에 낀 힘의 중재자로서 나는 다른 사람의 욕구를 인식하는 능력을 키웠다. 아기의 시선으로 세상을 보기 위해 교실 바닥에 엎드린 학생들처럼 다른 사람을 돌보고 배려하기 위해 하는 수 없이 조망 수용 능력을 길러야 할 때도 많았다. 비록 타인의 욕구를 인지하고 그에 반응하는 능력을 선천적으로 타고나지는 않았지만 부모님과 성직자, 선생 들은 내 스스로 문제를 인식하고 해결하는 데 큰 영향을 미쳤다.

언젠가 모르몬교회의 십대 소녀에 관한 기사를 읽은 적이 있다.

소녀는 자기보다 더 어린 여자아이를 함께 놀자고 꾀어내 목을 졸라 의식을 잃게 한 다음, 아이의 목을 칼로 베고 피가 흘러나오는 모습을 지켜봤다고 한다. 죽은 여자아이를 대충 매장한 십대 소녀는 집으로 돌아와 숨 막힐 듯한 흥분을 그대로 일기에 쓰고 그 아래에 빨리 교회에 가야겠다고 적었다. 소녀가 재판을 받을 때 피고측 변호인은 부모에게 버림받고 학대받은 십대 소녀의 고통스러웠던 어린 시절 환경을 참작해주기를 배심원에게 요구했다.

나는 극도로 폭력적인 사람이 아니다. 물론 수없이 상상은 했지만 실제로 누군가의 목을 자른 적은 없다. 만약 사랑이 없는 가정이나 학대하는 부모 밑에서 자랐다면 나도 내 손을 피로 물들였을까? 소시오패스든 공감자든 잔혹한 범죄를 저지른 사람이 다른 사람에 비해 더 큰 상처를 받았던 것처럼 보이지는 않지만 잃을 것이 별로 없는 사람이라는 생각은 든다. 오렌지색 죄수복을 입고 수갑을 찬 채 청소년 교도소로 가면서 그 안에서 지배자가 되어야겠다고 계략을 세우는 열여섯 살의 내가 있는 또 다른 세상도 상상하기 어렵지 않다. 단언할 수는 없지만 만약 내게 사랑하는 사람도, 성취하고 싶은 것도 없었다면 얼마든지 그럴 가능성도 있었을 것이다.

양육이냐, 치료냐

본성을 넘어서는 양육에 관한 연구 중 최근 가장 널리 알려진 것은 캘리포니아 대학 어바인 캠퍼스의 교수이자 신경과학자인 제임스 팰런의 연구다. 팰런은 행동의 생물학적 근원을 전문적으로 연구했고 살인자의 뇌 촬영 연구로도 유명하다. 팰런이 가족 모임에서 자신의 연구를 설명할 때 그의 모친이 들려준 이야기는 가히 충격적이었다. 전대미문의 존속살해범으로 유명한 리지 보든이 바로 팰런의 사촌이라는 것이었다. 충격을 받은 팰런은 조사를 시작했고 자신의 일가에 살인자가 무려 열여섯 명이나 된다는 사실을 발견했다. 그가 설명한 대로 "혈통 전체가 매우 폭력적이었다."

팰런은 소시오패스 기질의 증거를 밝히기 위해 가족의 뇌를 촬영하고 DNA를 검사했다. 모두가 비교적 정상이었다. 팰런만 제외하고! 팰런은 자신의 뇌 스캔 영상에서 살인자의 특징을 발견했을 뿐 아니라 유전자 기록에서도 폭력적이고 충동적이며 위험한 행동을 하기 쉬운 성향을 발견했다. 이 연구 결과를 가족에게 공개했을 때 놀라는 사람은 아무도 없었다. 팰런의 아들이 말했다.

"뭔가가 꺼져 있는 듯한 느낌은 늘 있었어요. 이제야 좀 이해가 갑니다."

팰런의 아내도 거들었다.

"연쇄살인범에게 있을 법한 모든 것이 아주 원초적인 형태로 남편에게도 있어요. 놀랍지만 당황스러울 정도는 아니에요. 남편에게는 늘 냉담한 구석이 있었으니까요."

그리고 팰런도 솔직하게 인정했다.

"내 성격이나 특질 중에는……, 사이코패스적인 면이 있습니다."

팰런은 숙모의 장례식에서 있었던 싸움을 예로 들었다.

"뭔가가 잘못되었다는 걸 알았지만 별로 신경 쓰지 않았습니다."

그렇다면 왜 팰런은 살인자가 되지 않았을까?

"나중에 알았어요. 내가 믿기 어려울 정도로 멋진 유년 시절을 보냈다는 걸 말입니다."

팰런은 양친의 맹목적인 사랑을 받았고 정이 넘치는 가족과 함께 살았다.

나처럼 소시오패스라는 괴물 유전자를 안고 태어난 수많은 아이에게는 여러 갈래의 길이 있다. 아이들의 뇌는 수많은 작용에 반응하면서 성장하고 변한다. 에모리 대학의 심리학자 패트리샤 브레넌은 말한다.

"뇌 과학은 심지어 성인의 뇌에서도 신경조직 생성이 일어날 수 있음을 보여주고 있다. 생물학은 운명이 아니다. 이 아이들에게 일어날 일을 바꿔주려 한다면 발달의 긴 과정상에 우리가 개입할 수 있는 여지는 수없이, 수없이 많다."

소시오패스가 폭력적인 범죄자가 되어 사법제도의 골칫거리로 남기를 기다리기보다 아이가 유달리 반사회적 특징을 드러낼 때 따뜻하고 애정 어린 양육이나 적절한 치료로 그 특징을 긍정적 방향으로 돌려줌으로써 범죄자가 되지 않도록 보호해주는 것이 훨씬 더 설득력이 있다.

제임스 팰런과 달리 나는 내 부모님의 사랑을 맹목적인 사랑으로 묘사하고 싶은 마음은 없다. 그래도 내 부모님이 내게 소시오패스적 특질을 생산적인 방법으로 사용하는 법을 가르쳐주었다고 확신한다. 동시에 그런 특질이 표면으로 드러나도록 기른 것도 사실이다. 아버지의 변덕스러운 감수성을 보며 나는 과도하게 드러나는 감정을 불신했고, 어머니의 일관성 없는 보살핌을 보며 사랑은 믿지 못할 것이라고 여겼다. 정신적 충격을 받거나 학대당한 적은 없지만 부모님의 괴팍한 성격이 지금의 나를 만든 셈이다.

지난 20여 년간 정신의학 전문가들은 기분에 따라 돌변하기 쉬운 성향, 우울증이나 불안감, 위험을 감수하려는 성향 그리고 소시오패스 같은 인격적 장애를 유발할 수 있는 열 가지 정도의 유전적 변이를 밝혀냈다. 다만 이러한 변이는 정신적 충격을 겪거나 스트레스가 높은 어린 시절을 보낸 사람에게만 드러난다. 지금은 문제의 발단은 '나쁜' 유전자 탓이지만 상황을 악화시키는 것은 삶의 환경이라는 '유전자 환경의 상호작용'이라는 견해가 일반적이다.

최근에는 또 다른 가설이 등장했다. '나쁜' 유전자가 단순히 골칫 거리만은 아니라는 주장이다. 부정적인 맥락에서 보면 이들 유전자는 사람들에게 문제를 일으킬 수 있지만 긍정적인 맥락에서 보면 삶의 가 치를 높여줄 수 있다는 얘기다. 데이비드 도브스는 〈애틀랜틱〉에 기고 한 기사에서 이 이론을 다음과 같이 설명했다.

유전자와 인간의 행동에 관한 완전히 새로운 관점이다. 이 관점에서 위험 추구 성향은 가능성이며, 영향받기 쉬운 성향은 적응성과 민감성 이다. 단순한 것 같지만 이 이론에는 엄청난 함의가 담겨 있다. 지금까 지는 유전자 변이를 대부분 불행한 것으로 간주했지만 (중략) 이젠 높 은 위험성과 잠정적인 높은 보상을 동시에 지닌 효율적인 진화론적 기 회로 간주하기도 한다. (중략) 열악한 환경에서 제대로 보살핌을 받지 못한 [나쁜 유전자를 가진] 아이들은 결국 우울증에 빠지거나 마약중 독자 혹은 범죄자가 될 수 있지만, 바람직한 환경에서 따뜻한 보살핌 을 받으면 가장 창조적이고 성공한 사회인으로 성장한다.

이 이론은 내가 자란 환경에서 관찰한 것이나 내가 알고 있는 성공 한 다른 소시오패스 혹은 블로그 독자들의 사례와도 일치한다. 유전자 와 어린 시절의 사건이 우리를 소시오패스로 만들 수도 있지만, 그렇다 고 족쇄 풀린 악마로 살아갈 운명은 아니다. 바람직한 보살핌을 받으면

나, 소시오패스

우리 같은 어린이는 설령 공감하는 법을 완벽하게 배울 수는 없을지라도 위대한 일을 하는 법은 배울 수 있다.

나는 대단한 경영자는 아니지만 교도소에서 병들어가는 사람들보다 훨씬 급여가 많은 포천 500대 기업에서 전문가로 일한다. 나를 성공한 소시오패스라고 부를 수도 있다. 나는 누구 못지않게 실수에서 교훈을 배우는 사람이다. 공감하는 기술을 배운 적은 없지만 규칙을 배울 만큼 그리고 그 규칙을 어기면 대개 불쾌한 결과를 낳는다는 것을 알 만큼은 똑똑하다. 물론 나는 충분한 이익이 돌아온다는 전제가 있을 때만 규칙을 따른다. 만약 규칙을 어겼을 때 내가 원치 않는 결과가 발생하게 된다면 나는 결코 규칙을 어기지 않는다. 이건 원인과 결과라는 단순 논리의 문제이지 여기에 공감 능력은 필요 없다.

정상인이 다수를 차지하는 사회에서 소시오패스가 성공한 사람이 될 가능성은 분명 더 커지고 있다. 스테파니 멀린스 스위트 박사는 성공한 소시오패스 연구를 통해 이를 입증했다. 그는 "'성실성'이라는 단순한 특질이 성공한 소시오패스냐 범죄자 소시오패스냐를 결정할 수 있다"고 주장했다.

나는 소시오패스적 특질은 어린 시절의 보살핌으로 관리가 가능하고 심지어 바뀔 수도 있다고 믿는다. 심리학계에서는 아직 널리 인정받지 못하지만 드디어 이런 믿음이 어느 정도 호응을 얻고 있다. 성공한 소시오패스의 존재가 그 증거다. 또한 그것은 소시오패스가 의외로 융통성 있고 감수성이 예민하다는 증거이기도 하다.

소시오패스가 공감하는 사람들과 똑같은 방식으로 영향을 받는 것은 아니지만, 소시오패스도 그들만의 한계 안에서는 외부의 영향을 받는다. 어쩌면 영향을 더 많이 받는지도 모른다. 2, 3세 아기들의 나눠주기 성향을 연구한 예루살렘 히브리 대학의 심리학자 아리엘 크나포가 이끈 연구팀은 걸음마를 시작한 아기들과 의미 있는 시간을 보냈다고 한다. 간식 시간에 연구진은 이스라엘에서 아기들에게 인기 있는 땅콩버터 과자 밤바를 두 봉지 가져왔다. 나이 어린 연구원이 자신의 밤바 봉지를 열어보니 스물네 개가 들어 있었고, 또 다른 연구원이 열어본 봉지에는 세 개밖에 없었다. 이 연구원은 아기처럼 "내 건 세 개뿐이야!"라며 징징거렸다. 그러자 아기들 중 몇 명이 자기 밤바를 선뜻 나눠주었다. 흥미롭게도 제일 먼저 자기 밤바를 나눠준 아기들은 고도의 반사회적 성향과 관련된 유전자가 있는 아기였다. 유아 발달 연구의 권위자 제이 벨스키는 이렇게 설명한다.

"이 유전자는 위험과 관련된 것이 아니다. 경험에 대한 민감성을 강화하는 유전자다. 유익한 상황에서 어린 시절을 보낸다면 이 유전자는 어쩔 수 없이 아이를 더 강하고 더 행복하게 만드는 엄청난 '실수'를 저지를 수 있다. 좋은 것에든 나쁜 것에든 민감하다는 것이지 취약하다는 의미가 아니다."

소시오패스가 될 유전적 성향이 있는 아이를 양육할 때 염두에 둬야 할 것이 바로 '좋은 것에든 나쁜 것에든'이라는 측면이다.

소시오패스도 공감자들과 함께 살아가야 한다

소시오패스 기질이 있는 아이를 낳을 가능성과 그 아이를 키우는 방법

나, 소시오패스

을 고민할 때마다 나는 그 아이에게 가장 이상적인 환경이 무엇일까 생각해본다. 소시오패스 기질이 있는 부모와 공감을 잘하는 사람들 모두에게 노출되는 환경이 가장 바람직하지 않을까 한다. 공감을 잘하는 롤모델은 세상의 대다수 사람의 생각을 존중해야 한다는 걸 배우기 위해 반드시 필요하다. 스타인벡은 소시오패스인 캐시가 타인에게 '마음맹'을 드러낸 원인을 이렇게 설명했다.

세상 거의 모든 사람이 내면에 욕망, 충동, 돌발적인 감정 그리고 이기심이라는 섬과 성욕을 갖고 있다. 그리고 대다수가 그런 것을 억제하거나 아니면 은밀히 즐긴다. 캐시는 다른 사람에게도 이런 충동들이 있다는 사실을 알 뿐 아니라 그것을 자기 이익을 위해 어떻게 이용해야 할지도 알고 있다. 그녀가 인간의 내면에 있는 어떠한 성향도 믿지 않을 가능성은 꽤 크다. 어떤 성향에는 불가사의할 정도로 기민하게 반응하는 반면 어떤 성향은 전혀 못 보기 때문이다.

내가 이 부분에 특히 감동을 받은 까닭은 캐시가 다른 사람의 내면세계를 자신의 반사회적 행동을 저지해줄 도구로 인정하지 않는 이유를 이해하기 쉽게 설명했기 때문이다. 캐시는 오로지 다른 사람의 약점만 본다. 겉으로 드러내지 않으면서 은밀하게 인정하고 탐닉하는 그 약점을 보며 캐시는 사람들을 모두 위선자라고 결론 내린다. 캐시는 그들을 존중하지 않았고 심지어 사람들의 필요와 욕구를 고려할 가치조차 없는 것으로 여겼다. 여러 면에서 캐시는 공감하는 사람들에게서 칭찬하고 존중할 만한 가치를 발견하지 못했다.

"괴물에게는 평범한 사람이 괴물이다."

어린 소시오패스에게 공감을 잘하는 애정 많고 훌륭한 인물과의 끊임없는 접촉이 중요한 것도 이 때문이다. 공감하는 사람들도 소시오패스가 기본적인 욕구보다 더 많은 욕구가 있음을 깨달아야 하기 때문이다. 어린 소시오패스에게는 내 친구 앤 같은 사람이 필요하다. 수십 년 동안 다른 사람을 물건처럼 여기던 나는 앤 덕분에 '사랑'과 '선의'가 집단적 망상 속에서 생기는 눈속임이 아니라 실제로 공감하는 사람들이 느끼는 개념임을 믿게 되었다.

아기에게 공감 능력을 배운 학생들처럼 어린 소시오패스도 세상에는 자신과 다른 사람이 있다는 사실과, 사람들은 대부분 서로 많이 다르다는 사실을 민감하게 받아들여야 한다. 어린 소시오패스는 두 가지 생각을 하면서 자란다. 처음에는 모든 사람이 자기와 비슷하지만 자기만큼 똑똑하거나 능력이 뛰어나지 않을 뿐이라고 생각한다. 시간이 지나면 자기가 철저히 혼자이며 모든 사람이 자기와 다르다고 생각한다. 어린 소시오패스가 자신은 다를 뿐이라고, 나아가 모든 사람도 저마다 다르다고 생각하며 자라면 이 아이들은 분명 '다름'을 존중하는 법을 배우고 평범한 사람들의 욕구에 각별히 더 민감한 사람이 될 수 있다.

또한 소시오패스 롤모델도 반드시 필요하다. 소시오패스인 한 친구는 자기 아이에게 "넌 혼자가 아니라고, 너는 괴물도 아니고 그저 '다를' 뿐"이라고 가르친단다. 소시오패스 롤모델은 아이가 충동을 긍정적이고 친사회적 활동으로 바꾸는 길잡이 역할을 할 수 있다. 소시오패스 아이에게도 정당한 필요와 욕구가 있다. 그리고 소시오패스 롤모델은 도덕적으로 혐오스럽다는 괜한 암시로 아이가 소외감을 느끼지 않도록 주의하면서 아이의 특별한 필요와 욕구를 다룰 수 있다. 《그의 아버지처럼》의 저자이자 정신과의사인 리안 리돔은 어린 소시오패스의 욕구도 반드시 타당한 것으로 인정받아야 하지만, 아이들 스스로 자기 욕구를 '파괴적이 아닌 생산적인 방식'으로 해결하는 방법을 터득할 때까지는 아이의 욕구를 사회적으로 용인 가능한 대용물로 전환시키면서 제한해야 한다고 주장한다. 이건 완벽한 치료법은 아니지만 어쩌면 가장 기대해볼 만한 치료법일지도 모른다.

어린이는 실제로 어떤 보살핌을 받으며 자라야 할까? 언젠가 〈뉴욕타임스〉에 '신동을 어떻게 키울까?'라는 제목의 기사가 실렸다. 기사에서 앤드루 솔로몬은 신동을 '자연 질서를 위반하는 괴물'이며 부모에게 손쓸 수 없을 만큼 '당혹스럽고 위험한' 문제를 안겨주는 아이라고 설명했다. 부모는 자녀의 독특한 재능을 제대로 키워주지 못하거나 혹은 너무 강하게 몰아붙여 아이의 영혼을 파괴할까 봐 두려워한다. 이러한 부모의 불안은 막상 아이에게 특별하다거나 다르다는 진단이 나오면 더 심각해진다.

어른이 된 뒤에야 깨달은 혜택이지만 부모님은 나를 위해 적절히 균형을 맞추려 했던 것 같다. 나는 가끔 부모님을 증오했으나 어린 시절 내내 두 분을 내 방식으로 사랑했다. 하늘이나 바다 혹은 집을 사랑한 것처럼 말이다. 최근에 나는 피아노계의 거장이자 신동이던 랑랑의 인터뷰 기사를 읽었다. 기사에서 랑랑은 폭군 같은 아버지 밑에서 자라는 게 어떤 것인지 한마디로 설명했다.

아버지의 강요로 여기까지 온 것이라면 그것은 어쩌면 아동학대겠죠. 아마 전 트라우마 때문에 포기했을 겁니다. 반면 아버지가 조금 덜 엄격했다면 우리는 어떤 합의를 했을지도 모릅니다. '모든 것을 희생하면서까지 음악가가 될 필요는 없다'고 말입니다. 다행히 아버지와 저는 목표가 같았습니다. 아버지의 모든 강요와 압박이 저를 세계 일류 음악가로 만들었죠. 저도 지금의 저를 사랑합니다. 지금은 이렇게 말하고 싶습니다. 결국 저에게는 최고의 양육법이었다고 말입니다.

내가 소시오패스 기질이 있는 아이에게 바라는 점은 아이가 제 나름대로 정한 성공을 달성하기 위해 자기 재능을 지렛대로 썼으면 하는 것이다. 무한한 가능성이 있는 세상과 현실을 이해하기 위해 또 지속 가능하고 재미있는 방식을 발견하기 위해 말이다. 소시오패스라고 꼭 염세적이란 법은 없다. 내게는 그런 방법이 없지만 내 부모님은 꽤 잘했던 것 같다. 비록 그 방법이 가혹하기도 했고 두 분의 성격에 위험한 측면도 있었지만. 어쨌든 부모님은 세상 어딘가에 내 자리가 있다는 걸 깨닫게 해주었고 그 깨달음은 내 인생을 바꿔놓았다.

우리가 어린 소시오패스를 괴물이 아닌 신동으로 대하면 그 아이들은 자기 재능을 친사회적인 행동으로 전환하리라. 반사회적이고 기생충 같은 행동이 아니라 사회에 보답하고 사회를 존속하게 하는 행동을 한다는 얘기다. 세상 어딘가에 자기 자리가 있다고 생각한다면 이들에게도 어느 신동처럼 이렇게 말할 날이 올 것이다.

"처음에는 외로웠어요. 그래도 받아들였죠. 맞아요. 사람은 다 다르죠. 하지만 언젠가는 모두 친구가 될 수 있어요."

언젠가는 소시오패스를 정확히 진단할 날이 올지도 모른다. 설령 그날이 올지라도 우리는 소시오패스를 억지로 훈련시키려 하지 않을 수 있다. 혹시 소시오패스를 사랑하게 되지 않을까. 소시오패스는 누구도 예측할 수 없는 방법으로 세상을 더욱 다채롭고 흥미진진하게 만들어주는 사람들이기 때문이다.

에필로그

블로그 독자의 편지

안녕하세요.

전 제가 소시오패스일지도 모른다고 생각합니다. 아직 확신은 없지만 옳고 그름에 대한 논리적인 지표로 불리는 '양심'이 제겐 없거든요. 제가 최종적인 피해자가 아닌 이상 어떤 걸 봐도 불쾌하지 않고, 어떤 부도덕한 행동에도 분노가 일지 않습니다. 제 반응은 심지어 '감정적'인 것도 계산하고 연출한 겁니다.

제가 세상에서 가장 잘난 사람이 아니란 건 알고 있지만, 아주 잘 알고 있지만, 마음만은 그렇지 않습니다. 제 마음과 영혼이 관여하는 일만큼은 세상에 저보다 더 잘해낼 사람은 없는 것 같거든요. 비록 머리로는 그렇지 않다는 걸 알면서도 말입니다.

저는 할 수만 있다면 사람들을 이용합니다. 물론 그들에게 상처를 주지 않는 선에서 말이지요. 사람들에게 정말 상처를 주고 싶지 않은 건지, 아니면 제가 사람들을 조종한다는 걸 믿고 싶지 않은 건지 그건 잘 모르겠습니다. 대체로 저는 제 감정 외에는 거짓말을 하지 않습니다. 제가 사람들에게 상처를 주려고 일부러 애쓰는 경우는 없습니다. 솔직히 말하면 사람들에게 상처를 주지 않으려 노력하죠. 제 인생의 꽤 많은 부분이 사실은 연기입니다. 저도 정말 제가 누군지 모르겠어요. 분명 정상은 아니지요. 그렇다고 전형적인 소시오패스의 부정적인 면을 모두 지니고 있는 것도 아닙니다.

이상하게 들리시죠? 저를 둘러싼 세상은 이해할 수 있는데 왜 제 자신은 그만큼도 이해하지 못하는지, 저는 늘 그게 궁금합니다. 제 머리로 이해하지 못하는 유일한 것이 바로 이겁니다. 제가 무슨 일을 하고 무슨 일을 하지 않는지, 제 습관이나 성향 같은 것은 정확히 아는데 저에 대한 정의를 내리는 건 마치 자기기만과 편리한 잡념의 지뢰밭을 걷는 느낌이랄까요?

이것은 내가 가장 흔하게 듣는 얘기다. 스스로를 소시오패스로 인정하고 블로그 글을 읽은 뒤 의견을 적는 많은 독자가 이처럼 자가진단을 내린다. 심리학자에게 공식적으로 소시오패스라는 진단을 받는 것도 어느 정도 장점은 있겠지만, 올바른 자기 이해는 스스로 진단을 내리면서 시작된다. 이런 편지를 받으면 나는 이렇게 답한다.

제가 보기에 당신도 소시오패스 같군요. 하지만 낙담하진 마세요. 당신이 스스로를, 자신이 처한 상황을 더 많이 배우고자 꾸준히 노력한다면 세상은 훨씬 더 정당하게 보일 겁니다.

자기기만은 증상을 부인하는 전형적인 현상이에요. 자신의 소시오패스적인 면을 부정하는 것은 타인을 보는 방식을 왜곡하고 판단을 흐리게 만들죠. 당신이 다른 사람들과 다르다는 걸 깨닫는 게 무엇보다 중요합니다. 그래야 다른 사람에게 상처 주는 일을 피할 수 있어요. 사람들은 대부분 다른 사람도 자기와 비슷하다고 생각하고 자기 감정과 기분을 다른 사람에게 투영합니다. "나라면 그런 말에 기분 상하지 않아. 그러니까 그들도 당연히 기분 상하지 않을 거야"라고 말이죠. 틀린 생각입니다. 당신의 생각이나 기분은 다른 사람의 생각이나 기분과 아무 관련이 없어요. 사실 규범적인 판단을 피하고 상황적인 판단에 귀 기울이는 것이 가장 좋습니다. 규범적인 판단의 이면에는 당신을 그릇된 길로 인도할 수 있는 수많은 편견과 자기기만이 숨어 있습니다.

당신은 특별합니다. 확신컨대 당신은 정말 똑똑합니다. 그러나 그보다는 당신의 사고방식이 보통 사람과 다르다고 해야 옳습니다. 당신이 당신의 지능을 성공적으로 이용하는 이유는 고정관념에서 벗어난 생각을 할 수 있기 때문입니다. 고정관념 안에 한 번도 들어가 본 적 없는 당신에게 그건 아주 쉬운 일이지요. 당신은 심지어 고정관념이 뭔지도 모르잖아요. 당신은 다른 사람이 전혀 못 보는 것을 볼 수 있어요. 전혀 다른 경험으로 안목을 길렀을 테니까요. 다른 사람의 사각지대, 그곳이 당신에게는 가장 밝게 보이는 부분이고 그곳에서 당신은 탁월할 수 있답니다.

당신은 해답을, 논리와 체계를 찾고 있지요. 아마 당신은 공감을 잘하는 주위 사람들의 행동을 보면서 그 행동을 설명할 수 없을 겁니다. 그들의 행동을 실명하는 것은 세상에서 가장 복잡한 일이고 소시오패스로서는 이해하기도 힘든 일이죠. 하지만 당신은 해답을 찾는 과정에서 자신에 대해 더 많은 걸 배울 거예요. 또한 우리가 다른 사람을 조종할 수 있다는 사실이 그런 행동을 선택할 명분이 될 수 없다는 것도 알게 될 겁니다. 이용할 수 있는 것과 실제로 이용하는 것이 다른 것처럼 말이에요. 때로는 이용할 수 있는 약점을 발견하겠죠. 또 때로는 당신이 메울 수 있는 사회의 구멍을 발견할 수도 있어요.

소시오패스에게는 두 가지 면에서 변수가 있다고 봅니다. 개인적인 기호와 양육 그리고 인생의 목표죠. 우리는 이것의 영향을 받아 할 일을 선택합니다. 특정한 일을 하고자 해서 당신이 소시오패스인 것이 아닙니다. 당신이 소시오패스인 이유는 신경학적으로 정상적인 사람에게는 없는, 완전히 다른 선택이 당신 앞에 놓여 있기 때문입니다.

나는 소시오패스가 사회에 중요한 존재인 이유를 덧붙이기도 한다. 우리는 타고난 사색가라고. 나는 독창성을 좋아하는데 아마 그것이 인간의 속성 가운데 가장 존경할 만한 속성이 아닐까 싶다. 네덜란드의 해변을 어슬렁거리는 일명 '해변의 동물들', 즉 플라스틱 파이프로 동물모양의 거대한 구조물을 제작한 네덜란드의 예술가이자 조각가이며 공학자인 테오 얀센은 타고난 사색가가 사회에 미치는 이점을 다음과 같이 설명한다.

저는 공학자처럼 A 다음에 B가 온다는 식의 선형적인 생각을 하지 않습니다. 목표와 재료의 제약 조건을 생각하면서 꽤 꼬이고 꼬인 생각을 하지요. 진짜 공학자는 문제를 다른 식으로 해결할 겁니다. 알루미늄에 모터와 전기 센서를 달아 로봇을 만들 수 있을지는 모르지만 공학자들의 해결책은 대개 비슷합니다. 우리가 생각하는 모든 것은 대부분 다른 누군가가 생각했던 것이죠. 진화가 보여준 것처럼 진짜 아이디어는 우연히 발생합니다.

소시오패스의 정신은 대다수의 정신과 많이 다르다. 우리는 뇌 구조도 다르다. 감정 센터인 편도체도 더 작고, 의사결정과 관련이 깊은 전전두엽 피질과 편도체 사이의 연결도 빈약하다. 말하자면 우리의 뇌에는 '깊이 팬 구멍'도 있고, 뇌의 양쪽 반구에 퍼진 뇌량(좌우의 대뇌반구를 연결하는 부분—옮긴이)도 더 길고 가늘다. 이 말은 우리의 생각이 감정의 지배를 받지 않을 뿐 아니라 감정에 이끌려 의사를 결정하지도 않는다는 의미다. 또한 반구 사이의 정보 교환이 비정상적으로 빠르다는 뜻이기도 하다. 쉽게 말해 우리의 뇌는 정상적인 사람들의 뇌와 다른 방식으로 문제를 처리한다.

소시오패스 각자가 문제를 처리하는 방식은 수많은 요인에 따라 다르겠지만, 나는 신이 나서 파도에 몸을 던지는 아이의 순수함과 위협 앞에서 포식자가 보이는 외골수적인 무자비함을 동시에 갖고 있는 소시오패스를 많이 만나봤다. 세상을 향한 우리의 무자비한 접근법에는 분위기를 바꿔주는 일종의 참신함도 있다. '당신이 생각하는 모든 것은 대개 다른 누군가가 생각했던 것'인 이 세상에서 당신과 전혀 '다른 누군가'와 함께 사는 것도 꽤 멋진 일이 아닐까?

나는 지금의 내가 좋다. 어떤 상황도 유리하게 이용할 수 있을 만큼 체계적이고 냉정하며 효율적인 면도 마음에 든다. 내게는 친구도 있고 소중한 가족도 있다. 나는 훌륭한 동료다. 그럼에도 불구하고 인생에서 뭔가 다른 것을 놓치고 있는 것은 아닐까 하는 생각을 자주 한다. 사랑? 인간에 대한 이해? 감정적인 교감? 내가 그런 것을 충분히 경험하고 있는 걸까? 정상적인 혹은 정당한 사람들과 달리 혹시 나는 이 모든 것을 그 자체가 아니라 유사한 그림자만 경험하는 것은 아닐까? 어쨌든 여기까지 온 것이 내 선택이라면 더 나은 대안도 있었을까?

하지만 무엇이 대안이란 말인가? 이 책을 쓰면서 나는 비소시오패스인 사람들을 언급하기 위해 '공감'이라는 말을 남발했다. 그렇다고 그들이 모두 공감을 잘한다는 의미는 절대 아니다. 어떤 사람은 내게 '정상적인'이라는 용어를 쓰면 어떻겠느냐고 제안했다. 그 말은 정확성이 더 떨어진다. 인구 중 '정상적인' 사람의 비율은 실제로 소수일 것이다(50퍼센트가 안 된다는 의미다). 사람들은 전체 인구 중 1~4퍼센트가 소시오패스라고 힘주어 말하면서 나머지 96~99퍼센트는 정상이거나 소시오패스와 정반대의 사람이라고 생각한다. 혹시 우리는 소시오패스는 공감 능력이 현저히 떨어지고 그 나머지는 공감이 흘러넘친다고 생각하는 건 아닐까? 소시오패스는 죄책감을 느끼지 못하지만 그 나머지는 충분히 느낀다고 여기는 건 아닐까? 소시오패스는 대개 범죄에 연루되지만 그 나머지는 그럴 리 없다고 보는 건 아닐까?

솔직히 세상엔 그냥 개자식인 사람도 많다. 개자식이 되기 위해 소시오패스가 될 필요도 없고 소시오패스가 언제나 모든 사람에게 개자식인 것도 아니다. 처음 블로그에 소시오패스의 특질에 관한 글을 쓸 때만 해도 나는 사람들이 소시오패스가 인간의 자연스러운 변이라는 사실을 깨닫기를 바랐다. 그때는 어떻게 하면 우리의 능력을 좀 더 긍정적인 시각에서 보여줄 것인가가 가장 큰 과제였다. 나는 일반적인 생각만큼 우리가 나쁘지 않다는 걸 입증하고 싶었다.

최근에는 생각이 바뀌었다. '정상적인' 사람에게 우리가 그들이 생각하는 것보다 훨씬 더 나은 사람이라고 믿게 하는 것이 아니라, '정상적인' 사람도 실제로는 그들이 생각하는 것보다 훨씬 더 악하다는 것을 보여주고 싶다. 간혹 사람들은 자신을 '정상적인' 소수라고 생각한다. 자신이 정상에서 약간 '벗어난' 사람일 수 있음을 생각하지 못한다는 얘기다.

어떤 사람은 '정상적인' 사람이 실제로 소수에 불과하다는 말을 꺼림칙하게 생각한다. '아니, 어떻게 절반이 넘는 사람에게 정신과적 진단을 내릴 수 있단 말인가!'라면서. 절반이 넘는 사람이 정신과적 진단을 받지 말란 법은 또 어디 있단 말인가. 절반이 넘는 사람이 뇌와 감정의 기능 면에서 매우 유연하다는 말로 바꾸면 좀 더 괜찮게 들릴까?

현재의 모습만 보고 정상인을 정의하는 것은 참 편리하다. 겉으로 보이는 것만큼 공감 능력이 없을지도 모른다는 의심을 받지 않아도 되니 말이다. 어쩌면 당신의 양심도 생각과 달리 장악력이 전혀 없을지도 모른다. 당신은 기대보다 훨씬 더 유능할 수도 있고 무능할 수도 있다. 생각보다 소시오패스와 공통점이 훨씬 더 많을지도 모른다.

긴 스펙트럼의 양극단에 공감자와 소시오패스를 놓는다면, 실제로 그 양극단에 몇 명밖에 없고 나머지는 중간 어디쯤에 뒤죽박죽 엉겨 있지 않을까? 소시오패스가 대단히 별난 존재일 거라 생각하고 스스로를 소시오패스라고 진단하는 사람들에게 잘난 체한다며 손가락질하는 사람들도 있다. 오히려 "내게 소시오패스적 특질이 있다고? 모두가 그렇잖아!"라면서 발뺌하는 것보다는 스스로 소시오패스라는 진단을 내린 사람이 훨씬 더 정직하지 않을까? 특이한 행동을 하는 사람을 소시오패스라고 볼 수도 있지만 누구나 그런 행동을 할 수도 있지 않을까? 아니면 좀 너 인심을 써서 모두가 그런다고 볼 수도 있지 않을까? 이 책을 읽는 당신도 가끔은 그런 행동을 한다고 인정하는 것은 어떨까? 그래도 당신이 정상적인 사람이라면, 나는?

소시오패스를 '신종 정상인'으로 재정의하려는 생각은 없다. '정상인보다 나은' 사람은 확실히 아니니까. 소시오패스는 니체가 말하는 초인 같은 존재도 아니다. 우리는 착한 일에서는 소시오패스에게서 모든 권리를 박탈해야 한다고 주장하는 일반인을 능가하지 못한다. 드물게 더 착한 소시오패스도 있지만 일반적으로는 그렇지 않다. 이 말을 오해하면 안 된다. 나는 자경주의식 정의를 다룬 영화를 즐겨보지만 언제나 악당 편이다. 사회는 범죄나 혁명에 사회질서를 파괴한다는 꼬리표를 붙이면서 악당에게는 붙이지 않는다. 악당은 갈고닦은 폭력을 휘두르기 위해 굳이 자신에게 도덕적 정당성이라는 명분을 주지 않는다. 비단 나 혼자만 이런 악당을 좋아하는 것은 아닐 터다. 그에게서 우리는 자유를 본다.

어쩌면 그래서 우리는 소설이나 영화 같은 가공의 세계에 소시오패스를 거물로 등장시키는지도 모른다. 교도소 창살 밖의 클라리스에게서 단서를 빼내는 한니발 렉터, 사랑하는 부자 친구 디키의 삶에 침투해 그를 파괴하는 재능 있는 사기꾼 톰 리플리, 실제든 상상이든 피에 흠뻑 젖은 모습으로 뉴욕의 여피들 사이를 걸어 다니는 완벽한 헤어스타일의 패트릭 배이트먼(영화 〈아메리칸 사이코〉의 살인마—옮긴이)처럼 말이다. 공감이든 죄책감이든 두려움이든 그 한계가 없다는 특징 때문에 이들은 지나친 욕망과 파괴적인 힘의 현신으로 묘사된다. 가장 생명력이 질긴 냉혈한 드라큘라는 너무 한계가 없다 보니 안개 속으로도 사라진다.

역사적으로 소시오패스라는 진단은 온갖 불량한 특징이 무작위로 뒤섞인 무법적이고 반사회적인 행동의 창고로 취급받았다. 그 안에 속한 사람을 다른 모든 사람과 격리하는 창고 말이다. 중세 뱀파이어 신화에서 야행성 피조물은 초자연적 영역 안에서 설명할 수 있었고, 그 안에만 존재했다. 그러나 일상적인 삶 속에서 소시오패스의 존재는 좀처럼 설명하기 힘들다.

지금까지 내 이야기를 듣고 '알고 보니 그냥 인간이네, 신화는커녕 누구라도 그런 사연이 없을까'라고 생각하며 실망하는 사람이 있을지도

나, 소시오패스

모른다. 동물(새끼 주머니쥐를 제외하고)을 학대하거나 죽였다는 비밀스러운 이야기도 없다. 아니, 내 기억으로는 그런 적이 없다. 소시오패스라는 사실을 입증할 만큼 내게 범죄 기록이나 충격적이고 잔인한 면모가 없다는 것이 이 책의 치명적 결점이라면, 그것은 고칠 수 없는 결점이다. 블로그를 통해 나는 소시오패스 혹은 사이코패스의 증상을 보이거나 그 증상을 확인한 수많은 사람을 만나보았다. 영화 〈우리에게 내일은 없다〉의 보니와 클라이드 유형의 범죄자에서 공감 능력과 유대감이라는 개념을 구분하지 못하는 예민한 십대에 이르기까지 말이다. 이런 이질적인 면은 제외하더라도 나는 소시오패스와 평범한 사람들 사이에는 뚜렷하고 실질적인 차이가 있다고 생각한다.

내가 하는 일의 동기를 묻는다면 얼마든지 들려줄 수 있지만, 내가 구제불능의 타락한 사람임을 보여줄 이야기는 없다. 나는 타락을 심판하는 모든 도덕적 시스템에도 충분히 결함이 있을 수 있다는 내 생각을 들려줄 뿐이다. 일반적인 도덕적 '감정'의 근거에 감히 의문을 보이지 않던 사람들은 내 이야기를 쉽게 이해하지 못할 터다. 법정 심리학의 윤리적 측면을 연구한 캐런 프랭클린은 국영 라디오 방송에서 사이코패스의 기질에 대한 지배적인 개념을 비판하며 다음과 같이 말했다.

내재된 사악함만 전면에 내세운 사이코패스 진단은 사회적 문제를 방치하고 사회 복귀를 위한 제도적 실패를 변명하는 것이나 다름없다. 그 진단은 우리에게 범죄자들의 힘든 과거와 환경의 영향을 이해하지 않아도 괜찮다는 면죄부를 준다. 그들에게 도움의 손길을 뻗어 속죄의 길로 인도해야 한다는 짐도 덜어준다. 그 진단에 따르면 사이코패스는 반드시 감금하거나 추방해야 할 구제불능의 위험한 아웃사이더더니까.

이런 순환논법에도 불구하고 사이코패스는 그 단순명료함 때문에 매력이 있다.

소시오패스는 믿어도 좋을 만큼 단순하지 않다. 그렇다고 사악하다는 말이 아니다. 더러는 소시오패스는 구제불능이므로 반드시 멀리 떨어져야 한다고 말하는 사람도 있다. 바라건대 소시오패스의 뇌에는 마이크로칩이 들어 있다거나, 어떤 시설에 영원히 수용해야 한다거나, 또는 배에 실어 어디 먼 섬에 유배해야 한다는 말을 듣거든 부디 한 번쯤 망설여주시길. 인류의 역사도 그런 교만하고 잔인한 사람들의 행동으로 점철되어 있음을 기억해주시길!

로스쿨에서 논문을 쓸 때 나는 동성애를 유죄로 규정한 옛날 판례를 읽은 적이 있다. 그런 판례는 어렵지 않게 찾을 수 있다. 오늘날 민주주의 국가들의 판례집에서도 찾을 수 있다. 펜실베이니아 주에도 매춘과 관련된 법이 있는데 그 법 조항은 불가피하게 '동성애와 정도를 벗어난 기타의 성적 관계'라고 명확히 명시하고 있다. '정도를 벗어난' 성적 관계라니, 대체 무슨 말인가? 사전은 '기준이나 수용 가능한 표준에서 현저하게 벗어나는'이라고 정의한다. 흥미롭게도 내가 로스쿨에서 읽은 예전 판례에는 동성애 범죄에 대해 두 가지 특이한 예외를 두고 있었다. 교도소 내 동성 간의 섹스와 군대 내에서의 그것이다. 추측건대 이 두 가지 동성애는 역사적으로 '정상적인' 사람들이 줄곧 그래왔기 때문에 '정도를 벗어나지' 않은 모양이다. 여성이 없는 상황에서 남자들끼리 희롱 좀 했기로서니 뭐가 문제랴, 이런 뜻일까?

오늘날에도 소시오패스와 소시오패스적 행동에 대해 이와 유사한 이중적인 잣대를 적용한다. 소시오패스에게는 폭력적인 성향이 있지만 공감 능력이 있는 사람 역시 잔인한 폭력 행위를 저지른다. 똑같은 폭력 행위도 공감 능력이 있는 사람이 '양심의 가책'을 보이면 배심원에게는 용납이 되는 모양이다. 배심원들은 양심의 가책을 보이는 범죄자와 자신을 동일시할 수밖에 없다. 정도의 차이는 있지만 자신도 나쁜 행위에 가담할 수 있기 때문이다. 현장에서 잡히더라도 절대 해서는 안 되는 짓이었다고 엄숙히 선언하면서 괴로워하면 되니까.

대다수의 사람들은 '나쁜' 짓인 줄 알면서도 멈추지 않고 어쨌든 끝을 내버리는 그런 사람을 잘 이해하지 못한다. 나로서는 다른 사람의 행동을 비난하는 일에 발 벗고 나서는 '정상적인' 사람들을 위선자로 여기지 않기가 더 어렵다. 신기하게도 일단 사람들을 혼자 두면 결과가 달라진다.

최근 한 실험에서 판사들에게 폭력과 범죄의 유전적 성향이 있다고 밝혀진 소시오패스를 판결하게 했다. 판사들은 여럿이 재판할 때와 달리 혼자 재판할 때는 가벼운 형량을 내렸다. 유전적으로 범죄 성향이 있음을 감안해 그의 행동이 덜 괘씸하다고 여긴 것이다. 하지만 집단으로 판결을 내릴 때는 소시오패스 마녀사냥에서 정신적으로 발을 빼지 못했다. 동성애를 범죄로 인정해야 한다는 사람은 소수에 불과한 반면, '소시오패스'라는 신념을 믿은 사람을 불공평하게 내하는 것에 분노하는 사람은 별로 없다.

이렇게 다수자는 무엇이 '정상'이고 무엇이 비정상인지, 누가 구제불능이고 누가 아닌지 끊임없이 결정을 내린다. 언젠가는 당신에게도 '비정상'이라는 정의가 내려질지도 모른다. 만약 당신과 내가 많이 닮았다면, 그것은 아마도 나이기 때문이다. 우리는 정말로 친구가 되어야 한다. 민주주의 사회에서 내가 하찮은 존재로 버려진다면 언젠가는 당신도 그렇게 될 수 있기 때문이다. 당신이 이 사회의 희생자가 될 경우 누가 혁명의 선두에 서겠는가? 아마 나와 비슷한 사람들일 것이다.

블로그를 운영하며 가장 마음에 든 부분은 나와 닮은, 기괴한 점에서 사사로운 세밀한 점까지 닮은 낯선 사람들을 만나는 일이다. 나는 내 모습을 솔직하게 보여주고 싶다. 독자들이 내 이야기 속에서 자기 모습을 깨닫도록 말이다. 나는 생각이 같고 서로에게 배울 점이 많은 사람들의 공동체를 통해 연대감을 형성하고 싶다. 이 책도 그런 효과를 노리고 쓴 것이다.

이는 어쩌면 녹음실에서 연주하는 것과 관객 앞에서 실제로 연주하는 것과의 차이인지도 모르겠다. 나는 이 책의 독자들이 어떤 반응을 보일지 판단할 수 없다. 판단한다는 것 자체가 내게 익숙하지 않으니 어찌 보면 장님이나 마찬가지다. 심지어 블로그 독자들도 내가 모호한 지식을 들먹이며 쓴 글에는 호감을 보이고 통찰력 있는 글에는 혐오를 드러내기도 한다. 내가 사족을 못 쓸 정도로 사람들을 조종하기를 좋아한다는 점이나, 정상적인 사람들의 사고방식을 이해하지도 못하고 앞으로도 결코 진심으로 이해하지 못하리라는 점은 변함이 없다. 물론 친한 친구들과 가족 그리고 소시오패스든 아니든 잘 아는 사람들은 예외겠지만 말이다.

다른 사람의 기분을 판단하기 위해 내 인생을 시운전해볼 수도 없는 노릇이다. 어떤 것이 효율적이고 어떤 것이 비효율적일지 대충이라도 짐작하려면 과거에 정상적인 사람들과의 교류를 통해 배운 것에서 추론해보는 수밖에 없다. 저술은 지금까지 내가 했던 일 가운데 가장 위험부담이 큰 일일지도 모른다.

블로그에서 나는 내 정체성을 최대한 감춘다. 구글을 기반으로 하는 내 블로그는 도메인 이름이 익명으로 되어 있다. 나를 설명할 때도 중성적인 대명사를 사용한다. 그리고 가능한 한 영국식 문법을 쓴다. 어느 순간 나는 다른 소시오패스도 나와 비슷하다는 사실을 알게 되었다. 사용하는 언어나 문화적인 분위기를 다국적으로 바꿔가며 자신의 본래 신분을 감추거나 헷갈리게 만들지만 나는 그들이 미국인이라는 사실을 알고 있다. 개인적인 정보를 감추는 것만으로는 충분치 않다. 누군가는 틀림없이 정보를 역이용해 우물에 독을 넣을 테니까.

최소한의 암묵적인 동의도 없이 내 정체성을 밝힐 뻔한 사람이 딱 한 명 있었다. 이후 나는 연기의 질을 한 차원 높였다. 나에 대해 뭔가를 아는 사람에게는 더욱더 조심했고 특히 M. E.라는 가명을 사용하든 태명을 사용하든 온라인상에 개인 정보를 올리는 일에 거의 편집증적 자세를 보였다.

이 책을 쓰겠다고 마음먹었을 때 나는 이것이 내 사회생활에 어떤 영향을 끼칠지, M. E.라는 이름으로 알려진 대외적인 생활에 어떤 영향을 미칠지 수없이 생각했다. 블로그를 시작할 때까지도 내가 소시오패스라는 사실을 아는 사람은 단 한 명도 없었다. 당시에는 나도 내게 붙은 소시오패스라는 꼬리표에 신경 쓰지 않았다. 마침내 그 꼬리표를 인정하고 블로그를 시작하면서 가족과 두어 명의 친구에게 그 사실을 고백했다. 그 후로 일 년에 한두 명에게 내 정체를 밝히고 있다. 대개는 글쓰기나 컴퓨터의 검색엔진을 최적화하는 일 또는 법률적인 분야에서 경험자의 조언을 얻기 위해서다.

내 정체를 아는 사람들에게 내가 전에 직장에서 불량배 같은 상사를 망가뜨린 일이나 누군가를 파멸시키기 위해 유혹한 일처럼 힘들이지 않고 성공한 끔찍하고 중대한 사건을 알려주고 싶어 입이 근질거리

기도 했다. 자기 업적을 알아주는 사람이 없다는 건 참 외로운 일이 아
닌가. 내 어머니는 일 년 전에 당신의 형제들에게 나에 대해 공개하기로
결심했다. 아마도 내게 자부심 같은 걸 느낀 모양이었다. 자기성찰을 통
해 삶에 긍정적 영향을 미친 일이나 성공적으로 블로그를 운영하는 것
도 어머니가 보기에는 자랑스러웠던 것 같다. 나를 사랑하고 또 여러 이
유에서 나를 안전하게 지키고 싶어 하는 사람들에게 정체를 밝히는 것
과 세상을 향해 밝히는 것은 엄연히 다르다.

　　나는 기꺼이 유리진열장 안으로 들어가지 않는다면 책을 쓸 수 없
을 거라고 판단했다. 철저한 익명의 존재가 아니라 좀 더 적극적으로 나
를 드러내야 한다는 것도 알고 있었다. 그렇지 않으면 이 책의 정통성
도 떨어질 테니까. 독자들이 내 이야기를 신뢰할 수 없다면, 나 자신이
나 나와 닮은 사람들을 위한 지지를 바라거나 우리에 대한 올바른 지식
을 전달하고자 한 이 책의 목적은 공염불이 될 테니까. 그래도 나는 공
과 사를 엄격히 구분한다. 나에 대해 알고 나서도 우리 대학의 학과장이
나와 친구로 지낼까? 내가 형편없는 교수라거나 학생들을 학대해서가
아니라 단지 내가 소시오패스 진단을 받았다는 이유로 나를 멀리하지는
않을까?

　　만약 내가 교도소에 갇혔다가 가석방 신청을 했다면 심리학적 프
로파일만 보고 기각당할 수도 있다. 내가 지은 죄목이나 내가 속한 사법
권역과 상관없이 종신형을 살 수도 있다. 이건 간단히 넘어갈 일이 아니
다. 비록 내가 향후 2년 내에 중죄인이 될 만한 일을 모의하지 않는다고
해도, 내 충동성 수준으로 보건대 언제 어떻게 터질지는 장담할 수 없다.
친구나 상사 혹은 앞으로 연인이 될 사람이 내 과거를 알게 되면, 혹시
현재나 미래의 내 모습보다 내가 과거에 했던 일들만으로 나를 판단하

지 않을까? 아니면 내가 아무리 설득해도 자제력이 없는 사람이라고 결론짓고 나를 두려워하지는 않을까?

우리 가족 중에는 어린아이들도 있다. 언젠가는 나도 아이를 낳을 테고 그 아이들은 나와 같은 이름을 쓸 것이다. 아이들이 원치 않아도면 과거에 내가 받은 낙인이 찍힐 수도 있다.

옹호자가 되는 것은 상관없지만 유명해지고 싶지는 않다. 명분에 얼굴이 필요하다면 그 선까지만 내가 그 얼굴이 될 수도 있다. 심지어 실제 내 얼굴이 알려지는 것도 괜찮다. 그렇게 한다면 내 이야기에 신빙성을 더할 수 있을 테니 말이다. 나는 가상의 인물이 아니다. 실명을 공개하라면 얼마든지 밝힐 수 있다. 비밀이 얼마나 강력한 미끼인지 알기 때문에 나는 어떠한 비밀도 남기고 싶지 않다. 내 실명을 못 견디게 알고 싶다면 내게 메일을 보내기 바란다. 기꺼이 알려줄 것이다. 연락처는 블로그에 있다. 단, 조건이 하나 있다. 내 이름을 폭로하지 말 것. 혼자만 알고 계시길.

나에 대해 알고 싶은 것이 있다면 직접 연락하길 바란다. 알고 싶은 것은 뭐든 알 수 있을 것이다. 내 어린 조카들에게 '혹시 괴물이 될 유전적 성향이 있는 아이가 아닐까' 하는 사람들의 의심스러운 시선까지 물려주고 싶지는 않다. 그래도 정보가 쌓여갈 텐데 유리신열장 안에 머무는 게 가능할까? 나도 그게 가능할지 정말 궁금하다.

이건 정말 위험한 일이다. 하지만 내가 누구던가! 위험에 대한 내성이 강한 사람이 아닌가. 유리진열장이 효과가 있다면 다음 학술논문에 그것에 관한 이야기를 쓸지도 모르겠다.

대부분의 소시오패스는 자신의 정체성을 숨기고 싶어 한다. 나는 영원히 숨고 싶은 마음이 없다. 내 삶의 목표는 '무사통과'가 아니라 모든 사람이 내가 누구인지 아는 데 있다. 나는 밝은 빛 안에서 살고 싶지만 지금 당장은 안전하지 않다. 사람들이 소시오패스를 좋아하지 않으니 말이다. 소시오패스의 정체를 확인하는 법이나 피하는 법을 알려주는 책과 웹사이트가 얼마나 많은가. 소시오패스와 이야기하지 마라, 소시오패스에게서 떨어져라, 소시오패스의 덫에 걸리지 마라 등등.

당신이 나와 닮았다면 결코 혼자가 아니라는 사실을 알기를 바란다. 그리고 모든 사람이 '나도 자연스러운 인간의 한 변형'이라는 사실을 알기를 바란다. 나는 가면을 벗고 싶다. 그 전에 가면을 벗어도 안전하도록 세상을 바꿔야겠지만 말이다.

나, 소시오패스

감사의 말

블로그에 끼적인 글에서 책으로 발전할 가능성을 발견한 에이전트 에마누엘 모건, 힘든 일을 도맡아 해준 천재 친구이자 끝없이 참아주고 단호할 정도로 정확하던 편집자 제나 시온골리가 없었다면 이 책은 종잇장에 불과했을 것이다. 이 모든 일을 시작하고 가치 있게 만들어준 탁월한 경영자 루신다 바틀리, 가장 필요로 할 때 대타가 되어준 도미니카 알리오토에게 감사한다. 그리고 물심양면으로 나를 도와준 크라운출판사 식구들 그러니까 연금술사 같은 페니, 강타자 같은 줄리, 자칭 삼류작가아자 그리고 법 없이도 살 매튜에게 진심으로 감사를 전하고 싶다.

무한한 즐거움과 아낌없는 지지, 통찰력을 보여준 블로그의 모든 독자께도 감사한다. 사랑하는 내 가족, 그들이 없었으면 나는 아무것도 아니었을 것이다. 특히 세상에 대한 열린 마음과 호기심을 가져야 한다는 걸 일깨워준 어린 조카들에게 감사한다.

옮긴이 김학영

번역한 책 한 권이 누군가의 삶에 기쁨이 되고, 가치 있는 생각거리를 던져주길 바라며 언제나 성실하고 행복한 문화전달자로 살아가고 있다. 옮긴 책으로는 《찰스 다윈 서간집 기원》《찰스 다윈 서간집 진화》《편집된 과학의 역사》《하루를 이기는 힘 좋은 기분》《슈퍼 사이언스》《당신, 잠시 멈춰도 괜찮아》《불의 아이 물의 아이》《디아블로 죄악의 전쟁 2 용의 비늘》《디아블로 죄악의 전쟁 2 가려진 예언자》《의도적 눈감기》가 있다.

나, 소시오패스

첫판 1쇄 펴낸날 2014년 6월 5일
　　12쇄 펴낸날 2022년 4월 15일

지은이 M. E. 토머스
옮긴이 김학영
발행인 김혜경
편집인 김수진
편집기획 김교석 조한나 이지은 김단희 유승연 임지원 곽세라 전하연
디자인 한승연 성윤정
경영지원국 안정숙
마케팅 문창운 백윤진 박희원
회계 임옥희 양여진 김주연

펴낸곳 (주)도서출판 푸른숲
출판등록 2003년 12월 17일 제2003-000032호
주소 경기도 파주시 심학산로 10(서패동) 3층. 우편번호 10881
전화 031)955-9005(마케팅부), 031)955-9010(편집부)
팩스 031)955-9015(마케팅부), 031)955-9017(편집부)
홈페이지 www.prunsoop.co.kr
페이스북 www.facebook.com/prunsoop　　인스타그램 @prunsoop

ⓒ푸른숲, 2014
ISBN 979-11-5675-517-3 (03180)